Economia Digital e Tributação do Consumo no Brasil

Economia Digital e Tributação do Consumo no Brasil

2022

José Evande Carvalho Araujo

ALMEDINA

ECONOMIA DIGITAL E TRIBUTAÇÃO DO CONSUMO NO BRASIL

AUTOR: José Evande Carvalho Araujo

DIRETOR ALMEDINA BRASIL: Rodrigo Mentz
EDITORA JURÍDICA: Manuella Santos de Castro
EDITOR DE DESENVOLVIMENTO: Aurélio Cesar Nogueira
ASSISTENTES EDITORIAIS: Isabela Leite e Larissa Nogueira
ESTAGIÁRIA DE PRODUÇÃO: Laura Roberti

DIAGRAMAÇÃO: Almedina
DESIGN DE CAPA: Roberta Bassanetto

ISBN: 9786556276854
Outubro, 2022

Dados Internacionais de Catalogação na Publicação (CIP)
(Câmara Brasileira do Livro, SP, Brasil)

Araujo, José Evande Carvalho
Economia digital e tributação do consumo no Brasil / José Evande Carvalho Araujo. – São Paulo, SP : Almedina, 2022.

Bibliografia.
ISBN 978-65-5627-685-4

1. Direito e tecnologia 2. Direito tributário 3. Direito tributário – Brasil 4. Economia digital 5. Sistema Tributário Nacional 6. Tributação – BrasilI. Título.

22-121863 CDU-34:336.2(81)

Índices para catálogo sistemático:

1. Brasil : Direito tributário 34:336.2(81)

Eliete Marques da Silva – Bibliotecária – CRB-8/9380

Este livro segue as regras do novo Acordo Ortográfico da Língua Portuguesa (1990).

EDITORA: Almedina Brasil
Rua José Maria Lisboa, 860, Conj.131 e 132, Jardim Paulista | 01423-001 São Paulo | Brasil
editora@almedina.com.br
www.almedina.com.br

"Se você quiser se aprofundar em qualquer assunto, vai precisar de muito tempo e, principalmente, do privilégio de poder desperdiçar tempo. Terá de experimentar caminhos improdutivos, explorar becos sem saída, abrir espaço para as dúvidas e o tédio e permitir que pequenas sementes de ideia cresçam lentamente e floresçam. Se você não pode se dar ao luxo de perder tempo, nunca encontrará a verdade. [...]
O conhecimento revolucionário raramente chega ao centro, porque o centro está construído sobre um conhecimento já existente. [...]
É por isso que você precisa perder tanto tempo na periferia – ela pode conter algumas brilhantes ideias revolucionárias, mas está cheia de palpites desinformados, modelos desmascarados, dogmas supersticiosos e ridículas teorias conspiratórias."

(Yuval Noah Harari – 21 Lições para o Século 21 – p. 275-277)

À minha esposa Carmem.
Ao meu filho Daniel.
Aos meus pais José Evande e Maria da Graça (*in memoriam*).

Festina Lente[1]

[1] Provérbio latino que pode ser traduzido como "Apressa-te devagar". Adágio utilizado pelo imperador romano Augusto com o objetivo de alertar seus ministros e comandantes militares contra a precipitação, traz a ideia de que as atividades devem ser realizadas com a rapidez dos negócios eficientes, mas com a lentidão de uma reflexão cuidadosa. O símbolo do golfinho e da âncora já constava de moedas romanas e foi adotado como marca de impressão pelo tipógrafo renascentista Aldus Manutius. (Festina Lente, [2015]). Imagem disponível em: https://commons.wikimedia.org/wiki/File:AldusManutius.jpg. Licença Creative Commons. Fundo da imagem alterado para branco.

AGRADECIMENTOS

Uma tese de doutorado, além das inúmeras horas de trabalho individual, é fruto da colaboração, direta e indireta, de dezenas de pessoas e instituições, que merecem ser lembradas e agradecidas.

Pelo suporte, oportunidades, orientações e correções, agradeço ao meu orientador, professor José Roberto Afonso.

Pelo incentivo e indicações para começar a jornada e pelas orientações e revisões para concluí-la, bem como pelo suporte em toda minha caminhada de pesquisa, ao meu amigo e coorientador, professor Celso de Barros Correia Neto.

Pelas inúmeras conversas, revisões, incentivos e infinita paciência, ao meu amigo Murilo Soares.

Pelo ambiente acadêmico ao mesmo tempo desafiador e acolhedor, no qual tanto aprendi nos últimos três anos, e por todo o apoio institucional, a toda a equipe de professores, assistentes de pesquisa e funcionários do IDP.

Pelo acolhimento e suporte, e pela boa vontade em fazer acontecer o período como pesquisador visitante, ainda que de forma virtual, a toda a equipe do Instituto de Direito Tributário Austríaco e Internacional da WU – Universidade de Economia e Negócios de Viena, em especial ao professor Jeffrey Owens e às funcionárias Caroline Ristic e Eva Mader.

Pelo apoio institucional e pela confiança na concessão do período de licença para escrever a tese, à Consultoria Legislativa, ao Centro de Formação, Treinamento e Aperfeiçoamento (CEFOR) e à direção da Câmara dos Deputados.

Pelo compartilhamento da jornada, amizade e inúmeras horas de convivência, aos meus colegas de doutorado do IDP.

Pelas inúmeras sugestões e críticas construtivas que se mostraram fundamentais para moldar o trabalho final, aos membros da banca de qualificação.

Pela análise criteriosa, críticas, elogios e indicações para a publicação da tese e continuação da pesquisa, aos membros da banca de defesa.

Pela paciência e compreensão pelas muitas horas roubadas de nosso convívio familiar, pelo incentivo e carinho, à minha esposa Carmem.

Pelo apoio, incentivo e paciência, a meus familiares, amigos e colegas de trabalho.

E acima de tudo e de todos, a Deus, pela vida, pela saúde, e por todas as oportunidades e condições de concluir essa jornada.

NOTA DO AUTOR

Este livro é fruto da tese com a qual obtive o título de Doutor em Direito pela Escola de Direito e Administração Pública do Instituto Brasileiro de Ensino, Desenvolvimento e Pesquisa (IDP), em Brasília/DF, em dezembro de 2021, em que estudei possíveis soluções para os problemas que as novas tecnologias trouxeram à tributação de bens e serviços no Brasil.

Nesta obra, apresento quais os desafios que o crescimento da economia digital impôs aos sistemas tributários de consumo de todos os países do mundo, e quais as soluções recomendadas pelos organismos internacionais para resolvê-los.

Em seguida, voltando os olhos para a realidade brasileira, verifico que o Brasil, além de enfrentar os mesmos obstáculos das demais nações, possui problemas estruturais específicos decorrentes de suas peculiaridades históricas também agravados pela economia digital, o que prejudica a eficiência e a eficácia na tributação dos novos modelos de negócios.

Nesse contexto, analiso em que medida as soluções internacionais podem ser aplicadas ao Brasil e concluo que, apesar de os problemas estruturais do ordenamento de consumo brasileiro só poderem ser resolvidos com alterações no arcabouço tributário, haveria ganhos com o aproveitamento das diretrizes globais mesmo no sistema atual.

Utilizando de avanços tecnológicos disponíveis aos fiscos que permitem sua atuação de forma integrada, como as notas fiscais eletrônicas e ambientes de informática compartilhados para cumprimento de obrigações acessórias, proponho maneiras de adaptar as recomendações dos organismos internacionais à realidade brasileira, tanto no cenário atual quanto em diversas configurações de sistemas tributários mais próximos dos cânones internacionais.

Desejo boa leitura!

JOSÉ EVANDE CARVALHO ARAUJO

PREFÁCIO

O Futuro Presente dos Tributos

Em meados de 2018, o debate acadêmico-tributário no Brasil pareceu súbita e radicalmente alterado em suas temáticas e discussões clássicas. Matérias e abordagens tradicionais perderam espaço. As preocupações com *e.g.* estruturas lógicas, princípios, regras matrizes e competências deram lugar a outros temas, voltados aos desafios estabelecidos por novas tecnologias e, grosso modo, pela economia digital à cobrança de tributos.

Inteligência artificial, robótica, impressoras 3D, *big data*, internet das coisas, computação nas nuvens, *blockchain* ou criptoativos passaram ao centro do debate, nas palestras, nos seminários e nos artigos acadêmicos. Tudo o que não estivesse relacionado a esses assuntos – as ditas "novas tecnologias" – e à maneira como todas essas novidades repercutiam na cobrança de tributos tornou-se de repente velho, desinteressante e secundário.

A doutrina nacional, no entanto, dava sinais de ainda engatinhar na matéria. Mal chegava aos primeiros passos. Havia um mundo em movimento ainda por entender, e boa parte dos trabalhos de então procurava ainda compreender os novos modelos de negócios e os impactos sociais das novas tecnologias para traduzir a linguagem de bits, bytes e criptos para o *juridiquês*.

Das duas certezas que dizem existir na vida, a morte e os impostos, apenas a primeira parecia remanescer. As certezas fiscais pareciam esmaecidas no cenário que se descortinava então. Não sabíamos como deveriam ser os impostos "do futuro", mas já se podia presumir que os sistemas tributários e a cobrança de impostos não seriam os mesmos nos anos seguintes.

No centro do debate internacional, conduzido sobretudo no âmbito do Projeto BEPS ("*Base Erosion and Profit Shifting*" ou, em português, "Erosão da Base Tributável e Transferência de Lucros") da Organização para a Cooperação e Desenvolvimento Econômico (OCDE), estava a tributação da renda das gigantes de tecnologia. Boa parte dos desafios tributários criados pela globalização foram acirrados pela digitalização da economia. Como se sabe, o objeto da Ação 1 do Projeto BEPS é "identificar as principais dificuldades impostas pela economia digital, no que diz respeito à aplicação das normas tributárias internacionais", para construir soluções capazes de enfrentá-las com uma abordagem global.[2]

Como assegurar a tributação do lucro das corporações multinacionais que espraiam seus negócios, clientes e usuários por diferentes jurisdições? Quais países deveriam ter o direito de tributar os lucros que essas corporações geram? Como evitar que acordos internacionais idealizados com o objetivo de impedir a dupla tributação sejam utilizados para assegurar que nenhum imposto em parte alguma seja pago? Como mensurar o valor dos usuários, que nas plataformas são mais propriamente insumos do que consumidores, no cálculo dos impostos devidos? Como assegurar que ao menos uma fração mínima de imposto seja efetivamente cobrada, diante de estruturas de planejamento tributário agressivo, que cruzam diferentes fronteiras?

No Brasil, o debate tinha outro foco, voltado principalmente para a tributação do consumo. Sem ignorar os desafios transnacionais e a miríade de perplexidades suscitadas pelos impactos sociais e econômicos das novas tecnologias, preocupavam imediatamente os juristas brasileiros as disputas federativas em torno da competência para tributação de bens digitais e, entre eles, especialmente os programas de computador. Seriam eles "mercadorias" cuja circulação ensejaria a incidência do imposto estadual previsto no art. 155, II, da Constituição Federal (ICMS)? Ou sua condição de intangíveis e a natureza do contrato – licenciamento – a que estão sujeitos justificaria a cobrança do imposto municipal previsto no art. 156, III, da Constituição Federal (ISSQN)?

[2] OCDE. **Combate à Erosão da Base Tributária e à Transferência de Lucros**. Paris: OECD Publishing, 2013, p. 36-7.

Ou ainda: estaríamos diante de operações que simplesmente não são passíveis de se encaixarem dentro dos limites das competências tributárias desenhadas no texto de 1988? Nesse caso, nem seria de se aplicar o ICMS, tampouco o ISS. Tais materialidades seriam tributáveis tão somente na hipótese de criação de um novo imposto, com fundamento na competência residual prevista no art. 154, I, do texto constitucional.

A controvérsia não estava exclusivamente no plano das elucubrações cerebrinas e tertúlias acadêmicas. Em setembro de 2017, já havia sido publicado o Convênio ICMS n° 106 para disciplinar os procedimentos de cobrança do ICMS incidente nas operações com bens e mercadorias digitais comercializadas por meio de transferência eletrônica de dados.

Ao regular a matéria, na prática, o diploma normativo legitimava a exigência do imposto estadual sobre operações com programas de computador ("software"), a despeito da previsão contida no item 1.05 da Lista de serviços anexa à Lei Complementar nº 116, de 2003 ("Licenciamento ou cessão de direito de uso de programas de computação"), que previa a cobrança do imposto municipal. Ainda em 2018, o Convênio foi questionado no Supremo Tribunal Federal por meio da Ação Direta de Inconstitucionalidade n° 5.659, proposta pela Confederação Nacional de Serviços (CNS), que veio a ser julgada somente em 2021.

Além dos desafios e das perplexidades que trouxe consigo, a digitalização do mundo criou oportunidades para o aprimoramento das administrações tributárias. Inteligência artificial e *blockchain*, para citar apenas dois exemplos, foram rapidamente incorporadas pelos fiscos de todo o mundo, como instrumentos de fiscalização e cobrança de tributos, tanto no âmbito da administração fazendária quanto no da cobrança judicial.

As plataformas digitais, como espaços virtuais de aproximação entre vendedores e compradores, permitiram conhecer – e, portanto, fiscalizar –, por meio de registros digitais, pequenas transações que não raro ficavam à margem do sistema tributário. Tornaram-se, assim, excelentes candidatos a responsáveis tributários.

A privacidade foi transfigurada entre redes sociais e rastros digitais. O sigilo bancário dessacralizou-se, passou a ser inoponível à administração tributária. Na era do fisco global e digital, a experiência de troca de informações firmou-se como um importante instrumento para combater crimes – como *e.g.* lavagem de dinheiro, terrorismo e corrupção – e, é claro, cobrar impostos. Não parece exagero afirmar que as oportunidades geradas nesse quadro para a administração tributária eram proporcionais aos desafios lançados à política fiscal.

Em paralelo, permanecia vivo o sempre presente debate da reforma tributária no Brasil. Firmava-se a certeza de que muito do que havia nas leis e sobretudo na Constituição Federal deveria ser alterado. As razões de se mudar eram – e são – conhecidas e, em certa medida, consensuais. O sistema tributário brasileiro é complexo, regressivo – portanto, injusto – e demasiadamente oneroso. Acrescentava-se, então, mais um motivo: as regras em vigor tornaram-se anacrônicas diante da economia digital. Pululavam disputas federativas, lacunas, incertezas fiscais e ineficiências econômicas.

Em dezembro de 2018, foi aprovado na comissão especial da Câmara dos Deputados o relatório – e o substitutivo nele contido – à Proposta de Emenda à Constituição (PEC) n° 293/2004-A, do então Deputado Federal Luiz Carlos Hauly. O substitutivo propunha uma ampla reforma constitucional tributária, focada principalmente na simplificação dos tributos sobre o consumo. Pretendia-se extinguir a competência constitucional para instituir: IPI, IOF, CSLL, PIS-Pasep, Cofins, Salário-educação, CIDE-Combustíveis, ICMS e ISSQN. Em substituição, seriam criados um imposto sobre bens e serviços (IBS), de base ampla, e um imposto seletivo (IS), de base restrita, para gravar operações com bens e serviços específicos.

A aprovação do relatório na comissão foi um sinal importante de que o tema da reforma tributária voltaria a ter mais importância e espaço na agenda política a partir daquele momento. Muitas das ideias que nortearam o substitutivo passaram a capitanear o debate público sobre o assunto, voltado essencialmente para mudanças na tributação indireta.

Na essência, os objetivos e as mudanças propostas no ano seguinte, no bojo da PEC n° 45/2019, apresentada na Câmara dos Deputados, não eram diferentes das que constam no substitutivo à PEC n° 293/2004-A, ainda que, para lograr o mesmo fim, as duas propostas tivessem trilhado caminhos diferentes. Os princípios que inspiraram o substitutivo à PEC n° 293/2004-A, aliás, são também os mesmos que vieram a tomar forma no Senado Federal na PEC n° 110, também apresentada em 2019.

A bem da verdade, nada disso começou em 2018. A reforma tributária tem sido uma expectativa permanente desde o princípio da década de 1990, e os debates internacionais sobre as implicações tributárias da economia digital são também antigos. A tributação do comércio eletrônico é discutida na OCDE, ao menos, desde o final dos anos 1990,[3] e o "Relatório Final da Ação 1"[4], que trata do enfrentamento dos desafios tributários da economia digital, do Projeto BEPS, foi publicado em 2015.

Mas a escolha do ano de 2018 como marco temporal, neste prefácio, tem razão de ser. Foi o ano em que parece ter-se consolidado uma mudança de percepção e perspectiva em relação a esse conjunto de temas, que inclusive passam a caminhar mais estreitamente conectados: não cabia mais falar em reforma tributária que não enfrentasse também os desafios da economia digital. A constatação era patente também no âmbito do Judiciário, visto que as disputas tributárias em torno da matéria já haviam chegado ao Supremo Tribunal Federal, em diferentes feitos que aguardavam julgamento.[5]

Foi também neste ano – 2018 – que conheci o autor, José Evande Carvalho Araujo, nos longos corredores da Câmara dos Deputados. Eu havia acabado de tomar posse como Consultor Legislativo e fora recebido de maneira gentil e acolhedora pelos colegas de carreira na área de Direito Tributário e Tributação. Entre eles, estava o autor desta obra.

Evande chegara à Consultoria Legislativa da Câmara dos Deputados alguns anos antes, vindo de uma longa trajetória no Direito Tributário. Foi Auditor-fiscal da Receita Federal, até 2015 e também fizera parte do Conselho Administrativo de Recursos Fiscais (CARF).

[3] OCDE. Eletronic Commerce: taxation Framework Conditions. OECD. 1998. Disponível em: https://www.oecd.org/ctp/consumption/1923256.pdf. Acesso em: 1o jan. 2019.

[4] OECD. Addressing the Tax Challenges of the Digital Economy, Action 1 - 2015 Final Report. Paris: OECD, 2015. (OECD/G20 Base Erosion and Profit Shifting Project). Disponível em: https://www.oecd-ilibrary.org/taxation/addressing-the-tax-challenges-of-the-digital-economy-action-1-2015-final-report_9789264241046-en. Acesso em: 9 jul. 2022.

[5] Cf. Correia Neto, Celso de Barros. O STF vai definir como o Brasil deve tributar os bens virtuais? **Consultor Jurídico (CONJUR)**, São Paulo, 21 mar. 2020. https://www.conjur.com.br/2020-mar-21/observatorio-constitucional-stf-definir-brasil-tributar-bens-virtuais

Desde então, os diálogos e as parcerias em trabalhos, artigos, estudos e palestras tornaram-se frequentes e profícuos. Na maior parte delas, os temas da reforma da tributação do consumo e da economia digital apareciam combinados.

A iniciativa de cursar o doutorado concretizou-se no ano seguinte, em 2019. O livro "Economia Digital e Tributação do Consumo no Brasil" é resultado dessa trajetória e da pesquisa que se desenvolveu, a partir dela, no nível de Doutorado, no Programa de Pós-graduação do Instituto Brasileiro de Ensino, Desenvolvimento e Pesquisa (IDP), entre os anos de 2019 e 2021.

A orientação coube ao Professor Doutor José Roberto Afonso. Tive a honra de atuar como coorientador e acompanhar todos os passos dessa jornada. A tese foi defendida em dezembro de 2021, perante banca composta pelos professores Jonathan Barros Vita, Luciano Felício Fuck e Hadassah Laís de Sousa Santana, além dos orientadores, e prontamente indicada para publicação.

O texto que tenho o privilégio de prefaciar é produto de disciplina, dedicação e, sobretudo, pesquisa. Tem também a marca da experiência, de quem, na vida, já viu o Direito Tributário com o olhar de cobrador de impostos, julgador, formulador de políticas tributárias e, agora, se propôs a enxergá-lo como acadêmico e professor.

Escrever uma tese de doutorado não é tarefa fácil, muito menos uma que precisou ser elaborada em meio ao difícil período imposto pela pandemia causada pela disseminação do coronavírus. O que o leitor tem em suas mãos é, portanto, resultado de grande esforço e dedicação, que se nota pela riqueza de temas e de fontes consultadas, inclusive estrangeiras, características pessoais que nem mesmo as dificuldades impostas pela pandemia puderam arrefecer.

O autor foi colher na experiência e nos estudos de organismos internacionais os modelos e as recomendações que poderiam servir para o aprimoramento da legislação tributária brasileira. O transplante de institutos e estratégias, contudo, não se faz de maneira acrítica. Aliás, o cerne da tese está justamente neste ponto: no contraste entre as recomendações internacionais, quanto à tributação do consumo para a economia digital, e a realidade brasileira.

Evande aponta para o futuro que já chegou – um futuro presente. Avalia com rigor e cautela o que podemos aprender com a experiência estrangeira, com as recomendações da OCDE, e os caminhos que precisamos ainda percorrer para atingir o estágio atual do debate. Cruzam o caminho da sua pesquisa ideias, propostas e expectativas em torno da(s) reforma(s) tributária(s) de que nosso país precisa, com especial destaque para o debate atual sobre unificação de impostos e criação de um imposto sobre valor agregado (IVA) nacional.

Pessoalmente, penso que esta publicação se situa no que poderíamos chamar de uma "segunda fase" dos estudos sobre tributação da economia digital no Brasil. Sim, porque agora estamos diante de um cenário em que os Pilares 1 e 2 da Ação 1 do Projeto BEPS já foram apresentados, mas ainda não estão propriamente efetivados. Encontramo-nos em um momento em que o Supremo Tribunal Federal já julgou a ADI 1.945, a ADI 5.659 e o RE 688.223, estabelecendo a competência tributária municipal para tributar, por meio do ISSQN, operações com programas de computador, bem como prestação de serviço no modelo denominado Software-as-a-Service (SaaS).

É um quadro consideravelmente diferente daquele traçado em 2018, quando, diante do novo, boa parte dos trabalhos acadêmicos ainda procurava compreender cenários ou enquadrar novos negócios em velhos conceitos. Superado o momento inicial de perplexidade e expectativa, a fase seguinte é de estudos mais amadurecidos e consistentes, em um cenário em que ao menos algumas diretrizes já parecem assentadas.

O livro "Economia Digital e Tributação do Consumo no Brasil" é um excelente exemplo da nova safra de boas pesquisas que agora temos a satisfação de ver publicadas na forma de livros e artigos. Sem dar as costas para o que a experiência internacional pode nos ensinar, o livro faz ver que rigorosamente não há soluções pré-fabricadas, que possam ser facilmente transpostas sem reparos nem ajustes à peculiar realidade tributária do país.

É preciso dar-se conta das nossas jabuticabas fiscais e lidar com os desafios que um Estado federativo tão grande e desigual carrega consigo. Muitos dos entraves tributários brasileiros, atuais e vindouros, têm raízes no passado. São compromissos adiados, desafios permanentes: fantasmas pretéritos que nunca deixaram de nos assombrar, mas que agora reencarnaram em um mundo fluido, rápido, interconectado e digital.

Em uma das palestras sobre reforma tributária e economia digital, que ministrei juntamente com o autor, usamos o texto do modernista Cassiano Ricardo, intitulado "Metamorfose", para ilustrar as perplexidades de mundo (com fronteiras) em transformação. Transcrevê-lo parece oportuno também neste prefácio:

"Metamorfose

Meu avô foi buscar prata
mas a prata virou índio.
Meu avô foi buscar índio
mas o índio virou ouro.
Meu avô foi buscar ouro
mas o ouro virou terra.

Meu avô foi buscar terra
e a terra virou fronteira.
Meu avô, ainda intrigado,
foi modelar a fronteira:
E o Brasil tomou forma de harpa."

O poema trata dos ciclos econômicos e da maneira como, ao fim e ao cabo, eles acabaram por definir os contornos atuais do Brasil. Mas, com alguma licença poética – digo eu –, a imagem nos serviu para ilustrar como é difícil imaginar o futuro, projetá-lo, se o mundo está em câmbio contínuo, se o caminhar também faz o caminho.

Dizíamos que as mudanças econômicas sempre reclamam mudanças fiscais, sobretudo por meio de alterações legislativas. Se mudam a riqueza, a economia e os negócios, como poderão os sistemas tributários permanecer os mesmos? Também o debate da reforma tributária – inclusive a dos tributos sobre o consumo – está em permanente *metamorfose*. E hoje é digital.

Como coorientador e amigo, me sinto feliz e grato pelo convite para este prefácio e por fazer parte dessa bela trajetória profissional e acadêmica. Tem sido um privilégio partilhar todo o processo de busca que é da essência da pesquisa e perceber as fronteiras que foram tomando forma desde 2018.

Brasília, 31 de agosto de 2022.

CELSO DE BARROS CORREIA NETO
Diretor-Geral da Câmara dos Deputados, Consultor Legislativo, Doutor em Direito pela USP, Professor do Programa de Pós-graduação em Direito do Instituto Brasileiro de Ensino, Desenvolvimento e Pesquisa (IDP).

LISTA DE ILUSTRAÇÕES

Figura 1 – Tributação no Varejo (*Sales Tax*)
Figura 2 – Tributação sobre o Valor Agregado
Figura 3 – Cadeia de Valor
Figura 4 – Rede de Valor
Figura 5 – Compra de Valor
Figura 6 – Modelo de negócio de um revendedor *online* de bens tangíveis de escala internacional
Figura 7 – Modelo de negócio de uma plataforma de economia compartilhada de transporte privado de passageiros
Figura 8 – Modelo de negócio de rede social financiada por receitas de publicidade
Figura 9 – Modelo de negócio de computação na nuvem
Figura 10 – Regime de Responsabilidade Total da Plataforma
Figura 11 – Regime de Responsabilidade Subsidiária da Plataforma
Figura 12 – Papel da Plataforma de Retenção do IVA/IBS do Pagamento Efetuado
Figura 13 – Regime Simplificado de Cobrança de IVA/IBS sobre Importação de Bens Tangíveis de Pequeno Valor

LISTA DE TABELAS

Tabela 1 – Experiências dos Países com as Recomendações da OCDE para a Tributação Transfronteiriça de Intangíveis, Serviços e Bens Tangíveis de Pequeno Valor

LISTA DE SIGLAS

Anatel	Agência Nacional de Telecomunicações
B2B	transações entre empresas (em inglês *business-to-business*)
B2C	transações entre empresa e consumidor (em inglês *business-to-consumer*)
BID	Banco Interamericano de Desenvolvimento
BRASSCOM	Associação Brasileira das Empresas de Tecnologia da Informação e Comunicação
C2C	transações entre consumidores (em inglês *consumer-to-consumer*)
CBDC	moeda digital emitida por banco central (em inglês *central bank digital currency*)
CBS	Contribuição sobre Bens e Serviços
CECA	Comunidade Europeia do Carvão e do Aço
CEE	Comunidade Econômica Europeia
CGOA	Comitê Gestor das Obrigações Acessórias do ISS
CGV	Cadeia Global de Valor
CIAT	Centro Interamericano de Administrações Tributárias
CIDE-Digital	Contribuição de Intervenção no Domínio Econômico incidente sobre a Receita Bruta de Serviços Digitais Prestados pelas Grandes Empresas de Tecnologia
CNS	Confederação Nacional dos Serviços
Cofins	Contribuição para o Financiamento da Seguridade Social
CPMF	Contribuição Provisória sobre Movimentação Financeira
CRS	Padrão de Declaração Comum (em inglês *Common Reporting Standard*)
CTN	Código Tributário Nacional
DBCFT	*Destination-Based Cash-Flow Tax.*
DeFi	finanças descentralizadas (em inglês *decentralised finance*)

DLT	Tecnologia de Registro Distribuído (em inglês *Distributed Ledger Technology*)
Endereço IP	Endereço de Protocolo da Internet (em inglês *Internet Protocol address – IP address*)
EUA	Estados Unidos da América
Finsocial	Fundo de Investimento Social
FMI	Fundo Monetário Internacional
GATS	Acordo Geral sobre Comércio de Serviços (em inglês *General Agreement on Trade in Services*)
GATT	Acordo Geral sobre Tarifas e Comércio (em inglês *General Agreement on Tariffs and Trade*)
IBGE	Instituto Brasileiro de Geografia e Estatística
IBS	Imposto sobre Bens e Serviços
IaaS	Infraestrutura como serviço (em inglês *Infrastructure-as-a-service*)
ICM	Imposto sobre Operações relativas à Circulação de Mercadorias
ICMS	Imposto sobre Circulação de Mercadorias e sobre Prestações de Serviços de Transporte Interestadual e Intermunicipal e de Comunicação
IEDI	Instituto de Estudos para o Desenvolvimento Industrial
IIP	Imposto de Indústrias e Profissões
IOF	Imposto sobre Operações de Crédito, Câmbio e Seguro, e sobre Operações Relativas a Títulos ou Valores Mobiliários
IOSS	Balcão Único de Importação do IVA (em inglês *Import One-Stop-Shop*)
IoT	Internet das Coisas (em inglês *Internet of Things*)
IPEA	Instituto de Pesquisa Econômica Aplicada
IPI	Imposto sobre Produtos Industrializados
IPTV	Televisão por protocolo de Internet
IR	Imposto de Renda
IRPJ	Imposto de Renda da Pessoa Jurídica
IRRF	Imposto de Renda Retido na Fonte
ISS	Imposto sobre Serviços de Qualquer Natureza
ISTC	Imposto sobre Serviços de Transportes e Comunicações
IVA	Imposto sobre Valor Agregado
IVC	Imposto sobre Vendas e Consignações

MLE	Empresa com Múltiplos Estabelecimentos (em inglês *Multiple Location Entity*)
MOSS	Minibalcão Único do IVA (em inglês *Mini One-Stop-Shop*)
NF-e	Nota Fiscal Eletrônica
NFC-e	Nota Fiscal de Consumidor Eletrônica
NFS-e	Nota Fiscal de Serviços Eletrônica
OCDE	Organização para a Cooperação e Desenvolvimento Econômico
OMA	Organização Mundial das Aduanas
OMC	Organização Mundial do Comércio
ONU	Organização das Nações Unidas
OSS	Balcão Único do IVA (em inglês *One-Stop-Shop*)
OTT	Serviços *Over The Top*
P2P	transações par a par ou ponto a ponto (em inglês *peer-to-peer*)
PaaS	Plataforma como serviço (em inglês *Platform-as-a-service*)
Pasep	Contribuição para o Programa de Formação do Patrimônio do Servidor Público
PEC	Proposta de Emenda à Constituição
PIB	Produto Interno Bruto
PIS	Contribuição ao Programa de Integração Social
PL	Projeto de Lei
PLP	Projeto de Lei Complementar
RKC	Convenção de Quioto Revisada (em inglês *Revised Kyoto Convention*)
RTS	Regime de Tributação Simplificada
SaaS	*Software* como serviço (em inglês *Software-as-a-service*)
SCM	Serviço de Comunicação Multimídia
SeAC	Serviço de Acesso Condicionado
SEPLAN	Secretaria de Planejamento
SLE	Empresa com um Único Estabelecimento (em inglês *Single Location Entity*)
STF	Supremo Tribunal Federal
STJ	Superior Tribunal de Justiça
SVA	Serviço de valor adicionado
TAG	Grupos Consultivos Técnicos (em inglês *Technical Advisory Group*)
TIC	Tecnologias da Informação e Comunicação
TRU	Tabela de Recursos e Usos
TVA	*Taxe sur la valeur ajoutée*

UNCTAD	Conferência das Nações Unidas sobre Comércio e Desenvolvimento (em inglês *United Nations Conference on Trade and Development*)
VoIP	Voz sobre IP
VPN	*Virtual Personal Network*
WP9	Grupo de Trabalho do Comitê de Assuntos Fiscais da OCDE sobre impostos sobre o consumo (em inglês *Working Party* No. 9)

SUMÁRIO

INTRODUÇÃO 35

Contexto do Estudo 35

Delimitação dos Objetivos da Pesquisa e da Tese a Ser Defendida 39

Metodologia 43

Estrutura do Livro 45

1 ECONOMIA DIGITAL, GLOBALIZAÇÃO, NOVOS MODELOS DE NEGÓCIOS E DESAFIOS QUE IMPÕEM À TRIBUTAÇÃO DO CONSUMO **49**

1.1 Revolução Tecnológica e Economia Digital 50

1.2 A Digitalização da Economia e a Quarta Fase da Globalização 56

1.2.1 A Evolução do Processo de Globalização e as Novas Tecnologias 56

1.2.2 Novas Tendências das Cadeias Globais de Valor 60

1.2.3 Globalização e Tributação 64

1.3 Economia Digital e Tributação do Consumo 66

1.3.1 Princípios e Modelos de Tributação do Consumo 67

1.3.2 Novos Modelos de Negócios e seus Desafios à Tributação do Consumo 74

1.3.2.1 Escala Internacional sem Presença física 75

1.3.2.2 Fundamentação em Intangíveis 77

1.3.2.3 Mobilidade de Consumidores, Usuários e Partes dos Negócios 78

1.3.2.4 Dependência de Dados e da Participação dos Usuários e Efeitos de Rede 78

1.3.2.5 Modelos de Negócios Multilaterais 79

1.3.2.6 Tendência ao Monopólio ou Oligopólio e Volatilidade dos Mercados 81

1.3.3 Criação de Valor nos Negócios Digitais e a Tributação do Consumo 81

1.3.4 Modelos de Negócios Digitais Específicos e a Tributação do Consumo 87

1.3.4.1 Comércio Eletrônico (*e-commerce*) 87
1.3.4.2 Plataformas de Economia Compartilhada (*Sharing and Gig Economy*) 90
1.3.4.3 Redes Sociais 96
1.3.4.4 Computação na nuvem (*Cloud Computing*) 98
1.3.5 Tecnologias Inovadoras e a Tributação do Consumo 102
1.3.5.1 Internet das Coisas 102
1.3.5.2 Impressão 3D 104
1.3.5.3 Moedas Virtuais 106
1.4 Respostas aos Objetivos Específicos do Capítulo 112

2 RECOMENDAÇÕES INTERNACIONAIS DE POLÍTICA TRIBUTÁRIA PARA A TRIBUTAÇÃO DO CONSUMO DA ECONOMIA DIGITAL 117
2.1 Discussões nos Organismos Internacionais 120
2.2 Implementação Harmonizada do Princípio do Destino 125
2.2.1 Diretrizes para Garantir a Neutralidade e Determinar o Local do Consumo 126
2.2.2 Fortalecimento da Capacidade Impositiva do Fisco do Destino 135
2.2.2.1 Obrigação de Registro dos Provedores Estrangeiros no País do Destino 137
2.2.2.2 Atribuição de Responsabilidade a Terceiros 140
2.2.2.2.1 Responsabilidade das Plataformas Digitais 140
2.2.2.2.2 Responsabilidade de Outros Intermediários e dos Adquirentes 150
2.2.2.3 Cooperação Internacional em Matéria Fiscal 151
2.2.3 Importação de Bens de Pequeno Valor 152
2.3 Experiências Recentes de Adaptações de Sistemas Tributários às Recomendações dos Organismos Internacionais 156
2.3.1 Austrália e Nova Zelândia: o Encaixe dos IVAs Modernos 158
2.3.2 União Europeia: a Harmonização do IVA em Países com Competências Tributárias Próprias 160
2.3.3 América Latina: as Experiências Particulares de nossos Vizinhos 164
2.4 Respostas aos Objetivos Específicos do Capítulo 175

3 A TRIBUTAÇÃO DO CONSUMO NO BRASIL DIANTE DOS DESAFIOS DA ECONOMIA DIGITAL **179**
3.1 A Construção e a Desconstrução da Tributação do Consumo no Brasil 181

3.1.1 Da Proclamação da República até a Reforma Tributária de 1965 182
3.1.2 A Tributação do Consumo na Reforma Tributária de 1965 186
3.1.3 O Desgaste do Modelo e a Oportunidade Perdida na Assembleia Constituinte de 1987-88 192
3.1.4 A Desconstrução do Modelo de 1965 no Pós-1988 198
3.2 O Enfraquecimento do Modelo diante da Economia Digital 205
3.2.1 Creditamento Limitado 206
3.2.2 Híbrido do Princípio da Origem e do Destino 209
3.2.3 Conflitos de competências 210
3.2.3.1 A Tributação de Mercadorias e Serviços (ICMS-Mercadorias vs ISS) 211
3.2.3.1.1 Evolução Jurisprudencial no STF sobre a Dicotomia Mercadorias e Serviços 212
3.2.3.1.1.1 ICMS sobre Bens Incorpóreos 212
3.2.3.1.1.2 ISS e Obrigação de Fazer 218
3.2.3.1.2 Evolução Legislativa e Disputa entre os Entes 221
3.2.3.1.3 Possíveis Consequências do Julgamento sobre a Tributação do *Software* 223
3.2.3.2 A Tributação de Serviços de Comunicação e Transporte Não Locais e dos Demais Serviços (ICMS-Comunicação e Transporte vs ISS) 224
3.2.4 Estreitamento da Base Tributável dos Serviços (ISS vs Não Incidência) 229
3.2.5 Tributação de Contratos Mistos 234
3.2.6 Tributação dos Modelos de Negócios e Tecnologias Digitais Analisados 236
3.3 Respostas aos Objetivos Específicos do Capítulo 239

4 POSSIBILIDADES DE INCORPORAÇÃO DAS RECOMENDAÇÕES INTERNACIONAIS PARA A TRIBUTAÇÃO DO CONSUMO NO BRASIL 241
4.1 Breves Anotações sobre os Cenários a serem Analisados e sobre o Atual Grau de Integração das Administrações Tributárias 246
4.2 Cenário 1: Manutenção da Estrutura Tributária Atual 251
4.2.1 Enfrentamento dos Problemas Estruturais do Ordenamento Brasileiro 252

4.2.2 Recomendações Internacionais relacionadas a Serviços e Intangíveis 254
4.2.3 Recomendações Internacionais relacionadas a Bens Tangíveis de Pequeno Valor 268
4.3 Cenário 2: Ajustes Infraconstitucionais nos Tributos Existentes 270
4.3.1 Enfrentamento dos Problemas Estruturais do Ordenamento Brasileiro 270
4.3.2 Recomendações Internacionais relacionadas a Serviços e Intangíveis 277
4.3.3 Recomendações Internacionais relacionadas a Bens Tangíveis de Pequeno Valor 279
4.4 Cenário 3: Criação de um Novo Tributo para a Economia Digital 279
4.5 Cenário 4: Reforma Constitucional dos Tributos Existentes 282
4.5.1 Enfrentamento dos Problemas Estruturais do Ordenamento Brasileiro 284
4.5.2 Recomendações Internacionais relacionadas a Serviços e Intangíveis 285
4.5.3 Recomendações Internacionais relacionadas a Bens Tangíveis de Pequeno Valor 286
4.6 Cenário 5: Unificação dos Tributos sobre o Consumo em um IVA Nacional ou Dual 286
4.6.1 Enfrentamento dos Problemas Estruturais do Ordenamento Brasileiro 289
4.6.2 Recomendações Internacionais relacionadas a Serviços e Intangíveis 292
4.6.3 Recomendações Internacionais relacionadas a Bens Tangíveis de Pequeno Valor 296
4.7 Cooperação Internacional em Matéria Fiscal e a Realidade Brasileira 296
4.8 Respostas aos Objetivos Específicos do Capítulo 298

CONCLUSÕES 305

REFERÊNCIAS 313

INTRODUÇÃO

Contexto do Estudo

O historiador israelense Yuval Noah Harari elenca a **revolução tecnológica**, representada pela fusão da tecnologia da informação com a biotecnologia, como um dos desafios globais do século XXI que ameaça os valores centrais de nossa sociedade e adverte que, para superá-lo, só existe solução por meio de cooperação global (Harari, 2018, p. 114). Na Economia, diversos autores ressaltam que as novas tecnologias estão alterando de modo radical como produzimos, trabalhamos e consumimos, a ponto de estarmos no início de uma nova revolução industrial, com consequências importantes na distribuição de riquezas, no nível de emprego e na arrecadação tributária (Brynjolfsson; Mcafee, 2016, p. 4-10; Schwab, 2019, p. 16-17).

Aos modelos de negócios potencializados pelas novas tecnologias costuma-se denominar de "**economia digital**" (OECD, 2020b, p. 5). Devemos, contudo, evitar a ideia, passível de advir da adjetivação do nome "economia", de que se trata de uma parcela separada ou complementar da economia tradicional. Atualmente é cada vez mais difícil se traçar alguma fronteira entre o digital e o tradicional, na medida em que a grande maioria das transações econômicas passa progressivamente a se sustentar, ainda que parcialmente, sobre a estrutura dos computadores e da Internet (OECD, 2015a, p. 54). Na verdade, é razoável supor que, em pouco tempo, os negócios totalmente apartados do mundo digital é que serão a exceção.

A velocidade de digitalização da economia já surpreendia e preocupava o mundo. Mas a pandemia da Covid-19 acelerou muito o processo, acrescentando nova camada de complexidade ao fenômeno. Da noite para o dia, todas as nações tiveram que se reorganizar para adotar o teletrabalho, o ensino à distância e as compras *online*, em uma tendência que, tudo indica, veio para ficar, e catapultou, na mesma proporção, outras mazelas que precisarão ser igualmente enfrentadas, como a desigualdade econômica e a vulnerabilidade social (UNCTAD, 2021b, p. xiii).

Nesse contexto, a **tributação da economia digital** não poderia deixar de ser um tema atual e inevitável. Afinal, tributar é retirar parte da riqueza privada para sustentar o Estado, e se a forma como essa riqueza se manifesta é alterada de forma substantiva, a tributação precisa a ela se adaptar. Isso se tornou especialmente relevante porque o arcabouço tributário atual foi pensado para uma economia estruturada na troca de bens físicos, mas se mostrou extremamente falho para detectar e taxar fatos econômicos que se passam totalmente no mundo digital.

Na verdade, as mudanças econômicas e sociais decorrentes da digitalização ainda estão em curso, com grande indefinição sobre o futuro de muitas variáveis ou tendências (como novas profissões e novos negócios), o que torna também difícil uma análise e recomendação mais conclusiva de como adaptar o sistema tributário a esse novo cenário. Usando de metáfora comum na linguagem popular, o processo se assemelha a trocar a roda do carro com ele em movimento.

Os **desafios** trazidos pelas novas tecnologias aos sistemas tributários se estendem a todas as suas bases econômicas. Na tributação do consumo, a maior dificuldade é controlar e tributar os fornecimentos de bens e as prestações de serviços realizados por empresas não residentes, em especial para as transações que se passam totalmente no mundo digital e são direcionadas para consumidores privados (OECD, 2015a, p. 120). A preocupação decorre tanto da possível diminuição de receita tributária nas operações não detectadas pelo fisco quanto da perda de competitividade dos negócios tradicionais locais, que continuam obrigados a pagar os tributos devidos e não conseguem fazer frente a quem não o faz.

A tributação do consumo sobre o valor agregado – aquela em que se cobra apenas o imposto sobre o valor adicionado em cada etapa da cadeia produtiva sem a incidência em cascata de impostos (não cumulatividade), – é a mais difundida no mundo, adotada atualmente por 170 países na forma de impostos com diversos nomes, predominando "Imposto sobre Valor Agregado (IVA)" e "Imposto sobre Bens e Serviços (IBS)" (OECD,

2020a, p. 18; VARSANO, 2014, p. 20). Nesse contexto de predominância do IVA/IBS pelo mundo, não é surpresa que a busca de respostas para os desafios da economia digital para a tributação do consumo da economia digital se concentre nessa modalidade.

Em fórum de discussão global na Organização para a Cooperação e Desenvolvimento Econômico (**OCDE**) com a maioria dos países do mundo, chegou-se à conclusão de que a **solução** poderia se dar com os atuais ordenamentos estruturados sobre impostos sobre o valor agregado, desde que adotadas algumas adaptações que garantissem a efetiva tributação dos serviços e bens digitais no local em que forem prestados ou consumidos e a cobrança do imposto sobre bens importados de pequeno valor (OECD, 2015a, p. 147-148). Isso possibilitou a criação de um conjunto de recomendações que terminou por se tornar **praticamente consensual internacionalmente**, o que se demonstra tanto pelos demais organismos internacionais ou o terem chancelado explicitamente ou não apresentado alternativas quanto pela sua rápida adoção, com maior ou menor grau de aderência, por mais de 70 países (OECD/WBG/CIAT/IDB, 2021, p. 140).

É verdade que esse **consenso é desafiado** pela maior economia do mundo, os Estados Unidos da América (EUA), que não adotou um IVA/IBS e continua centrando sua tributação do consumo em impostos estaduais e locais que incidem, em regra, apenas sobre bens tangíveis e poucos serviços e somente nas vendas no varejo (AVI-YONAH, 2020; VAZQUEZ, 2017), e que, quando discute a matéria, encaminha soluções no sentido de adoção de formas híbridas de tributação da renda e do consumo (AUERBACH, 2017). A contestação vem também daqueles que defendem que a tributação atual não pode se sustentar em impostos concebidos para uma realidade em que a economia se baseava em bens físicos, sendo necessário ousar soluções disruptivas, baseadas em novos tributos, ainda que cobrados de forma complementar aos atualmente existentes (CINTRA, 2018; CORREIA NETO; AFONSO; FUCK, 2019, p. 157-158; SOETE; KAMP, 1996). Entretanto, diante da compreensão de que o problema da tributação da economia digital possui uma dimensão essencialmente global, a existência de divergências não afasta a necessidade de que os países avaliem os prós e os contras de se alinharem ao consenso internacional.

Até o momento, referimo-nos à **tributação geral do consumo**, isto é, à incidência tributária sobre os gastos com os bens e serviços da economia com objetivos principalmente arrecadatórios. Todavia, além de manterem um imposto sobre o consumo geral com a função precípua de arrecadar, muitos países implementam tributos específicos com funções diversas, em especial para sobretaxar produtos e serviços com externalidades negativas (*excise taxes*) (OECD, 2020a, p. 24-25). A economia digital trouxe a discussão sobre a viabilidade de se implementarem **impostos específicos** sobre o faturamento das grandes empresas de tecnologia, como forma de compensar parte dos lucros que muitos países julgam que deveriam ter sido tributados em seus territórios (ASEN, 2021).

Essas preocupações com os efeitos da economia digital sobre a tributação ganham relevo no **Brasil**, com seu sistema de impostos e contribuições considerado por muitos como inadequado para as necessidades de uma sociedade em acelerada digitalização (BRASIL, 2017b, p. 42). Na base consumo, entregamos, grosso modo, a incidência de mercadorias e de serviços para entes federados diversos, o que gerou inúmeros conflitos de competências, que foram agravados quando os novos modelos de negócios digitais passaram a esmaecer ainda mais a divisão dos conceitos de mercadoria e serviço. Nesse cenário, grande parte do debate tributário sobre a economia digital se foca em saber qual imposto deveria incidir sobre essa base: o Imposto sobre Circulação de Mercadorias e Serviços (ICMS), cobrado pelos estados e Distrito Federal, ou o Imposto sobre Serviços (ISS), exigido pelos municípios (GOMES, D., 2019, p. 32; GOMES, E.; DIAS; FROTA, 2019; SZELBRACIKOWSKI, 2017).

Essas e outras disfunções já existiam antes da economia digital, o que fez com que a **reforma da tributação do consumo** tenha permeado o debate nacional dos últimos 30 anos em diversas propostas discutidas, mas não aprovadas, no Congresso Nacional (LUKIC, 2014, p. 255-363). Mais recentemente, o tema voltou a ocupar o centro das discussões em novas propostas de reforma tributária em apreciação pelo Parlamento, agora também impulsionado pelo contexto digital (ARAUJO; CORREIA NETO, 2019, p. 41-48).

Especialistas divergem sobre soluções para os problemas do ordenamento brasileiro. Alguns insistem que a única saída está na unificação dos tributos sobre o consumo em um IVA/IBS de abrangência nacional

(CCIF, 2019). Pelas dificuldades de adoção dessa proposta, outros defendem a unificação dos tributos federais de um lado, com a junção do ICMS com o ISS de outro (IVA/IBS dual) (Rocha, M., 2021). Há os que argumentem que qualquer unificação de tributos não é recomendada, pugnando apenas pela harmonização das regras do ICMS e do ISS, com o gerenciamento do sistema por meio de um sistema eletrônico automatizado baseado em notas fiscais eletrônicas (Macedo, 2021). E ainda existem aqueles que afirmam ser desnecessário se promoverem alterações significativas na estrutura dos impostos e contribuições em vigor, devendo-se concentrar esforços na consolidação de regras interpretativas e em reformas do processo tributário (Maciel, 2020, p. 37).

Em paralelo a esse debate voltado à tributação geral do consumo no Brasil, é importante destacar que, em nossas terras, existe forte defesa de adoção de um imposto sobre transações financeiras, seja no modelo em que substitui a maioria dos tributos existentes (conhecido como imposto único), seja em uma versão mais contida que substitui apenas as contribuições sociais sobre a folha de pagamentos (Cintra, 2018), embasada na experiência exitosa da Contribuição Provisória sobre Movimentação Financeira (CPMF) no país. Aqui também já chegou a discussão sobre a viabilidade de adoção de tributos específicos sobre o faturamento das grandes empresas de tecnologia para compensar suposta tributação insuficiente de seus lucros (Peroba, 2019).

Delimitação dos objetivos da pesquisa e da tese a ser defendida

Nesse contexto, o **objetivo** desta pesquisa é analisar se, e em que medida, as recomendações da OCDE para os desafios tributários trazidos pela economia digital à tributação geral do consumo podem ser aplicadas ao Brasil diante de suas peculiaridades, tanto para o ordenamento vigente quanto para alguns modelos de tributação de consumo diversos estabelecidos em propostas de reforma tributária em discussão.

A princípio, não se pretende, com isso, apontar qualquer um desses modelos como a melhor opção. Possivelmente, a unificação total dos tributos em um IVA/IBS nacional seria a solução que melhor se adequa às recomendações internacionais, pois elas foram desenvolvidas tendo em foco esse modelo. Mas um IVA/IBS único tem consequências muito além da economia digital, em termos jurídicos e, em especial, políticos, que escapam ao escopo deste estudo. É por isso que, em vez de nos concentrarmos em apenas um dos modelos, pretendemos verificar se, e até que ponto, as recomendações internacionais podem ser aplicadas às demais soluções pensadas pelos especialistas brasileiros, propondo, quando cabível, sugestões de alterações jurídicas que possibilitem essa adaptação.

Para balizar a pesquisa, elencamos os seguintes **objetivos específicos**:

(i) Entender os desafios impostos à tributação do consumo pela economia digital, com especial atenção aos novos modelos de negócios digitais;
(ii) Estudar as recomendações propostas pela OCDE para os desafios trazidos pela economia digital à tributação do consumo;
(iii) Avaliar as experiências dos países que reformaram suas legislações de acordo com as recomendações da OCDE, em busca de lições que possam ser aproveitadas na discussão sobre nosso país;
(iv) Observar se a tributação do consumo brasileira, além dos desafios gerais impostos a todos os países pela economia digital, enfrenta problemas específicos decorrentes de suas peculiaridades;
(v) Conhecer as soluções de reforma da tributação de consumo propostas pelos especialistas brasileiros para ajustar nosso sistema tributário de consumo à economia digital;
(vi) Para cada uma dessas soluções, verificar como se adequam aos desafios da economia digital, bem como de que modo as recomendações dos organismos internacionais podem a elas ser adaptadas para aprimorar a incidência sobre os novos negócios.

O **recorte da pesquisa** inclui apenas o estudo da tributação geral do consumo, o que se justifica pela (i) arrecadação dos impostos e contribuições incidentes sobre o consumo ser extremamente importante no Brasil, tendo correspondido a 39,5% de toda a receita tributária em 2018 (BRASIL, 2020c, p. 4 , 15), merecendo uma análise mais cuidadosa das consequências que as novas tecnologias podem exercer sobre seu montante; (ii) necessidade de mudanças desses tributos diante dos problemas trazidos pela economia digital estar no cerne dos debates das reformas tributárias discutidas no Congresso Nacional em 2021, sendo tema especialmente relevante para o país; (iii) discussão sobre os impactos das novas tecnologias sobre as demais bases de tributação, tais como a renda e a propriedade, envolver temas e perspectivas bastante diversas, o que ampliaria por demais o escopo da pesquisa; e (iv) inclusão de tributos específicos sobre o consumo no estudo, em especial os incidentes sobre o faturamento das grandes empresas de tecnologia para compensar lucros pouco tributados, trazer à baila a ótica da tributação da renda e não da do consumo.

Ainda quanto aos limites da pesquisa, ressaltamos que, ao nos dedicarmos à base consumo, em momento algum afirmamos que ela é superior e que deve ser privilegiada com relação às outras. Um sistema tributário baseia-se em uma cesta de tributos escorada em diversas bases econômicas indicativas da capacidade contributiva dos contribuintes, sendo as mais comuns a renda, o consumo, a propriedade e a folha de salários. A composição e calibragem dessa cesta varia de país a país em função de uma série de decisões políticas derivada de fatores históricos, sociais e econômicos, cuja discussão, apesar de relevante, escapa ao objeto deste estudo.

Nossa **hipótese de pesquisa inicial** era que a economia digital, além de trazer ao Brasil os mesmos desafios gerais que estabelece aos demais países do mundo, impunha problemas próprios ao ordenamento tributário brasileiro decorrentes de sua estrutura, que prejudicavam a eficiência e a eficácia da tributação do consumo[6]. Contudo, ponderávamos que somente seria possível adotar as recomendações internacionais caso alterássemos a estrutura de nosso sistema, unificando os tributos existentes em um IVA/IBS nacional. Isso porque essas orientações foram elaboradas tendo em vista sistemas assentados em impostos sobre o valor agregado cobrados no destino, o que não ocorre com nossos impostos e contribuições em vigor, e devido aos inúmeros conflitos de competências entre alguns desses tributos, o que dificultava até mesmo a definição de qual deles deveria ser cobrado em transações internacionais.

[6] Neste livro, utilizaremos a palavra "eficiência" no sentido de eficiência econômica produtiva ou técnica, conceito que busca avaliar quão bem o resultado foi obtido diante de meios alternativos considerando a minimização de custos ou a maximização de benefícios. Já "eficácia" será empregada para representar a capacidade de se produzir determinado resultado. (Bogt, 2013, p. 675-677; Stiglitz, 2000, p. 63).

A pesquisa, contudo, demonstrou que as diretrizes internacionais poderiam também ser incorporadas em versões do ordenamento de consumo menos centralizadas, com melhorias no resultado da arrecadação tributária, o que recomendava o estudo da adaptação dessas medidas em diversos cenários de configuração de nosso sistema.

Nesse contexto, a **tese defendida** pelo estudo se escora nas seguintes conclusões. Os problemas estruturais do sistema tributário brasileiro identificados na pesquisa foram agravados com a economia digital, prejudicando sua eficiência e eficácia. Apesar de as soluções para esses problemas só poderem se dar com alterações na estrutura dos tributos sobre o consumo brasileiros, as recomendações internacionais podem ajudar no enfrentamento dos desafios gerais enfrentados pelos demais países. Essas diretrizes podem ser internalizadas tanto no cenário atual, sem alterações significativas na estrutura tributária, quanto em diversas configurações de sistemas tributários mais próximos dos cânones internacionais, com resultados potenciais progressivamente melhores conforme o nível dos ajustes. A adaptação ao padrão internacional nos diversos cenários, mesmo naqueles com tributos pouco integrados, é possibilitada pelos avanços tecnológicos disponíveis aos fiscos, como as notas fiscais eletrônicas e ambientes de informática compartilhados para cumprimento de obrigações acessórias.

Quanto à **originalidade da pesquisa**, a possibilidade de incorporação das recomendações internacionais ao ordenamento brasileiro tem tido pouco espaço tanto interna, com poucos artigos acadêmicos avaliando essa hipótese (IEDI, 2021, p. 27-44; Piscitelli, 2019, p. 543), e mesmo assim de forma parcial, quanto externamente, com os relatórios dos organismos internacionais deixando de apreciar possíveis adaptações do ordenamento brasileiro sob o argumento de que não temos um IVA/IBS na esfera federal (OECD/WBG/CIAT/IDB, 2021, p. 151-153). A avaliação de como adaptar essas diretrizes para diversos cenários de ordenamentos tributários de consumo no Brasil, inclusive para os tributos em vigor, consiste no principal resultado do estudo, tratando-se de contribuição inédita ao debate jurídico.

Além disso, o enfrentamento das críticas sobre o possível desgaste da tributação sobre o valor agregado e do princípio do destino na economia digital a partir do estudo de como os negócios digitais criam valor (capítulo 1); a análise de quais desafios da economia digital são de fato enfrentados pelas recomendações internacionais e da possibilidade de essas orientações serem aproveitadas, ainda que de forma parcial, mesmo por países que não possuem um IVA/IBS (capítulo 2); bem como a avaliação aprofundada de como os problemas estruturais do ordenamento brasileiro foram agravados pela economia digital, com destaque à recente evolução jurisprudencial sobre os conflitos de competências entre ISS e o ICMS pelas bases da economia digital (capítulo 3) podem ser considerados como resultados inéditos deste estudo[7].

Metodologia

A pesquisa será essencialmente **qualitativa**, descrevendo o tema, construindo hipóteses e chegando a conclusões, e **interdisciplinar**, como não poderia deixar de ser em um trabalho que trata de tributação, assim entendida como um fenômeno social abordado por um conjunto de ciências, como o Direito, a Economia, a Administração Pública e a Ciência Política, entre outras. A técnica adotada será a **bibliográfica e documental**, em especial uma ampla revisão da literatura nacional e estrangeira sobre a tributação de novas tecnologias, bem como de textos elaborados por organismos internacionais (OCDE, União Europeia, FMI, CIAT etc.) e de estudos comparativos da legislação dos países que reformaram recentemente seus ordenamentos tendo em vista os desafios da economia digital.

Quanto à **interdisciplinaridade**, julgamos importante tecer esclarecimentos complementares, por entendermos haver, em nosso país, uma certa resistência a abordagens multidisciplinares do fenômeno tributário, mais voltadas para sua finalidade do que para sua forma. Com forte influência dos sistematizadores do Direito Tributário no Brasil, nos

[7] A pesquisa se encaixa na **Iniciativa Governance 4.0**, da qual o IDP faz parte, projeto que, entre outros objetivos, busca estratégias institucionais de adequação do sistema tributário às transformações tecnológicas de nosso tempo. O objetivo geral do empreendimento é refletir e identificar ações estratégicas para a definição de um ambiente institucional conectado com o novo contexto do século XXI e capaz de lidar com as novas demandas e necessidades nas diversas sociedades diante das exigências da nova onda de globalização. Também fazem parte do projeto a Fundação Getúlio Vargas (FGV), a Universidade de São Paulo (USP) e a Faculdade de Direito da Universidade de Lisboa (FDUL).

anos 1960 e 1970, em especial Alfredo Augusto Becker, Geraldo Ataliba e Paulo de Barros Carvalho, fortaleceu-se em nossas terras uma prática de estudos centrada nos aspectos formais das normas jurídicas em detrimento dos substanciais (Folloni; Simm, 2016, p. 51 a 54). Alinhamo-nos, contudo, com aqueles que entendem que essa abordagem é insuficiente para resolver os desafios enfrentados pelo Direito em nossa sociedade complexa.

A teoria dos sistemas de Niklas Luhmann demonstra claramente a interdisciplinaridade do fenômeno tributário. Esse autor oferece um modelo de compreensão da sociedade como um sistema de comunicações, fundado em diversos subsistemas que exercem funções segundo lógica e linguagem próprias, mas que se interpenetram, na proporção em que executam operações sobre os mesmos valores, ou sobre valores complementares, nos denominados "acoplamentos estruturais" (Viana, 2015, p. 158). Nesse contexto, Luhmann identifica a tributação como um acoplamento estrutural entre a Política e a Economia (Luhmann, 1990, p. 26), porque, mediada pelo Direito, estabelece limites ao poder político na extração de recursos das famílias e empresas (Soares, 2006, p. 17 e 18)[8],[9].

Destacamos, ainda, que o recurso à interdisciplinaridade não implicará qualquer espécie de "**sincretismo metodológico**" (Kelsen, 2019, p. 1-2; Monebhurrun; Varella, 2013, p. 430-431; Oliveira, L., 2004, p. 13). Entendemos que a complexidade do mundo somente pode ser enfrentada pela abertura da ciência a essa realidade por meio de um conhecimento multidimensional, que exige o diálogo do Direito com outras ciências. A fronteira entre as disciplinas, contudo, não desaparece;

[8] No mesmo texto, Luhmann descreve outro acoplamento estrutural de interesse a este trabalho, ao definir a Constituição como um acoplamento estrutural entre o Direito e a Política. Argumenta que o Direito necessita da Constituição para fundar sua validade por meio de uma referência ao próprio Direito; a Política precisa da Constituição para justificar a soberania; e o acoplamento estrutural entre o sistema jurídico e o político ocorre quando a Constituição se utiliza de termos como povo, eleitor, partidos, Estado etc. (Luhmann, 1990, p. 16).

[9] Em tempo, cabe-nos esclarecer que Luhmann não servirá de base teórica para este estudo, tendo sido citado apenas para ilustrar a interdisciplinaridade do fenômeno tributário.

apenas relações impensadas em seu interior são destacadas (FOLLONI; SIMM, 2016, p. 57-58). Nesse contexto, a perspectiva da pesquisa é jurídica, e jurídicos serão os métodos adotados. As demais ciências são utilizadas somente para qualificar os fatos analisados pelo Direito (GRECO, 2011, p. 171).

Esclareça-se, ainda, que não se postula o simples **transplante de ordenamentos estrangeiros** para o Brasil (VITA, 2019, p. 521), o que muitas vezes se faz quando se analisam recomendações de organismos internacionais de forma acrítica. Tal atitude se mostra inadequada, pois os sistemas tributários de cada país representam escolhas e estados de desenvolvimento próprios de determinado tempo e lugar. Busca-se, ao contrário, beber das experiências internacionais, entendendo seu contexto próprio, e adaptá-las, na medida do possível, à nossa realidade particular. Isto é, entender o processo de "difusão do direito" sem dar preponderância excessiva ao local de forma a negar a globalização, nem adotar uma perspectiva "globalista" que descarte o local como irrelevante (WESTBROOK, 2006, p. 492).

Estrutura do livro

Para atingir os objetivos geral e específicos anteriormente listados, este livro conterá, além desta introdução, quatro capítulos de conteúdo e um de conclusão dos resultados obtidos.

O **capítulo 1** explora as dificuldades trazidas pela economia digital à tributação do consumo. Para isso, além de tratar dos aspectos mais técnicos de tributação, busca situar o tema dentro de uma visão global, no contexto dos debates internacionais sobre os efeitos da tecnologia na economia mundial, em especial das revoluções por que passam o processo de industrialização e as cadeias globais de valor, com o objetivo de demonstrar que se trata de um problema mundial, que precisa de uma resposta também em escala planetária.

O capítulo se aprofunda nos problemas que os novos modelos de negócios digitais trouxeram para os impostos sobre o consumo. Primeiro destaca os desafios gerais trazidos à tributação dessas empresas. Em seguida, analisando os diferentes modelos de criação de valor, enfrenta as críticas de que a economia digital teria tornado os tributos sobre o valor agregado inadequados para extrair receitas da base consumo. Finalmente, estudando de modo mais detalhado exemplos de negócios digitais (comércio eletrônico, plataformas de economia compartilhada, redes sociais e computação na nuvem) e de tecnologias disruptivas (internet das coisas, impressão 3D e moedas virtuais), confronta o modo como alteram a cadeia de produção e a forma como as receitas são neles geradas com os desafios gerais e as críticas anteriormente levantadas.

O **capítulo 2** analisa as soluções que a OCDE propôs para os problemas causados pela economia digital à tributação do consumo, que consistem, em suma, em recomendações de política tributária voltadas à adoção harmonizada do princípio do destino entre os países, divididas em três dimensões: (i) definição harmonizada do local do consumo nas operações com bens intangíveis e serviços, (ii) estratégias para aumentar o poder de *enforcement* das administrações tributárias com relação às prestações imateriais, e (iii) procedimentos para garantir a tributação de bens importados tangíveis de pequeno valor. Além disso, verifica como essas propostas têm sido adotadas na prática por outros países, em busca de lições que possam ser aproveitadas na discussão sobre o Brasil.

O **capítulo 3** discorre sobre as características básicas de nosso ordenamento tributário do consumo, destacando seus principais problemas, em especial aqueles trazidos ou agravados pelas características da economia digital descritas no capítulo 1, para verificar se outros desafios são impostos ao nosso sistema devido às suas características particulares.

O capítulo inicia discutindo a evolução de nossa tributação do consumo, desde a Proclamação da República até os dias de hoje, com o objetivo de conhecer as origens dos defeitos hoje apontados em nosso ordenamento. Detectados os problemas estruturais mais relevantes, em seguida, analisa como cada um deles foi agravado pela economia digital. Especial atenção é dedicada aos conflitos decorrentes da divisão da competência tributária sobre mercadorias e serviços (ICMS-Mercadorias e ISS) e sobre serviços de comunicação e de transporte e demais serviços (ICMS-Comunicação e Transporte vs ISS), e às disputas relativas à incidência ou não de ISS por inclusão de serviço em lista descritiva. Finaliza aplicando as conclusões dessa análise aos contratos mistos e operações complexas e aos modelos de negócios e tecnologias digitais discutidos no capítulo 1.

O **capítulo 4** discute as possibilidades de adaptação das recomendações internacionais para a tributação do consumo ao ordenamento brasileiro, levando em conta nossos desafios particulares. Como essas diretrizes não foram concebidas para nossos problemas específicos, é necessário acoplar o estudo das soluções da OCDE com o de respostas às disfunções do ordenamento brasileiro. Por isso, a análise se dá não só quanto ao sistema tributário atual, mas também para os principais projetos de alterações dessa estrutura.

São analisados cinco cenários com graus crescentes de mudanças legislativas: (i) manutenção dos tributos sobre o consumo existentes, sem alterações em sua estrutura, (ii) ajustes infraconstitucionais na estrutura dos impostos e contribuições atuais, (iii) criação de um novo imposto para tributar a economia digital, (iv) ajustes constitucionais no ICMS e no ISS e (v) unificação dos tributos sobre o consumo em um IVA nacional ou dual.

Para cada uma dessas alternativas, o capítulo verifica em que medida resolvem os problemas estruturais de nosso ordenamento, bem como de que modo as recomendações dos organismos internacionais podem a elas ser adaptadas para aprimorar a incidência sobre os novos negócios.

A conclusão sustenta a tese defendida com base nas premissas lançadas nos capítulos de conteúdo.

1
ECONOMIA DIGITAL, GLOBALIZAÇÃO, NOVOS MODELOS DE NEGÓCIOS E DESAFIOS QUE IMPÕEM À TRIBUTAÇÃO DO CONSUMO

> "A maneira mais confiável de prever o futuro é tentar entender o presente."
>
> (John Naisbitt – escritor e futurólogo norte-americano)

Este capítulo trata dos desafios trazidos pela economia digital à tributação do consumo. Para isso, além de discutir os aspectos mais técnicos de tributação, busca situar o tema dentro de uma visão global, no contexto dos debates internacionais sobre os efeitos da tecnologia na economia mundial, em especial das revoluções por que passam o processo de industrialização e as cadeias globais de valor. Alinhado à advertência da epígrafe, busca entender o futuro da tributação do consumo a partir da análise aprofundada dos problemas que a revolução tecnológica impõe à economia dos países no presente.

Dentro da perspectiva mais ampla, a seção 1.1 analisa a conexão da revolução tecnológica com a quarta revolução industrial, fazendo a ligação com a economia digital, definindo-a e mensurando sua importância. Por sua vez, a seção 1.2 faz o liame da revolução tecnológica com a aceleração do processo de globalização a partir dos anos 1990, que levou à consolidação das cadeias globais de valor, destacando as pressões que esse movimento trouxe à tributação do consumo.

Partindo para os aspectos mais técnicos de tributação, a seção 1.3 primeiro discorre sobre os principais conceitos tributários que serão usados no livro, destacando os princípios de um sistema coerente, os modelos clássicos de incidência e as definições básicas relativas ao comércio internacional. Depois, analisa as características mais abrangentes dos empreendimentos digitais, explorando os problemas que trazem à tributação do consumo. Em seguida, verifica como os negócios digitais criam valor ao longo da cadeia para avaliar se isso traz consequências para a utilidade da tributação sobre o valor agregado e do princípio do destino na economia digital. Por fim, aprofunda a análise de alguns modelos de negócios específicos: o comércio eletrônico, a economia compartilhada, as redes sociais e a computação na nuvem, bem como de algumas tecnologias disruptivas: a internet das coisas, a impressão 3D e as moedas virtuais, tanto para subsidiar as conclusões sobre os efeitos da criação de valor ao longo da cadeia quanto para observar se os modelos analisados trazem desafios tributários específicos à tributação do consumo além dos gerais já elencados.

1.1 Revolução tecnológica e economia digital

O progresso das tecnologias da informação e comunicação (TIC) tem impactado nossa sociedade em todas as suas dimensões e trouxe em seu bojo oportunidades e desafios há pouco tempo inimagináveis. Ao mesmo tempo em que impulsiona a competitividade, a produtividade e a integração, no plano econômico, ameaça os empregos e incrementa a desigualdade, no plano social.

Na economia, as novas tecnologias trouxeram mudanças tão profundas, que se tornou corrente a ideia de que vivenciamos uma disrupção nos meios de produção que marca o início de uma **quarta revolução industrial** (Schwab, 2019, p. 16-17).

A **primeira** revolução industrial teria se caracterizado pela construção das ferrovias e a invenção da máquina a vapor, entre 1760 e 1840, originando a produção mecânica. A **segunda**, pelo surgimento da eletricidade e da linha de montagem no fim do século XIX, propiciando a produção em massa. A **terceira**, pelo desenvolvimento dos semicondutores que levaram à criação dos computadores de grande porte, os *mainframes* (década de 1960), dos computadores pessoais (décadas de 1970 e 1980) e da Internet (década de 1990). A **quarta**, iniciada na virada do século XXI, pela fusão de diversos avanços tecnológicos com progressos na física e na biologia, – Internet ampla e móvel, integrada a sensores mais poderosos e combinada a inovações como a inteligência artificial, de um lado; e inovações em nanotecnologia, biotecnologia, sequenciamento genético, energias renováveis e computação quântica, de outro. (Correia Neto; Afonso; Fuck, 2019, p. 147-149; Schwab, 2019, p. 16).

Brynjolfsson e Mcafee (2016, p. 4-10) consideram a revolução industrial como o evento criado pelos homens mais importante da história por ter permitido o crescimento exponencial da economia, do bem-estar e da população – o primeiro período em que o progresso se baseou principalmente nas inovações tecnológicas. Os autores optam por dividir o fenômeno em apenas duas etapas, denominando de "**primeira era das máquinas**" o período iniciado com o aperfeiçoamento da máquina a vapor por James Watt entre 1765 e 1776, e de "**segunda era das máquinas**" a fase principiada com a propagação dos computadores e outros avanços digitais, a partir dos anos 1980[10].

Nos dois casos, os avanços demoraram um certo período para se consolidar, tendo sido necessário se aguardar o desenvolvimento de novas tecnologias complementares e processos organizacionais que permitiram seu aproveitamento de forma integral. O início do século XXI marcaria o ponto de inflexão da "segunda era das máquinas", com a tecnologia demonstrando um amadurecimento suficiente para provocar mudanças significativas na economia e na sociedade. Isso seria explicado por três características do desenvolvimento das TICs: o crescimento exponencial, a digitalização acelerada dos bens analógicos e a inovação derivada do aumento da capacidade de recombinação de ideias. (Brynjolfsson; Mcafee, 2016, p. 37, 102-103).

[10] Além de "quarta revolução industrial" e "segunda era das máquinas", outro termo bastante utilizado para designar os efeitos da revolução tecnológica sobre a economia é "**Indústria 4.0**", embora mais limitado ao setor industrial. Brun, Gereffi e Zhan (2019, p. 43) ensinam que o termo se popularizou pelo uso intensivo da consultoria McKinsey & Company, bem como por ser utilizado como um dos pilares do plano estratégico de desenvolvimento proposto em 2010 pelo Ministério do Comércio e Investimento do Governo Alemão, denominado de "*High-Tech Strategy 2020*".

O **crescimento exponencial da capacidade computacional** foi previsto na conhecida "Lei de Moore" – obviamente não uma lei da Física, mas um *insight* que se mostrou correto – de que o poder computacional dobraria a cada dezoito meses[11]. Essa função exponencial[12] explica por que o poder de processamento rapidamente passou de uma grande promessa, no final dos anos 1990, para uma realidade de tecnologias mais próximas da ficção científica, a partir de meados da década de 2000[13]. E tudo foi potencializado quando os sensores, como microfones, câmaras e acelerômetros, também passaram a se basear em *chips* eletrônicos, e assim a também se submeter às regras da "Lei de Moore". (Brynjolfsson; Mcafee, 2016, p. 40-51).

As novas tecnologias permitiram a conversão de dados analógicos em códigos binários (formados por 0s e 1s) aptos a serem lidos pelos com-

[11] O químico americano Gordon Moore previu que a capacidade de integrar componentes em circuitos integrados dobraria a cada ano por pelo menos dez anos, em um artigo publicado em 1965. Em 1975, revisou sua estimativa, indicando que, a partir de então, a miniaturização duplicaria a cada dois anos. Essa previsão, contudo, terminou sendo excessivamente conservadora. Apesar de muitos afirmarem que essa velocidade não se sustentaria por muito tempo, a prática mostrou que esse prazo se manteve em dezoito meses até os dias atuais (Brynjolfsson; Mcafee, 2016, p. 40-41).

[12] A função exponencial leva rapidamente a números muito grandes, o que faz com que a maioria das pessoas perca noção da dimensão. Famosa é a história da suposta origem do jogo de xadrez, contada no Brasil no célebre livro "O Homem que Calculava" de Malba Tahan, originalmente publicado em 1938, em que um rei indiano, encantado com o jogo que um brâmane pobre lhe apresentara, a ele ofereceu que escolhesse a recompensa que desejasse. A princípio o jovem recusou qualquer prêmio, mas, com a insistência do rei, solicitou que o pagamento fosse feito em grãos de trigo: um grão para a primeira casa do tabuleiro, dois para a segunda, quatro para a terceira, e assim dobrando até a sexagésima quarta casa. Ofendido com pedido tão humilde, o rei aquiesceu e mandou que se calculasse e pagasse a recompensa solicitada. Qual não foi sua surpresa quando o matemático do reino afirmou que a quantidade de grãos necessária seria cem vezes mais alta que o Himalaia, e que, mesmo se toda a Índia fosse semeada com trigo, seriam necessários dois mil séculos para produzir tal acervo. O jovem brâmane teria então liberado o rei da promessa, tendo sido nomeado primeiro-vizir (Tahan, 2013, p. 97-102).

[13] Brynjolfsson e Mcafee (2016, p. 47) definem o ano de 2006 como o ponto de consolidação da revolução tecnológica, a partir do qual começaram a surgir no mundo real as inovações mais disruptivas dos modelos de negócios.

putadores, em um processo denominado de **digitalização**[14], o que possibilitou que todos os tipos de informações – livros, músicas, fotografias, filmes, dados, etc, – fossem transferidos para o mundo digital. Isso permitiu que todas essas informações fossem armazenadas e processadas pelos computadores e transmitidas pela Internet, fazendo com que bens anteriormente analógicos passassem a gozar das propriedades econômicas da informação digital: não-rivalidade, isto é, a possibilidade de serem consumidos por mais de uma pessoa ao mesmo tempo e sem se desgastar, e custo marginal de reprodução próximo a zero, facilitando o acesso de novos usuários a novas cópias do mesmo bem. (Brynjolfsson; Mcafee, 2016, p. 61-64).

A digitalização de praticamente tudo é um dos fenômenos mais importantes dos últimos anos. Prevê-se que o tráfego da Internet em 2021 dobre com relação a 2018, chegando a assombrosos 400 *exabytes* por mês. O mesmo deve acontecer com o tráfego entre centros de armazenamento de dados, que chegará a mais de 20 *zetabytes*[15] (OECD, 2020b, p. 15). O poder computacional crescente aplicado a essa grande quantidade de informações armazenadas trouxe um aumento expressivo da produtividade decorrente da capacidade exponencial de combinar e recombinar ideias e, consequentemente, gerou **inovação.** (Brynjolfsson; Mcafee, 2016, p. 73-90).

Já faz mais de 80 anos que Joseph Schumpeter destacou a importância da inovação para o sistema capitalista, por meio de um processo de destruição criativa que, fundado no avanço tecnológico, revoluciona a estrutura econômica a partir de dentro, destruindo o antigo e criando novos

[14] Com relação ao vocábulo "digitalização", cabe anotar uma deficiência do português para uma nuança já captada no inglês. Para a conversão de dados analógicos em binários, verificamos a prevalência do termo em inglês "digitisation", utilizando-se "digitalisation" para se referir ao uso de dados e das tecnologias de informação (OECD, 2020b, p. 7). Em breve, julgamos que esses fenômenos distintos e igualmente importantes exigirão a introdução do neologismo "digitização", ou de vocábulo com essa função, em nossa língua.

[15] 1 bit equivale a um dígito binário (um 0 ou um 1). 8 bits formam um byte, a unidade básica de armazenamento. Multiplicando esse valor por 1.000 sucessivamente, passamos a ter o *kilobyte*(KB) (10^3 bytes), o *megabyte* (MB) (10^6 bytes), o *gigabyte* (GB) (10^9 bytes), o *terabyte* (TB) (10^{12} bytes), o *petabyte* (PB) (10^{15} bytes), o *exabyte* (EB) (10^{18} bytes), o *zettabyte* (ZB) (10^{21} bytes) e o *yottabyte* (YB) (10^{24} bytes).

elementos (SCHUMPETER, 1961, p. 67). Em outras palavras, estabeleceu que inovação e desenvolvimento econômico são a mesma coisa (WU, 2012, p. 313). De fato, a inovação é a característica principal dos modelos de negócios disruptivos baseados em novas ideias, que transformam e subvertem produtos e serviços até então consolidados.

Para designar os novos modelos de negócios potencializados por essa revolução tecnológica cunhou-se o termo "**economia digital**". A autoria é frequentemente atribuída ao economista Don Tapscott, em seu livro de 1995 "The Digital Economy: Promise and Peril in the Age of Networked Intelligence" (ALVES, 2021, p. 1), mas há relatos de que a expressão já tinha sido usada anteriormente (VITA, 2019, p. 519). Apesar de muito utilizado, o vocábulo é aplicado em diversos contextos e com diferentes abrangências, o que tem causado certa confusão em sua compreensão. Recentemente, em uma tentativa de delimitar o termo com o intuito de propor maneiras de medir seu tamanho, a OCDE propôs a seguinte definição:

> A Economia Digital incorpora todas as atividades econômicas que dependem de ou que são significativamente aprimoradas pelo uso de insumos digitais, incluindo tecnologias digitais, infraestrutura digital, serviços digitais e dados. Refere-se a todos os produtores e consumidores, incluindo o governo, que estão utilizando esses insumos digitais em suas atividades econômicas. (OECD, 2020b, p. 5, tradução nossa)[16]

Subjacentes a esse conceito estão diversos níveis: (i) o primeiro inclui as atividades econômicas de produtores de conteúdos digitais; (ii) o segundo adiciona ao anterior as operações das empresas que dependem de insumos digitais; (iii) o terceiro acrescenta aos outros dois as atividades que são significativamente aprimoradas pelo uso desses insumos; e (iv) o quarto incorpora os serviços digitais oferecidos gratuitamente (OECD, 2020b, p. 5).

[16] *The Digital Economy incorporates all economic activity reliant on, or significantly enhanced by the use of digital inputs, including digital technologies, digital infrastructure, digital services and data. It refers to all producers and consumers, including government, that are utilising these digital inputs in their economic activities.*

A OCDE oferece ainda uma definição alternativa de economia digital, baseada na natureza das transações e não nas saídas ou nos métodos de produção das empresas: toda a atividade econômica solicitada e/ou entregue digitalmente (OECD, 2020b, p. 5).

O fato é que, a cada ano, fica clara a centralidade dos negócios potencializados pelas novas tecnologias em nossa sociedade. Apenas levando em conta o comércio eletrônico, assim considerado como a compra e venda de bens e serviços em que os pedidos são feitos por meio de redes de computadores, a Conferência das Nações Unidas sobre Comércio e Desenvolvimento (UNCTAD), órgão da Organização das Nações Unidas (ONU) voltado à integração dos países em desenvolvimento à economia globalizada, estimou que o total de vendas globais totalizou US$ 26.7 trilhões em 2019, o equivalente a 30% do Produto Interno Bruto (PIB) mundial daquele ano. A maior parte dessas operações (82%) se deu entre empresas, mas o montante destinado a consumidores finais alcançou significativos US$ 4,9 trilhões, número 11% maior que em 2018. No mesmo relatório, estimou-se que 1,48 bilhão de pessoas, ou um quarto da população mundial com 15 anos ou mais, fizeram compras pela Internet em 2019. (UNCTAD, 2021a, p. 4, 6).

Pesquisas mais recentes demonstram que a pandemia do Coronavírus teve um forte impacto nas compras *online*, em especial de alimentos, roupas e produtos de saúde e beleza, com metade dos consumidores afirmando que compraram mais das empresas domésticas devido à pandemia, e um terço também de fornecedores estrangeiros (INTERNATIONAL POST CORPORATION, 2021, p. 5). Estimativas da UNCTAD calculam que o percentual de vendas no varejo *online* com relação ao total de vendas no varejo subiu de 16% para 19% de 2019 para 2020 devido ao aumento de compras de bens físicos em decorrência das restrições impostas pelas quarentenas adotadas em diversos países (UNCTAD, 2021a, p. 1).

Quando se leva em conta apenas a situação da América Latina e Caribe[17], estima-se que o comércio eletrônico, impulsionado por uma

[17] Os 26 países incluídos na América Latina e Caribe são: Argentina, Bahamas, Barbados, Belize, Bolívia, Brasil, Chile, Colômbia, Costa Rica, República Dominicana, Equador, El Salvador, Guatemala, Guiana, Haiti, Honduras, Jamaica, México, Nicarágua, Panamá,

maior inclusão digital e financeira, continuará a crescer mesmo depois da pandemia, atingindo 63% de penetração da população em 2022 em comparação com o percentual de 45% no início de 2020 (EBANX, 2020 *apud* OECD/WBG/CIAT/IDB, 2021, p. 34).

Para o escopo deste estudo, é fundamental que se adote a definição mais ampla possível de economia digital, incluindo todos os negócios que se beneficiam dessa estrutura tecnológica, tanto os que existem no mundo físico quanto aqueles que migraram, ou já foram concebidos, totalmente para a esfera digital. Isso porque o processo de digitalização avança a cada dia sobre todos os tipos de negócios, e, para cuidarmos da tributação do consumo dessa realidade, não podemos tratar a economia digital como parte separada das demais atividades econômicas. Qualquer alternativa analisada deve levar em conta os desafios específicos dos negócios digitais, mas sem perder de vista que será aplicada ao consumo em geral. E, como veremos na seção seguinte, não é mais possível nem mesmo se considerar a economia de um país isoladamente, já que vivemos, na prática, em uma economia global, com a solução proposta devendo ser também global.

1.2 A digitalização da economia e a quarta fase da globalização

Esclarecido como as novas tecnologias revolucionaram a economia a partir de sua digitalização, nesta seção conectamos essas mudanças com o processo de globalização para demonstrar que esse movimento ocorreu em escala planetária e que seus efeitos ainda estão em curso com consequências imprevisíveis. Destacamos ainda que o Brasil está diretamente ligado a esses fenômenos e a seus problemas e necessita participar das soluções a eles propostas, que deverão obrigatoriamente ser tomadas em escala mundial. Ao final, discorremos sobre as consequências dessa economia globalizada para a tributação.

1.2.1 A evolução do processo de globalização e as novas tecnologias

A **globalização** como a conhecemos hoje é um movimento que se iniciou nos anos 1970, quando os grandes fabricantes e marcas globais come-

Paraguai, Peru, Suriname, Trinidad e Tobago, Uruguai e Venezuela (OECD/WBG/CIAT/IDB, 2021, p. 29).

çaram a terceirizar e deslocar a produção para os países em desenvolvimento nas denominadas **cadeias globais de valor** (CGVs), processo que se acelerou, como veremos a seguir, a partir dos anos 1990 (Brun; Gereffi; Zhan, 2019, p. 37), e hoje abarca cerca de 2/3 do comércio internacional (WTO, 2019, p. 1).

Uma CGV corresponde a uma série de etapas no processo produtivo, em que cada estágio agrega valor ao produto ou serviço final e ao menos duas fases se realizam em países diferentes. Essas cadeias podem ser simples, se o insumo cruza a fronteira uma vez e, nesse segundo país, é usado na produção do bem ou serviço, que é posteriormente consumido. Ou podem ser complexas, se os insumos e produtos intermediários cruzam várias fronteiras antes de o produto ou serviço final ser consumido. Estão fora do conceito de CGV o comércio internacional tradicional, em que o produto é produzido completamente em um país e consumido no outro, e, por evidente, aquele em que é produzido e consumido no próprio país. (WTO, 2019, p. 1).

Essa fragmentação internacional da produção resulta em uma divisão internacional do trabalho mais refinada e em maiores ganhos com a especialização e permite que os recursos sejam usados de modo mais produtivo, não apenas entre países e setores, mas também dentro de um mesmo setor (WORLD BANK, 2020, p. 17).

Baldwin (2016, p. 4, 18) explica a globalização com base na necessidade humana de separar o local da produção do de consumo, o que se consegue pelo comércio e é limitada por três espécies de custos decorrentes da distância entre os lugares: o custo de mover bens, o de mover ideias e o de mover pessoas. A partir desses conceitos, o autor propõe quatro **fases da globalização**.

A **primeira fase** se passou entre 200.000 a.C e 10.000 a.C, período em que o custo do transporte de bens tornava mais fácil mover as pessoas até eles, agrupando a produção e o consumo no mesmo lugar. Isso fez com que os agrupamentos humanos precisassem sempre se deslocar até novos locais cada vez mais distantes com o objetivo de satisfazer suas necessidades de consumo, o que acabou por permitir que a espécie humana ocupasse o mundo. (Baldwin, 2016, p. 18, 24).

A **segunda fase** se situou entre 10.000 a.C e 1820 d.C., a partir da Revolução Agrícola, que permitiu que a produção fosse levada até as pessoas, acarretando o surgimento de cidades e das grandes civilizações. Apesar de o transporte regular ter se estabelecido progressivamente nesse período, ainda era muito caro transportar grandes quantidades de bens, e os preços eram fixados pela oferta e demanda locais. (Baldwin, 2016, p. 18-19, 45-46).

A **terceira fase** vai de 1820 d.C. até 1990 d.C. e se confunde com os fatos que marcaram a primeira era das máquinas de Brynjolfsson e Mcafee e a segunda e a terceira revoluções industriais de Schwab, discutidas na seção anterior, correspondendo à superação do primeiro dos custos limitativos da globalização. A máquina a vapor e a revolução industrial aumentaram a produtividade e reduziram drasticamente o custo dos transportes de bens, mudando os padrões de produção e os volumes do comércio internacional. (Baldwin, 2016, p. 2, 19, 77-78).

Com a superação do custo de mover bens, foi possível separar o local de produção do de consumo. Mas como os custos de transporte de ideias e de pessoas permaneceram inalterados, a produção se concentrou em poucos países do norte. Isso aumentou a disparidade de conhecimento norte-sul e criou uma enorme diferença de renda entre as regiões, o que Baldwin denomina de "a grande divergência". No fim do século XX, dois terços da atividade econômica se concentravam em sete países: Estados Unidos, Alemanha, Japão, França, Reino Unido, Canadá e Itália. (Baldwin, 2016, p. 2, 19, 77-78).

A **quarta fase** se inicia em 1990 d.C. e continua até hoje. Equivale à segunda era das máquinas de Brynjolfsson e Mcafee e à quarta revolução industrial de Schwab, e é marcada pela revolução tecnológica escorada no desenvolvimento das TICs. As novas tecnologias permitiram superar o segundo custo limitativo da globalização: o de mover ideias, na medida em que, com a redução dos custos de comunicação, tornou-se possível coordenar atividades complexas à distância. Isso permitiu que empresas multinacionais se aproveitassem das diferenças de salários entre os países do norte e do sul e deslocassem parte das suas cadeias produtivas para os países em desenvolvimento. (Baldwin, 2016, p. 20, 109-78).

Essa fase da globalização não se baseou apenas em transferir empregos para os países com salários mais baixos. Para garantir que as etapas produtivas realizadas nos diversos países se acoplassem perfeitamente com as que permaneceram na sede, as empresas enviaram também seu conhecimento técnico nas atividades de *marketing* e gerência. No que ficou conhecido como a "**revolução das cadeias globais de produção**", a competitividade não estava mais restrita às fronteiras de um país, mas passou cada vez mais a ser definida pelos contornos das redes internacionais de produção. Uma das características desse deslocamento das cadeias produtivas foi a industrialização e o crescimento de alguns países em desenvolvimento concomitantemente à desindustrialização das nações ricas, em um processo de redistribuição de riquezas que Baldwin denomina de "a grande convergência". (Baldwin, 2016, p. 7).

Por evidente, as multinacionais não criaram as cadeias globais de valor para distribuir riquezas para os mais pobres. Para proteger seu *know-how*, poucos foram os países escolhidos para receber etapas da produção. Com a industrialização acelerada, a escolha concentrou-se basicamente em seis nações: China, Coreia, Índia, Polônia, Indonésia e Tailândia. Baldwin (2016, p. 7, 86-96) atribui como um dos critérios de escolha desses locais a proximidade das nações ricas, especialmente da Alemanha, Japão e Estados Unidos, devido ao custo de mover pessoas ainda ser significativo[18].

De qualquer modo, como esses países escolhidos possuem quase metade da população mundial, essa nova fase da globalização espalhou seus efeitos mais amplamente. O aumento da renda dessas nações provocou uma maior procura por produtos primários, o que criou o que ficou conhecido como "**superciclo das *commodities***", em benefício de países exportadores desses bens, como é o caso do Brasil, Nigéria, Austrália e Venezuela. (Baldwin, 2016, p. 7, 86-96).

Outra característica importante decorrente das cadeias globais de valor foi a adoção, pelos países em desenvolvimento que desejavam delas participar, de medidas de liberalização do comércio, garantia da livre movimentação do capital, oferecimento de serviços de comunicação e transporte de qualidade, redução do protecionismo das empresas nacionais e reforço na proteção da propriedade intelectual. Afinal, o funcionamento adequado dessas cadeias envolve a coordenação internacional das

[18] A única exceção ao padrão de proximidade é a Índia, o que o autor explica em razão de os serviços lá prestados exigirem menos contato presencial, e, portanto, serem menos limitados pelo custo de mover pessoas para reuniões face a face (Baldwin, 2016, p. 7).

instalações de produção por meio do fluxo contínuo e de mão dupla de bens, pessoas, ideias e investimentos. (BALDWIN, 2016, p. 105, 217-218).

O processo de globalização é dinâmico e continua evoluindo em conjunto com as possibilidades trazidas pelas novas tecnologias. Na próxima seção, veremos quais as mudanças que estão ocorrendo com as cadeias globais de valor e as possíveis consequências para os países em desenvolvimento, como o Brasil.

1.2.2 Novas tendências das cadeias globais de valor

Na quarta fase da globalização, o comércio internacional se expandiu rapidamente, fundado na ascensão das CGVs, com o crescimento acentuado de nações em desenvolvimento e a redução da pobreza, tanto para os países que participaram diretamente das cadeias globais quanto para aqueles que forneceram *commodities* para sustentar esse processo. Contudo, desde a **crise financeira mundial de 2008**, verificou-se uma desaceleração do crescimento das CGVs. Apontam-se como responsáveis por isso o declínio do crescimento econômico e dos investimentos globais, a desaceleração ou até a reversão do ritmo das reformas comerciais, e a consolidação da produção nas regiões e setores mais dinâmicos, em especial na China, que passou a direcionar maior parte de sua produção para o mercado interno (WORLD BANK, 2020, p. 1-2). De qualquer modo, verifica-se que, apesar de mais lento, o crescimento continua, com as CGVs complexas tendo crescido mais que o PIB mundial em 2017 (WTO, 2019, p. 1).

Brun, Gereffi e Zhan (2019, p. 40-41) destacam que as CGVs, e, por conseguinte, a própria globalização passam por quatro novas mudanças a partir da crise econômica de 2008. A primeira é a **racionalização**, com a redução do número de fornecedores, para melhorar o controle de qualidade. A segunda é a **regionalização**, (i) com as empresas da América do Norte, Europa e Ásia tendendo a limitar a extensão de suas CGVs em sua própria região (respectivamente no México, na Europa Oriental e Vietnã, e na Indonésia e Mianmar), e (ii) com o crescimento do comércio sul-sul, e não mais norte-sul como era o padrão, com a Ásia em um polo, e o Oriente Médio, a África, e a América Latina, no outro. A terceira é o **foco na resiliência** da cadeia de suprimentos, buscando-se reduzir possíveis eventos que perturbem a capacidade produtiva, com o incremento dos locais de produção dos principais fornecedores e o aumento do volume de estoque de produtos[19]. A quarta e mais recente é a **digitalização** da cadeia de suprimentos para melhorar sua conectividade e capacidade tecnológica, com o uso de ferramentas analíticas de dados (ex.: visualização de dados, análise de cenários e algoritmos de aprendizado) e de inovações tecnológicas (ex.: robôs, drones, impressão 3D e veículos autônomos).

A **digitalização**, por sua vez, está produzindo três mudanças específicas nas CGVs: a desintermediação, a "servitização"[20] e a produção flexível. A **desintermediação** consiste na entrega dos bens e serviços diretamente dos produtores para os consumidores, sejam eles empresas ou usuários finais, eliminando as redes de suprimento, distribuição e vendas. A **"servitização"** corresponde ao aumento no papel dos serviços nas CGVs, o que pode se dar de três formas: (i) contratação de bens de capital de fornecedores externos, por meio de planos de assinatura ou pelo pagamento pelo uso; (ii) transformação de atividades relacionadas à fabricação em serviços prestados por terceiros (ex.: serviços de suporte e manutenção); e (iii) venda de informações extraídas da produção e do uso dos produtos, que podem ser usadas para o desenvolvimento de novos produtos, a segmentação de clientes, a personalização de atendimento e o fornecimento de planos de serviços ou descontos especializados. A **produção flexível** consiste na substituição do trabalho por capital, consolidada no processo de automação. (BRUN; GEREFFI; ZHAN, 201, p. 45-49). Essas alterações, por sua vez, trabalham no sentido de **encurtamento das cadeias** ao eliminarem intermediários, etapas de produção e atividades laborais.

Retornando ao modelo proposto por Baldwin, as novas tecnologias estão a ponto de superar o terceiro custo limitativo da globalização: o de mover pessoas. Em sua obra de 2016, o autor já apontava as tecnologias que fariam essa função, ainda incipientes à época. A **"telepresença"** permite que pessoas prestem serviços intelectuais a partir de outro local. A **"telerobótica"** possibilita que serviços físicos sejam prestados à dis-

19 A crise econômica do Coronavírus demonstrou a importância da resiliência das CGVs quando ficou claro que as cadeias globais da saúde dependiam de poucos países, em especial da China e da Índia.

20 É também comum a denominação "servicização".

tância. (Baldwin, 2016, p. 10). A pandemia do coronavírus impulsionou muito o uso dessas ferramentas, que já estão em um nível de maturidade muito maior.

Para Baldwin (2016, p. 10, 297-301), essas tecnologias permitirão tanto que trabalhadores superespecializados dos países desenvolvidos prestem serviços em qualquer parte do mundo quanto que empregados qualificados e com menores salários dos países em desenvolvimento substituam a mão-de-obra nas nações desenvolvidas, em especial com o aperfeiçoamento dos sistemas de tradução simultânea. A possibilidade de prestação de serviços sem a necessidade de presença física aumentará ainda mais o potencial de coordenação do processo produtivo pelas empresas multinacionais, e dessa maneira a globalização saltará a um outro patamar com consequências ainda imprevisíveis.

A grande verdade é que não se sabe exatamente os efeitos que a tecnologia trará para a globalização, pois atua tanto como força de aglomeração quanto de dispersão. As tecnologias de informação, como a computação 3D e a automação, estimulam a concentração da produção em poucos locais, de preferência próximos dos consumidores das nações ricas ou, no máximo, nos países que já se consolidaram nas CGVs. Já os avanços nas tecnologias de comunicação estimulam a dispersão da produção para países com salários mais baixos. (Baldwin, 2016, p. 292-293).

Para os países em desenvolvimento, diante dessa evolução por que passa a globalização, questiona-se se ainda é possível se buscar o crescimento por meio da inserção em CGVs, ou se a diminuição do crescimento a partir de 2008 significa que o processo se esgotou em decorrência da digitalização das cadeias de produção. Relatório de 2020 do Banco Mundial responde diretamente a essas questões no sentido de que "as CGVs podem continuar a impulsionar o crescimento, gerar melhores empregos e reduzir a pobreza, desde que os países em desenvolvimento implementem reformas mais profundas e os países industrializados adotem políticas abertas e previsíveis" (WORLD BANK, 2020, p. 1, tradução nossa[21]).

[21] GVCs can continue to boost growth, create better jobs, and reduce poverty, provided that developing countries undertake deeper reforms and industrial countries pursue open, predictable policies.

Quanto à digitalização das cadeias de produção, o relatório reconhece que ela diminui a demanda por produtos intensivos de mão-de-obra, em regra produzidos em países em desenvolvimento que oferecem custo do trabalho mais baixo. Destaca, contudo, que ainda não existem evidências claras de que a automação e a impressão 3D levarão de volta as indústrias para os países ricos, mas sim de que o incremento de produtividade decorrente das novas tecnologias aumenta a demanda por insumos produzidos em países em desenvolvimento. Além disso, ressalta que as plataformas digitais reduziram o custo do comércio, de modo a facilitar a participação de pequenas e médias empresas nas CGVs. (WORLD BANK, 2020, p. 4).

Nesse mesmo sentido, a Organização Mundial do Comércio defende que os impactos da digitalização na produtividade e no emprego foram compensados pelo aumento da demanda nas economias emergentes e que, no curto prazo, a automação não reduzirá drasticamente a atratividade dos países em desenvolvimento, especialmente para atividades que requerem habilidade humana (WTO, 2019, p. 4).

Quanto à participação do Brasil nas CGVs, somos classificados pelo Banco Mundial na categoria de manufatura limitada, isto é, como um país que fez a transição da exportação de *commodities* para a de produtos manufaturados simples com o uso de insumos importados (WORLD BANK, 2020, p. 2-3, 23).

Nossa integração na economia global é, contudo, considerada limitada. Estudo do Banco Mundial de 2018 nos avalia como um país fechado comercialmente, com um nível de integração inferior aos demais BRICS, e com um ambiente de negócios pouco amigável, marcado por tarifas sobre a importação de bens intermediários e de capital, proteção dos setores nacionais por meio de exigências de conteúdo local e de subsídios tributários e financeiros, com significativos obstáculos regulatórios e um complexo sistema tributário. Uma agenda de integração mais intensa é recomendada como forma de ajudar o país a maximizar os benefícios da participação em cadeias de valor globais (HOLLWEG; ROCHA, N., 2018, p. 2-4, 30).

Todas essas reflexões sobre a relação entre a revolução tecnológica e a globalização foram feitas para (i) ligar a economia digital à consolidação das CGVs; (ii) demonstrar a importância que as CGVs assumiram para economia global; (iii) ponderar que é razoável supor que essas cadeias continuarão a se expandir nos próximos anos, mas sem ser possível prever quais serão seus efeitos para os países em desenvolvimento; (iv) e concluir que o Brasil, mesmo sendo considerado um país fechado, está diretamente inserido nesse processo, não sendo possível pensar nossa economia fora desse complexo e intrincado panorama internacional.

1.2.3 Globalização e tributação

Ao revolucionar as relações econômicas em escala planetária, as CGVs trouxeram desafios para a tributação mundial. A fragmentação da produção pelo globo, com a coordenação facilitada pelas novas tecnologias, exacerbou a capacidade de organização empresarial, possibilitando que as multinacionais aproveitassem das vantagens econômicas e tributárias de cada local.

Uma empresa de abrangência internacional pode, por exemplo, deixar seu corpo gerencial e as atividades de pesquisa e desenvolvimento em sua sede, sua contabilidade em outro país, a fabricação dos componentes com maior valor agregado em um terceiro e a montagem do produto final no mercado de consumo, de modo a maximizar sua produtividade. E nessa equação entram planejamentos tributários sofisticados que, levando em conta as características fiscais de cada país, bem como os tratados de livre comércio entre eles, organizam as atividades econômicas da corporação de forma que se submetam à menor carga tributária global possível.

A diminuição na carga fiscal pelas multinacionais se dá principalmente com relação à tributação da renda e do consumo por meio da erosão das bases tributárias (*base erosion*) e do deslocamento dos lucros para países com baixa tributação (*profit shifting*).

Esses fenômenos não foram criados pelas novas tecnologias. Por exemplo, por meio de operações de empréstimos intragrupo já era possível deslocar o lucro de um país para outro para se favorecer de alíquotas do imposto de renda mais brandas. Michael Keen e Joel Slemrod (2021, p. 254-257) descrevem esquemas desse tipo já em 1915, em contendas das empresas dos Irmãos Vestey com o fisco inglês. Um exemplo de erosão das bases dos tributos indiretos já se dava com as multinacionais se beneficiando das regras de cada país sobre impostos sobre o consumo para decidir onde adquirir insumos e bens de capital, e a partir de onde realizar suas vendas.

As novas tecnologias, contudo, exacerbaram as possibilidades de erosão da base tributária e de deslocamento dos lucros dos grupos multinacionais, em especial pela ampliação dos intangíveis na criação de valor. Além disso, possibilitaram o surgimento de novos modelos de negócios que se passam quase que exclusivamente no mundo digital e que trouxeram novos desafios até então inexistentes, tudo agravado pelo crescimento rápido de multinacionais digitais de escala planetária.

Essa possibilidade de atuação mundial com efeitos tributários globais ataca um dos principais pilares do sistema tributário internacional: a manutenção da soberania fiscal de cada nação (Cockfield; 2016, p. 12). Se por um lado essa soberania é ferida quando as bases tributárias e os lucros que originalmente pertenceriam ao país são erodidas e deslocados, por outro um combate global a essas práticas envolve que cada nação abra mão de parte de sua autoridade em nome de medidas multilaterais (Rocha, S.; 2017, p. 3-5).

Veremos, no capítulo 2, que essa dicotomia de interesses levou a que os países evitassem, o máximo possível, discutir mudanças de regras internacionais por instrumentos compulsórios (*hard law*), mas que não abandonassem as discussões em organismos internacionais que, utilizando-se de processos mais informais para obter consenso, forneceram um fórum para os atores negociarem regras e princípios não vinculantes (*soft law*), que se mostraram bastante efetivos (Cockfield; 2016, p. 12). Trata-se de um exemplo do que Cockfield (2016, p. 12-13) denomina de "eficiência adaptativa", característica fundamental que as instituições legais atuais (legisladores, tribunais e organismos internacionais) precisam possuir para dar respostas oportunas e efetivas para proteger os interesses tradicionais dos Estados, tais como a arrecadação de impostos e o atingimento de objetivos socioeconômicos distintos por meio de políticas tributárias, das disrupções trazidas pelo desenvolvimento tecnológico.

De qualquer modo, parece-nos correto afirmar que, atualmente, firmou-se a consciência de que alguns desafios tributários internacionais contemporâneos somente podem ser combatidos de forma global e não de maneira individualizada (Rocha, S.; 2017, p. 5-6), como, aliás, ocorre com todos os grandes desafios do século XXI (Harari, 2018, p. 142-143).

Michael Keen e Joel Slemrod (2021, p. 279, tradução nossa), em seu recente livro sobre a evolução da tributação no decorrer da história, de forma lapidar, definem a dimensão do dilema atualmente enfrentado pelos países do mundo: "a verdadeira soberania tributária é coisa do passado – uma memória distante e, em grande parte, falsa. A verdadeira questão é como os países escolherão se reunir e exercer a soberania coletiva que ainda possuem"[22].

Na próxima seção, analisaremos com mais profundidade as dificuldades que os novos modelos de negócios digitais trouxeram para o fisco com relação à tributação do consumo e que estão no cerne do problema analisado neste livro, para o qual se buscam soluções que sejam adequadas ao Brasil.

1.3 Economia digital e tributação do consumo

Contextualizados os problemas da economia digital como um desafio global, diretamente relacionado com o processo de globalização e com a consolidação das CGVs, e divisada a dimensão tributária desse desafio, passamos a aprofundar as dificuldades que os novos modelos de negócios digitais trouxeram para a tributação do consumo.

Por certo, esses problemas não se aplicam apenas a negócios diretamente relacionados às CGVs, mas também ao comércio internacional de bens e serviços tradicional e àquele realizado dentro de um único país. Enfatizamos a relação com as CGVs para demonstrar que o desafio é de escala global, e dessa forma deve ser enfrentado. Mas diariamente assistimos ao surgimento de novas formas de fazer negócios que revolucionam todos os aspectos da vida cotidiana, inclusive em dimensões sem qualquer ligação com operações transfronteiriças.

A economia digital trouxe dificuldades para todas as bases tributárias: renda e consumo principalmente, mas também propriedade e folha de salários. Contudo, como o tema deste estudo se limita à tributação do consumo, nesta seção analisaremos os desafios impostos pela economia digital com foco nessa base.

Inicialmente, na seção 1.3.1, delimitaremos os conceitos básicos sobre a tributação do consumo que serão utilizados no restante do livro. Em especial os princípios que a regem, as definições básicas, as suas princi-

[22] *"real tax sovereignty is a thing of the past–a distant memory, and largely a false one. The real question is how countries will choose to pool and exercise the collective sovereignty that they still possess."*

pais categorias e as regras de ajuste para evitar a bitributação em operações internacionais.

Em seguida, na seção 1.3.2, exploraremos algumas características dos modelos de negócios digitais em busca dos desafios que trazem para a tributação do consumo. Destacaremos a escala internacional sem presença física; a fundamentação em intangíveis; a mobilidade de consumidores, usuários e partes dos negócios; a dependência de dados e da participação dos usuários; os efeitos de rede; os modelos de negócios multilaterais; a tendência ao monopólio ou oligopólio; e a volatilidade dos mercados.

Depois, na seção 1.3.3, estudaremos os modelos de criação de valor nos negócios digitais: a cadeia de valor, a rede de valor e a compra de valor, com o objetivo de verificar se impõem desafios específicos à tributação do consumo. Faz-se isso para analisar as críticas de que os negócios digitais teriam tornado os tributos sobre o valor agregado inadequados para extrair receitas da base consumo, na medida em que a forma cíclica de agregação de valor tornaria irrelevante o efeito da cumulatividade e impossibilitaria a identificação da origem e do destino de uma transação.

Por fim, nas duas seções seguintes, aprofundaremos o conhecimento sobre o consumo na economia digital por meio da análise de exemplos de negócios digitais e de tecnologias disruptivas, tanto para subsidiar as conclusões sobre os efeitos da criação de valor ao longo da cadeia quanto para observar se os modelos analisados trazem desafios tributários específicos à tributação do consumo além dos gerais já elencados. Na seção 1.3.4, discorreremos sobre quatro modelos de negócios digitais que cobrem as três formas de criação de valor: um mais tradicional – o comércio eletrônico, e três inovadores – as plataformas de economia compartilhada, as redes sociais e a computação na nuvem. Na seção 1.3.5, investigaremos três tecnologias potencialmente disruptivas para a tributação do consumo: a internet das coisas, a impressão 3D e as moedas virtuais.

1.3.1 Princípios e modelos de tributação do consumo

Grosso modo, tributação é o modo pelo qual o Estado se financia com recursos compulsoriamente transferidos dos entes privados: os tributos[23]. Para financiar seus gastos gerais, em regra busca-se retirar parcela das riquezas das famílias e empresas de acordo com sua capacidade de pagamento[24]. Para isso, elegem-se bases que indicam essa aptidão econômica. As mais comuns são a renda, o consumo, a propriedade e a folha de salários, que servirão de substrato para uma cesta de tributos, cuja composição varia de país a país a partir de uma série de decisões políticas derivadas de fatores históricos, sociais e econômicos.

A cesta de tributos de um país em determinada época corresponde à base de seu sistema tributário, cujo desenho é sempre alvo de controvérsias, pois, na prática, em parte reflete a escolha de quem deve arcar com os custos do Estado. Para balizar essa tarefa, a doutrina econômica definiu uma série de orientações gerais de política tributária que devem ser atendidas por um "bom" ordenamento tributário.

De especial interesse deste estudo, listamos cinco princípios definidos pela OCDE como medidas de avaliação da adequação dos ordenamentos à tributação do comércio eletrônico internacional, que, por terem sido fixados na Conferência Ministerial da OCDE de 1998 em Ottawa, passaram a ser conhecidos como Quadro de Condições de Tributação de Ottawa (*Ottawa Taxation Framework Conditions*): (i) **neutralidade**: a tributação deve buscar ser neutra entre diversas formas de negócios, assim contribuindo para a eficiência e garantindo uma alocação ótima dos meios de produção; (ii) **eficiência**: os custos de conformidade dos negócios e os custos administrativos do Estado devem ser reduzidos o máximo

[23] Temperamos essa definição com a expressão "grosso modo", pois o financiamento do Estado é a principal atribuição dos tributos, conhecida como sua **função fiscal** (Nabais, 1998, p. 192). Contudo, os tributos também exercem as funções de distribuição da carga tributária, indução de comportamentos e simplificação do sistema tributário, denominadas de **funções extrafiscais** (Schoueri, 2005, p. 27-32). Destaque-se, ainda, que a doutrina majoritária considera que existem cinco espécies de tributos no Brasil: impostos, taxas, contribuições de melhoria, empréstimos compulsórios e contribuições sociais (Machado, 2003, p. 70).

[24] A capacidade de pagamento é usualmente denominada de capacidade contributiva e é o principal critério dos tributos cuja função primordial é arrecadar recursos para as despesas gerais do Estado. Para os tributos vinculados a determinadas ações estatais, como as taxas e as contribuições de melhoria, o critério principal é o custo-benefício, sendo a capacidade contributiva acessória. Para as contribuições que financiam a seguridade e a assistência sociais, o critério principal passa a ser o da solidariedade. (Godoi, 1999, p. 201-210).

possível; (iii) **certeza e simplicidade**: as normas tributárias devem ser fáceis de entender e de cumprir para que as empresas tomem as melhores decisões diante da política tributária, e que se evitem planejamentos tributários agressivos criados por brechas decorrentes de um sistema complexo; (iv) **eficácia e justiça**: a tributação deve produzir a quantidade certa de tributo no momento adequado, ao mesmo tempo que evita tanto a dupla tributação quanto a não tributação não intencional; além disso, os espaços para evasão e elisão fiscais ilícitas[25] devem ser minimizados, e a força executória das normas fiscais, garantida; (v) **flexibilidade**: as normas tributárias devem ser suficientemente flexíveis e dinâmicas para fazer frente ao desenvolvimento comercial e tecnológico. (OECD, 2015a, p. 20-21)[26].

Todos esses princípios se aplicam à tributação de todas as bases econômicas, mas em graus diferentes de acordo com suas características. Ao se tributar a **base consumo**, mede-se a capacidade econômica do contribuinte a partir de seus gastos com bens e serviços. Nesse sentido, os tributos sobre o consumo incidem sobre transações econômicas que tenham por objeto bens e serviços oferecidos em troca de alguma espécie de remuneração, não obrigatoriamente em moeda (permuta, por exem-

[25] Ricardo Lobo Torres (2012, p. 7-10) esclarece que tanto a evasão quanto a elisão fiscal podem ser lícitas ou ilícitas. A evasão fiscal lícita ocorre quando se deixa de praticar o fato gerador para não pagar o tributo (ex.: não fumar para não pagar os impostos sobre o fumo); a ilícita, quando se pratica o fato gerador, mas ele é ocultado para não se pagar o tributo devido. A elisão fiscal lícita corresponde ao planejamento fiscal consistente, por meio de interpretação razoável da lei tributária; a ilícita, ao planejamento fiscal abusivo, com a prática de ato revestido de forma jurídica, mas que não se subsume ao propósito da lei, resultando em uma vantagem nela não prevista.

[26] O Quadro de Condições não difere muito dos princípios recomendados pela doutrina econômica clássica para um "bom" sistema tributário, como são exemplos as diretrizes propostas por Stiglitz (2000, pp. 456-458): (i) **eficiência econômica**: não deve interferir com a alocação eficiente de recursos; (ii) **simplicidade administrativa**: deve ser fácil e relativamente barato de administrar; (iii) **flexibilidade**: deve conseguir reagir facilmente a mudanças nas circunstâncias econômicas; (iv) **transparência**: deve ser claro de forma a permitir que os contribuintes saibam o que estão pagando; (v) **justiça**: deve ser justo no tratamento dos diferentes indivíduos, tratando da mesma forma os que estiverem em circunstâncias similares e taxando mais fortemente os que tiverem melhores condições de suportar o peso dos impostos.

plo). São considerados como tributos indiretos, por serem cobrados das pessoas que, em regra, não vão arcar economicamente com o custo, pois o repassarão no preço (OECD, 2020a, p. 17).

As transações de consumo podem se dar entre empresas (B2B – *business-to-business*), entre empresa e consumidor (B2C – *business-to-consumer*) e entre consumidores (C2C – *consumer-to-consumer*), muitas vezes com consequências tributárias diversas.

Quanto ao consumo da economia digital, verificamos falta de uniformidade na conceituação de **bens e serviços digitais**. Por reproduzirmos a opinião de diversos autores, neste livro, os termos "bens digitais", "serviços digitais" e "bens e serviços digitais" serão utilizados com o sentido de bens intangíveis e serviços passíveis de serem fornecidos/prestados pela Internet.

Os tributos sobre o consumo são divididos em duas categorias: gerais, quando incidem indiscriminadamente sobre gastos com os bens e serviços da economia, e específicos, quando atingem dispêndios com apenas alguns deles.

Dentre os inúmeros exemplos de **tributos específicos sobre o consumo**, destacamos aqueles conhecidos como ***excise taxes***. Incidem sobre um número limitado de produtos, em regra na indústria ou no atacado, e são geralmente cobrados em função de uma medida física (peso, volume, quantidade). Em muitos casos, são exigidos com funções extrafiscais (não arrecadatórias), como a de coibir o consumo de determinados bens e serviços (ex.: álcool e cigarro). (OECD, 2020a, p. 24-25).

Para os propósitos deste estudo, dividimos os **tributos gerais sobre o consumo** em duas grandes categorias: sobre o valor agregado ou sobre vendas, dependendo se são devidos em algumas ou em todas as etapas da cadeia produtiva, e se permitem ou não o abatimento do que já foi cobrado nas etapas anteriores.

Os **tributos sobre o valor agregado** (ou valor adicionado – *value-added tax*) são cobrados em todas as etapas da cadeia produtiva. Cada empresa da cadeia controla o imposto pago na etapa anterior e recolhe a parte correspondente à sua margem: o seu valor adicionado. Existem dois métodos principais de se fazer essa cobrança em etapas: (i) **método de crédito fiscal**: baseado em transações, em que cada negócio da cadeia calcula o imposto devido com a aplicação de sua alíquota própria ao preço e destaca esse montante na nota fiscal enviada ao adquirente, que poderá se creditar desse valor, abatendo-o no cálculo do seu imposto devido; (ii) **método de subtração**: baseado na entidade, em que o tributo devido é calculado diretamente a partir do valor adicionado apurado contabilmente, diminuindo-se o imposto calculado sobre as compras dedutíveis daquele apurado sobre as vendas tributáveis[27]. (OECD, 2020a, p. 21).

Os **tributos sobre vendas** (*sales tax*) são cobrados em uma ou várias etapas da cadeia produtiva, e em regra não permitem o abatimento dos tributos já cobrados anteriormente[28]. Podem ser exigidos em todas as etapas da cadeia, quando correspondem a um **tributo sobre o faturamento** (*turnover tax*). Ou então em uma ou algumas etapas na indústria, no atacadista ou no varejo. Quando é cobrado apenas no varejo, isto é, no último ponto de venda, é conhecido como **tributo sobre vendas no varejo** (*retail sales tax*).

Em termos econômicos, ao menos em teoria, um tributo sobre vendas no varejo é idêntico a um incidente sobre o valor agregado, pois ambos atingem apenas o consumo final das famílias e não os gastos produtivos das empresas. Por isso, são considerados eficientes economicamente e neutros, já que resultarão no mesmo montante independentemente do tamanho da cadeia, não interferindo no modo como os empresários organizarão suas atividades. (ENGLISCH; 2015, p. 120; OECD, 2020a, p. 22-24).

A Figura 1 e a Figura 2 demonstram a equivalência econômica dessas formas de tributação a partir de um exemplo de uma cadeia simples de produção. Nele, a indústria adquire insumos por 25 e vende o produto industrializado por 100. O atacadista comercializa esse produto por 150 e o varejista por 190. Todos esses preços estão sem impostos, que incidirão a uma alíquota de 10%. Nos dois casos, após a venda ao consumidor final, a autoridade tributária terá arrecadado o mesmo valor.

[27] Varsano (2014, p. 5) ensina que ainda existe um terceiro método de cobrança: o de adição, mas que este não é apropriado para um tributo tipo consumo, assemelhando-se mais a um imposto de renda.

[28] Na prática, existem tributos sobre vendas que permitem o abatimento de parte dos tributos pagos nas etapas anteriores com o objetivo de reduzir a cumulatividade, como acontece com o Imposto sobre Produtos Industrializados (IPI) no Brasil.

FIGURA 1 – **Tributação no Varejo (*Sales Tax*)**

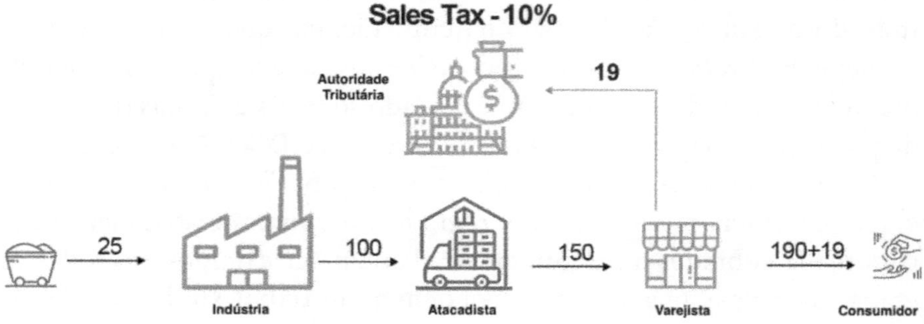

Fonte: Elaborado pela Consultoria Legislativa da Câmara dos Deputados, 2020.

FIGURA 2 – **Tributação sobre o Valor Agregado**

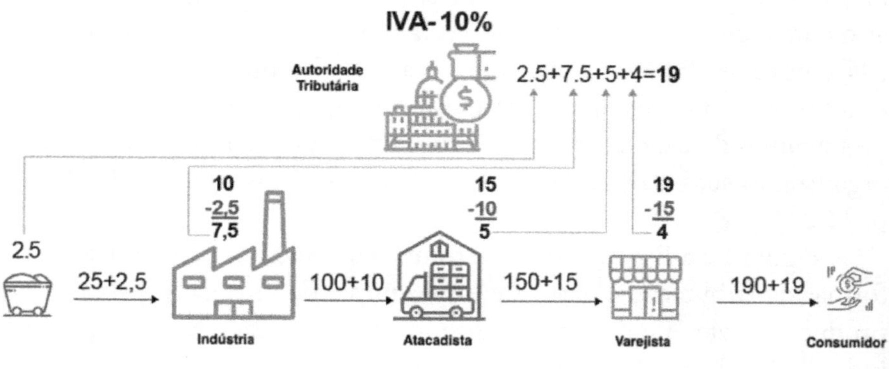

Fonte: Elaborado pela Consultoria Legislativa da Câmara dos Deputados, 2020.

Apesar de economicamente equivalentes, a tributação sobre o valor agregado é considerada superior àquela exclusivamente no varejo. Primeiro, porque o método de recolhimento em etapas faz com que o contribuinte de uma fase controle o destaque do tributo na etapa anterior, pois só assim poderá se creditar do valor já pago, servindo como auxiliar da autoridade fiscal. Segundo, porque o recolhimento do valor adicionado em várias etapas diminui o risco de o fisco não receber nada na cadeia produtiva, o que é bem mais provável ao se concentrar toda a cobrança na etapa mais fraca da cadeia, a venda no varejista, já que existem muito mais contribuintes a fiscalizar, a maior parte de pequeno porte. E terceiro, porque, na tributação sobre vendas no varejo, não se garante o recolhimento de nenhum tributo na importação, sendo a aduana um importante ponto de controle, inclusive de obrigações tributárias. (OECD, 2020a, p. 21, 23).

Já os tributos sobre o faturamento não são considerados eficientes por serem **cumulativos**, pois são calculados sobre uma base que contém os tributos já pagos anteriormente, o que se denomina incidência **em cascata**. Como resultado, a tributação total será maior dependendo do número de etapas da cadeia produtiva. (Varsano, 2014, p. 10).

Historicamente, os primeiros tributos sobre o consumo eram sobre o faturamento. Sua ineficiência econômica fez surgir, em meados do século XX, a tributação sobre o valor agregado, que terminou por se consolidar pouco a pouco partir dos anos 1960, com características diversas.

Com o tempo, algumas dessas características, extraídas das boas práticas verificadas na experiência internacional, destacaram-se como aptas a tornar o imposto mais eficiente economicamente, e passaram a constar nos impostos criados após a década de 1980, sendo o IBS da Nova Zelândia o pioneiro (Varsano, 2014, p. 20). A partir dos anos 2000, costumou-se denominar esse modelo ideal de **"IVA Moderno"**: aquele com base ampla, crédito financeiro, poucas alíquotas e exceções e atendendo ao princípio do destino (Cnossen, 1998, p. 402; Ebrill *et al.*, 2001).

A expansão da tributação sobre o valor agregado se intensificou a partir de meados dos anos 1980, até o ponto de ser hoje a mais difundida no mundo, adotada por 170 países (OECD, 2020c, p. 14-18; Varsano, 2014, p. 10, 16). A quase totalidade desses países utiliza o método de crédito fiscal e denomina esses tributos ou de **"Imposto sobre Valor Agregado (IVA)"** ou de **"Imposto sobre Bens e Serviços (IBS)"** (OECD, 2020a, p. 12).

Atualmente, o único país relevante economicamente que não tributa o consumo geral com tributos sobre o valor agregado são os EUA, que optaram por uma tributação sobre vendas no varejo em nível estadual e local (OECD, 2020a, p. 22-24).

Apesar de menos eficientes, ainda existem versões de tributos sobre o faturamento ou sobre vendas na indústria e no atacado, como será estudado quando da análise do sistema tributário brasileiro no capítulo 3.

Como a discussão da seção anterior sobre a centralidade das CGVs na economia mundial permite concluir, o comércio internacional concentra diariamente uma infinidade de transações de consumo em que o vendedor estará em um país e o comprador em outro. Nessas operações transfronteiriças, para evitar a cobrança em duplicidade dos tributos sobre o consumo, é necessário decidir quem tem a competência para tanto. Para isso existem basicamente duas soluções[29]: o **princípio da origem**, em que a competência é da jurisdição do vendedor; e o **princípio do destino**, em que é da jurisdição do comprador. Para se garantir a cobrança no país do destino, as exportações não são tributadas e as importações sofrem incidência igual à dos produtos internos equivalentes. Para a cobrança no país de origem, ocorre o inverso. (OECD, 2020a, p. 27-28).

Caso se adote a tributação sobre o valor agregado, o princípio do destino resultará em que apenas o consumo final seja tributado, atingindo a neutralidade no comércio internacional. Já o princípio da origem fará com que cada país tribute o valor lá adicionado (OECD, 2021e, p. 27-28). Na prática, o princípio do destino termina por tributar o consumo e está associado ao método de crédito fiscal, enquanto o princípio da origem onera a produção e está relacionado ao método de subtração (Varsano, 2014, p. 6-7).

Para os países que adotam os impostos sobre vendas no varejo, o princípio do destino também garante a neutralidade no comércio internacional, pois as exportações não são tributadas (OECD, 2020a, p. 25). O princípio da origem, contudo implicará incidências cumulativas, já que o país importador não concederá direito ao crédito.

1.3.2 Novos modelos de negócios e seus desafios à tributação do consumo

As últimas duas décadas testemunharam a consolidação de grandes empresas multinacional digitais, o que, além de exacerbar os desafios já

[29] No capítulo 3, veremos que, na prática, existem versões híbridas dos princípios da origem e do destino, como no Brasil.

existentes impostos à tributação decorrentes da atuação internacional das companhias tradicionais, trouxe novas dificuldades.

Os novos negócios digitais apresentam características específicas, dentre as quais destacamos: escala internacional sem presença física; fundamentação em intangíveis; mobilidade de consumidores, usuários e partes dos negócios; dependência de dados e da participação dos usuários; efeitos de rede; modelos de negócios multilaterais; tendência ao monopólio ou oligopólio; e volatilidade dos mercados.

A seguir, analisaremos cada uma dessas características, destacando os principais desafios que trazem para a tributação do consumo.

1.3.2.1 Escala internacional sem presença física

As novas tecnologias permitem que empresas altamente digitalizadas se envolvam na vida econômica de um país sem lá possuírem filiais ou representação significativa, isto é, que possuam escala internacional sem presença física (*cross-jurisdictional scale without mass*). Isso tem provocado um processo de desmaterialização, em que negócios conseguem se expandir com o uso de serviços na nuvem e atuar em qualquer parte do mundo apenas digitalmente. Essa tendência se consolida até mesmo entre as pequenas e médias empresas, o que tudo indica vai se tornar uma nova vertente do processo de globalização. (OECD, 2018, p. 24, 51-52).

Na tributação do consumo, a possibilidade de atuação em determinado país sem a necessidade de nele ter presença física é desafiadora principalmente pela dificuldade de os fiscos detectarem essas operações, em especial se elas se passarem totalmente no mundo digital. Além disso, existem obstáculos que variam dependendo se o comprador estiver em um país que adote o princípio da origem ou do destino.

Nos casos em que prevalece o princípio do destino, os contratempos são menores nas operações entre empresas (B2B), desde que o país onde está o comprador adote a tributação sobre o valor agregado, pois, em regra, a empresa adquirente tem interesse em reconhecer o tributo pago na entrada por poder aproveitá-lo como crédito na saída. Já nos casos em que a venda se dá para consumidores privados (B2C) ou para empresas que não poderão aproveitar os créditos (ex.: empresas isentas ou situadas em país que não adota a tributação sobre o valor agregado), por não haver interesse do comprador em reportar a transação para o fisco, aumenta a chance de sonegação. (OECD, 2015a, p. 121-122, 147).

Se a venda for de bem tangível, existe um fator atenuante: o controle da entrada nas aduanas faz com que as autoridades do país tenham conhecimento e possam exigir o tributo sobre o consumo junto com os tributos aduaneiros. Nesse caso, o problema está nas vendas de pequeno valor, pois a maioria dos países não cobra tributos sobre o consumo e tarifas aduaneiras por questões de viabilidade administrativa (em regra, os limites são diferentes em cada caso, sendo inferiores para os tributos sobre o consumo). Aproveitando-se dessa característica, algumas empresas reestruturaram seus negócios de modo a vender produtos de pequeno valor a partir do exterior e assim escapar da tributação, bem como outras já foram criadas no exterior visando a atingir o mercado interno de outros países. (CANNAS, 2015, p. 8; OECD, 2015a, p. 120).

Nesse sentido, a atuação em um país sem necessidade de nele ter presença física tem trazido problemas arrecadatórios e concorrenciais nos países em que predomina o princípio do destino. Os arrecadatórios advêm da perda de receitas dos tributos devidos; os concorrenciais ocorrem porque as empresas locais continuam arcando com o custo dos tributos sobre o consumo e não têm como concorrer com empresas estrangeiras que não o fazem. (BACACHE *et al.*, 2015, p. 34; CANNAS, 2015, p. 8; JIMÉNEZ; PODESTÁ, 2021, p. 9; OECD, 2015a, p. 121).

Já nos países onde prevalece o princípio da origem, em que o fisco da jurisdição da empresa vendedora tem a competência de cobrar os tributos sobre a transação, em tese parece ser mais fácil para a administração tributária do local ter conhecimento das operações por informações internas ou no controle de exportação. Todavia, nos casos de transações totalmente digitais, pode ser difícil mesmo para a autoridade fiscal de origem saber de sua ocorrência se o fornecedor não as informar.

Além disso, o princípio da origem traz um problema de ordem sistêmica, pois cria incentivos para planejamentos tributários dos contribuintes e concorrência fiscal entre os países. Isso porque um país pode baixar seus impostos sobre o consumo para atrair multinacionais que desejem se submeter à carga tributária mais baixa em suas vendas internacionais. Como consequência, estimula-se que seu vizinho ofereça alíquotas ainda menores, gerando uma guerra fiscal que, com o passar do tempo, termina por ser danosa para todos. As empresas multinacionais, por sua vez, têm a capacidade de realocação de operações para países com tributos mais baixos potencializada por poderem atuar em qualquer parte do mundo sem ou com pouca presença física, em especial se a operação for de bens intangíveis ou serviços. (Olbert; Werner, 2020, p. 3).

1.3.2.2 Fundamentação em intangíveis

O modelo de negócio de muitas das empresas digitais é baseado em ativos intangíveis, especialmente ativos de propriedade intelectual (*softwares*, *sites*, etc.), que podem ser de sua propriedade ou apenas alugados de terceiros (OECD, 2018, p. 24).

Greco (2006) discorre sobre a figura dos intangíveis na tributação e demonstra que, apesar de não ser um conceito novo, assumiu conotações muito mais amplas do que a doutrina civilista pensou para bens incorpóreos. O autor propõe nada mais nada menos do que sete espécies de intangíveis na sociedade moderna: conhecimento, informação atrelada à aptidão de inovar, frutos do conhecimento aplicado, habilidades de fazer algo especial, imagem, direitos, e intangíveis ligados ao lazer (Greco, 2006, p. 170-174). Alguns fundamentam, em maior ou menor grau, diversos dos negócios digitais atualmente existentes, e possivelmente outros serão a base de novos empreendimentos a ser criados.

Esses ativos são extremamente móveis, podendo ser facilmente alocados em qualquer localidade com o objetivo de se conseguir maior vantagem tributária (Bacache *et al.*, 2015, p. 28; OECD, 2015a, p. 65). Isso tem maior impacto na tributação da renda com a alocação dos intangíveis mais valiosos em países de baixa tributação, em especial paraísos fiscais, o que consiste em uma das formas mais comuns de deslocamento de lucros entre jurisdições (Bacache *et al.*, 2015, p. 29-30). Na tributação do consumo, o problema não está na mobilidade, mas na própria **classificação dos intangíveis** nos países que oferecem cargas tributárias diversas para bens e serviços, e que consideram esses ativos ora como uma nova categoria de bens, ora como uma espécie de serviço. Por exemplo, na União Europeia, considera-se como serviço tudo o que não é bem tangível (Cannas, 2015, p. 10). Já no Brasil, a situação é mais complexa, pois os serviços são tributados de forma mais leve que os bens, mas por um imposto diferente, o que leva à menor tributação dos primeiros como insumos por um lado, mas à impossibilidade de esses valores serem compensados no tributo do produto final, por outro (vide seção 3.1.4).

1.3.2.3 Mobilidade de consumidores, usuários e partes dos negócios

Os negócios digitais permitem grande **mobilidade dos consumidores e usuários**, que podem comprar bens e serviços de qualquer parte do mundo, bem como utilizá-los em qualquer lugar. Isso tem trazido desafios para identificar os compradores e usuários responsáveis pela transação, bem como para definir qual o local do consumo, o que é fundamental quando se adota o princípio do destino. E tudo isso fica ainda mais desafiador com as possibilidades oferecidas pela tecnologia de disfarçar a localização de onde é feita a operação (ex.: com o uso de *virtual personal network* (VPN) ou servidor de *proxy* para mascarar o endereço de Protocolo da Internet (endereço IP) e impedir a identificação na Internet) (OECD, 2015a, p. 65).

Como já visto na seção 1.2, as novas tecnologias permitiram a organização e a coordenação das atividades empresarias, garantindo a **mobilidade de partes dos negócios** pelo mundo para maximizar o lucro, no que se denominou a "revolução das cadeias globais de valor" (BALDWIN, 2016, p. 7; OECD, 2015a, p. 65-68). Grande parte da discussão deste capítulo se fundamenta justamente das vantagens tributárias que essa atuação internacional nas CGVs tem trazido para as empresas multinacionais, com a erosão de bases tributárias e o deslocamento de lucros.

1.3.2.4 Dependência de dados e da participação dos usuários e efeitos de rede

Muitas empresas digitais baseiam seus negócios em **dados** coletados dos consumidores, fornecedores, usuários e operações. Algumas usam essas informações para monetizar com propagandas, outras, para aperfeiçoar seus produtos; em qualquer caso, o acúmulo de dados aumenta o valor da empresa pela expectativa de ganhos com sua exploração. Esses dados podem ser informados voluntariamente, observados a partir do uso ou inferidos por meio da combinação com outras fontes. (OECD, 2015a, p. 68; OECD, 2018, p. 24, 53).

Nesse processo de obtenção de informações, a **participação dos usuários** ganha destaque, podendo ser ativa ou passiva. Na passiva, a empresa coleta dados sem uma ação efetiva do usuário (ex.: uso de *cookies* para registrar as atividades na rede, verificação da localização ou do endereço IP e registro do tipo de aparelho usado). Na ativa, o usuário fornece informações voluntariamente, variando de atividades com baixo envolvimento (ex.: marcar ou avaliar uma página), médio (ex.: escrever comentários e fazer *upload* de fotos ou vídeos) ou alto (ex.: adicionar amigos e criar comunidades). Essa participação ativa é o cerne de muitos negócios digitais, pois corresponde a um mecanismo de certificação de confiança em vendedores e produtos. (OECD, 2018, p. 55-56).

A participação dos usuários nos modelos de negócios é responsável pelo que se denomina de **efeitos de rede**, isto é, o aumento da utilidade em função do incremento do número de usuários. Os efeitos de rede podem ser **diretos**, quando a utilidade do consumo de um bem ou serviço específico depende do número de outros usuários finais que consomem o mesmo bem ou serviço, de forma que, quanto maior a rede, maior a utilidade do usuário final (ex.: redes sociais e jogos *online*); ou **indiretos**, quando um grupo específico de usuários finais (ex.: usuários de uma rede social ou clientes de uma rede de transporte privado) se beneficia da interação com outro grupo de usuários finais (ex.: anunciantes em uma rede social ou motoristas particulares cadastrados na rede de transporte privado). (OECD, 2018, p. 26-27).

Os dados, a participação dos usuários e os efeitos de rede são a base de diversos negócios digitais que serão mais bem detalhados na seção 1.3.3 e dos mercados multilaterais descritos na seção seguinte, e geram consequências tributárias relevantes. Na tributação do consumo, destaca-se a possibilidade de distribuição dos preços para se beneficiar da diferença de tributação entre os diversos lados do mercado, o que será discutido nas seções mencionadas. Já na tributação da renda, como o valor desses negócios se escora na participação gratuita dos usuários, discute-se como devem influenciar a distribuição dos lucros. (OECD, 2015a, p. 215).

1.3.2.5 Modelos de negócios multilaterais

Muitas das empresas digitais se baseiam em modelos de negócios multilaterais, que são aqueles que propiciam um mercado em que diferentes grupos de usuários interagem por meio de um intermediário ou plataforma, e as decisões de um grupo afetam a do outro. Já existiam antes da economia digital, como no caso dos anunciantes e leitores/telespectadores conectados por meio dos jornais e da televisão. Mas a digitalização ampliou essas possibilidades, pois, com custos de comunicação reduzidos, é possível atingir bases globais de fornecedores e clientes, estabelecendo redes de usuários entre diferentes países através de *websites*, plataformas *online* e aplicativos de celular. (OECD, 2015a, p. 71-72; OECD, 2018, p. 28-29).

Além dos **efeitos de rede indiretos** explicados na seção anterior, outra característica desses negócios multilaterais é a **estrutura de preços não-neutra**, de modo que é possível cobrar mais de um lado do mercado, reduzindo (ou zerando) o preço do outro. Em regra, o lado que não paga em dinheiro entrega outras entradas valiosas, como dados ou conteúdo, que são vendidas para o outro lado do mercado, em especial para anunciantes. Estabelece-se, assim, uma relação de troca (*barter transaction*). (OECD, 2018, p. 29).

Os modelos de negócios multilaterais trazem desafios à tributação do consumo, na medida em que um lado do mercado em regra o acessa de graça ou a pequenos preços, enquanto o outro lado paga por um serviço tributado. Nos casos em que os diferentes lados estão em países diferentes, a estrutura de preços não-neutra permite direcionar as receitas para o local de tributação mais baixa. Por exemplo, se os anunciantes passarem a ser mais tributados que os usuários, é factível mudar o negócio de modo a cobrar mensalidades dos usuários e diminuir as receitas com publicidade. O mesmo pode ser feito no sentido inverso caso os governos desejem tributar a participação dos usuários, seja aumentando os impostos sobre consumo sobre as mensalidades, seja criando novos tributos sobre os dados fornecidos pelos clientes. (BACACHE *et al.*, 2015, p. 28, 48-49, 52).

É possível ainda que a plataforma opte por contratar todos os anúncios em um país com imposto sobre o consumo mais baixo, mesmo que essa publicidade seja oferecida a consumidores de outra jurisdição. Isso pode ocorrer ainda que os anunciantes sejam do país dos consumidores, bastando que criem filiais na jurisdição de tributação mais baixa. (BACACHE *et al.*, 2015, p. 28, 48-49, 52).

1.3.2.6 Tendência ao monopólio ou oligopólio e volatilidade dos mercados

Devido às vantagens dos efeitos de rede, um usuário não tem incentivos para migrar para os serviços prestados por outra empresa. Além disso, com já visto na seção 1.1, o custo marginal de reprodução dos bens digitais é próximo a zero, o que gera ganhos de escala para as empresas já existentes. Tudo isso torna a entrada de novos concorrentes mais difícil, observando-se uma **tendência ao monopólio, ou ao menos ao oligopólio**, nas multinacionais digitais (Bacache *et al.*, 2015, p. 28; OECD, 2015a, p. 73).

Apesar dessas dificuldades, em regra não existem barreiras regulatórias de entrada significativas para novos negócios. Dessa forma, caso o entrante consiga propor produtos que atraiam novos usuários, as empresas incumbentes, sejam elas tradicionais ou mesmo outras empresas digitais, pouco podem fazer para impedir sua expansão, o que faz com que esses mercados sejam extremamente **voláteis** (Bacache *et al.*, 2015, p. 28; OECD, 2015a, p. 73).

A tendência ao monopólio ou oligopólio faz com que diversos negócios digitais tolerem não gerar receitas por longos anos até se consolidarem, ou mesmo até descobrirem modos de faturarem, financiando-se apenas com aportes de capital de seus investidores. Como seu principal ativo são os dados, nesse período consolidam a base de usuários e o modelo de negócios. Isso permite que empresas importantes operem por longos períodos cobrando preços baixos, prejudicando a arrecadação dos tributos sobre o consumo. (Bacache *et al.*, 2015, p. 28). Já a volatilidade do mercado faz com que empresas digitais relevantes deixem rapidamente de existir, ao mesmo tempo que outras crescem e ganham volume em pequeno espaço de tempo, criando problemas de controle para os fiscos, que em regra não estão preparados para mudanças repentinas.

1.3.3 Criação de valor nos negócios digitais e a tributação do consumo

As consequências das novas tecnologias sobre a tributação das CGVs têm também sido estudada na ótica de como alguns modelos de negócios digitais criam valor ao longo da cadeia.

Essa discussão tem importância especial na tributação da renda, pois os lucros das empresas globais são calculados pelo confronto de uma série de receitas auferidas com despesas incorridas em diferentes etapas que, nas CGVs, estão espalhadas em diversos países do mundo, e a alocação desses lucros entre essas jurisdições deve ser feita de acordo com o valor criado em cada fase. Como a forma de criação de valor foi substancialmente alterada na economia digital, alega-se que as regras internacionais vigentes não estão aptas para captar adequadamente essa realidade. (Bacache *et al.*, 2015, p. 34) (Olbert; Spengel, 2019, p. 4-6).

Quanto à tributação do consumo, contudo, não são comuns análises sobre como o valor é criado dentro das cadeias. Afinal, independentemente do caminho percorrido, esse valor será representado no preço dos produtos e serviços oferecidos pelo negócio. A tributação sobre o valor agregado, inclusive, foi desenhada justamente para captar o montante adicionado ao longo da cadeia, independentemente do número de etapas, e os princípios do destino e da origem foram concebidos para que esse processo pudesse ocorrer mesmo quando as etapas se passassem em países diferentes.

Recentemente, contudo, passou-se a apontar essas novas formas de criação de valor como uma das razões para que os modelos atuais de tributação de consumo não sirvam mais para extrair receitas dessa base tributária. O argumento é que os tributos não cumulativos faziam sentido para a economia industrial, em que o valor ia sendo agregado ao longo de diversas etapas que ocorriam sequencialmente. Na economia digital, baseada em dados, o valor seria agregado em um ciclo, com a maior parte adicionada no início do processo e diminuindo rapidamente, o que tornaria irrelevante o efeito da cumulatividade. Além disso, por não estar fisicamente localizada, não haveria referência para identificar a origem e o destino de uma transação. Enquanto na economia industrial a cadeia tomaria a forma de uma longa ferrovia, na digital teria a de uma roda que "não gira sempre no mesmo sentido, não segue padrão predefinido e não está fisicamente localizada". (Cavalcanti; Oliveira, 2020; Rezende, 2020, p. 12).

Estando corretas essas críticas, e dependendo da dimensão desse fenômeno, a tributação sobre o valor agregado perderia seu sentido, já que as cadeias seriam curtas a ponto de a cumulatividade não ser um problema, e a implementação do princípio do destino restaria impossibilitada por não ser possível estabelecer o local do consumo. Ora, o controle da não cumulatividade é um dos principais problemas dos IVAs/IBSs existentes, devido a fraudes no sistema de aproveitamento de créditos relativos ao imposto pago nas etapas anteriores de produção (Ainsworth *et al.*, 2018; EBRILL *et al.*, 2001, p. 60; Englisch, 2015, p. 120-121). Já as regras propostas pela OCDE para a implementação do princípio do destino, para serem efetivas, precisam ser adotadas internacionalmente de forma harmônica (como veremos na seção 2.2). Dessa forma, caso a economia digital tenha realmente alterado as cadeias produtivas de forma tão radical, não haveria sentido em continuar convivendo com essas dificuldades.

Já vimos, na seção 1.2.2, que a desintermediação, a "servitização" e a produção flexível são novas tendências trazidas pelas novas tecnologias às CGVs, e trabalham no sentido de encurtamento das cadeias ao eliminarem intermediários, etapas de produção e atividades laborais. Vimos também que tecnologias como a "telepresença" e a "telerobótica" podem encurtar ainda mais essas cadeias ao permitirem que os prestadores de serviços atuem sem necessidade de presença física. Por outro lado, analisamos estudos do Banco Mundial e da Organização Mundial de Comércio que põem dúvidas sobre se essas tendências alterarão substancialmente o espalhamento das cadeias globais pelo mundo nos próximos anos.

Diante da importância dessas críticas, reforçadas pelas evidências, ainda que inconclusivas, da tendência de encurtamento das CGVs, julgamos importante entender como os negócios digitais criam valor e como isso afeta a tributação do consumo.

Para classificar as formas de criação de valor, três modelos foram propostos: a cadeia de valor, a rede de valor e a compra de valor (Stabell; Fjeldstad, 1998 *apud* OECD, 2018, p. 35-41).

A **cadeia de valor (*value chain*)** embasa os modelos de negócios estruturados em uma linha de produção (*long-linked*), processo linear que começa com entradas e prossegue até a entrega de um produto acabado, geralmente padronizado, a um consumidor final. O valor é criado na transferência do produto da empresa para seus usuários. Exemplos incluem empresas que produzem, usando processos lineares de produção, bens tangíveis como é de fácil intuição (ex.: multinacionais de automóveis, Coca-Cola e Unilever), mas também serviços e bens intangíveis como filmes, jogos, músicas ou *softwares*. Incluem também os revendedores desses bens e serviços e os fornecedores de insumos para outras empresas. (OECD, 2018, p. 36-38).

Nesse modelo, as atividades principais são executadas sequencialmente no sentido das entradas dos insumos, processamento, saída, vendas e serviços pós-venda, como ilustrado na Figura 3 (OECD, 2018, p. 36-37).

FIGURA 3 – **Cadeia de Valor**

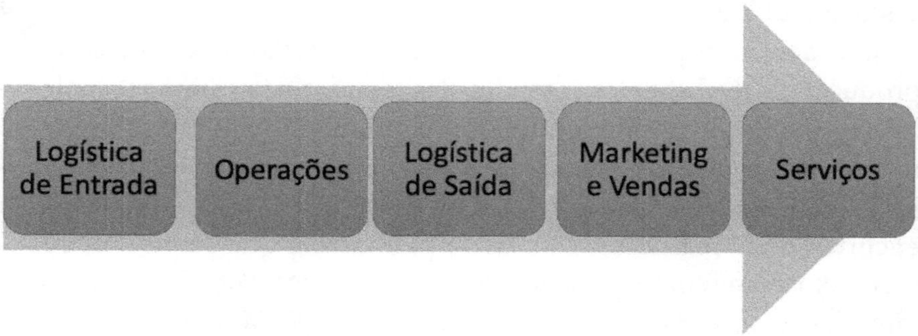

Fonte: (PORTER, 1985 *apud* OECD, 2018, p. 36, tradução nossa, adaptado)

A **rede de valor (*value network*)** é a base de modelos de negócios que vinculam usuários, fornecedores ou clientes por meio uma tecnologia de mediação, abrangendo todos os tipos de plataformas multilaterais. O valor é criado pela organização e facilitação da troca entre as partes. Entre as empresas tradicionais, são exemplos as agências de empregos, que aproximam empregadores e trabalhadores, e bancos, que aproximam investidores e tomadores de empréstimos. Na economia digital, são exemplos as redes sociais, que permitem que os anunciantes atinjam grupos de usuários específicos; os mecanismos de pesquisa da Internet, que fornecem gratuitamente seus serviços, enquanto geram receitas de publicidade direcionada e da monetização de dados do usuário; as plataformas comerciais que possibilitam que os usuários negociem bens e serviços entre si; e as plataformas que facilitam o consumo colaborativo de bens duráveis ou ativos, permitindo que os indivíduos se conectem e compartilhem recursos disponíveis, como carros ou residências. (OECD, 2018, p. 38-39).

Nesse modelo, as atividades necessárias para a intermediação (promoção da rede e gerência de contrato, prestação do serviço e operação da infraestrutura) ocorrem em paralelo entre si, como ilustrado na Figura 4 (OECD, 2018, p. 38-39).

FIGURA 4 – **Rede de Valor**

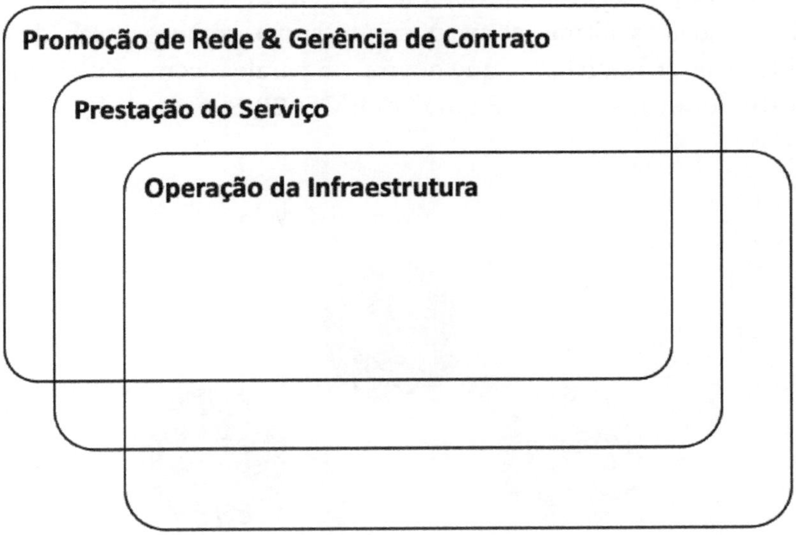

Fonte: (STABELL; FJELDSTAD, 1998 *apud* OECD, 2018, p. 39, tradução nossa, adaptado)

A **compra de valor (*value shop*)**[30] opera em mercados unilaterais, geralmente na categoria de serviços profissionais, e se caracteriza pelo uso de uma tecnologia intensiva, em regra uma combinação de *hardware*,

[30] Entre outros autores, Alves (2021, p. 26), em sua tese de doutorado, traduz *value shop* como loja de valor. Entendemos, contudo, que compra de valor seria uma melhor tradução, pois representa uma cadeia em que o valor estaria na compra de um serviço qualificado específico.

software e conhecimento, aplicada para resolver uma demanda ou problema específico do cliente. O valor é criado pela assimetria de informações entre a empresa e o usuário, e a solução apresentada é moldada para o cliente, mesmo se atingida com o uso de ferramentas padronizadas. São exemplos as empresas de serviços tecnológicos avançados, como as de medicina ou de laboratório, de consultoria de negócios, de análise de dados especializada, de desenvolvimento de *software* e de computação na nuvem. (OECD, 2018, p. 40-41).

Nesse modelo, as atividades são executadas de modo cíclico: contratação, avaliação de soluções, escolha da solução, execução e controle/ avaliação, com a última etapa podendo servir como geração de novo problema a ser resolvido, o que ocorre em paralelo com as atividades de suporte, como ilustrado na Figura 5 (OECD, 2018, p. 41).

Figura 5 – **Compra de Valor**

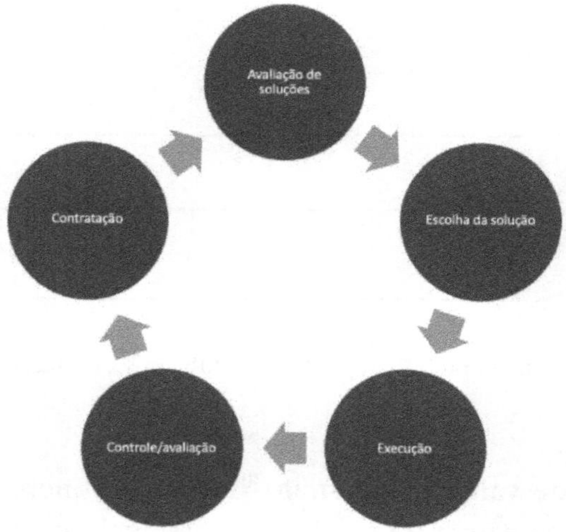

Fonte: (Stabell; Fjeldstad, 1998 *apud* OECD, 2018, p. 41, tradução nossa, adaptado)

Destaque-se que esses três processos de criação de valor se relacionam mais a linhas de negócio do que a uma empresa com um todo. É comum que uma mesma firma adote várias espécies de criação de valor em suas diferentes linhas. Por exemplo, o varejo da Amazon é considerado uma cadeia de valor; a plataforma de comércio Amazon Marketplace, uma rede de valor; e o serviço de computação na nuvem Amazon Web Services, uma compra de valor. (OECD, 2018, p. 42).

A simples constatação de que os novos negócios digitais potencializam cadeias de valor com outros formatos não autoriza que se conclua não ser mais possível onerá-los com os tributos hoje existentes. Por isso, julgamos necessário aprofundar nossa compreensão sobre o consumo nos negócios digitais para verificar se o argumento se sustenta com base em mais evidências, o que faremos nas duas seções seguintes.

1.3.4 Modelos de negócios digitais específicos e a tributação do consumo

Nesta seção, analisaremos quatro modelos de negócios digitais que cobrem as três formas de criação de valor, que foram discutidos em detalhes no relatório intermediário sobre tributação da economia digital da OCDE de 2018: um mais tradicional – o comércio eletrônico, e três considerados disruptivos – as plataformas de economia compartilhada, as redes sociais e a computação na nuvem (OECD, 2018, p. 42-51, 60-79).

Nesse estudo, verificaremos como esses modelos de negócios influenciam a tributação do consumo, para observar se novos desafios tributários, além dos já elencados na seção 1.3.2, podem ser percebidos. Além disso, examinaremos como o valor adicionado na cadeia resulta em receitas, para averiguar de que modo afetam a tributação sobre o valor agregado e o princípio do destino.

1.3.4.1 Comércio eletrônico (*e-commerce*)

O comércio eletrônico é o modelo de negócio digital mais antigo, e seus efeitos sobre a tributação já vêm sendo estudados de perto pelo menos desde 1996, nos trabalhos preparatórios da Conferência Ministerial da OCDE de 1998 sobre o comércio eletrônico, em Ottawa (OECD, 2015a, p. 151-165; OECD, 2018, p. 18). É definido como a compra e venda de bens e serviços, em que o pedido é feito por meios eletrônicos (Internet ou redes privadas), mas que o pagamento e a entrega podem se dar tanto digitalmente quanto pelos meios físicos tradicionais. As operações podem ser entre empresas (B2B), entre empresa e consumidor (B2C) ou entre consumidores (C2C) (OECD, 2015a, p. 55-56).

Enquadra-se na categoria de cadeia de valor, podendo uma empresa de comércio eletrônico espalhar sua infraestrutura, gerência, tecnologia, estratégias globais de *marketing* e de vendas e subsidiárias em diferentes países. É possível que diversos serviços fundamentais para o desempenho da empresa sejam terceirizados, como o de infraestrutura (ex.: para empresas de computação na nuvem), logística, análise de dados, e até mesmo a plataforma *online* de vendas. (OECD, 2018, p. 60-61).

Nesse sentido, adota a forma de cadeia produtiva comum das CGVs globais, com os já apontados desafios trazidos pela digitalização. Para a tributação do consumo, destaca-se a possibilidade de ganharem escala internacional sem a necessidade de presença física, com a dificuldade de detecção das transações pelos fiscos, em especial as direcionadas a consumidores privados e as que têm como objeto bens intangíveis e serviços; os problemas com a tributação de bens tangíveis de pequeno valor; e a concorrência fiscal predatória quando se adota o princípio da origem (seção 1.3.2.1).

Um exemplo ajuda a visualizar esses desafios. A Figura 6 ilustra o negócio de uma revendedora *online* de bens tangíveis de atuação global, que os compra de fornecedores e os vende a consumidores finais com uma margem de lucro, que foi proposto e analisado pelo relatório intermediário sobre tributação da economia digital da OCDE de 2018 (OECD, 2018, p. 60-66).

A empresa possui uma matriz, responsável pela infraestrutura, gerência, tecnologia, e estratégias globais de *marketing* e de vendas, e subsidiárias em diversos países, responsáveis pelas vendas locais e que podem também desenvolver *software* próprio, fazer atendimento a clientes e desenvolver estratégias locais de *marketing* e vendas. Os pedidos são entregues diretamente pelas subsidiárias ou por terceiros.

A principal fonte de receitas do negócio é a margem de lucro na venda de produtos. Mas a empresa também pode faturar com serviços *premium* (como remessa grátis para assinantes, ex: Amazon Prime) e com a venda dos dados dos usuários para terceiros e de publicidade para anunciantes. O revendedor pode usar os dados coletados dos usuários com dois objetivos principais: (i) analisar seu comportamento para melhorar seus produtos e direcionar melhor sua publicidade; e (ii) diferenciar os preços para conseguir o máximo de lucratividade. (OECD, 2018, p. 61-62).

FIGURA 6 – **Modelo de negócio de um revendedor *online* de bens tangíveis de escala internacional**

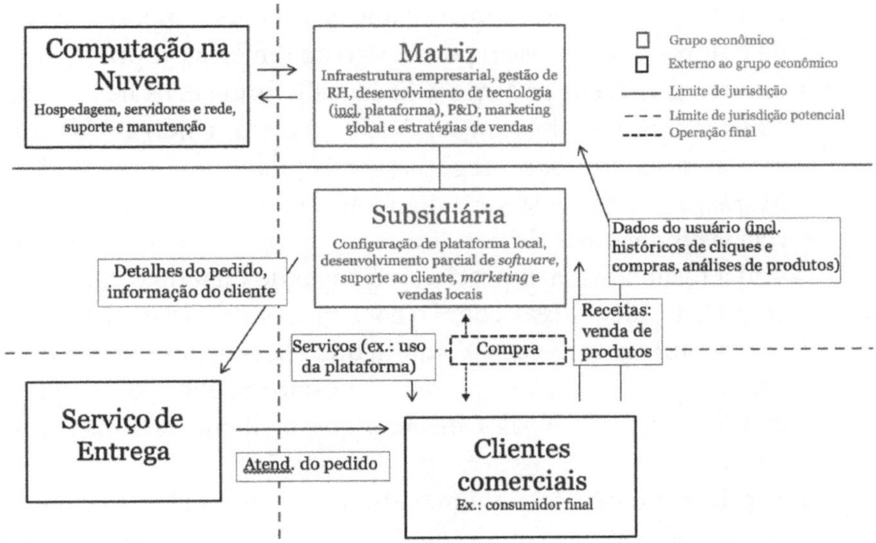

Fonte: (OECD, 2018, p. 61, tradução nossa, adaptado)

As receitas com serviços e com a venda de dados e publicidade também sofrem incidência de tributos sobre o consumo e demonstram o potencial ampliado de atuação global dessas empresas, já que os adquirentes de dados e os anunciantes podem estar em jurisdições absolutamente diversas daquelas em que se processaram a venda e a compra. Abre-se, inclusive, espaço para a estratégia de deslocamento da operação para um país de baixa tributação, ainda que o anúncio seja direcionado a consumidores de outra jurisdição, como discutido na seção 1.3.2.5.

Vale ainda a pena ressaltar algumas diferenças entre as atividades principais do negócio de um revendedor *online* com as de um tradicional, para destacar o ganho de escala e a capacidade de atuação global proporcionados pela digitalização desse modelo de negócio (OECD, 2018, p. 62 – 66):

(i) **Compras e estrutura física:** rede global de fornecedores e a desnecessidade de uma loja de varejo física;

(ii) **Operações:** importância da tecnologia, que baseia sua operação em uma plataforma digital;

(iii) **Entrega dos produtos:** centralidade no mecanismo de entrega, pois os pedidos são processados em armazéns ao redor do mundo, cada vez mais com o auxílio de robôs, e remetidos através de empresas terceiras ou por serviço de remessa próprio;

(iv) **Vendas:** os preços podem ser fixados de forma mais flexível, por consumidor e produto, maximizando o lucro, sendo ainda possível dar descontos por categorias gerais (idade, por exemplo);

(v) **_Marketing_:** a publicidade é direcionada de acordo com as preferências individuais do consumidor, e permite que o anunciante tenha resultados mais precisos, só pagando quando o cliente clicar no *link*; além disso, como o consumidor deixa um rastro digital, a empresa conhece até aquilo que ele consultou e não comprou, o que permite que ofereça o mesmo produto por um preço menor, atingindo o valor máximo que o cliente está disposto a pagar;

(vi) **Serviço:** existência de um sistema de avaliações dos clientes que já compraram, de modo a orientar a compra de novos consumidores.

O exemplo demonstra claramente como o negócio pode se espalhar por diversos países e se relacionar com diversas empresas, demonstrando a capacidade de atuação global e também os problemas que uma tributação cumulativa traria ao exportar tributos nas diversas interações entre jurisdições. Quanto a forma da cadeia, verifica-se que é a tradicional em linha de produção, para a qual a tributação sobre o valor agregado e a determinação do local do consumo não trazem desafios especiais.

1.3.4.2 Plataformas de economia compartilhada (*sharing and gig economy*)

A evolução da tecnologia permitiu a disseminação de plataformas *online* criadas para aproximar usuários que desejam compartilhar temporariamente bens e serviços. Em regra, aproximam indivíduos (C2C) que realizam o que se convencionou chamar de transações *peer-to-peer* – P2P (par a par ou ponto a ponto, em português). Fundamentam-se na filosofia do consumo baseado em acesso. Isto é, **em vez de comprar e possuir coisas, os consumidores buscam apenas o acesso a bens e preferem pagar pela experiência de usá-los temporariamente**. (Hojnik; Weingerl, 2018, p. 16-17).

Com o tempo, passaram também a surgir negócios que aproximam empresas com seus clientes (B2C), existindo até casos de compartilhamento de ativos subutilizados entre empresas (B2B) (OECD, 2019c, p. 15; OECD, 2021e, p. 32).

Os principais exemplos desse tipo de plataforma estão nos setores de transporte, com a aproximação de motoristas e passageiros (e mais recentemente de entregadores e clientes); de hospedagem, ligando hóspedes com anfitriões; de finanças colaborativas, em regra empréstimos, *crowdfunding* e doações fora do sistema financeiro (P2P); e de serviços sob demanda, conectando clientes a prestadores de serviços, tanto manuais (ex.: limpeza, mudança, carpintaria, etc., que envolvem prestação física) quanto intelectuais (*web design*, consultoria, etc., que geralmente envolvem entrega digital). Atualmente, as plataformas de transporte e de hospedagem representam cerca de 90% do valor global desse modelo de negócio. Há previsão de crescimento de todas as modalidades nos próximos anos. (OECD, 2021e, p. 16-17).

Em regra, costuma-se chamar de economia compartilhada (ou economia de compartilhamento – *sharing economy*) os modelos de negócios associados com o compartilhamento de bens, e de *gig economy* os relacionados ao oferecimento de serviços profissionais executados por tarefa e sem relação de emprego (OECD, 2018, p. 208; OECD, 2019c, p. 15; OECD, 2021e, p. 15). São ainda comuns as denominações "economia colaborativa", "economia sob demanda" e "consumo colaborativo" (OECD, 2019c, p. 15). Neste livro, utilizaremos a expressão "economia compartilhada" para representar todas essas possibilidades[31].

[31] Segundo o dicionário Merriam-Webster, o termo *gig* significa um emprego, usualmente por um período de tempo especificado, e é normalmente usado para se referir à área artística (MERRIAM-WEBSTER DICTIONATY, c2021). Nesse sentido, uma tradução possível para o português de *gig economy* seria "economia de bico". Contudo, como o fenômeno

A importância desses negócios aumenta rapidamente a cada ano, apesar de ainda não existirem estimativas confiáveis sobre seu tamanho por ausência de dados. E tudo indica que esse crescimento se acelerou durante a pandemia do Coronavírus (OECD, 2021e, p. 16).

De qualquer modo, a ideia de compartilhamento de ativos e de prestação de serviços sem relação de emprego[32] vem se consolidando, especialmente entre os mais jovens, sustentada por ativos disponíveis em mãos privadas, possibilidade de diferentes regimes de trabalho, dispêndios com busca e publicidade baixos, pagamentos eletrônicos, custos tributários e trabalhistas reduzidos, mecanismos confiáveis de resolução de disputas, possibilidade de assegurar os ativos, classificação de usuários, entre outras razões (OECD, 2019c, p. 16-17).

Mais recentemente, observa-se uma tendência de convergência das plataformas de economia compartilhada com negócios tradicionais e outros modelos de negócios digitais. Por um lado, as plataformas estão oferecendo serviços complementares (ex.: aluguel de automóveis ou serviços turísticos em plataformas de hospedagem). Por outro, negócios tradicionais têm lançado serviços concorrentes (ex.: rede de hotéis passaram a alugar quartos por temporada). Finalmente, pessoas estão adquirindo bens especialmente para compartilhá-los, e não apenas compartilhando os ativos que eram subutilizados. (OECD, 2021e, p. 20-21).

é mais amplo, com profissionais se dedicando exclusivamente a serviços sem relação de emprego, e como nenhuma tradução para o português incluindo a referência a *gig* se consolidou, optamos por denominar o modelo de negócio apenas por economia compartilhada, e não como economia compartilhada e de bico, como uma tradução mais literal exigiria.

[32] Essas alterações radicais no mercado de trabalho têm trazido preocupações na esfera trabalhista e previdenciária. O modelo de trabalho baseado em emprego de longa duração, muitas vezes em apenas uma empresa em toda a vida laboral, data da revolução industrial e parece estar em extinção, com as novas gerações concordando em renunciar à proteção legal e benefícios sociais do emprego tradicional em troca de autonomia e horários flexíveis. Em uma perspectiva mais realista, esse regime possivelmente trará problemas na doença e na velhice de muitos desses trabalhadores, em especial se não tiverem formado uma poupança privada para emergências, situação em que necessitarão da assistência social do Estado. E o custeio dessa proteção social também se vê ameaçado na medida em que o financiamento da Previdência Social tem, como uma de suas principais fontes, a tributação da folha salarial, que deixa de existir na ausência de emprego formal, tornando urgentes novas formas de sustento das aposentadorias e benefícios. (Afonso, 2017).

As plataformas de economia compartilhada enquadram-se no modelo de rede de valor, sendo exemplo de negócio multilateral, fundado na participação dos usuários e submetidos a efeitos de rede e com estrutura de preço não neutra. Nelas, atuam três atores: (i) a plataforma digital; (ii) o fornecedor, que compartilha o ativo ou presta o serviço; e (iii) o usuário. Os fornecedores e usuários em regra são pessoas físicas, mas podem também ser pessoas jurídicas. Esses três atores realizam transações econômicas entre si, sendo que a plataforma pode cobrar comissões tanto do usuário quanto do fornecedor, e o fornecedor é em regra remunerado pelo usuário mediante pagamento, mas podendo também o ser por permuta (ex.: troca de acomodações). (OECD, 2021e, p. 21-27).

Essa estrutura traz uma série de oportunidades, desafios e riscos tributários próprios.

Entre as oportunidades, está a potencialidade de o Fisco conhecer parte do que antes era economia informal, com o aumento da arrecadação proveniente de atividades econômicas antes não tributadas (OECD, 2019c, p. 18-19). Mas os desafios para que as transações econômicas subjacentes sejam corretamente tributadas são grandes.

O primeiro deles decorre do fato de as consequências tributárias de cada operação dependerem da correta caracterização dos agentes envolvidos e de como cada operação é realizada. Essas informações, contudo, muitas vezes são desconhecidas tanto pelas plataformas quanto pelas administrações tributárias.

O segundo deriva do número de fornecedores envolvidos, o que faz com que os fiscos passem a lidar com uma quantidade maior de contribuintes, muitos dos quais não têm conhecimento nem estrutura para apurar os tributos sobre o consumo, o que exigirá uma mudança de atitude e reforma de processos à medida que a cultura de compartilhamento se consolide em nossa sociedade (OECD, 2021e, p. 28-31).

O terceiro advém de uma das características da economia digital que afeta sobremaneira esse modelo de negócio por ser extensível aos três atores envolvidos: a possibilidade de atuação em um país sem nele ter presença física. As plataformas podem atuar em um país à distância, o que dificulta ao fisco ter conhecimento das operações realizadas, bem como atribuir responsabilidade tributária a essas empresas. Os fornecedores podem prestar serviços digitais a partir do exterior ou possuir ativos em outro país, enquanto os usuários podem residir em um país, mas usar o ativo em outro (ex.: hóspede em uma acomodação no exterior), o que dificulta tanto a caracterização do local de consumo quanto a capacidade efetiva de atuação da administração tributária. (OECD, 2021e, p. 22).

Caso não se consiga tributar adequadamente a economia compartilhada, há o risco de perdas significativas de receitas. É possível que a economia informal cresça pelo incentivo de pagar menos impostos, com pessoas migrando de empregos formais para a prestação de serviços como *freelancers*, ou que empresas formais adotem o modelo de compartilhamento (ex.: proprietário de empresa de táxi disponibilizando seus carros em plataformas com motoristas privados). Nesse cenário, ocorrerá competição injusta com os negócios estabelecidos, o que termina por incrementar o processo de migração para a economia informal. (OECD, 2019c, p. 19-20; OECD, 2021e, p. 27).

Para ilustrar esses desafios, mais uma vez nos valemos de um exemplo proposto e analisado pelo relatório intermediário sobre tributação da economia digital da OCDE de 2018: o de uma plataforma de economia compartilhada de transporte privado de passageiros estilo Uber, cujo modelo de negócio se encontra ilustrado na Figura 7 (OECD, 2018, p. 66-73).

A plataforma tecnológica permite conectar passageiros com motoristas que oferecem transporte na modalidade de uso compartilhado de veículo denominada de *for-profit ridesharing*, na qual os condutores recebem uma remuneração pela viagem realizada (Marques Neto; Freitas, 2017, p. 22).

A empresa recruta motoristas com seus carros, controla-os de forma centralizada, desenvolve uma plataforma que permite que passageiros peçam uma corrida, e mantém um sistema de avaliação tanto dos motoristas quanto dos passageiros. A matriz é responsável pela infraestrutura, gerência, tecnologia, e estratégias globais de *marketing* e de vendas. A plataforma em regra é operada por uma subsidiária local, que pode configurar parcialmente o *software* e o oferece aos motoristas e usuários locais. A plataforma e os dados ficam em uma empresa externa de computação na nuvem. (OECD, 2018, p. 66-67).

A fonte principal de receitas da empresa são as comissões pelas corridas, com o preço variando dinamicamente de acordo com a oferta e a procura. É possível ainda auferir receitas com outras linhas de negócio complementares, como a entrega de comida (ex.: UberEATS) (OECD, 2018, p. 67-68).

FIGURA 7 – **Modelo de negócio de uma plataforma de economia compartilhada de transporte privado de passageiros**

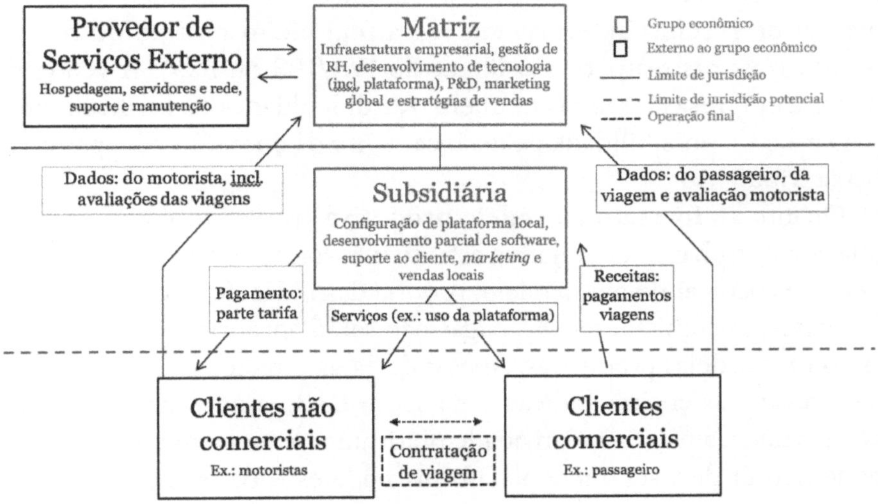

Fonte: (OECD, 2018, p. 67, tradução nossa)

Os dados coletados dos usuários são usados para a prestação dos serviços em si (localização para escolher o melhor carro) e também para o oferecimento do preço. As avaliações agregam valor ao serviço prestado. E as informações sobre tráfego, distâncias percorridas e número de passageiros podem ser vendidas para empresas de logística ou de transporte público (OECD, 2018, p. 68).

O valor das comissões é exemplo típico da estrutura de preços não neutra dos mercados multilaterais. A empresa pode cobrar mais ou menos do usuário dependendo de diversas condições, como o horário da corrida, disponibilidade de motoristas na região, políticas de fidelização e classificação do usuário no aplicativo. Ao mesmo tempo, pode repassar mais ou menos para os motoristas, dependendo do horário e local da corrida, da classificação do condutor no aplicativo e da estratégia de incentivo para que o serviço seja oferecido em determinadas condições. (OECD, 2018, p. 67-68).

Esse exemplo demonstra alguns dos desafios tributários acima elencados. As receitas auferidas pelos motoristas são de difícil caracterização, com a tributação variando caso prestem os serviços de modo eventual ou com habitualidade. Para a tributação do consumo, o volume mensal de receitas auferidas em regra tem efeito no tipo de tributo devido (ex.: caso superem o limiar do IVA/IBS ou não). A venda de dados a empresas terceiras também traz dificuldades de conhecimento pelo fisco e a possibilidade de deslocamento da operação para países de baixa tributação.

Quanto ao **formato da cadeia produtiva**, as plataformas de economia compartilhada adotam uma estrutura bastante compacta, com todas as etapas ocorrendo em paralelo, própria das redes de valor. Na maioria dos casos, as comissões a elas pagas não serão apropriadas como custos em outras cadeias produtivas. Apesar de essas características apontarem na direção das críticas indicadas na seção 1.3.3, já que, em uma cadeia tão achatada, a não cumulatividade praticamente não tem espaço, não se pode perder de vista que a plataforma pode espalhar sua estrutura por diversos países do mundo, terceirizando funções de assistência técnica e armazenamento na nuvem, por exemplo. A não adoção da tributação sobre o valor agregado, nesse caso, incentivaria a verticalização de todas as funções dentro da matriz, o que pode não ser economicamente eficiente (veja-se, na seção 1.3.4.4, o exemplo do crescimento acelerado da empresa Airbnb por meio da terceirização de sua estrutura computacional para serviços de computação na nuvem).

1.3.4.3 Redes sociais

Pela importância que possuem no mundo atual, analisaremos mais um exemplo de rede de valor: uma rede social multilateral que coleta dados dos usuários e provê serviços de propaganda, como é o exemplo do Facebook e do Twitter (OECD, 2018, p. 44-51). O modelo de negócios se encontra ilustrado na Figura 8.

FIGURA 8 – **Modelo de negócio de rede social financiada por receitas de publicidade**

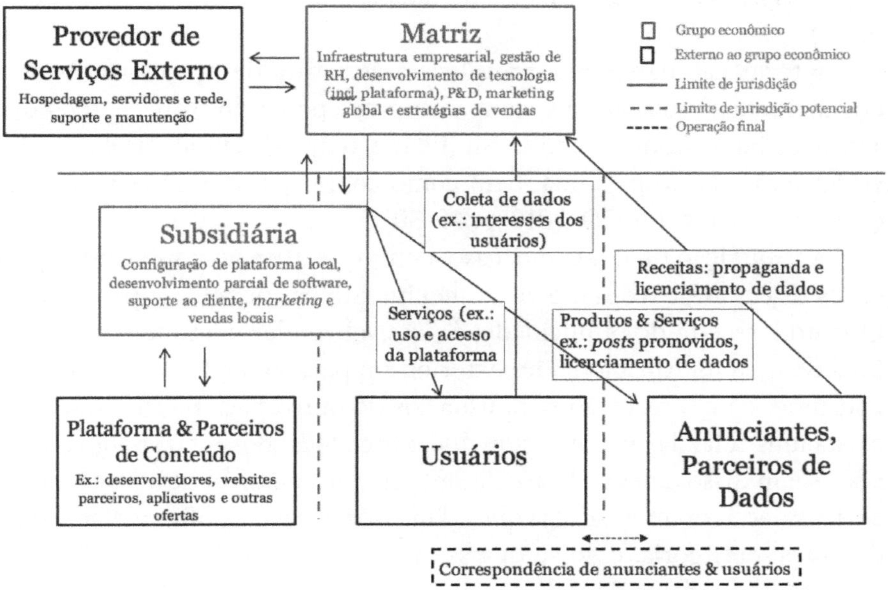

Fonte: (OECD, 2018, p. 45, tradução nossa)

Em um lado do mercado os usuários interagem e trocam conteúdo, em regra sem o pagamento de taxas; no outro, estão os anunciantes, que desejam anunciar para seu público-alvo (os usuários do outro lado do mercado) de maneira eficiente. O negócio tradicional equivalente é o de comerciais na televisão aberta e no rádio, em que os usuários assistem a programas gratuitamente, mas consomem publicidade nos intervalos ou durante a programação. (OECD, 2018, p. 44-45).

As redes sociais geram receitas (i) vendendo espaço publicitário a terceiros que desejam anunciar para os usuários na plataforma, e (ii) licenciando os dados do usuário coletados para terceiros. É comum que a maior parte da receita venha do primeiro caso (OECD, 2018, p. 46).

Apesar de os clientes do negócio serem os publicitários, as redes sociais precisam melhorar a experiência dos usuários para que passem mais tempo *online*. Por isso, é necessário balancear o conteúdo gerado pelos usuários e a publicidade mostrada, bem como apresentar anúncios bem direcionados. Quanto maior o conteúdo gerado por usuários e quanto mais refinada a análise de dados, maior o lucro. (OECD, 2018, p. 46).

Na formação da receita, prevalece a estrutura de preços não neutra dos mercados multilaterais, com a empresa podendo fixar o preço dos anúncios por critérios como a visibilidade, o tipo de audiência e a efetiva visualização da propaganda, bem como cobrar para promover publicações de usuários (OECD, 2018, p. 49-50).

Na tributação do consumo, caso a empresa atue no país sem ter presença física, surge o desafio de conhecimento das operações pelos fiscos. Quanto à receita de publicidade, é possível vender o anúncio para uma filial de uma multinacional no exterior em país com baixa tributação do consumo, com a exibição para usuários de outro país, mesmo que nele exista uma filial da empresa, sem que o fisco local possa fazer algo contra isso. Além disso, apesar de atualmente não ser possível deslocar o preço entre os lados do mercado, já que o lado dos usuários utiliza a plataforma de graça, em teoria, caso se optasse por criar um tributo com base no número de usuários da rede social ou na quantidade de dados por eles consumida, a empresa poderia mudar sua estrutura de preços de modo a excluir usuários que pouco contribuam para o aumento de valor da rede. (Bacache *et al.*, 2015, p. 52-53).

Quanto ao formato da cadeia, apesar de ser bastante encurtada, com todas as etapas ocorrendo em paralelo como ocorre nas redes de valor, as receitas geradas pelas redes sociais em regra corresponderão a um custo de outra cadeia de produção nas quais estão inseridos os anunciantes e os adquirentes de dados. Além disso, com já ponderado na seção anterior e visualizado na figura acima, a rede social pode espalhar sua estrutura por diversos países do mundo por questões de eficiência, o que recomenda que não circulem tributos ocultos nos custos da cadeia de produção.

1.3.4.4 Computação na nuvem (*cloud computing*)

A computação na nuvem é o modelo de negócio que oferece serviços informáticos *online* e sob demanda, em especial capacidade de processamento, armazenamento de dados e utilização de *softwares*, para usuários em qualquer parte do mundo (OECD, 2015a, p. 59).

Atualmente existe uma infinidade de serviços oferecidos na nuvem, os XaaS, mas os três tipos mais comuns são:

> (i) **Infraestrutura como serviço** (*Infrastructure-as-a-service* – IaaS): também conhecido por *hardware* como serviço, engloba todos os recursos físicos de informática, como capacidade de processamento, armazenamento de banco de dados e recursos de rede. Oferece grande economia de custos aos clientes, pois fornece acesso à capacidade de computação adicional sob demanda, sem a necessidade de um grande investimento de capital em *hardware*;
> (ii) **Plataforma como serviço** (*Platform-as-a-service* – PaaS): oferece o acesso a ferramentas de computação, como sistemas operacionais, plataformas de aplicativos e serviços de banco de dados, sem que o cliente precise comprar ou atualizar esses programas. Permite a contratação de apenas alguns recursos, o que é vantajoso para empresas que os usem apenas ocasionalmente;
> (iii) ***Software* como serviço** (*Software-as-a-service* – SaaS): oferece o acesso a *softwares* pela Internet, sem que o consumidor tenha que os adquirir ou atualizar. (OECD, 2018, p. 77).

Trata-se de um dos modelos de negócios mais importantes da atualidade e serve de infraestrutura para diversas outras empresas (como visto nos exemplos analisados nas seções anteriores). Na verdade, é um dos principais responsáveis pela "servitização" da economia, descrita na seção 1.2.2, e revoluciona a estrutura das CGVs com efeitos disruptivos similares às tecnologias inovadoras discutidas na seção seguinte.

Atualmente, empresas de qualquer tipo e tamanho podem crescer sem a necessidade de fazer investimentos pesados em tecnologia, tanto em equipamentos quanto em programas de computador. Contratam apenas o que precisam, pagam pelo uso e aumentam a estrutura a qualquer momento. Um exemplo marcante desse fenômeno foi o da plataforma de hospedagem Airbnb que, após contratar serviços de *software* e armazenamento da Amazon Web Services, pôde passar de 4 milhões de usuários em janeiro de 2013 para 15 milhões em junho de 2014. Crescimento tão acelerado, em um passado recente, seria impossível sem injeção massiva de recursos e em tão pouco tempo. (OECD, 2018, p. 73-74).

Para bem visualizar os desafios tributários envolvidos, mais uma vez utilizamos um exemplo proposto e analisado pelo relatório intermediário sobre tributação da economia digital da OCDE de 2018. A Figura 9 ilustra o modelo de negócio para uma empresa de computação na nuvem que oferece os serviços IaaS, PaaS e SaaS agrupados em três categorias amplas: serviços básicos (computação, armazenamento e entrega de conteúdo, banco de dados e rede), serviços de aplicativos (administração e segurança, implantação e gerenciamento de sistemas, análise de funcionamento) e serviços de implantação e gerenciamento (de serviços de aplicativos, de serviços móveis, e de aplicativos empresariais) (OECD, 2018, p. 73-79).

FIGURA 9 – **Modelo de negócio de computação na nuvem**

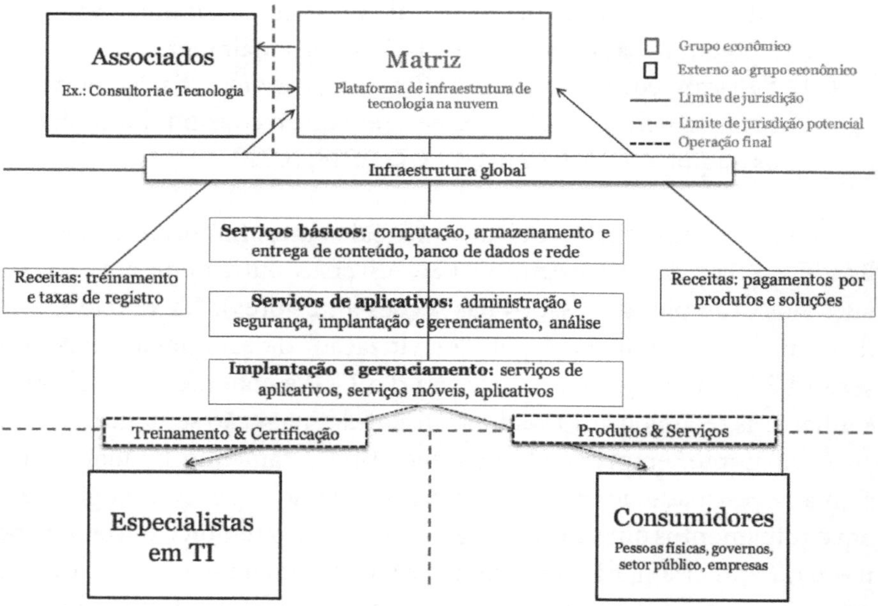

Fonte: (OECD, 2018, p. 75, tradução nossa)

Essas empresas auferem receitas de serviços em escala global. Para os usuários pessoas físicas, podem ser oferecidos gratuitamente serviços básicos em troca de publicidade, ou mediante o pagamento de mensalidades. Para as empresas, podem ser cobradas mensalidades, mas o pagamento à medida do uso (*pay as you go*) tem prevalecido. (OECD, 2018, p. 75).

Para algumas empresas, podem ser oferecidos serviços adicionais de consultoria e suporte para incentivá-las a desenvolver e promover as capacidades computacionais oferecidas. Nesse contexto, podem ser ofertados programas de treinamento e certificação para ajudar os clientes a obter conhecimentos e habilidades técnicas, com a cobrança de taxas de inscrição e registro. (OECD, 2018, p. 75).

A principal estratégia é priorizar a inovação tecnológica para manter custos baixos, caracterizando-se como um **serviço de alto volume e margens reduzidas**. Quanto aos dados armazenados, em regra a empresa não usa seu conteúdo, garantindo sua confidencialidade, exceto quando o cliente consente. (OECD, 2015a, p. 60-61; OECD, 2018, p. 75-76).

É exemplo de compra de valor, caracterizada pelo uso de uma tecnologia intensiva, a combinação de *hardware, software* e conhecimento, aplicada para resolver uma demanda ou problema específico do cliente. O modelo de cadeia é cíclico, com a solução e avaliação dos problemas se dando de forma recorrente.

Na tributação do consumo, trata-se de um típico exemplo de empresa que atua globalmente sem a necessidade de ter presença física na jurisdição, com os problemas de controle fiscal já mencionados. Como visto na seção 1.3.2.1, por serem prestados a empresas, em regra o controle dos fiscos é mais facilitado, pois os adquirentes têm interesse em registrar a operação para aproveitar o crédito, nos casos em que prevalece a tributação pelo valor agregado. Isso não ocorre para empresas isentas dos tributos sobre o consumo, como é o caso do setor financeiro na União Europeia, mas o fato de serem serviços oferecidos por grandes multinacionais faz com que a sonegação por conluio seja menos provável. Já a determinação do local de consumo pode ser resolvida com o estabelecimento de regras práticas simplificadoras como a de considerar que se deu na residência do adquirente.

Quanto ao formato da cadeia, apesar de ser bastante reduzida e assumir a forma circular própria do modelo de compra de valor, esse negócio em regra é componente essencial de outras cadeias produtivas, e suas receitas correspondem a custos de outros negócios, o que faz com que não conviva bem com incidências cumulativas. A cumulatividade é também bastante prejudicial em atividades com margens de lucro muito reduzidas.

Acrescente-se a isso o fato de o próprio negócio em regra optar por distribuir sua estrutura por diversos países por questões de eficiência econômica (como bem ilustrado na figura acima). A necessidade de replicação de dados por segurança ou de se aproximar do usuário nos casos em que o tempo de resposta é crucial são exemplos que resultam na descentralização até de sua função principal. Como já apontado nas seções anteriores, essa estrutura descentralizada recomenda, por si só, que os tributos não incidam cumulativamente sobre seus custos.

1.3.5 Tecnologias inovadoras e a tributação do consumo

Nesta seção, investigaremos três tecnologias potencialmente disruptivas para os negócios digitais, que trazem preocupações particulares à tributação do consumo: a internet das coisas, a impressão 3D e as moedas virtuais. As duas primeiras potencializam diversas das características disruptivas dos negócios digitais e podem revolucionar as CGVs; a última, além de trazer dúvidas de como tributar as receitas dela derivadas de forma harmônica entre os diversos países, dificulta o conhecimento das transações internacionais pelos fiscos.

1.3.5.1 Internet das Coisas

A Internet das Coisas (*Internet of Things* – IoT) é a rede de objetos físicos ou digitais (coisas) que se conectam e trocam informações entre si por meio de tecnologias de comunicação (ex.: Internet, redes privadas, tecnologia *bluetooth*, frequência de rádio etc.), sem a necessidade de intervenção humana (Schoueri; Galdino, 2018, p. 247; Schwab, 2019, p. 26).

Trata-se de tecnologia que vem se expandindo rapidamente a partir da evolução dos sensores e de sua aplicação a uma infinidade de objetos. Tem revolucionado desde o processo produtivo, com o monitoramento remoto e contínuo de toda a cadeia, passando pela segurança, com o controle de residências, automóveis e aviões por sensores neles instalados, e chegando até mesmo à saúde humana, com a supervisão permanente de medidas vitais por relógios, pulseiras e dispositivos instalados no corpo humano. A IoT potencializa diversas características dos negócios digitais. Os dados coletados pelos sensores embutidos em praticamente tudo aumentam as possibilidades tanto de venda de novos serviços para os clientes quanto de informações coletadas a anunciantes (OECD, 2015a, p. 71; OECD, 2018, p. 54), com a cobrança pelo uso à medida em que ocorrer.

Diversos exemplos de IoT são discutidos na literatura, beirando ao que há pouco se considerava ficção científica. Schoueri e Galdino (2018, p. 245) mencionam sistemas incorporados aos automóveis que acionam automaticamente o socorro em caso de acidentes e sensores embutidos em roupas que medem e informam ao médico o consumo de calorias, padrões de sono, pressão arterial, entre outros dados de interesse. Ferreira e Nobrega (2020, p. 109-113) analisam um empreendimento de exportação de flores em que os contêineres de transporte são monitorados por sensores que medem e informam em tempo real, para todos os interessados na operação, a temperatura e a localização da carga. O relatório intermediário sobre tributação da economia digital da OCDE de 2018 informa ganhos de produtividade significativos da indústria automobilística e de aviação nos Estados Unidos com o uso da tecnologia (OECD, 2018, p. 13).

Para a tributação do consumo, a IoT traz diversos desafios. Nos países em que existem tratamentos diferenciados entre mercadorias, intangíveis e serviços, aumentam as dificuldades de classificação, pois fica cada vez mais difícil saber quanto do preço pago por um bem corresponde à parte física, aos intangíveis nele embutidos ou aos serviços derivados (SCHOUERI; GALDINO, 2018, p. 249-267). A capacidade de atuar em diversos países do mundo sem presença física também é potencializada, já que as informações dos sensores embutidos nas coisas podem ser lidas e processadas por empresas situadas em qualquer parte.

Outra consequência da popularização da IoT que afeta diretamente a tributação do consumo se refere à tendência ao crescimento acelerado do número de transações. A cada dia é mais comum que sensores em depósitos, refrigeradores ou qualquer estrutura de armazenamento controlem os estoques e, de acordo com determinada programação, efetuem ordens de compras de forma automática. Imaginem-se aparelhos dessa natureza espalhados nas indústrias, comércios e residências, operando de modo contínuo e realizando transações comerciais sujeitas à tributação. Essa quantidade de operações não poderá mais ser controlada pelos mecanismos antigos de contabilização pelas empresas e de auditoria pelos fiscos, o que recomenda que ambos adotem sistemas de controles modernos e integrados.

1.3.5.2 Impressão 3D

Impressão 3D é a tecnologia que permite a criação de um objeto físico, mediante a impressão em camadas, a partir de um modelo digital. Em regra, um objeto é dividido virtualmente em fatias extremamente finas, que são reconstruídas na impressora uma camada sobre a outra, sendo hoje possível utilizar, como matéria prima, plástico, metal, cerâmica, vidro e até biomateriais (World Economic Forum, 2020, p. 6). É também conhecida por fabricação aditiva, em contraposição ao processo tradicional de fabricação subtrativa realizado a partir da remoção de partes da matéria prima, apesar de esse termo ser apropriado apenas para seu uso na indústria (Schwab, 2019, p. 24).

Atualmente, predomina o uso da tecnologia na construção de protótipos e ferramentas, que podem ser impressos, redesenhados e refinados rapidamente, mas cresce a utilização na produção de partes sobressalentes de modo complementar à manufatura tradicional, bem como na fabricação de equipamentos customizáveis na área da saúde, como alinhadores dentais e aparelhos auditivos (World Economic Forum, 2020, p. 7). Já há também relatos de seu uso em escala substituindo métodos tradicionais de industrialização e alterando as cadeias de suprimento em algumas indústrias (OECD, 2018, p. 16), e de experiências na construção de edifícios em Dubai e na China (World Economic Forum, 2020, p. 7).

Para o futuro, espera-se seu uso massivo na indústria automotiva e aeroespacial e na produção customizada nos setores de alimentação, nutrição, moda, calçados e brinquedos, entre outros. Na área de saúde, estima-se que, em breve, a impressão 3D se tornará o padrão para a produção de implantes e próteses personalizadas e, em um futuro mais distante, possibilite a impressão de órgãos e de membros artificiais (World Economic Forum, 2020, p. 7).

Essa tecnologia tem evoluído rapidamente nos últimos anos. O total de receitas globais alcançou US$ 9,8 bilhões em 2018, número que, apesar de elevado, corresponde a uma pequena fatia da produção industrial de US$ 12,8 trilhões. Apesar de seu enorme potencial, acredita-se que somente representará um percentual significativo da receita global entre 10 e 30 anos, pois, entre outras razões, a tecnologia ainda não é considerada totalmente confiável, o custo unitário de produção ainda é alto, e a velocidade de impressão ainda é lenta, além de a substituição da indústria tradicional envolver questões regulatórias, trabalhistas e políticas. (World Economic Forum, 2020, p. 7).

Os efeitos potenciais da impressão 3D sobre as CGVs são imensos, com a diminuição do tamanho das cadeias pela redução do número de etapas de produção, a redução dos custos de transporte e distribuição e a possibilidade de transferir a criação dos bens para os países onde se localizam os consumidores (OECD, 2015a, p. 44-45). A dimensão desses impactos sobre o comércio ainda é desconhecida, existindo previsões tanto de que as transações internacionais diminuirão quanto de que aumentarão. Contudo, três tendências parecem mais prováveis: (i) uma mudança nos fluxos de comércio físico de produtos acabados para insumos necessários para o processo de impressão 3D, como de filamentos ("tinta"); (ii) uma redução no comércio de produtos intermediários; e (3) um aumento nas transmissões eletrônicas transfronteiriças (World Economic Forum, 2020, p. 13-14).

Essas alterações estruturais nas CGVs trazem pressões tanto à tributação da renda, devido à redistribuição do valor criado dentro das cadeias, quanto à do consumo, radicalmente modificado pela proliferação de novos modelos de negócios, pelo encurtamento das cadeias de produção, pela alteração da própria estrutura de preços dos bens produzidos e pelo incremento da já discutida "servitização" das CGVs.

Para a tributação do consumo, a impressão 3D ainda exacerba diversas características dos negócios digitais já analisadas. A principal é a possibilidade de atuação global sem presença física, já que a etapa mais importante da produção estará na elaboração dos modelos 3D virtuais, que representarão o maior custo do produto e que podem ser transmitidos digitalmente em poucos segundos de e para qualquer parte do mundo. Além disso, a centralidade desses intangíveis nos modelos de negócios traz os já discutidos problemas para os países que tratam diferentemente bens e serviços, com preocupação especial para o Brasil, que tributa produtos industrializados, mercadorias e serviços com impostos de competência de diferentes entes subnacionais, como será discutido com mais detalhes na seção 3.1.4. (Macedo, 2018a; Miguel, 2018; Veitzman, 2018).

Entendemos que essa tecnologia é a que tem o maior potencial disruptivo para a tributação do consumo como a conhecemos. Caso seja adotada massivamente, fortalecem-se os argumentos dos críticos de que as cadeias seriam tão curtas que não justificariam as complicações e riscos da apuração sobre o valor agregado. Em um cenário futurista em que as impressoras 3D sejam tão sofisticadas e disseminadas na sociedade, a passagem da produção ao consumo em pouquíssimas etapas revolucionaria a economia e, por conseguinte, a tributação de modo significativo[33]. Contudo, como já visto, as estimativas de tempo para que a tecnologia se consolide ainda são elevadas, e esse cenário futurista ainda não se coloca em um horizonte alcançável, o que ainda dá um tempo razoável para que os sistemas tributários possam se adaptar a essa realidade.

1.3.5.3 Moedas virtuais

Moedas virtuais são unidades digitais de troca que não têm suporte em moedas de curso legal emitidas pelos governos (moedas fiduciárias) (OECD, 2015a, p. 43). O tipo mais conhecido são as criptomoedas, ativo digital utilizado como meio de troca e que depende da criptografia para proteger suas transações, controlar a criação de unidades adicionais e verificar a transferência de ativos (OECD, 2018, p. 209). Outros tipos são os programas de milhas e as moedas usadas em jogos virtuais, por exemplo (Falcão, 2018, p. 214).

A primeira criptomoeda, e ainda a de maior utilização, é a **Bitcoin**, criada em 2009 a partir da publicação do artigo de Satoshi Nakamoto que buscava resolver o problema do gasto duplo de dinheiro eletrônico sem a necessidade de um terceiro confiável validar a operação (Nakamoto, 2008). Em outras palavras, propunha um modo de criar uma moeda digital que não pudesse ser utilizada indevidamente em transações simultâ-

[33] Isso sem falar nas consequências sociais, políticas e econômicas decorrentes do modo como a riqueza se redistribuiria pelo mundo, que trariam preocupações globais que iriam muito além do espectro tributário.

neas sem que uma autoridade central (em regras os bancos) conhecesse e controlasse o processo. A solução se deu com o uso de uma **tecnologia de registro distribuído** de dados entre vários dispositivos conectados em uma rede descentralizada, em que são armazenados registros de eventos (ex.: negociação de moedas virtuais) com uma marca indelével do horário e uma assinatura digital (*distributed ledger technology* – DLT).

O exemplo mais conhecido e consolidado de DLT é o ***blockchain***, uma estrutura que armazena e transmite dados em pacotes chamados "blocos", que estão conectados uns aos outros em uma "cadeia digital" (OECD, 2020c, p. 10). O *blockchain* é hoje considerado para aplicações que vão muito além que o registro de criptomoedas, inclusive na parte tributária (Ainsworth *et al.*, 2018).

A rápida evolução da tecnologia consolidou a existência de três espécies de ativos digitais baseados em DLT, conhecidos como criptoativos: (i) os ***tokens* de pagamento** (*payment tokens*), que objetivam servir de meios de pagamento, sendo o nome hoje considerado mais técnico para as criptomoedas (ex.: Bitcoin, Ethereum, Litecoin) ; (ii) os ***tokens* de investimento** (*security tokens*), que representam ativos de investimento negociáveis (ex: Spice, tZero e BCAP); e (iii) os ***tokens* de utilidade** (*utility tokens*), que exprimem benefícios ou créditos emitidos por uma empresa para proporcionar acesso a determinados bens e serviços (ex.: recompensas dadas a clientes fiéis que podem trocá-las por serviços) (OECD, 2020c, p. 11).

O maior desafio das criptomoedas para os governos são o pseudoanonimato que conferem aos seus detentores e às transações que realizam, o que tem trazido preocupações com a evasão de tributos e a prática de crimes financeiros (Arias E.; Zambrano, 2021, p. 10; OECD, 2018, p. 206). Dizemos "pseudo", pois as transações com as moedas virtuais em regra são passíveis de serem rastreadas. De qualquer modo, usuários que desejam se manter anônimos a cada dia desenvolvem esquemas mais sofisticados que dificultam os processos de identificação.

Outros problemas relevantes são a falta de controle centralizado, as dificuldades de valoração, as características híbridas de instrumento financeiro e de ativos intangíveis, e a rápida evolução da tecnologia, que cria constantemente novas formas de ativos digitais (OECD, 2020c, p. 11).

Apesar de toda a desconfiança com seus usos especulativos e ilícitos, pouco a pouco os criptoativos passaram a ocupar um maior espaço entre os ativos financeiros (OECD, 2020c, p. 11), sendo atualmente negociados em bolsas de valores de diversos países, como é o caso dos EUA e do Brasil (Lewgoy, 2021; Simões, 2021). Recentemente verificam-se, inclusive, tentativas de incorporação da ideia pelo mercado e pelos governos com o uso de mecanismos que conferem menor volatilidade ao seu valor. Na parte privada, destacam-se as moedas estáveis e as finanças descentralizadas. Na pública, as moedas digitais emitidas por bancos centrais e a VATCoin.

As **moedas estáveis** (*stablecoins*) são criptoativos que objetivam ter um valor mais estável, com sua valoração baseada em uma cesta de ativos (ex.: moedas fiduciárias e outros criptoativos), para facilitar seu uso como meio de pagamento e de reserva de valor. Um exemplo emblemático foi a proposta da moeda Libra pelo Facebook, apresentada como uma moeda global projetada e administrada como um bem público, com suporte em ativos líquidos de alta qualidade como moedas fiduciárias e títulos do governo de curto prazo. Por ser administrada por uma associação privada, sem qualquer controle dos governos, a Libra (o mesmo valendo para as outras moedas estáveis) foi considerada uma ameaça ao sistema monetário global, tendo sua implementação sido cancelada. (OECD, 2020c, p. 44-45).

Outra tendência recente é conhecida como **finanças descentralizadas** (*decentralised finance* – DeFi), um sistema financeiro alternativo baseado em *blockchain* e moedas virtuais, que presta serviços financeiros utilizando aplicativos digitais (dApps). Hoje prevalecem o uso da criptomoeda *Ethereum* e de aplicações de empréstimos, trocas de moedas, remessas de divisas ao exterior e transações financeiras especulativas. Seus defensores argumentam que a DeFi proporciona um sistema financeiro mais rápido, acessível, resiliente e transparente, que os investimentos mínimos exigidos são baixos e que as plataformas são fáceis de usar, sem a necessidade de intermediários e autoridades centrais. Seus detratores levantam preocupações com transações fraudulentas e lavagem de dinheiro. (OECD, 2020c, p. 48-49).

Percebendo a inevitabilidade do fenômeno, os governos passaram a avaliar a possibilidade de emitir o dinheiro estatal com a mesma tecnologia: a **moeda digital emitida por banco central** (*central bank digital currency* – CBDC). As CBDCs seriam criadas pelos bancos centrais, possuiriam o mesmo valor das moedas fiduciárias e conviveriam com as moedas físicas e depósitos bancários. Poderiam ou não ser baseadas em DLT, cogitando-se sua disponibilidade para o público em geral (CBDC no varejo – *retail* CBDC) ou apenas para instituições financeiras (CBCD no atacado – *wholesale* CBDC). A diferença para as demais criptomoedas seria que as CBDCs seriam moedas fiduciárias e não ativos financeiros. (OECD, 2020c, p. 46-47).

Além de servir como um substituto acessível ao dinheiro, a CBDC está sendo avaliada para tarefas inovadoras, como a de aperfeiçoar os pagamentos internacionais, tornando-os mais rápidos, baratos, transparentes e inclusivos, e ao mesmo tempo mantendo sua segurança e proteção, sendo essa uma das preocupações atuais do G20 (Auer; Haene; Holden, 2021, p. 1; Bank of Canada *et al.*, 2020, p.1; Financial Stability Board, 2020c, p. 1, 32).

Diversos países estudam a implementação de CBDCs. Pesquisa de janeiro de 2021 do Banco de Compensações Internacionais (*Bank for International Settlements*) com 60 bancos centrais constatou que 86% deles estudam os prós e contras das CBDCs[34], cerca de 60% testam a tecnologia, enquanto 14% já avançaram para projetos-piloto. Em 20 de outubro de 2020, as Bahamas lançaram a primeira a CBDC de propósito geral: o *Sand Dollar*. (Boar; Wehrli, 2021, p. 6). Em 7 de setembro de 2021, El Salvador foi o primeiro país a tornar o Bitcoin como moeda legal (Esposito; Renteria, 2021). De maior impacto para a economia mundial, a China está em fase avançada de testes de sua moeda virtual: o e-yuan (Areddy, 2021).

Por fim, outra proposta de criptomoeda estatal é a chamada **VATCoin**, concebida para ser utilizada para pagamentos e reembolsos de IVA na União Europeia, com o objetivo de reduzir as fraudes do imposto (Ainsworth *et al.*, 2018).

Toda essa discussão demonstra a centralidade que os criptoativos em geral, e as criptomoedas em particular, rapidamente adquirem em nossa

34 No Brasil, o Banco Central criou um grupo de estudos para tal propósito em agosto de 2020 (Banco Central do Brasil, 2020).

sociedade, e não sem razão vêm sendo avaliados e controlados pelas autoridades reguladoras de todo o mundo. Por servirem como meio de pagamento e como forma de armazenamento de valor, trazem consequências importantes para a tributação da renda, do consumo e da propriedade.

Para extrairmos as consequências tributárias das criptomoedas, precisamos entender os diversos modos como receitas e valores são gerados em seu **ciclo de vida**. Este se resume às seguintes etapas: (i) **criação**: uma nova criptomoeda é criada por processos computacionais que, em regra, incluem compensações para seus criadores (a mineração é hoje ainda o processo de criação mais comum, que corresponde à solução de equações matemáticas efetuadas para verificar e acrescentar blocos às cadeias de um *blockchain*, mas a cada dia surgem novas modalidades para novas DLTs); (ii) **armazenamento e custódia**: as criptomoedas são armazenadas em carteiras digitais em diversos formatos, e a posse e transferência são garantidas por criptografia assimétrica baseada em um par de chaves, uma pública e uma privada, sendo possível se cobrarem taxas por esses serviços; (iii) **uso**: a utilização das criptomoedas na compra de bens e serviços ou na troca por dinheiro ou por outras criptomoedas é feita por meio de plataformas *online* ou corretores, que cobram taxas pelo serviço; (iv) **evolução do *token***: algumas vezes as criptomoedas são atualizadas com a mudança do protocolo que contém as regras de funcionamento da DLT, o que é conhecido como bifurcações na cadeia (*forks in the chain*); na maior parte das vezes, as modificações envolvem apenas aspectos estruturais da DLT, como velocidade de processamento ou modo de armazenamento, mas podem resultar na criação de novos *tokens* ou mudar a valoração dos antigos. (OECD, 2020c, p. 12-14).

O adequado tratamento tributário de todos esses eventos tem gerado intensa discussão entre os governos. As dificuldades se iniciam a partir da incerteza de como as criptomoedas devem ser classificadas. A maior parte dos países as consideram como ativos intangíveis ou instrumentos financeiros, mas uma minoria dá elas o tratamento de moedas estrangeiras fiduciárias (ex.: Itália) ou de representação digital de valor (ex.: Polônia) (OECD, 2020c, p. 14).

Para o escopo deste estudo, o evento mais relevante no ciclo de vida de uma criptomoeda é o seu uso, seja para trocar por moeda fiduciária de um país ou por outro criptoativo, seja para pagar por bens, serviços ou salários. Como a maior parte dos países consideram as moedas virtuais como ativos, sua troca por outros ativos envolve uma operação de permuta (*barter transaction*), e, em regra, dá-se a ela o mesmo tratamento tributário das permutas na tributação da renda. Contudo, na tributação do consumo, por questão de simplicidade, costuma-se adotar o mesmo tratamento de uma operação em que se usa uma moeda fiduciária como meio de pagamento, tributando-se apenas o fornecimento do bem ou serviço e não a troca da moeda. (Miguez, 2018, p. 37; OECD, 2020c, p. 38).

Os serviços relacionados às criptomoedas (taxas pelo uso e manutenção da carteira ou pela operação de troca) são normalmente tributados como os demais serviços, o que faz com que aqueles relacionados à carteira sejam isentos nos países em que as transações financeiras são isentas (ex.: União Europeia). A atividade de criação de criptomoedas não possui tratamento tributário uniforme, sendo geralmente isentas da tributação do consumo por não ser possível (ao menos na mineração) vinculá-la a um serviço específico. A criação de *tokens* em bifurcações da cadeia não sofrem incidência dos tributos sobre o consumo. (OECD, 2020c, p. 31-38).

O principal desafio tributário das moedas virtuais é a possibilidade de serem utilizadas na compra e venda de bens e serviços sem o conhecimento da administração tributária, facilitando a sonegação. Já vimos que o anonimato não é absoluto e que as operações podem ser rastreadas, mas a identificação ainda é lenta e depende de procedimentos específicos. Por outro lado, a apropriação pelo Estado dessa tecnologia traz possibilidades de controle antes inexistentes, inclusive de transações internacionais, e consistirá em oportunidade de aumento de receitas caso se consolide.

Outro desafio está na necessidade de harmonizar o tratamento tributário das criptomoedas entre os diversos países, para evitar a dupla ou a não tributação das receitas delas decorrentes. Uma preocupação de política tributária correlacionada diz respeito a incentivar e facilitar a conformidade dos diversos atores. Para isso, regras simples e claras são necessárias, em especial de como devem ser feitos os registros das transações, devendo ser avaliada a atribuição de responsabilidade tributária aos intermediários. (OECD, 2020c, p. 54).

1.4 Respostas aos objetivos específicos do capítulo

Este capítulo se propôs a atender ao primeiro objetivo específico do estudo: entender os desafios impostos à tributação do consumo pela economia digital, com especial atenção aos novos modelos de negócios digitais.

Para isso, iniciamos, na seção 1.1, avaliando a relação da revolução tecnológica com o surgimento da economia digital, definindo-a e a situando diante da economia como um todo. Na seção 1.2, fizemos a conexão da revolução tecnológica com a atual fase da globalização, destacando as pressões que esse movimento trouxe à tributação do consumo. Na seção 1.3, examinamos os desafios tributários propriamente ditos dos modelos de negócios digitais.

Nessa última perspectiva, na seção 1.3.2, destacamos alguns desafios tributários relevantes trazidos por características comuns a esses negócios: (i) a possibilidade de atingirem escala internacional sem presença física dificulta que fiscos conheçam as transações econômicas, em especial se elas se passarem totalmente no mundo digital; (ii) a figura dos intangíveis traz problemas nos países que oferecem cargas tributárias diversas para bens e serviços, e que às vezes classificam os ativos incorpóreos como uma nova categoria de bens ou como uma espécie de serviço; (iii) a mobilidade dos usuários permite que estes comprem bens e serviços de qualquer parte do mundo, bem com os utilizem em qualquer lugar, o que complica tanto identificá-los quanto definir qual o local do consumo; (iv) a mobilidade de partes dos negócios possibilitou a dispersão das empresas pelo mundo nas CGVs, o que permitiu que as multinacionais diminuíssem sua carga fiscal com a erosão da base tributária do consumo; (v) a dependência de dados e da participação dos usuários, os efeitos de rede e a estrutura de preços não-neutra permitem que os modelos de negócios multilaterais distribuam os preços entre lados do mercado situados em países diferentes, em busca da menor carga tributária global; (vi) a tendência ao monopólio ou oligopólio viabiliza que diversos negócios digitais tolerem não gerar receitas por longos anos até se consolidarem, ou mesmo até descobrirem como faturar, financiando-se apenas com aportes de capitais de seus investidores, permitindo que empresas importantes operem por longos períodos cobrando preços baixos, prejudicando a arrecadação dos tributos sobre o consumo; e

(vii) a volatilidade do mercado faz com que empresas digitais relevantes deixem rapidamente de existir, ao mesmo tempo que outras crescem e ganham volume em pequeno espaço de tempo, criando problemas de controle para os fiscos, que em regra não estão preparados para mudanças repentinas.

Além disso, estudamos como os empreendimentos digitais criam valor ao longo da cadeia para verificar possível influência na tributação do consumo (seção 1.3.3) e esmiuçamos exemplos de quatro modelos de negócios digitais (comércio eletrônico, plataformas de economia compartilhada, redes sociais e computação na nuvem) e três tecnologias potencialmente disruptivas (IoT, impressão 3D e moedas virtuais) para confrontar suas características com os resultados das seções anteriores (seções 1.3.4 e 1.3.5).

Dentre os modelos de negócios, concluímos que as plataformas de economia compartilhada trazem desafios especiais à tributação do consumo por abarcarem transações entre três atores diferentes: a plataforma digital, o fornecedor e o usuário. O tratamento tributário de cada operação depende da correta caracterização dos agentes envolvidos e de como cada operação é realizada, o que nem sempre é de conhecimento nem do fisco nem da própria plataforma. Também trazem oportunidades para as administrações tributárias, que podem conhecer parte do que antes era economia informal, mas também riscos, caso as atividades nelas realizadas não sejam corretamente tributadas, com o incentivo à informalidade e à sonegação. Para as redes sociais, também se destacam os desafios inerentes aos mercados multilaterais.

Já os demais modelos de negócios apenas reforçam as características já elencadas, sobressaindo a possibilidade de escala internacional sem a necessidade de presença física. Na computação na nuvem, isso é minorado pelo negócio geralmente servir com insumo para pessoas jurídicas que, em regra, têm interesse em registrar a operação para se creditar do imposto, nos casos em que se adota a tributação pelo valor agregado.

Quanto às tecnologias digitais, concluímos que a IoT e a impressão 3D potencializam os problemas decorrentes da possibilidade de escala internacional sem a necessidade de presença física e da classificação dos intangíveis. A IoT ainda aumenta exponencialmente o número de operações de consumo realizadas pelas máquinas, o que traz desafios de controle para os fiscos e as empresas. Já a impressão 3D atua no sentido de encurtamento das cadeias de produção, da alteração da própria estrutura de preços dos bens produzidos e do incremento da "servitização" das CGVs. Caso se dissemine indiscriminadamente e supere as limitações que ainda possui, tem o potencial mais disruptivo à tributação do consumo como a conhecemos. Contudo, as estimativas de tempo para que a tecnologia se consolide desse modo ainda são elevadas, possibilitando que os governos acompanhem o que de fato ocorrerá e adaptem os sistemas tributários à nova realidade se necessário.

As moedas virtuais preocupam por poderem ser utilizadas na compra e venda de bens e serviços sem o conhecimento dos fiscos, facilitando a sonegação. Faz-se também necessário harmonizar seu tratamento tributário entre os diversos países, para evitar a dupla ou a não tributação das receitas delas decorrentes, bem como criar mecanismos para incentivar e facilitar a conformidade dos diversos atores. Por outro lado, a apropriação pelo Estado dessa tecnologia traz possibilidades de controle antes inexistentes, inclusive sobre transações internacionais, e consistirá em oportunidade de aumento de receitas caso se consolide.

A partir da análise de como os diversos modelos de negócios digitais alteram a cadeia de produção e geram receitas, concluímos que as críticas de que a tributação sobre o valor agregado perdeu a importância em decorrência das mudanças trazidas pela economia digital não eram procedentes. Para os negócios que seguem o modelo de cadeia de valor, a forma da cadeia é a tradicional em linha de produção, para a qual a tributação sobre o valor agregado e a determinação do local do consumo não trazem desafios especiais. Para os negócios que seguem o modelo de rede de valor, em que as atividades ocorrem em paralelo e a cadeia é compacta, e de compra de valor, em que o formato é bastante reduzido e assume forma circular, a tributação sobre o valor agregado continua importante (i) por em regra serem componentes de outras cadeias produtivas; (ii) pelos modelos de negócios recomendarem a distribuição de suas funções por diversos países do mundo; e (iii) por possuírem margens de lucro muito reduzidas (caso da computação da nuvem). Já a determinação do local de consumo pode ser definida pelas plataformas digitais em cada operação a partir do estabelecimento de regras práticas simplificadoras como a de considerar que se deu na residência do adquirente.

Dessa discussão, divisamos três principais conclusões sobre os desafios que a economia digital traz para a tributação do consumo:

(i) o problema é global e a assim deve ser a solução;
(ii) é impossível buscar alternativas só para a economia digital, de modo separado do restante da economia;
(iii) a economia digital exacerba desafios à tributação do consumo já existentes resultantes da capacidade de organização global das multinacionais, bem como traz desafios específicos decorrentes dos novos modelos de negócios e tecnologias digitais; e
(iv) a tributação sobre o valor agregado e o princípio do destino não perderam importância diante dos novos modelos de negócios digitais.

2
RECOMENDAÇÕES INTERNACIONAIS DE POLÍTICA TRIBUTÁRIA PARA A TRIBUTAÇÃO DO CONSUMO DA ECONOMIA DIGITAL

> "Para todo problema complexo, existe sempre uma solução simples, elegante e completamente errada."
>
> (H. L. Mencken – jornalista norte-americano)

No capítulo 1, discorremos sobre os desafios trazidos pela economia digital à tributação do consumo de modo amplo. Neste, analisaremos as respostas discutidas internacionalmente para superar os problemas apontados.

Ao pensar soluções para os desafios tributários trazidos pela economia digital, grosso modo, os países confrontam-se com três alternativas: (i) a criação de um novo tributo, (ii) a adaptação dos antigos sistemas tributários ou (iii) o estabelecimento de cooperação internacional para combater as estratégias de otimização tributária desenvolvidas pelas multinacionais digitais (Bacache *et al.*, 2015, p. 27).

A primeira resposta é tentadora, buscando-se uma solução única e eficaz para um problema complexo, mas vai na direção oposta da regra de ouro da epígrafe, que aponta no sentido de que, em regra, a complexidade não se resolve com "balas de prata", mas com estratégias para enfrentar suas diversas camadas. Neste capítulo, veremos que, com relação à tributação do consumo, a discussão internacional criou consenso em torno de alternativas do segundo tipo, com sugestões de medidas de ajuste nos sistemas tributários existentes. Alternativas do terceiro tipo também foram consideradas de modo complementar, como também será discutido.

Como vimos na seção 1.3.1, a quase totalidade dos países do mundo tributam o consumo com o uso de tributos sobre o valor agregado, o que faz com que as soluções prescritas envolvam ajustes que visam a harmonizar as diversas espécies de IVAs/IBSs existentes. Nesse contexto, adequam-se às conclusões que chegamos no capítulo 1 sobre a tributação do consumo da economia digital de que: (i) o problema é global e a assim deve ser a solução, (ii) é impossível buscar alternativas só para a economia digital de modo separado do restante da economia e (iii) a tributação sobre o valor agregado continua relevante diante dos novos modelos de negócios digitais.

Para atingir os objetivos deste capítulo, analisaremos as soluções de política tributária propostas pelos organismos internacionais que compõem o consenso internacional acima mencionado, consistentes, em suma, em **recomendações não compulsórias (*soft law*) voltadas à adoção harmonizada do princípio do destino** entre os países, e verificaremos como essas propostas têm sido adotadas na prática, em busca de lições que possam ser aproveitadas na discussão sobre nosso país.

Em resumo, os organismos internacionais concluíram que seria possível tributar adequadamente o consumo da economia digital com os tributos atualmente existentes caso se adotasse o **princípio do destino**, isto é, que se atribuísse a competência tributária ao país onde ocorreu o consumo. Mas para evitar riscos de dupla tributação ou de não tributação não intencional, para operações com bens intangíveis e com serviços, consideraram que seria necessário que **todos os países adotassem regras similares para determinar o local do consumo**, e, para transações com bens tangíveis, que fossem criados mecanismos que garantissem a **correta incidência sobre importações de bens de pequeno valor**. Outra preocupação foi a de **garantir meios efetivos** que permitissem que o fisco da jurisdição do destino exercesse sua competência tributária sobre os fornecedores e prestadores de serviços não residentes.

Iniciaremos, na seção 2.1, trazendo um panorama histórico das discussões dos principais organismos internacionais sobre o tema a partir de meados da década de 1990, relatando como se chegou a uma solução de consenso já implementada por diversos países.

Na seção 2.2, analisaremos a solução internacional para os problemas trazidos pela economia digital à tributação do consumo: a aplicação harmonizada do princípio do destino. Em suas subseções, discorreremos sobre os diversos desafios para se atingir o objetivo de tributar o consumo na jurisdição do destino: a definição harmonizada do local do consumo nas operações com bens intangíveis e serviços (seção 2.2.1); a delimitação de estratégias para garantir o poder de *enforcement* das administrações tributárias com relação às prestações imateriais (seção 2.2.2); e a incidência sobre a importação de bens tangíveis de pequeno valor (seção 2.2.3).

Conhecidas as soluções, na seção 2.3, investigaremos como essas propostas têm sido adotadas na prática, a partir das experiências de alguns países que conseguiram implementar as recomendações prescritas pelos organismos internacionais, sopesando os prós e os contras até então observados.

Antes de iniciarmos, julgamos importante destacar que, pelos limites propostos para o recorte da pesquisa, não discutiremos soluções baseadas nos chamados ***Digital Services Taxes***, tributos incidentes sobre o faturamento das grandes empresas de tecnologia e que ocupam espaço importante na discussão tributária internacional, tendo sido implementados por diversos países. Apesar de serem impostos indiretos que incidem sobre o consumo, não o fazem de forma geral, enquadrando-se na categoria de tributos específicos (*excise taxes*) sobre determinados bens e serviços digitais, e objetivam compensar parte dos lucros que muitos países julgam que deveriam ter sido tributados em seus territórios (ASEN, 2021). Tanto assim que, nas discussões internacionais, são propostos na seara da tributação da renda, como medidas temporárias até que se obtenha o consenso para se alterarem as regras internacionais de repartição da competência para tributar os lucros gerados internacionalmente pelas empresas multinacionais (OECD, 2018, p. 178). Nesse contexto, investigar tributos indiretos que objetivam compensar suposta tributação insuficiente de resultados das *Big Techs* exigiria trazer à discussão a perspectiva da tributação da renda, o que escapa do recorte da pesquisa.

2.1 Discussões nos organismos internacionais

A **Organização para a Cooperação e Desenvolvimento Econômico (OCDE)** já discute há décadas os aspectos internacionais da tributação da renda. O Modelo de Convenção Tributária sobre a Renda e o Capital da OCDE surgiu em 1963, mas suas origens advêm de modelo de tratado bilateral proposto pela Liga das Nações em 1928 (OECD, 2017d, p. 9).

Quanto à **tributação internacional do consumo**, contudo, a discussão ganhou corpo somente nos trabalhos preparatórios da Conferência Ministerial da OCDE de 1998, em Ottawa, de onde foram extraídos os pressupostos básicos para a tributação do comércio eletrônico transfronteiriço, denominados de **Quadro de Condições de Tributação de Ottawa para transações de comércio eletrônico** (*Ottawa Taxation Framework Conditions for e-commerce transaction*) (OECD, 1998, p. 5-6; OECD, 2015a, p. 151-165).

Dessa discussão, concluiu-se que os princípios e regras de tributação relativas ao comércio convencional seriam suficientes para alcançar o comércio eletrônico, e que esses princípios e regras deveriam ser implementados pelos países por meio de novas medidas administrativas e legislativas, ou de ajustes nas já existentes, de modo a garantir a distribuição justa da base tributável e evitar a não tributação não intencional (OECD, 1998; p. 3; OECD, 2015a, p. 152).

Na seção 1.3.1, listamos os princípios gerais de política tributária que deveriam ser seguidos de acordo com o quadro de condições: neutralidade, eficiência, certeza e simplicidade, eficácia e justiça, e flexibilidade. Quanto à tributação do consumo, concluiu-se que esses princípios seriam mais bem implementados se a incidência ocorresse no país em que se deu o consumo, e que deveria se buscar um consenso internacional sobre as regras para se definir em que condições as vendas foram feitas para serem consumidas em um determinado local (OECD, 1998, p. 5-6; OECD, 2015a, p. 162-163).

Nos anos seguintes, esses princípios gerais de tributação sobre o comércio eletrônico foram aprofundados pelo Grupo de Trabalho do Comitê de Assuntos Fiscais da OCDE sobre impostos sobre o consumo (WP9), resultando, em novembro de 2015, nas **Diretrizes Internacionais sobre o IVA/IBS** (*International VAT/GST Guidelines*), que tratam da prestação de serviços e do fornecimento de intangíveis entre países, discutidas em detalhes na seção 2.2.1 (LAMENSCH, 2016, p. 360-361). Essas orientações foram posteriormente aprovadas pelo Conselho da OCDE em setembro de 2016, e direcionadas a todos os países membros e não membros da organização, consistindo no **primeiro acordo internacional para a aplicação transfronteiriça do IVA/IBS com aspiração global** (OECD, 2017b, p. 3-4, 110-112).

Todas essas discussões foram incorporadas ao debate mais amplo sobre planejamentos fiscais abusivos e evasão fiscal, iniciado também no final dos anos 1990, mas que ganhou corpo a partir de julho de 2013, quando, por uma determinação do G20, a OCDE lançou o **Projeto BEPS** ("Base Erosion and Profit Shifting", ou, em português, "Erosão da Base Tributável e Transferência de Lucros") (ALVES, 2021, p. 145; OLIVEIRA, G.; PINTO, 2018, p. 463; OWENS; TAVARES, 2018, p. 3; ROCHA, S.; CASTRO, 2018, p. 17). Em seu bojo, foram propostas **quinze ações** para combater a evasão fiscal, melhorar a coerência de normas fiscais internacionais e garantir a transparência no âmbito fiscal (OECD, 2013a, p. 14-24).

A **Ação 1** do Projeto BEPS cuidou dos desafios tributários da economia digital, com o objetivo de identificar as principais dificuldades para a aplicação das regras de tributação internacional vigentes e desenvolver soluções para os problemas detectados, envolvendo tanto a tributação direta quanto a indireta (OECD, 2013a, p. 14-15). Seu **relatório final**, publicado em outubro de 2015, discutiu os efeitos dos novos modelos de negócios da nova economia sobre a tributação indireta, muitos dos quais já analisados no capítulo 1, e propôs soluções para enfrentá-los, incorporando, como já dito, a discussão anterior sobre a tributação internacional do comércio eletrônico (OECD, 2015a, p. 82-84, 119-129).

Foram propostas soluções para dois problemas elencados na seção 1.3.2.1: a dificuldade de tributar (i) a importação de bens de pequeno valor e (ii) a venda de bens digitais para consumidores privados por fornecedores estrangeiros (OECD, 2015a, p. 122-129).

Para a **importação de bens tangíveis de pequeno valor**, vimos que a maioria dos países dispensa a cobrança dos tributos sobre o consumo pela aduana por questões de viabilidade administrativa. Ficou claro, também, que, com o aumento do volume desse tipo de comércio internacional, havia a preocupação tanto com a perda de receitas quanto com a concorrência desleal com os comerciantes locais que permaneciam obrigados ao pagamento de tributos. O relatório explorou modelos de cobrança do IVA na importação que pudessem eliminar o limite de isenção para importações de pequeno valor, sem a necessidade de participação da aduana e sem custos excessivos para o Estado e os importadores, que serão explorados na seção 2.2.3.

Para a **venda de bens digitais para consumidores privados por fornecedores estrangeiros**, o relatório recomenda (i) a adoção harmonizada e global do princípio do destino como prescrito pelas Diretrizes Internacionais sobre o IVA/IBS, e (ii) a implementação de sistemas simplificados de registro e recolhimento para fornecedores e prestadores de serviços estrangeiros. O relatório também reconheceu a importância de reforçar a capacidade de *enforcement* dos fiscos por meio do aperfeiçoamento da cooperação internacional no campo dos tributos indiretos. (OECD, 2015a, p. 126-128). Esses tópicos serão desenvolvidos nas seções 2.2.1 e 2.2.2.

Após 2015, a OCDE lançou uma série de **pacotes de implementação** das Diretrizes Internacionais sobre o IVA/IBS para dar concretude a essas recomendações, que também serão explorados neste capítulo. Em **2017**, foi publicado relatório com **orientações para a cobrança eficaz do IVA/IBS em operações internacionais** (OECD, 2017c). Em **2019**, documento com os **papéis que as plataformas digitais poderiam exercer na cobrança do imposto** (OECD, 2019b). Em **2019 e 2021**, textos com **medidas para tributar o consumo da economia compartilhada** (OECD, 2019c; OECD, 2021e).

Verificamos que, com relação à tributação do consumo da economia digital, houve um certo **consenso** em relação às soluções propostas pela OCDE, bem como que esse organismo tem se consolidado como ***locus* da discussão mundial** sobre o tema. Consideramos que isso decorre tanto por questões de mérito quanto de forma.

Quanto ao mérito, a formulação de propostas baseadas em ajustes nos sistemas tributários existentes é de aceitação mais fácil do que aquelas que propugnam mudanças significativas. Além disso, o princípio do destino tem vantagens reconhecidas com relação à neutralidade econômica dos negócios e o desestímulo à guerra fiscal predatória entre os países, como discutido na seção 1.3.1. Por fim, apesar de as recomendações se basearem em um modelo de IVA/IBS, na prática, são aplicáveis aos sistemas tributários da quase totalidade dos países do mundo. O único país relevante que não tributa o consumo geral com tributos sobre o valor agregado são os EUA, como também visto na seção 1.3.1.

Quanto à forma, esses trabalhos da OCDE foram desenvolvidos com participação não só dos países membros da organização, mas também de não membros, da academia e das empresas, o que deu às decisões uma certa legitimidade que facilitou sua aceitação, além de ter aproximado as soluções propostas dos problemas reais das empresas (Lamensch, 2014, p. 373).

Esse caráter includente já se verificava no desenvolvimento dos trabalhos sobre comércio eletrônico a partir de 1999 com a criação dos Grupos Consultivos Técnicos (*Technical Advisory Group* -TAG) e a participação de não membros (OECD, 2001, p. 12-14). Mas tomou uma forma muito ampla no Projeto BEPS, gerenciado por um Quadro Inclusivo (*Inclusive Framework*), criado em 2016, e aberto a todos os países que concordem em implementar o projeto, que tomam decisões em igualdade de condições (*equal footing*) (OECD, 2018, p. 18-19). Atualmente, o Quadro Inclusivo conta com 139 países (em fevereiro de 2021), com um Grupo de Direção (*Steering Group*) formado por 24 países, do qual o Brasil é parte (OECD, 2021a; OECD, 2021c).

É claro que a forma aberta e includente das discussões não garante que efetivamente decisões consensuais sejam tomadas para dentro do Quadro Inclusivo, nem que eventuais consensos internos também se estendam para fora da OCDE. Para a tributação da renda, por exemplo, a dificuldade de acordo foi tão grande, que o relatório da Ação 1 do BEPS não trouxe proposições concretas (OECD, 2015a, p. 13). Foi necessário solicitar novos estudos que resultaram um relatório intermediário em 2018 (OECD, 2018), e, após longos debates, somente em outubro de 2021 se chegou a uma solução consensual, ainda pendente de diversas decisões específicas para ser implementada na prática (Araujo; Afonso, 2020; OECD, 2021d). Para a tributação do consumo, contudo, houve um consenso tanto dentro da OCDE, com as recomendações acima listadas e posteriormente aprofundadas no restante deste capítulo, quanto para o restante da comunidade internacional.

A adesão da comunidade internacional à solução da OCDE se comprova tanto pela efetiva implementação das soluções propostas por diversos países, como veremos na seção 2.3, quanto pela inexistência de soluções alternativas por outros organismos internacionais. Na verdade, diversos deles têm também se dedicado à análise dos desafios tributários da economia digital, mas ou não tratam da tributação do consumo ou simplesmente referendam ou complementam as propostas da OCDE.

Por exemplo, a **Organização das Nações Unidas (ONU)** tem se destacado por tratar da tributação internacional na perspectiva das nações mais pobres, e, quanto à economia digital, convocou um comitê de especialistas para analisar a matéria e sugerir medidas[35]. Ao se debruçar sobre a tributação do consumo, contudo, considerou que as alterações do IVA/IBS propostas pela OCDE, diante da ampla adoção e dos relatos de bons resultados, "potencialmente o tornam um tipo de 'fruta ao alcance da mão' que os países em desenvolvimento podem considerar para 'colheita'" (UNITED NATIONS, 2019, p. 17, tradução nossa)[36].

Outro organismo internacional que passou recentemente a tratar do tema da tributação indireta da economia digital, também de forma complementar ao discutido na OCDE, foi o **Centro Interamericano de Administrações Tributárias (CIAT)**, na perspectiva do seu potencial arrecadatório para os países da América Latina (ARIAS E.; ZAMBRANO, 2021; JIMÉNEZ; PODESTÁ, 2021). Como resultado desse trabalho, em junho de 2021, a OCDE e o CIAT, em parceria com o Banco Mundial e o Banco Interamericano de Desenvolvimento (BID), publicaram um ***kit* de ferramentas para fortalecer a aplicação do IVA/IBS sobre comércio eletrônico na América Latina e no Caribe** (OECD/WBG/CIAT/IDB, 2021). Essas contribuições também serão exploradas neste capítulo.

O **Fundo Monetário Internacional (FMI)**, por sua vez, optou por tratar apenas da tributação direta (VITA, 2019, p. 528). Já as discussões na

[35] Em outubro de 2017, o Comitê de Especialistas em Cooperação Internacional em Matéria Tributária da ONU formou um Subcomitê sobre os Desafios Tributários Relacionados à Digitalização da Economia, com a missão de sugerir medidas e redigir disposições relativas à digitalização da economia no que se refere a imposto de renda, tratados de dupla tributação, e imposto sobre valor agregado e outros impostos indiretos (UNITED NATIONS, 2018, p. 2). Contudo, até o momento, a única discussão quanto aos tributos indiretos foi a citada menção ao Projeto BEPS mais à frente neste parágrafo.

[36] *Potentially make it a type of 'low-hanging fruit' which developing countries might consider for 'harvest'.*

União Europeia sobre tributação indireta são relevantes, mas se dão no sentido de implementar as conclusões do Projeto BEPS de acordo com suas peculiaridades, como será discutido na seção 2.3.2.

2.2 Implementação harmonizada do princípio do destino

Vimos na seção 1.3.1, que o princípio do destino é uma das soluções para evitar a bitributação no comércio internacional, atribuindo a competência para tributar a operação transfronteiriça ao país em que ocorre o consumo final. Para que isso se efetive, é necessário não tributar as exportações e onerar as importações de modo exatamente igual às vendas domésticas. Nos países em que se adota tributos sobre o valor agregado, é também preciso devolver os tributos já pagos nas etapas anteriores da cadeia de produção, garantindo, assim, que impostos e contribuições não sejam exportados. A outra alternativa é o princípio da origem, em que o imposto é cobrado nas várias jurisdições onde haja valor adicionado.

O princípio do destino foi aprovado pelas regras da Organização Mundial do Comércio (OMC) como padrão para o comércio internacional, não devendo se considerar a não tributação do produto exportado como subsídio indevido. Há um consenso generalizado de sua superioridade, tanto de um ponto de vista prático quanto teórico (OECD, 2017b, p. 16).

Na seção anterior, constatamos que a aplicação harmonizada da tributação no local do consumo foi a essência da solução internacional para problemas trazidos pela economia digital à tributação indireta. Nesta seção, conheceremos essa solução em mais detalhes.

Para a implementação harmonizada do princípio do destino, existem três grandes desafios, dois relacionados a operações com serviços e bens intangíveis e um com bens tangíveis.

Com relação a operações com serviços e intangíveis, o primeiro desafio é definir qual o local do comprador, o que não é tão evidente quanto no caso de uma compra e venda de bens tangíveis. Para resolver esse problema, foram desenvolvidas, no âmbito da OCDE, as Diretrizes Internacionais sobre o IVA/IBS, analisadas na seção 2.2.1. O segundo é garantir o efetivo recolhimento do tributo no país de consumo, pela dificuldade de o fisco da jurisdição do destino ter conhecimento da operação. A seção 2.2.2 discorrerá sobre diversas alternativas para garantir o poder de *enforcement* das administrações tributárias.

Com relação à compra e venda de bens tangíveis, o desafio se encontra nas operações consideradas de pequeno valor, para as quais a maioria dos países estabelece isenções devido ao custo de cobrança. Com o aumento do comércio internacional, esse tipo de importação cresceu em quantidade e valor e passou a causar preocupações tanto arrecadatórias quanto concorrenciais para diversos países. A seção 2.2.3 discute modelos de cobrança pensados para eliminar esse limite de isenção, mas sem criar custos excessivos para os fiscos e aduanas.

2.2.1 Diretrizes para garantir a neutralidade e determinar o local do consumo

Vimos, na seção 2.1, que as **Diretrizes Internacionais sobre o IVA/IBS** foram incorporadas em uma recomendação sobre a aplicação do IVA/IBS no comércio internacional de serviços e intangíveis, aprovada pelo Conselho da OCDE em setembro de 2016 e direcionada a todos os países membros e não membros da OCDE. Trata-se do primeiro acordo internacional para a aplicação do IVA/IBS com aspiração global.

O documento da OCDE deixa claro que essas regras se aplicam apenas a países que adotam um **IVA/IBS na modalidade consumo**, definido como um imposto de base ampla sobre o consumo final cobrado de empresas, mas em princípio não suportados por elas, por meio de um processo de cobrança em etapas (método do crédito fiscal e subtração). Assim, não se aplicariam a tributos cobrados na produção, mesmo que sobre o valor agregado, e a impostos sobre vendas no varejo (OECD, 2017b, p. 10). Quanto a esse ponto, na seção final deste capítulo, faremos ponderações no sentido da possibilidade dessas orientações serem aproveitadas, em maior ou menor grau, por países que adotem formas diversas de tributação.

A diretrizes são divididas em recomendações para garantir a neutralidade e para determinar o local de tributação dos fornecimentos de serviços e intangíveis transfronteiriços, a fim de facilitar uma aplicação coerente da legislação nacional do IVA/IBS ao comércio internacional (OECD, 2017b, p. 4).

Recorde-se que, como visto na seção 1.3.1, a neutralidade é um dos princípios constantes do Quadro de Condições de Tributação de Ottawa que preconiza que a tributação deve buscar ser neutra entre diversas formas de negócios, assim contribuindo para a eficiência e garantindo uma alocação ótima dos meios de produção. As **diretrizes para garantir a neutralidade** são as seguintes (OECD, 2017b, p. 20-25):

(i) **Diretriz 2.1:** a carga do IVA/IBS não deve recair sobre as empresas contribuintes do imposto, exceto se isso estiver explicitamente previsto na legislação;
(ii) **Diretriz 2.2:** empresas em situações similares e realizando transações equivalentes devem estar sujeitas a níveis de tributação parecidos;
(iii) **Diretriz 2.3:** as regras do IVA/IBS devem ser desenhadas de forma que não sejam a principal razão das decisões empresariais;
(iv) **Diretriz 2.4:** quanto ao nível de tributação, empresas estrangeiras não devem ser prejudicadas ou ter vantagens em comparação com empresas domésticas;
(v) **Diretriz 2.5:** para garantir que empresas estrangeiras não incorram em IVA/IBS irrecuperável, as jurisdições podem escolher entre várias abordagens: (i) sistema para solicitação direta de reembolso, (ii) venda sem cobrança do imposto, (iii) reembolso por meio do registro da empresa no país, (iv) transferência da responsabilidade tributária para empresas residentes e (v) concessão de certificados de isenção de compra;
(vi) **Diretriz 2.6:** quando requisitos administrativos específicos para empresas estrangeiras forem considerados necessários, eles não devem criar um custo de conformidade desproporcional ou inadequado para os negócios.

A **diretriz 2.1** traz a regra básica da neutralidade do IVA/IBS: o imposto deve fluir pelas etapas de produção e ser suportado integralmente pelo consumidor final. Para isso, todo o imposto pago em uma etapa deve ser compensado na seguinte.

Admite-se, contudo, a possibilidade de os países adotarem explicitamente exceções. Uma delas é a previsão de serviços isentos (ex.: educação, saúde, sistema financeiro), em que o IVA/IBS já pago nas etapas anteriores não é compensado e se torna um custo embutido daquele produto suportado pela empresa que realizou a venda com isenção. Outra é a de existência de entradas que não geram créditos, como de produtos adquiridos para uso privado pela empresa. A previsão explícita da exceção, contudo, não é suficiente para que a legislação seja considerada neutra; ela deve também atender às outras cinco orientações referentes à neutralidade. (OECD, 2017b, p. 21, 28).

As **diretrizes 2.2 e 2.3** complementam as regras básicas de neutralidade tributária que se aplicam tanto ao comércio local quanto ao internacional; as próximas, apenas ao comércio internacional, impedindo que um produto adquirido do exterior tenha vantagens ou desvantagens tributárias a outro similar produzido no país (**diretriz 2.4**), garantindo que as empresas estrangeiras possam recuperar de créditos de IVA não compensáveis (**diretriz 2.5**), e admitindo que o fisco imponha regras específicas para empresas estrangeiras, desde que não sejam desproporcionais ou discriminatórias (**diretriz 2.6**) (OECD, 2017b, p. 21-25).

Já as **diretrizes para determinar o local de consumo** se iniciam com uma regra geral, e depois se dividem em recomendações específicas para operações B2B e B2C.

A **regra geral** para determinar o local de consumo está na **diretriz 3.1**, que prescreve que serviços e intangíveis negociados internacionalmente devem ser tributados de acordo com as regras da jurisdição de consumo (OECD, 2017b, p. 38). Na prática, contudo, é difícil saber o local do consumo, pois o tributo é cobrado antes da entrega do bem. Por isso, a lei geralmente usa *proxies* de onde o bem será consumido baseadas em características conhecidas no momento da cobrança do imposto (OECD, 2017b, p. 41).

Para operações B2B, na verdade, não é correto se falar em consumo, pois o princípio do destino busca tributar a utilização final e não a intermediária. Assim, o que se pretende definir é o local em que a empresa adquirente vai utilizar o insumo, para acompanhar o fluxo da cadeia de produção de modo a facilitar o reconhecimento do local do consumo da operação B2C que se sucederá. (OECD, 2017b, p. 40).

São três as **diretrizes específicas das operações B2B** (OECD, 2017b, p. 41-49):

(i) **Diretriz 3.2 (Regra Geral):** para a aplicação da diretriz 3.1, para operações B2B, a jurisdição em que o cliente está localizado tem a competência tributária sobre serviços ou intangíveis comercializados internacionalmente;

(ii) **Diretriz 3.3:** para a aplicação da diretriz 3.2, a identidade do cliente é normalmente determinada por referência ao acordo de negócios (*business agreement*);

(iii) **Diretriz 3.4:** Para a aplicação da diretriz 3.2, quando o cliente possui estabelecimentos em mais de uma jurisdição, a competência tributária é da jurisdição ou das jurisdições nas quais os estabelecimentos que utilizam o serviço ou intangível estão localizados.

Logo, a regra geral do local do consumo de operações B2B é o lugar em que a empresa cliente está localizada, isto é, em que tem uma presença comercial permanente (**diretriz 3.2**), partindo do pressuposto de que vai consumir o que comprou onde acontece seu negócio. Só em situações específicas, previstas na diretriz 3.7 mais à frente analisada, é que a diretriz geral cede espaço a regras específicas. (OECD, 2017b, p. 42)

A discussão passa, então, para saber onde a empresa adquirente se localiza segundo esse critério. Para isso, primeiro se deve conhecer quem é o cliente, o que será verificado no acordo de negócios (**diretriz 3.3**), aqui entendido de forma ampla como o documento que identifica as partes de uma transação e os direitos e obrigações envolvidos, não se restringindo a um contrato (OECD, 2017b, p. 43). O texto da OCDE, contudo, não analisa os casos em que não existem acordos documentados, como pode acontecer em vendas de produtos digitais para clientes ocasionais, tratando-se de lacuna apontada pela doutrina (Lamensch, 2016, p. 364).

Nas operações B2B, o melhor método de cobrança é o da **cobrança reversa** (*reverse charge*): o vendedor faz a venda sem IVA/IBS e o comprador assume a obrigação. Para isso, o adquirente deve pagar o IVA/IBS da venda e se creditar do imposto. Entretanto, muitos países permitem que, em casos em que o serviço ou bem importado será utilizado em operações tributáveis, apenas se registre a entrada do insumo sem pagamento de imposto e sem registro de crédito. (OECD, 2017b, p. 50).

O importante é se estabelecer **quem é de fato o cliente, independentemente de a venda ter sido posteriormente repassada, ou entregue a terceiros, ou paga por eles.** Se não houver evasão ou elisão fiscais ilícitas, o terceiro pode até mesmo estar no país do vendedor/prestador do serviço. Nesse caso, o vendedor deve fazer a exportação sem IVA/IBS para o cliente em outra jurisdição, nos termos do acordo de negócios entre eles firmado, e entregar o produto no mesmo país para uma filial do cliente, devendo o recebedor registrar a operação como uma importação sujeita ao IVA/IBS, como determinado pelo acordo entre matriz e filial. (OECD, 2017b, p. 50-52).

Para a venda a empresas com um único estabelecimento (*single location entity* – SLE), a identificação da localização do cliente é mais fácil com base no acordo de negócios. Contudo, quando a empresa adquirente possui múltiplos estabelecimentos (*multiple location entity* – MLE), as regras são mais complexas, e a **diretriz 3.4** recomenda que se considere como destino a jurisdição do estabelecimento em que o serviço ou intangível é utilizado. Para essas definições, são propostos três métodos: uso direto, entrega direta ou realocação de custos. (OECD, 2017b, p. 45-48).

O **método do uso direto** considera como destino o estabelecimento que usa o serviço ou intangível. É a regra mais simples, aplicável quando o serviço ou intangível vai ser utilizado apenas por um estabelecimento e isso é conhecido no momento da venda. (OECD, 2017b, p. 46).

O **método da entrega direta**, por sua vez, presume que o consumo se dá no estabelecimento para o qual o serviço ou intangível foi entregue. É ideal para os serviços e intangíveis geralmente usados no lugar em que são entregues, como serviço de bufê ou treinamentos no local. (OECD, 2017b, p. 46).

Por fim, o **método de realocação de custos** define como destino o estabelecimento que usa o serviço com base em acordos internos de realocação de custos dentro da empresa, conforme a contabilidade, a legislação do imposto de renda ou outras regulações. É adequado para quando um serviço ou intangível é adquirido para uso por diversos estabelecimentos, como é geralmente o caso para os serviços administrativos, técnicos, financeiros e comerciais, em regra adquiridos centralizadamente. Nesses casos, o fornecedor faz a venda sem IVA/IBS para o estabelecimento da empresa que fez a compra, que a reconhece pelo método de cobrança reversa; quando esse estabelecimento realocar o custo da compra para outros de outras jurisdições, deve fazê-lo sem IVA/IBS, e aquele que receber deve reconhecer a compra pelo método da cobrança reversa. (OECD, 2017b, p. 47-48).

Não se define, contudo, quando cada um desses métodos deve ser utilizado, recomendando-se apenas que reflitam um equilíbrio entre os interesses das administrações tributárias e do fisco (OECD, 2017b, p. 48).

Para **operações B2C**, são propostas duas diretrizes específicas para definir o local do consumo (OECD, 2017b, p. 66-69):

(i) **Diretriz 3.5:** para os serviços e intangíveis que são fisicamente executados em um local facilmente identificável e que são consumidos normalmente nesse mesmo horário e local na presença do fornecedor/prestador e do consumidor ("prestação no local"), considera-se como destino o local da prestação;
(ii) **Diretriz 3.6:** para serviços e intangíveis que não são cobertos pela Diretriz 3.5, considera-se como destino o local da residência habitual do consumidor.

Em suma, as diretrizes para operações B2C atribuem a competência tributária ao país em que é razoável supor que o adquirente estará quando consumir o serviço ou intangível: no local da prestação, para serviços realizados e consumidos em determinado local, ou na residência do consumidor, para serviços e intangíveis que serão consumidos em outro momento ou continuamente, ou que podem ser fornecidos e consumidos remotamente (OECD, 2017b, p. 67-68).

Exemplos das situações cobertas pela **diretriz 3.5** são serviços realizados fisicamente por uma pessoa (ex.: cabeleireiro, massagem, terapia de beleza, fisioterapia), alojamento, serviços de restaurante e de refeições, cinema, apresentações teatrais, feiras, museus, exposições, parques e competições esportivas (OECD, 2017b, p. 67-68).

Exemplos das situações cobertas pela **diretriz 3.6** são consultoria, contabilidade e serviços jurídicos; serviços financeiros e de seguros; serviços de telecomunicações e radiodifusão; fornecimentos *online* e manutenção de *software*; suprimentos *online* de conteúdo digital (filmes, programas de TV, música, etc.); armazenamento de dados digitais; e jogos *online* (OECD, 2017b, p. 69).

O local habitual de residência do consumidor é geralmente aquele em que vive regularmente ou estabeleceu seu lar, o que exclui os lugares em que ele está temporariamente, como é o caso do turista ou de um participante de um curso ou conferência (OECD, 2017b, p. 69).

O problema está em estabelecer até que ponto os prestadores de serviço devem se certificar do local de residência dos seus clientes. Isso vai depender do tipo de negócio, do valor da transação e do modo de entrega. Para o comércio eletrônico, geralmente essa informação vem do próprio contribuinte, e pode ser complementada pelos dados bancários e o endereço IP do computador em que foi feita a compra. Mas os fiscos devem deixar claras as regras que estão dispostos a aceitar para que as empresas tenham segurança jurídica. (OECD, 2017b, p. 69-70).

Na prática, contudo, isso é bastante difícil e custoso para as empresas. Lamensch (2014, p. 367) pondera que um consumidor pode estar em sua segunda residência, ou viajando ou usando um endereço IP diferente daquele de sua residência. Além disso, em muitos casos as informações bancárias não estão disponíveis (Paypal, etc.) ou só aparecem quando o pagamento é finalizado, quando o IVA já foi calculado.

As regras gerais do local do consumo acima elencadas podem ser resumidas em localização da empresa adquirente para operações B2B e local da prestação ou residência habitual do adquirente para operações B2C. A OCDE recomenda que essas regras sejam utilizadas sempre que possível para garantir uma determinação consistente do local de tributação dos serviços e intangíveis no comércio internacional. A **diretriz 3.7**, entretanto, oferece **regras específicas** que usam *proxies* diferentes dessas abordagens principais, mas deve ser usada o mínimo possível, pois aumenta o risco de interpretações e aplicações diferentes entre os países e, consequentemente, de dupla tributação e não tributação não intencional. (OECD, 2017b, p. 80).

A diretriz 3.7 permite que as regras gerais sejam deixadas de lado quando duas condições simultâneas ocorrerem: (i) **o resultado não atender aos princípios gerais de política tributária** de neutralidade, eficiência, certeza e simplicidade, eficácia e justiça; e (ii) **um *proxy* diferente da localização do adquirente levar a um resultado significativamente melhor** quando considerado sob os mesmos princípios (OECD, 2017b, p. 78).

Um exemplo de regra específica para operações B2B está nos casos em que é melhor usar o local de prestação e não o da localização do estabelecimento da empresa, como previsto na diretriz 3.2. Isso acontece para atividades que exigem a presença do fornecedor e do cliente e que são prestados em um local facilmente identificável, como nos serviços de um restaurante ou de vendas de entradas que atendam empresas e pessoas físicas. O uso de regras de tributação diferentes para empresas e pessoas físicas trará muitas dificuldades e riscos para o fornecedor. (OECD, 2017b, p. 81-82).

Para operações B2C, um exemplo é o de um serviço considerado prestado no local (consumidor e fornecedor na mesma localização), mas que ocorre em múltiplas jurisdições, como é o caso do transporte internacional de pessoas, o que torna a regra da diretriz 3.5 pouco eficiente. Outro exemplo é o de serviços prestados em um local facilmente identificável, mas apenas na presença do consumidor, como a provisão de internet em um café ou um *lobby* de hotel, ou o uso de um telefone em uma cabine ou ainda o pagamento de uma taxa para acessar um canal de TV a cabo. Nesses casos, por não ser considerado um serviço prestado no local, já que o fornecedor não está presente, a regra geral seria a da residência habitual do consumidor. Contudo, uma regra específica do local da prestação é mais eficiente para identificar o local do consumo. (OECD, 2017b, p. 83).

A **diretriz 3.8** traz **regra específica para o fornecimento de serviços e intangíveis diretamente conectados com uma propriedade imóvel**, tanto para operações B2B quanto B2C, considerando que o consumo final desses serviços e intangíveis se dará na localização do bem (OECD, 2017b, p. 84).

Em vez de listar os serviços e intangíveis que devem se submeter a essa regra específica, o texto identifica características comuns e estabelece categorias, tais como (i) a transferência, a venda, o arrendamento ou o direito de usar, ocupar, usufruir ou explorar bens imóveis; (ii) a prestação de serviços que são fisicamente aplicados ao próprio imóvel, como a construção, a alteração e a manutenção do bem; ou (iii) outros serviços e intangíveis que não se enquadram nas duas primeiras categorias, mas em que existe um vínculo ou associação muito próximo, claro e óbvio com a propriedade imóvel (ex.: serviços de arquitetura, que se relacionam a bens imóveis claramente identificáveis e específicos) (OECD, 2017b, p. 85-86).

O texto ainda se debruça sobre **serviços e intangíveis conectados com bens tangíveis móveis**, tais como a reparação, a alteração, a manutenção ou o aluguel desses bens. Especialmente para operações B2C, considera-se razoável que a tributação se dê no local do bem tangível móvel. Mesmo que esses bens sejam exportados, eles serão controlados pela aduana ao cruzar a fronteira e serão tributados no destino (os países geralmente permitem que o serviço seja prestado sem IVA/IBS, desde que o bem seja exportado em seguida). Já para as operações B2B, a aplicação da regra geral baseada na localização da empresa adquirente leva a um resultado apropriado. (OECD, 2017b, p. 86-87).

É importante ainda destacar que a OCDE oferece **regras gerais** para o princípio do destino, mas estas **podem ser implementadas de modos diversos pelos países.** Muitos sistemas tributários operam com base em listas, nas quais as operações são divididas em categorias com um local de tributação especificado para cada uma delas. Outros modelos utilizam uma abordagem iterativa, com a definição de princípios em regras gerais, com uma série de outras mais específicas aplicadas consecutivamente. (OECD, 2017b, p. 39).

O **sistema de listas** em regra resulta em menos dúvidas de interpretação, por ser mais fechado, mas a prática pode revelar situações que não estejam bem descritas nas categorias inicialmente previstas. O **sistema iterativo** é mais aberto, e sua abrangência o torna mais propício a se adaptar a novas situações, mas também o deixa mais sujeito a incertezas interpretativas.

Por serem apenas recomendadas e não compulsórias, as Diretrizes Internacionais sobre o IVA/IBS entram na categoria de *soft law*. Entretanto, em linha com o que ponderamos na seção 1.2.3, Lamensch (2014, p. 371) destaca que a *soft law* tem desempenhado um papel importante na área de tributação internacional.

A autora pondera que isso se verifica claramente na tributação direta, como no caso da Convenção Modelo da OCDE, uma recomendação que embasou uma série de tratados internacionais, que se tornaram então compulsórios (*hard law*), e serviu como fundamento de diversas decisões do Tribunal de Justiça da União Europeia sobre a matéria. Para a tributação indireta, a pesquisadora acredita que as diretrizes de IVA/IBS também serão acatadas pelo Tribunal de Justiça, pois o texto é bastante geral e estabelece princípios e regras consensuais, muitas das quais já prescritas pela OMC, pelo Acordo Geral sobre Tarifas e Comércio (em inglês *General Agreement on Tariffs and Trade* – GATT) e pelo Acordo Geral sobre Comércio de Serviços (em inglês *General Agreement on Trade in Services*, GATS). (Lamensch, 2014, p. 371-372).

Vazquez (2017, p. 32-33), contudo, defende que essas regras de harmonização do princípio do destino e as medidas que garantam o recolhimento do IVA/IBS (discutidas na próxima seção) só serão implementadas de forma efetiva caso sejam insculpidas em instrumentos multilaterais compulsórios (*hard law*), firmados entre os principais blocos econômicos. Para o autor, as soluções da OCDE se baseiam em mecanismos de cobrança extraterritoriais e requerem um nível de coordenação internacional extremamente técnico, dificilmente atingidos por mecanismos de *soft law*.

2.2.2 Fortalecimento da capacidade impositiva do fisco do destino

Nesta seção, discorremos sobre as soluções de política tributária propostas pela OCDE para fortalecer a capacidade dos fiscos em tributar as transações internacionais com bens intangíveis e serviços, que, por consistirem em prestações imateriais, são de difícil conhecimento pelas administrações tributárias caso não sejam informadas tempestivamente pelas partes envolvidas nos negócios.

Em regra, é do fornecedor do bem e do prestador do serviço a obrigação de calcular e recolher o imposto sobre o consumo, bem como de cumprir com as obrigações acessórias a ele relativas. Para bens tangíveis, já vimos que isso é facilitado pelo controle na aduana, no qual é possível se calcular e recolher o tributo devido. Mas para serviços e bens intangíveis, por ausência dessa parada na fronteira, seria necessário que o fornecedor/prestador estrangeiro pagasse o tributo devido por conta própria, o que obrigaria que conhecesse a legislação local para calcular devidamente o valor a pagar e também que se registrasse para fins fiscais junto à administração tributária do país. (OECD, 2017c, p. 18-19).

Nesse contexto, a OCDE distingue quatro modelos de cobrança a serem aplicados em situações específicas para a aumentar a possibilidade de *compliance* em operações transfronteiriças, que se diferenciam por quem deve fazer o recolhimento em nome dos fornecedores estrangeiros: os próprios, os adquirentes, os intermediários ou sistemas eletrônicos automatizados. Esses modelos podem ser usados isoladamente ou em conjunto e variar se a operação for doméstica ou internacional; B2B ou B2C; de bens, serviços ou intangíveis. (OECD, 2017c, p. 17-27).

O modelo de **cobrança dos fornecedores** é usado para exportadores de intangíveis e serviços, a quem são oferecidos mecanismos simplificados de registro e pagamento no país do destino, como discutido na seção 2.2.2.1 (OECD, 2017c, p. 18-23).

A **cobrança dos adquirentes** ocorre na já citada cobrança reversa para operações B2B, mas pode também ser utilizada em mecanismos de retenção na fonte, em que o comprador retém do preço a pagar o imposto devido pelo prestador estrangeiro e o remete ao fisco (OECD, 2017c, p. 23-25). Na seção 2.2.2.2.2, analisa-se uma situação em que essa alternativa é recomendada

A **cobrança dos intermediários** pode se dar por dois métodos. No **método do contrato**, a responsabilidade seria do intermediário apenas nos casos em que o acordo de negócios atribuir a ele a função de cumprir as obrigações tributárias junto à administração tributária. Isso pode ser problemático se esse intermediário que assumiu a responsabilidade não estiver em condições de cumprir essa obrigação, ou se o fisco não puder exigir que ele cumpra. No **método do fornecedor presumido**, presume-se que um intermediário é o responsável pelo pagamento do IVA/IBS, como é comum se fazer com plataformas digitais. Em regra, escolhe-se um terceiro que controla aspectos centrais da venda, como as condições do negócio, a cobrança do cliente e a entrega do produto. As vantagens desse método são monitorar menos agentes, que podem se especializar e tomar as medidas tributárias cabíveis mais facilmente, facilitar a realização de negócios digitais por pequenas e médias empresas, e aumentar a segurança de todas a partes do negócio. (OECD, 2017c, p. 25-27). Esse modelo de cobrança será discutido com mais detalhes na seção 2.2.2.2.

Por fim, ganha relevo o estudo da possibilidade de **cobrança por sistemas automatizados**. No relatório de 2017 da OCDE, as soluções tecnológicas para cobrança automática dos tributos sobre o consumo eram vistas como alternativas com potencial para o futuro, mas, na prática, observava-se que os sistemas existentes ainda funcionavam como ferramentas auxiliares de cobrança (OECD, 2017c, p. 27). Contudo, pesquisas desenvolvidas nos últimos anos têm proposto modelos de sistemas automatizados para a cobrança do IVA/IBS de forma mais concreta (OWENS; CARDOSO, 2021, p. 735-737; OWENS; DE JONG, 2017; SECO, 2017).

Outra alternativa de incremento da capacidade de *enforcement* dos fiscos quanto à tributação do consumo, discutida na seção 2.2.2.3, é o fortalecimento da cooperação internacional entre os países em matéria tributária.

2.2.2.1 Obrigação de registro dos provedores estrangeiros no país do destino

Os fornecedores/prestadores não residentes enfrentam dificuldades para cumprir as obrigações tributárias relativas à venda de bens intangíveis e à prestação de serviços em cada país de destino. Como visto, essas operações não são controladas na fronteira, o que obriga que a empresa estrangeira fique responsável por todo o processo. Isso exige o conhecimento da legislação local para calcular devidamente o tributo e também o registro para fins fiscais junto à administração tributária do país do importador. (OECD, 2017c, p. 18-19).

Esse processo é complexo e caro. Para atendê-lo a contento, a empresa estrangeira precisa incorrer em custos elevados para cumprir as regras do país do cliente, especialmente se atuar em várias jurisdições, sofrendo as barreiras da língua, a complexidade da legislação, as possíveis disputas judiciais, entre outras limitações. Por sua vez, o fisco local pode nem mesmo saber se a operação aconteceu, e, mesmo sabendo, não ter como exigir o pagamento do imposto, nem como fiscalizar o fornecedor. (OECD, 2017c, p. 18-19).

Já vimos que, para **operações B2B** de serviços e intangíveis, as Diretrizes para o IVA/IBS da OCDE recomendam o uso da **cobrança reversa**, transferindo para o adquirente a obrigação de recolhimento e registro dos bens e serviços importados. Essa medida é considerada eficiente quando a jurisdição de consumo adota a tributação sobre o valor agregado, pois o adquirente, regra geral, vai incorporar o bem e serviço em seu processo produtivo, e aproveitará o tributo pago como crédito ao deixar de pagar o montante correspondente na venda final. (OECD, 2017b, p. 50).

Para **operações B2C** transfronteiriças de serviços e intangíveis, o mecanismo de **cobrança reversa é ineficiente**, pois os consumidores têm poucos incentivos em declarar e pagar o IVA. Nesses casos, é necessário exigir que o fornecedor/prestador não residente se cadastre na jurisdição do consumidor. Para isso, a OCDE recomenda a implantação de um **método simplificado de registro e cobrança**. (OECD, 2015a, p. 126-128).

Esse sistema de registro para fornecedores/prestadores estrangeiros funcionaria separado do regime normal de tributação, devendo ser desenhado de modo a equilibrar os interesses arrecadatórios do fisco com os de simplificação dos contribuintes (OECD, 2017b, p. 71-72). Suas principais características seriam (OECD, 2015a, p. 127-128; OECD, 2017b, p. 72-77):

(i) **Registro:** o procedimento de registro deve ser simplificado, exigindo-se o mínimo de informações, ser *online* e estar disponível preferencialmente nas línguas dos maiores parceiros comerciais;

(ii) **Recuperação dos créditos:** o sistema simplificado pode ser implementado sem dar direito à recuperação do imposto pago nos insumos pelos fornecedores estrangeiros. Mas se deve possibilitar que aqueles que desejem recuperar créditos se registrem sob o regime normal e pleiteiem o reembolso conforme as regras locais;

(iii) **Declaração**: a administração tributária deve permitir a apresentação de declarações simplificadas, exigindo a prestação do mínimo de informações e oferecer procedimentos eletrônicos para cumprir com as obrigações;

(iv) **Métodos de pagamento**: preferencialmente eletrônicos e, se possível, também nas moedas dos principais parceiros comerciais;

(v) **Guarda dos registros**: o fisco deve possibilitar a manutenção de registros simplificados e de forma eletrônica, limitados às informações normalmente disponíveis aos vendedores no curso da negociação, e por um período razoável de tempo;

(vi) **Emissão de notas fiscais:** os países devem eliminar a exigência de emissão de notas fiscais para as empresas cadastradas nos regimes simplificados nas operações B2C, já que, na maioria das vezes, os adquirentes não terão direito a crédito. Caso documentos sejam necessários, podem ser aceitas versões de acordo com as regras do país do fornecedor/prestador, tais como outros documentos comerciais (ex.: recibos eletrônicos) e notas fiscais emitidas nas línguas dos principais parceiros comerciais;

(vii) **Informações para os usuários:** todas as informações necessárias para atender o regime simplificado devem ser disponibilizadas na Internet, de preferência nas línguas dos principais parceiros comerciais;

(viii) **Serviços terceirizados:** prestadores de serviços terceirizados devem ser admitidos para auxiliar no cumprimento das obrigações tributárias, o que é especialmente útil para as pequenas e microempresas;

(ix) **Operações B2B:** o sistema simplificado pode também ser disponibilizado para operações B2B, caso a jurisdição não as diferencie das transações B2C;

(x) **Custos de conformidade**: os custos para os contribuintes devem ser proporcionais às receitas envolvidas e devem ser mantidas condições equitativas entre fornecedores nacionais e estrangeiros.

No desenho desse sistema, é possível (i) estabelecer limites de faturamento abaixo dos quais se dispense a obrigação de registro e pagamento, por questões de eficiência administrativa; (ii) criar métodos simplificados para se determinar a natureza (empresa ou consumidor final) e a localização do consumidor, de modo a facilitar a aplicação das regras do princípio do destino; e (iii) delimitar a amplitude do mecanismo de acordo com a capacidade de processamento do país, seja incluindo no sistema todas as operações B2C seja apenas aquelas de maior risco de não conformidade (ex.: compra de conteúdo digital, assinatura de serviços de *streaming*, etc.) (OECD, 2017c, p. 29-50).

Não é difícil perceber que o desenvolvimento de um sistema dessa natureza envolve uma quantidade de recursos, físicos e de capital humano, que não estão à disposição de todos os países. Nesse contexto, merece destaque uma iniciativa que busca capacitar os países em desenvolvimento nessa tarefa. O CIAT, em conjunto com a Agência Norueguesa de Cooperação para o Desenvolvimento, está desenvolvendo uma plataforma digital gratuita que implementa um sistema de registro e cobrança simplificado. O aplicativo é programado em código aberto, pode funcionar nos computadores do país ou em uma plataforma na nuvem e foi concebido como um bem público internacional. Além de permitir uma implementação rápida por todos os países, o sistema oferece uma interface única e simples que facilitará a conformidade das empresas internacionais. (Arias E.; Zambrano, 2021, p. 14-15; OECD/WBG/CIAT/IDB, 2021, p. 273, Verdi, 2021).

2.2.2.2 Atribuição de responsabilidade a terceiros

Para aumentar a eficiência da cobrança do IVA/IBS nas operações com intangíveis e serviços, foram analisados **papéis que poderiam ser atribuídos a terceiros na cobrança do imposto nas compras internacionais**. A discussão se concentrou nas funções que podem ser desempenhadas pelas plataformas digitais, como discutido na seção 2.2.2.2.1, mas também foram avaliadas atribuições a outros participantes na operação de consumo, como instituições financeiras e adquirentes, como analisado na seção 2.2.2.2.2.

Ao se atribuir funções tributárias a terceiros, deve-se cuidar para (i) garantir a **neutralidade do canal**, ou seja, conceder o mesmo tratamento tributário independentemente de se a transação tiver sido feita por meio de uma plataforma *online* ou em loja física; (ii) limitar ao máximo o **impacto nas cadeias de valor**; e (iii) evitar altas **barreiras à entrada de pequenas e médias empresas e de *start-ups*** (OECD, 2019b, p. 18).

2.2.2.2.1 Responsabilidade das plataformas digitais

Grande atenção foi dada às funções tributárias que poderiam ser atribuídas às **plataformas digitais**, consideradas de forma ampla como negócios multilaterais, nos termos como discutido na seção 1.3.2.5, pela constatação de que o comércio eletrônico assume, a cada dia, maior importância na economia global, e de que grande parte dessas transações se concentra em pouquíssimas plataformas.

Como visto no final da seção 1.1, estima-se que o comércio eletrônico B2C, em 2019, atingiu US$ 4,9 trilhões, número 11% maior que em

2018 (UNCTAD, 2021a, p. 4), bem como que a pandemia do Coronavírus impactou fortemente esses valores em 2020 (International Post Corporation, 2021, p. 5). Quando se leva em conta apenas a situação da América Latina e Caribe, estima-se que o comércio eletrônico, impulsionado por uma maior inclusão digital e financeira, continuará a crescer mesmo depois da pandemia, atingindo 63% de penetração da população em 2022 em comparação com o percentual de 45% no início de 2020 (EBANX, 2020 *apud* OECD/WBG/CIAT/IDB, 2021, p. 34).

Quanto à concentração do negócio, a pesquisa anual mais recente da *International Post Corporation*[37] com consumidores de 40 países, constatou que, em 2020, **65% das vendas de bens no comércio eletrônico de bens físicos entre países foram feitas por meio das quatro maiores plataformas digitais** (Amazon, Alibaba/AliExpress, Ebay, Wish), com outras operando em nível doméstico e em agrupamentos geográficos (International Post Corporation, 2021, p. 13). Nesse contexto, pelo controle de poucas plataformas digitais é possível acompanhar o comércio internacional realizado por um número grande de fornecedores espalhados pelo mundo.

O primeiro papel que se discute para as plataformas digitais é o de torná-las **responsáveis pela cobrança do IVA/IBS**, em regimes de responsabilidade total ou subsidiária em que assumem toda ou parte da obrigação tributária dos fornecedores, ou apenas como responsáveis pela retenção do imposto do preço pago sem alterar as demais obrigações dos fornecedores. Aventa-se, ainda, hipóteses em que as plataformas possam assumir voluntariamente a responsabilidade de parte dessas obrigações.

No **regime de responsabilidade total**, a plataforma se responsabiliza integralmente pelo cálculo, cobrança e pagamento do imposto junto às administrações tributárias, eliminando-se a obrigação do fornecedor. A Figura 10 ilustra o funcionamento desse regime em uma venda *online* internacional, em um exemplo em que fornecedor e consumidor estão em países diferentes, e em que a plataforma digital pode estar ou não em uma dessas jurisdições.

37 A *International Post Corporation* é uma associação cooperativa de 25 serviços postais dos principais países da Europa, Ásia-Pacífico e América do Norte (International Post Corporation, c2021).

FIGURA 10 – **Regime de Responsabilidade Total da Plataforma**

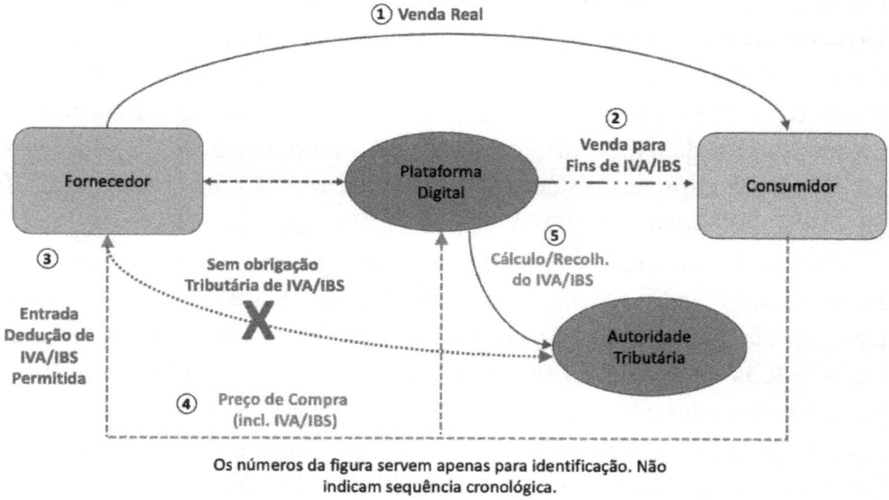

Fonte: OCDE (OECD, 2019b, p. 23; OECD, 2021e, p. 78, tradução nossa, adaptado)

A venda é intermediada pela plataforma, mas o produto é entregue diretamente do fornecedor para o consumidor (1).

O cálculo e a cobrança do IVA/IBS devido são feitos pela plataforma (2). Para isso, é possível se presumir que houve uma venda do fornecedor para a plataforma, e desta para o consumidor, mantendo-se a regra geral de recolhimento em etapas. Contudo, devido aos custos subjacentes, a OCDE sugere que os países considerem regras específicas para esse tipo de operação, por exemplo admitindo que o fornecedor dê saída com alíquota zero, ou implementando um método de cobrança reversa na plataforma, ou então desconsiderando a saída do fornecedor e adotando um fornecimento presumido pela plataforma. Mas sempre atentando que qualquer desvio da regra normal do IVA/IBS traz complexidades ao contexto internacional, pois outros países podem não adotar esse procedimento. Cada uma dessas etapas precisa ser documentada, devendo as jurisdições considerar a adoção de comprovação e declaração simplificadas. (OECD, 2019b, p. 23-25).

Independentemente do método de registro da venda, deve-se permitir que o fornecedor tenha direito de receber os créditos de IVA/IBS relacionados à venda exportada, para garantir a neutralidade da operação

(3) (OECD, 2019b, p. 25). Apesar de ser uma empresa não residente, é possível que tenha incorrido em despesas no país de destino para a promoção do seu produto, por exemplo.

O consumidor pode pagar a compra para a plataforma digital ou diretamente ao fornecedor (4). No primeiro caso, a plataforma deve recolher o imposto à autoridade tributária (5) e remeter a diferença menos comissão e taxas ao fornecedor. No segundo caso, a plataforma deve receber o valor do imposto do fornecedor e realizar o pagamento (5), já que ela é a responsável exclusiva dessa obrigação. (OECD, 2019b, p. 25).

O regime de responsabilidade total da plataforma traz vantagens para o fisco, que terá seu custo administrativo reduzido por ter de lidar com poucos provedores em vez de com milhares de fornecedores, e também para os fornecedores, que reduzirão seus custos de conformidade, ao deixarem de lidar com obrigações tributárias em vários países (OECD, 2019b, p. 25). Para a plataforma, entretanto, esse regime é bastante oneroso e somente deve ser aplicado nos casos em que o intermediário de fato possua condições para tanto.

Nesse contexto, para se atribuir um regime de responsabilidade total, é necessário garantir que a plataforma tenha acesso a informações suficientes e precisas para o cálculo do IVA/IBS, bem como que seja capaz de cobrar o imposto devido na transação. Assim, deve-se observar, por exemplo, se ela (i) determina e controla os termos e condições das transações (preço, pagamento, condições de entrega) e os impõe aos participantes, ou se apenas mostra conteúdo; (ii) está direta ou indiretamente envolvida no processo de pagamento, ou não; (iii) está direta ou indiretamente envolvida na entrega ou concretização do pedido, ou se apenas apresenta as ofertas; (iv) oferece um serviço de suporte ao cliente (devoluções e ajuda na resolução de problemas), ou se apenas disponibiliza *links* que redirecionam para os vendedores. (OECD, 2019b, p. 26-27, 73-74).

Em regra, as informações relevantes para o cálculo do tributo são a qualificação do consumidor (B2B ou B2C), a natureza da venda (bens ou serviços), o local do consumo, o regime de tributação, os limites de isenção, o valor da operação e o momento em que a responsabilidade tributária da plataforma surge (*taxing point*). Quanto ao último, sugere-se que isso se dê quando o pagamento for confirmado para o vendedor, independentemente de o dinheiro ter sido realmente transferido. (OECD, 2019b, p. 33-35).

É importante que as regras fixadas sejam claras e comunicadas tempestivamente, bem como que autorizem que o cálculo do imposto seja feito com base nas informações disponíveis no momento da transação. Caso as plataformas ajam de boa-fé, usando medidas razoáveis e apropriadas para o cálculo, recomenda-se reduzir ou eliminar sua responsabilidade por erros resultantes de informações imprecisas. (OECD, 2019b, p. 33-35).

Além da responsabilidade total, é possível se atribuir apenas **responsabilidade subsidiária às plataformas**, que seriam responsáveis tributáveis por operações futuras de determinados fornecedores em algumas hipóteses, ou inclusive por fatos passados em outras.

A responsabilidade seria apenas **futura**, com a obrigação da plataforma recolher o IVA/IBS de determinado fornecedor surgindo somente após ser informada de que o imposto não foi pago, desde que não tome, em determinado tempo, uma das seguintes medidas: (i) garantir que o fornecedor pague o imposto devido, ou (ii) excluir o fornecedor da plataforma. Ou também **passada**, com a plataforma responsabilizada pelo recolhimento do imposto não recolhido relativo a fatos pretéritos, nas situações em que for razoável esperar, com base em indícios possíveis de serem colhidos, que o fornecedor deveria estar registrado e pagar o IVA/IBS. Nesse caso, a plataforma teria o ônus de verificar o *status* dos fornecedores que trabalham com ela, exigindo o número de registro de IVA/IBS e averiguando se ele é correto, com uso de meio adequado disponibilizado pela autoridade tributária. O fisco, por sua vez, precisaria provar que a plataforma sabia ou deveria saber que o fornecedor deveria recolher o imposto antes de torná-la responsável. (OECD, 2019b, p. 62-65). Ambas as alternativas são ilustradas na Figura 11.

Uma terceira opção seria a de manter os fornecedores como obrigados, apenas atribuindo às plataformas a **responsabilidade pela retenção do IVA/IBS devido no preço pago nas operações que intermedeiem**, como ilustrado na Figura 12. Para isso, é necessário que a empresa responsabilizada participe do processo de pagamento da operação ou tenha ingerência sobre ele, para que possa efetuar a retenção da parcela do tributo devido e remetê-la para o fisco. Os fornecedores continuam como responsáveis por todos os demais aspectos do tributo sobre o consumo, inclusive pelas obrigações acessórias correlacionadas. Essa obrigação pode ser assumida de forma voluntária, em regra em acordos de cooperação firmado entre a plataforma e o fisco, como veremos abaixo, ou ser imposta pela lei. (OECD, 2021e, p. 82-85).

FIGURA 11 – **Regime de Responsabilidade Subsidiária da Plataforma**

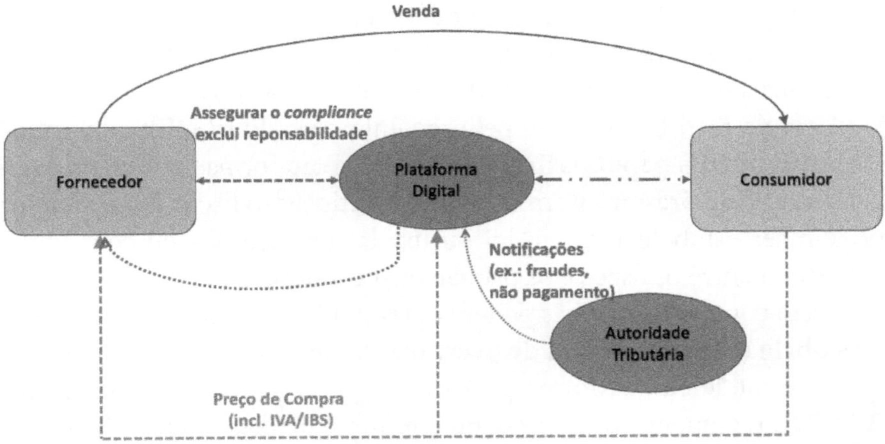

Fonte: (OCDE, 2021e, p. 75, tradução nossa)

FIGURA 12 – **Papel da Plataforma de Retenção do IVA/IBS do Pagamento Efetuado**

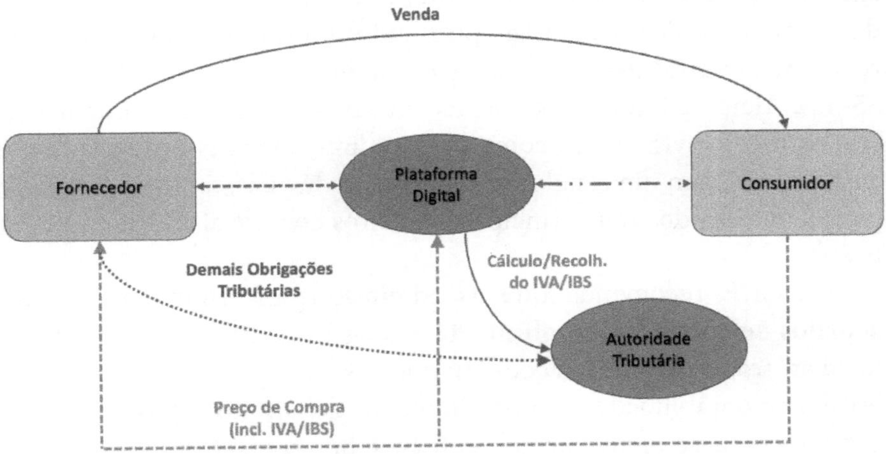

Fonte: (OECD, 2021e, p. 83, tradução nossa, adaptado)

Por fim, aventa-se a hipótese de um **regime de responsabilidade voluntária** a ser adotado pelas plataformas estrangeiras que desejem prestar o serviço de cálculo e recolhimento do IVA/IBS a seus fornecedores, que pode ser utilizado de forma complementar aos casos em que a responsabilidade é total ou subsidiária. Como incentivo, pode-se oferecer vantagens às plataformas que optem pelo regime, como o acesso a um sistema simplificado de registro e cobrança ou a prioridade na importação de bens físicos na aduana. (OECD, 2019b, p. 58-60).

Além da responsabilidade pelo recolhimento do IVA/IBS, discutem-se ainda **outros papéis tributários** que as plataformas poderiam exercer, como o de prestar informações e o de educação fiscal. Essas funções podem ser estabelecidas em lei ou fixadas em acordos de cooperação voluntária entre os fiscos e os principais provedores.

Nesse contexto, os países podem optar por apenas atribuir às plataformas **obrigações acessórias de prestar informações** sobre as operações que intermedeiem, de forma periódica, a pedido ou espontaneamente. A OCDE recomenda que se exijam o mínimo de dados necessários para a cobrança do imposto e se ofereçam meios eletrônicos para o cumprimento, bem como que se harmonize a interação com outros instrumentos regulatórios, como a proteção de dados e as leis de defesa da concorrência (OECD, 2019b, p. 51-54).

As plataformas podem também assumir função relevante como agentes de **educação fiscal**, de comum acordo e conforme orientações das administrações tributárias, prestando informações aos fornecedores sobre as regras fiscais de cada país em que atuem (OECD, 2019b, p. 55-56). Além de informações gerais em sítios da Internet, é importante que os fiscos invistam em comunicação direcionada por vídeos, cursos *online* e ofereçam um canal direto para tirar dúvidas, tanto na língua do país quanto na dos seus principais parceiros comerciais (OECD, 2021e, p. 56).

A OCDE recomenda que as administrações tributárias assinem **acordos de cooperação voluntária** com as principais plataformas, que incluam trocas de informações (periódicas ou espontâneas), educação fiscal, responsabilidade pelo recolhimento do tributo e cooperação em geral, como a de emitir alertas ao fisco sobre operações suspeitas e de se comprometer a dar respostas rápidas a solicitações da administração tributária. Isto é, recomenda-se que os países invistam em um **modelo de conformidade cooperativa**, baseada em confiança e cooperação, no lugar de um baseado em obrigações impostas por lei. (OECD, 2019b, p. 56-58).

Outro aspecto importante na fiscalização de plataformas envolve **mudar a análise baseada em transações para a validação de sistemas**. O uso de análise de negócios pode, ao longo do tempo, fornecer uma solução mais eficiente para avaliar a conformidade com o IVA/IBS do que a prática atual de testar cada transação individual, em um ambiente de alto volume de operações de baixo valor. A mudança para uma abordagem baseada em sistemas normalmente exigirá que as autoridades fiscais adquiram um bom entendimento das plataformas digitais relevantes, de seus modelos de negócios e de seus sistemas de contabilidade. (OECD, 2021e, p. 65).

Devido às particularidades das **plataformas digitais de economia compartilhada**, mais recentemente foram discutidos os papéis específicos que estas poderiam exercer na arrecadação tributária (OECD, 2021e). Na seção 1.3.4.2, já analisamos os principais desafios tributários desses modelos de negócios, que envolvem transações entre três atores (plataforma digital, fornecedor e usuário), que podem ou não residir no mesmo país. As consequências tributárias de cada transação dependem da correta caracterização dos agentes envolvidos e de como cada operação é realizada, informações que muitas vezes são desconhecidas tanto pelas plataformas quanto pelas administrações tributárias. Além disso, o fisco precisa aprender a lidar com o aumento do número de contribuintes, muitos dos quais sem conhecimento de suas obrigações tributárias. (OECD, 2021e, p. 21-31).

Diante dessas complexidades, a OCDE recomenda que, antes de cada país decidir quais medidas devem tomar com relação a essas plataformas, primeiro analise o tamanho da economia compartilhada em seu território, estimando a perda de efetiva de receitas de IVA/IBS e o número que novos contribuintes que entrarão no sistema de controle do imposto (OECD, 2021e, p. 34-35).

Por exemplo, em uma jurisdição em que exista um limite de registro alto para entrada no sistema do IVA/IBS (limiar do imposto), possivelmente o número de novos atores será pequeno, mas pode haver perda de receitas com o incentivo à mudança de poucas grandes empresas para pequenos empreendimentos abaixo do limite (ex.: serviços anteriormente prestados por hotéis migrarem para a forma de aluguéis de curta temporada). Ao contrário, nos países em que o limite de entrada seja baixo ou inexistente, é necessário avaliar a capacidade do fisco de lidar com o aumento expressivo do número de contribuintes, contrapondo esse custo com a estimativa de perda de arrecadação efetiva e a pressão concorrencial com os setores estabelecidos. (OECD, 2021e, p. 35).

Dependendo do caso, pode ser recomendada uma adoção paulatina de medidas específicas com relação a essas plataformas. Primeiro só se observa o mercado; depois, incluem-se alguns setores mais relevantes; posteriormente expande-se para as demais atividades. (OECD, 2021e, p. 36).

Caso se decida por incluir a economia compartilhada no IVA/IBS, uma série de cuidados adicionais devem ser tomados para manter o sistema simples para os usuários e eficiente para o fisco, dentre os quais podemos destacar:

(vii) **Garantia da neutralidade de canal:** apesar de se admitir a existência de diferentes tratamentos para setores diversos, o ideal é que se evite a criação de regimes especiais para cada atividade, garantindo-se a neutralidade de canal com os negócios tradicionais (OECD, 2021e, p. 38);

(viii) **Inclusão de todas as obrigações envolvidas**: o sistema não deve cuidar apenas das obrigações relativas à tributação do consumo, tendo uma visão conjunta também das obrigações trabalhistas, previdenciárias e aquelas derivadas da legislação do imposto de renda, facilitando o cumprimento conjunto de exigências comuns, bem como garantindo a troca de informação ente os órgãos envolvidos (OECD, 2021e, p. 38-39);

(ix) **Desenho inteligente do limiar do IVA/IBS:** esse limiar pode ser diferenciado por setor de acordo com o número de novos entrantes (ex.: serviços profissionais trariam muitos atores e acomodações de curta temporada menos), e a administração tributária deve calibrá-lo de acordo com sua capacidade de gerenciamento. Em qualquer caso, recomenda-se a adoção de um sistema de registro e cumprimento simplificado. (OECD, 2021e, p. 44-46);

(x) **Apuração de IVA/IBS por meio de presunções:** para facilitar o cálculo do imposto, pode-se instituir regimes de apuração por meio de alíquotas presumidas sobre a receita, ou de crédito presumido apurado a partir de percentuais ou das despesas utilizadas para o imposto de renda, ou ainda de valores fixos. Para se evitar desvantagens concorrenciais, a apuração presumida pode ser optativa. Deve-se, contudo, cuidar para não se prejudicar demasiadamente a neutralidade econômica. (OECD, 2021e, p. 47-49);

(xi) **Registro, declarações e obrigações fiscais simplificadas:** para facilitar a conformidade dos pequenos negócios que passarão a ser obrigados ao IVA/IBS, deve-se utilizar a tecnologia para criar sistemas de registro *online* simplificados, integrando todos os órgãos públicos envolvidos, exigir o mínimo de obrigações fiscais (notas fiscais simplificadas, maior periodicidade para informar, autorizar o regime de caixa, permitir o uso de *softwares* privados), e implementar soluções que criem declarações pré-preenchidas a partir dos dados obtidos (OECD, 2021e, p. 49-50);

(xii) **Extração e análise de dados por ferramentas tecnológicas:** robôs podem vasculhar os sites das plataformas tecnológicas e deles extrair dados relevantes de forma automática, como o endereço dos fornecedores e informações sobre os bens locados. Esses dados podem ser usados para monitorar a economia compartilhada, analisar riscos, avaliar o comportamento dos agentes a novas políticas adotadas e identificar erros que possam embasar futuras campanhas de educação fiscal. (OECD, 2021e, p. 53-54).

A compreensão da importância das plataformas digitais no comércio tem levado à **discussão das vantagens de se atribuir esses papéis acima aventados também para as operações em que os fornecedores/prestadores são residentes, em especial o do regime de responsabilidade total pelo recolhimento do imposto sobre o consumo**. O cuidado que se precisa ter, nesse caso, é com as operações realizadas por pequenas empresas que não são obrigadas ao pagamento do IVA/IBS. (OECD/WBG/CIAT/IDB, 2021, p. 83, 89).

2.2.2.2.2 Responsabilidade de outros intermediários e dos adquirentes

Uma alternativa para facilitar a cobrança de IVA/IBS é a de atribuir às **instituições financeiras** a obrigação de reter o imposto devido nos pagamentos relativos às vendas/prestações de serviços que processarem. Esse sistema simplificaria as obrigações tributárias dos contribuintes e ao mesmo tempo minimizaria os riscos de perda de receitas para o fisco. (OECD, 2021e, p. 50).

O relatório conjunto da OCDE, Banco Mundial, BID e CIAT com recomendações de tributação de IVA/IBS sobre a economia digital para a América Latina levanta diversos problemas decorrentes dessa opção.

Primeiro, pondera que as instituições financeiras nem sempre possuem as informações necessárias para calcular o imposto devido na operação, como as alíquotas aplicáveis, possíveis isenções, bem como se a pessoa que recebe o pagamento é, de fato, o responsável pela obrigação tributária. Depois, argumenta que não é possível, no momento da retenção, considerar os créditos que o contribuinte eventualmente tenha para deduzir dos débitos da venda, o que pode gerar um saldo relevante de imposto a restituir (uma alternativa seria que fosse retido apenas parte do IVA/IBS devido). Ainda, avalia que esse mecanismo pode incentivar o uso de meios alternativos de pagamento que não estejam sujeitos à obrigação de retenção (ex.: cartões e outros meios de pagamento emitidos por instituições financeiras estrangeiras e criptomoedas) ou de pagamentos em espécie. Finalmente, destaca os problemas na devolução do imposto nos casos de erros na retenção ou de transações canceladas. (OECD, 2021e, p. 50-51; OECD/WBG/CIAT/IDB, 2021, p. 155).

Considerando, todavia, que os países da região já utilizam regimes de retenção na fonte para o IVA/IBS, o relatório recomenda que, no máximo, obriguem-se os intermediários financeiros a reter o imposto devido dos pagamentos direcionados a fornecedores estrangeiros que recusem a utilizar os sistemas de registro e recolhimento simplificado e que, de forma persistente, não cumpram suas obrigações tributárias (OECD/WBG/CIAT/IDB, 2021, p. 16, 71, 154-156, 178, 314-315, 375-379). Analisaremos, na seção 2.3.3, exemplos de alguns países da América Latina que se utilizam desse mecanismo na cobrança do IVA/IBS (Arias E.; Zam-

BRANO, 2021, p. 12-13; BRONDOLO; KONZA, 2021, p. 2; JORRATT, 2020, p. 56-58; OECD/WBG/CIAT/IDB, 2021, p. 316).

Para as plataformas de economia compartilhada, a OCDE cogitou a possibilidade de responsabilizar os **adquirentes** pessoas jurídicas pela retenção do IVA/IBS, de modo semelhante ao mecanismo de cobrança reversa. Pondera-se que é cada vez mais comum que fornecedores da economia compartilhada se relacionem com empresas, como entregadores de comida transacionando diretamente com restaurantes ou proprietários de imóveis alugando seus apartamentos ou casas para cadeias de hotéis, que posteriormente as oferecem aos seus clientes. Nesses casos, as pessoas jurídicas poderiam reter o imposto devido do preço pago e recolhê-lo aos cofres públicos, simplificando a conformidade dos entregadores e dos proprietários dos imóveis. (OECD, 2021e, p. 52-53).

Mesmo que não sejam responsáveis pelo recolhimento do IVA/IBS, os intermediários podem ficar responsáveis por prestar informações sobre operações das quais participem, como é o caso dos intermediários financeiros e de empresas que ajam em nome de um fornecedor (ex.: administradores de bens imóveis compartilhados) (OECD, 2021e, p. 54-56).

2.2.2.3 Cooperação internacional em matéria fiscal

Em um mundo ideal a aplicação das Diretrizes Internacionais sobre o IVA/IBS seria fácil, mas, na prática, é possível que diferentes interpretações dessas orientações pelos países levem à dupla tributação ou à não tributação não intencional, bem como a disputas entre jurisdições. Do mesmo modo, essas regras presumem que todas a partes estejam agindo de boa-fé e que as transações sejam legítimas e tenham substância econômica, o que, como se sabe, nem sempre acontece. Nesse contexto, os países devem tomar medidas internacionais adequadas de assistência mútua e de resolução de disputas de modo a evitar a evasão e a elisão fiscais ilícitas, a perda de receitas e distorções competitivas. (OECD, 2017b, p. 104).

Recordamos que as orientações das Diretrizes sobre IVA/IBS não têm natureza compulsória, e, por isso, não podem ser objeto dos mecanismos de resolução de disputas previstos nos tratados bilaterais[38]. De

[38] Owens e Cardoso (2021) defendem a importância da inclusão das regras do IVA/IBS em mecanismos de resolução de disputas como modo de garantir os direitos dos contri-

qualquer forma, é possível a utilização de estruturas já existentes de cooperação e assistência mútuas e de troca de informações em matéria fiscal para garantir uma aplicação harmonizada dessas regras. Nesse contexto, diversos modelos de avenças bilaterais e multilaterais tributárias incluem os tributos sobre o consumo dentro de seus escopos.

Os acordos bilaterais para evitar a bitributação da renda, firmados com base nos modelos propostos pela OCDE e pela ONU, preveem a troca de informações entre os Estados Contratantes, e, em sua forma atual, incluem o intercâmbio de dados sobre todos os tributos, inclusive os de consumo, permitindo que o fornecimento se dê a pedido, automaticamente ou de modo espontâneo (OECD, 2017d, p. 494-495).

Além disso, a OCDE também propõe modelos específicos de tratados de trocas de informações fiscais (bilaterais e multilaterais) com o objetivo de prevenir práticas tributárias danosas, que também preveem trocas automáticas e espontâneas (OECD, 2017b, p. 107).

O instrumento com maior potencial para a cooperação internacional em matéria fiscal, contudo, é a Convenção Multilateral sobre Assistência Mútua Administrativa em Matéria Tributária, atualmente firmada por 144 países (em setembro de 2021), que prevê assistência administrativa mútua entre as nações, o que engloba troca de informações – a pedido, automática ou espontânea –, fiscalizações simultâneas e, quando couber, assistência na cobrança dos tributos (OECD, 2017b, p. 106-107; OECD, 2021b). Essa convenção tornou viável um novo padrão para o intercâmbio automático de informações financeiras para fins tributários: o Padrão de Declaração Comum (*Common Reporting Standard* – CRS) –, já adotado por cerca de 100 jurisdições, inclusive pelo Brasil (BRASIL, 2018a).

2.2.3 Importação de bens de pequeno valor

Para a **importação de bens tangíveis de pequeno valor**, vimos, na seção 1.3.2.1, que a maioria dos países dispensa a cobrança dos tributos sobre o consumo pela aduana por questões de viabilidade administrativa, e que, com o aumento do volume desse tipo de comércio internacional, havia a preocupação tanto com a perda de receitas quanto com a concorrência

buintes, pois matérias extremamente relevantes, como a existência de saldos expressivos de créditos a restituir, por exemplo, precisam ser resolvidas em cada país.

desleal com os comerciantes locais que permaneciam obrigados ao pagamento de tributos.

Por determinação da Organização Mundial das Aduanas (OMA) e da Convenção de Quioto Revisada (RKC), a maioria dos países determina um valor mínimo das mercadorias importadas para os quais não são cobradas tarifas e impostos aduaneiros (OECD/WBG/CIAT/IDB, 2021, p. 110). Nesse contexto, o que se busca são modos de se eliminar ou reduzir o valor mínimo de isenção de cobrança de IVA/IBS, mantendo-se a cobrança na aduana apenas do imposto sobre o consumo acima desse limite. Para isso, o relatório final da Ação 1 do BEPS explorou quatro modelos de cobrança.

No **modelo de cobrança tradicional**, o pagamento é feito na entrada da mercadoria pela aduana para cada transação. É considerado pouco eficiente para bens de pequeno valor devido ao custo do processamento manual individualizado, o que poderia ser melhorado com a adoção de sistemas eletrônicos para declaração e recolhimento antes da chegada do bem importado. No **modelo de cobrança do adquirente**, o recolhimento se dá por autolançamento pelo próprio importador. É considerado complexo para o comprador, suscetível a um baixo nível de conformidade por não haver incentivos ao cumprimento, e custoso e difícil de operacionalizar para o fisco. No **modelo de cobrança do vendedor**, este paga o tributo no momento da venda, o que cria custos adicionais e dificuldades de conformidade para empresas estrangeiras. De qualquer modo, isso pode ser minimizado caso seja implementado em conjunto com procedimentos simplificados de registro e recolhimento. Por fim, no **modelo de cobrança do intermediário,** o recolhimento é feito por um terceiro que atua em nome do vendedor estrangeiro, como é o caso de operadores postais, transportadores expressos, plataformas de comércio eletrônico e intermediários financeiros (OECD, 2015b, p. 122-125).

Com a evolução da discussão, baseado na experiência de diversos países que introduziram regimes especiais para importações de bens de pequeno valor (como veremos na seção 2.3), o recente relatório da OCDE, CIAT, BID e Banco Mundial com recomendações para a América Latina propôs a adoção de um mecanismo simplificado de registro e recolhimento (modelo de cobrança no vendedor) em conjunto com o regime de responsabilidade total das plataformas digitais (modelo de cobrança nos intermediários). Isto é, foram recomendadas medidas similares àquelas propostas para operações com serviços e intangíveis, discutidas da seção anterior. (OECD/WBG/CIAT/IDB, 2021, p. 49, 53, 113-118).

Para se incentivar a conformidade, o relatório sugere que se implementem procedimentos de liberação rápida para as importações cujo IVA/IBS tenha sido recolhido pelos fornecedores estrangeiros e plataformas digitais (OECD/WBG/CIAT/IDB, 2021, p. 119).

Os organismos internacionais recomendam, ainda, que se mantenham os procedimentos de recolhimento do imposto sobre o consumo pelo método tradicional para as transações de valor acima do limite que exijam o recolhimento de tarifas e impostos aduaneiros, e para bens submetidos a imposto específicos, como bebidas alcoólicas e cigarros, e a regras de controle especiais, como remédios (OECD/WBG/CIAT/IDB, 2021, p. 120).

Mesmo com esses novos procedimentos, deixou-se certa margem para que os países optassem por não controlar todos os tipos de importações de pequeno valor por questões de eficiência administrativa. Para os que querem um maior nível de controle, a opção é a de eliminar o limite de isenção de IVA/IBS exigindo que os fornecedores estrangeiros recolham o imposto de todas as vendas de pequeno valor (vide exemplo da União Europeia na seção 2.3.2). Uma alternativa é a de se manter um limite de isenção de IVA/IBS igual àquele dos encargos e tributos aduaneiros para itens individuais, mas exigir o recolhimento do imposto para fornecedores estrangeiros que superem determinado nível de vendas em um período, de preferência igual ao limiar do IVA/IBS das empresas domésticas (vide exemplos da Austrália e da Nova Zelândia na seção 2.3.1). No primeiro caso, tributam-se todas as importações, maximizando-se a arrecadação, mas se aumenta o custo administrativo do fisco e o de conformidade, em especial das pequenas empresas. No segundo, priorizam-se as empresas maiores e se cria uma isenção legal para pequenos negociantes, mas se reduz a base tributária, problema que pode ser minimizado caso se adote a responsabilidade tributária das plataformas digitais, já que a maior parte dos pequenos fornecedores opera por meio desses provedores. (OECD/WBG/CIAT/IDB, 2021, p. 122-123).

A OCDE reconhece, contudo, que para se ter sucesso na tributação das importações de pequeno valor, essas recomendações precisam ser complementadas com a avaliação apropriada de riscos e com o aprimoramento da cooperação internacional administrativa entre as administrações tributárias dos países, como discutido na seção 2.2.2.3 (OECD, 2015a, p. 126).

A Figura 13 ilustra o funcionamento de um regime simplificado de cobrança de IVA/IBS sobre bens tangíveis de pequeno valor, com a transferência do recolhimento na aduana pelo importador para o momento da venda pelos fornecedores estrangeiros e plataformas digitais.

FIGURA 13 – **Regime Simplificado de Cobrança de IVA/IBS sobre Importação de Bens Tangíveis de Pequeno Valor**

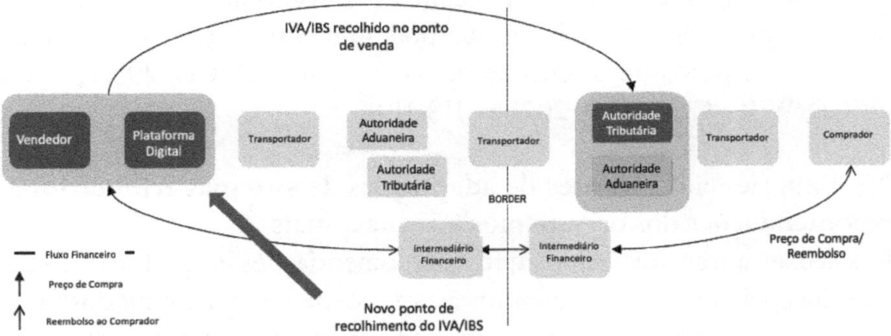

Fonte: OCDE, Banco Mundial, CIAT e BID (OECD/WBG/CIAT/IDB, 2021, p. 169, tradução nossa)

Para a importação de bens, um tipo de intermediário que merece especial atenção são as **centrais de atendimento (*fulfilment houses*)**. Trata-se de armazéns de terceiros responsáveis pelo manuseio de mercadorias em nome de fornecedores estrangeiros, comumente usadas pelas empresas para a distribuição de seus produtos (serviços de recebimento, processamento e entrega). São bastante utilizados no contexto do comércio internacional por proporcionarem aos negócios menores custos de remessa e operação, entrega global de mercadorias, velocidade de atendimento dos pedidos, melhor atenção ao cliente e soluções intensivas em tecnologia. As plataformas digitais muitas vezes mantêm centrais de atendimento próprias para agilizar as vendas que intermedeiam. (OECD, 2019b, p. 65; OECD/WBG/CIAT/IDB, 2021, p. 118).

Na prática, contudo, foram detectados diversos casos de centrais de atendimento que facilitavam o não pagamento ou o pagamento a menor de IVA/IBS por meio de classificação ou subavaliação fraudulentas dos produtos.

Nesse contexto, para as vendas realizadas por plataformas digitais, os organismos internacionais recomendam que a responsabilidade total pelo recolhimento do IVA/IBS também se estenda para as vendas domésticas realizadas a partir de centrais de atendimento. Para as demais vendas realizadas diretamente por fornecedores estrangeiros por meio desses armazéns, sugerem a atribuição de responsabilidade solidária a essas empresas, exigindo que tomem os cuidados devidos no registro e entrega dos produtos, com penalidades que podem incluir a apreensão de mercadorias e a perda do direito de operar no país. (OECD, 2019b, p. 66; OECD/WBG/CIAT/IDB, 2021, p. 118-119).

2.3 Experiências recentes de adaptações de sistemas tributários às recomendações dos organismos internacionais

Nas seções anteriores, vimos que as recomendações de política tributária feitas pela OCDE para garantir a capacidade de *enforcement* dos fiscos com relação à tributação do consumo transfronteiriça, tanto para operações com serviços e bens intangíveis quanto para importações de bens tangíveis de pequeno valor, concentraram-se na construção de mecanismos simplificados de registro e cobrança do imposto sobre o consumo para fornecedores/prestadores estrangeiros e na atribuição de responsabilidade tributária às plataformas digitais sobre as operações que intermedeiem.

A demonstração de que essas propostas encontraram razoável consenso na comunidade internacional deriva da observação de que atualmente mais de 70 países já implementaram essas soluções, variando o grau de aderência às recomendações, com resultados econômicos relevantes. Por exemplo, a União Europeia arrecadou cerca de US$ 23,31 bilhões em cinco anos; a Austrália, US$ 825,8 milhões em três anos; a Nova Zelândia, US$ 510 milhões em cinco anos; o Chile, US$ 218 milhões em dez meses. (OECD/WBG/CIAT/IDB, 2021, p. 140).

Mais do que os montantes arrecadados, que, apesar de significativos em valores nominais, ainda representam uma proporção pequena do total de tributação do comércio internacional, a adoção dessas medidas por países relevantes demonstra uma tendência que não deve ser desconsiderada como algo menor. Como concluído no capítulo 1, a solução para os desafios impostos pela economia digital à tributação precisa ser tomada de forma global, o que se dá por meio de medidas multilaterais consensuais, que é exatamente o que se tem constatado com relação à tributação do consumo.

Nesta seção, analisaremos as respostas dadas por três grupos de países, em busca de lições que possam ser aproveitadas na discussão sobre nosso país no capítulo 4.

Primeiro, com a experiência da Austrália e da Nova Zelândia, duas nações que possuem IVAs/IBSs alinhados às melhores práticas internacionais. Apesar da enorme distância da realidade desses dois países para o Brasil, julgamos importante avaliar como impostos considerados como ideais pela doutrina tributária e econômica se comportaram com relação às soluções para os problemas trazidos pela economia digital.

Depois, com o caso da União Europeia, o berço do IVA no mundo, composta por países que possuem impostos que, apesar de harmonizados por uma diretiva comum, apresentam características bastante díspares, muitas consideradas distantes do modelo ideal. A análise de como se conseguiu adequar a solução internacional a esse cenário multifacetado interessa a uma federação como o Brasil, que onera o consumo com diversos tributos divididos entre os entes dos três níveis federados.

Finalmente, com o resultado alcançado por diversos países da América Latina, que recentemente promoveram mudanças legislativas para, em maior ou menor grau, ajustarem seus IVAs/IBSs às recomendações internacionais. Além de alguns deles comporem o mesmo bloco econômico do Brasil, o Mercosul, como membros ou associados, nossos vizinhos possuem semelhanças em cultura tributária com nosso país, que fazem com que algumas de suas adaptações às medidas da OCDE sejam relevantes para nossas reflexões.

Destacamos que a análise se dará apenas nas linhas gerais das soluções adotadas pelos países, extraídas de estudos comparativos recentemente publicados, não se entrando em demasia nas especificidades de cada país por escapar ao escopo desta pesquisa.

2.3.1 Austrália e Nova Zelândia: o encaixe dos IVAs modernos

A partir de meados dos anos 1980, começaram a surgir IVAs/IBSs considerados mais eficientes, cujas principais características configuram o que hoje frequentemente se denomina como "IVA Moderno": aquele com base ampla, crédito financeiro, poucas alíquotas e exceções e atendendo ao princípio do destino (Cnossen, 1998, p. 402; Ebrill *et al.*, 2001; James, 2015, p. 8). Dois países que são frequentemente utilizados como exemplos de sucesso nesse modelo são a **Nova Zelândia**, o pioneiro em 1986, e a **Austrália**, em 2000, ambos com a denominação de Imposto sobre Bens e Serviços (IBS) (Charlet; Owens, 2010, p. 945).

Por se tratar de IVAs Modernos, as cobranças já se davam no destino e a incidência doméstica ocorria em regra com alíquota única (OECD 2020a, p. 70-71). Por isso a Austrália e a Nova Zelândia tiveram apenas que implementar as políticas tributárias que obrigavam e facilitavam o registro e o recolhimento dos fornecedores estrangeiros e plataformas digitais na importação de intangíveis, serviços e bens tangíveis de pequeno valor. Fizeram isso adotando praticamente de modo integral as soluções da OCDE. Suas experiências, inclusive, pautaram as ações dos países que aderiram às propostas da OCDE posteriormente e são apontadas como exemplos para aqueles que pretendem fazer o mesmo. (OECD/WBG/CIAT/IDB, 2021, p. 117).

As mudanças relativas ao fornecimento/prestação de bens intangíveis e serviços por empresas estrangeiras passaram a vigorar na Austrália a partir de julho de 2017 e, na Nova Zelândia, de outubro de 2016 (OECD 2020a, p. 102-105). As alterações relacionadas à importação de bens tangíveis de pequeno valor entraram em vigor na Austrália em julho de 2018 e, na Nova Zelândia, em dezembro de 2019 (OECD 2020a, p. 110, OECD/WBG/CIAT/IDB, 2021, p. 174).

Os fornecedores/prestadores estrangeiros, seja de bens intangíveis e serviços digitais, seja de bens tangíveis de pequeno valor, bem como as plataformas digitais que intermedeiem essas operações devem se **registrar e pagar o IBS devido desde que atinjam determinado patamar de transações no país em um período de 12 meses**. Na Austrália,

75.000,00 dólares australianos (cerca de US$ 56.000,00); na Nova Zelândia, 60.000,00 dólares neozelandeses (cerca de US$ 42.000,00), valores equivalentes ao limiar do IBS para as empresas domésticas de cada país. (Jorratt, 2020, p. 37-38; OECD 2020a, p. 110). Essa obrigação se aplica apenas a operações B2C; nas B2B, a responsabilidade tributária é transferida para a empresa importadora local, com o sistema de cobrança reversa sendo obrigatório em algumas hipóteses.

Caso a empresa estrangeira não queira se registrar no IBS do país, são disponibilizados **sistemas eletrônicos simplificados** no sítio da Internet das Administrações Tributárias, que permitem o cálculo e o pagamento do imposto devido por meios eletrônicos. Para quem se utilizar desse regime mais simples, não se permite a dedução de créditos e se exigem declarações simplificadas trimestrais. O pagamento deve ser feito na moeda do país de destino por transferência eletrônica ou cartão de crédito. (Jorratt, 2020, p. 40; OECD/WBG/CIAT/IDB, 2021, p. 230).

Para verificar se a operação se dá com um consumidor residente do país, o vendedor deve se basear em informações disponíveis no momento da compra (ex.: endereço de cadastro, informações do cartão de crédito, endereço IP, código telefônico, etc.). Já para concluir se a operação é B2B ou B2C, deve utilizar como principal critério o número de registro informado pelo adquirente que pode ser validado por sistemas *online* disponibilizados pelos fiscos. (Jorratt, 2020, p. 38; OECD 2020a, p. 102-105).

Quanto ao escopo do sistema para intangíveis e serviços, ambos os países adotaram uma **abordagem ampla**, incluindo todas as operações prestadas remotamente, tanto digitais, como *e-books*, músicas, vídeos e *software*, quanto não digitais, como seguros, consultoria, contabilidade e serviços jurídicos (Brondolo; Konza, 2021, p. 7; Jorratt, 2020, p. 38; OECD 2020a, p. 102-105).

Quanto aos **bens tangíveis de pequeno valor**, a Austrália considera nessa categoria aqueles com valor aduaneiro inferior a 1.000 dólares australianos (cerca de US$ 750,00) e a Nova Zelândia, 1.000 dólares neozelandeses (cerca de US$ 700,00). Mas somente são obrigadas a recolher o imposto as empresas que atinjam o patamar de vendas que obriguem o registro nesses países acima mencionado (75.000 dólares australianos e 60.000 dólares neozelandeses). Estão fora desse mecanismo as vendas a empresas registradas no IBS, que são responsáveis pelo pagamento do tributo, e os produtos de tabaco e as bebidas alcoólicas, que sempre pagam o imposto na fronteira independentemente do valor. (Jorratt, 2020, p. 39; OECD 2020a, p. 110; OECD/WBG/CIAT/IDB, 2021, p. 180, 199).

Os dois países atribuíram responsabilidades tributárias a um típico específico de intermediário: os "**reentregadores**" (*redeliverers*). Trata-se de empresas situadas no exterior que recebem compras efetuadas pelos consumidores australianos e neozelandeses de fornecedores estrangeiros e que depois as enviam para o endereço do comprador na Austrália e Nova Zelândia. Geralmente, são utilizados nos casos em que o consumidor tem dificuldade de comprar diretamente da empresa estrangeira. (OECD/WBG/CIAT/IDB, 2021, p. 242).

Na hipótese de a operação ser feita a pedido do consumidor, os "reentregadores" passam a ser totalmente responsáveis pelo recolhimento do IVA/IBS devido. Contudo, se agirem a mando do fornecedor, este continua obrigado a pagar o imposto (OECD/WBG/CIAT/IDB, 2021, p. 242).

2.3.2 União Europeia: a harmonização do IVA em países com competências tributárias próprias

A consolidação dos IVAs/IBSs no mundo está diretamente atrelada à adoção da tributação sobre o valor agregado no desenvolvimento do mercado comum da comunidade europeia em 1967, naquele momento organizada como Comunidade Econômica Europeia (CEE) e posteriormente substituída pela União Europeia em 1993 (Varsano, 2014, p. 10-16).

Ao decidirem o modo de harmonizar as práticas fiscais e financeiras de seus países membros, entenderam que a melhor opção seria o modelo do IVA francês, mas com o princípio da origem na operação entre os seus integrantes, o que permitiria a eliminação dos controles de fronteira no funcionamento do mercado comum. Contudo, devido à prática até então predominante, estipulou-se que o princípio do destino seria adotado como um regime transitório. (Varsano, 2014, p. 13). Essa decisão inclusive está estampada no art. 402º da Diretiva do IVA[39].

[39] Regime transitório de tributação das trocas comerciais entre Estados-Membros
Artigo 402.º
1. O regime de tributação das trocas comerciais entre Estados–Membros previsto na presente directiva é transitório e é substituído por um regime definitivo baseado no princípio

Tendo em vista a entrada em vigor do mercado comum da União Europeia, que se daria em 1º de janeiro de 1993, a partir de 1985 se investiu em diversas tentativas de reforma do IVA europeu em direção do regime definitivo, todas sem sucesso: em 1987, baseada no fluxo físico de mercadorias; em 1991, com um regime de transição de quatro anos; em 1996, com uma proposta de mudança mais gradual; e, em 2004, com a ideia de um sistema de balcão único para operações B2C (abaixo discutida) (Comissão Europeia, 2011, p. 7; De La Feria, 2018, p. 122). Até que, em 2011, a Comissão Europeia reconheceu que o princípio da origem, apesar de ser uma escolha mais atrativa, não tinha viabilidade em um futuro previsível, e que insistir na ideia só afetaria a credibilidade do processo de decisão europeu. Nesse sentido, recomendou que se envidassem esforços para que o princípio do destino fosse aplicado adequadamente. (Comissão Europeia, 2011, p. 5).

Para se entender a dificuldade da tarefa de reforma do IVA da União Europeia, deve-se recordar que uma das fontes principais do direito europeu são as diretivas, ato legal que vincula quanto ao resultado, mas dá liberdade de escolha aos membros sobre como implementá-la. Sua alteração em regra se dá por maioria qualificada, mas, para algumas matérias, como os tributos, exige-se decisão unânime. Dessa forma, o IVA é regulamentado por uma diretiva que, para ser modificada, exige que todos os Estados-membros concordem. Como a atual Diretiva do IVA deixa pouca margem de manobra para a legislação dos países (um exemplo é a flexibilidade na escolha das alíquotas aplicáveis, respeitando-se limites mínimos), sua alteração traz modificações na estrutura de um dos principais tributos de cada membro, o que explica a dificuldade em se conseguir a unanimidade de convencimento. (BAL, 2018, p. 1058-1059).

Discussões posteriores sobre o IVA dentro da União Europeia concluíram que, com o **crescimento da globalização e a rápida digitali-**

da tributação, no Estado-Membro de origem, das entregas de bens e das prestações de serviços.
2. Após exame do relatório a que se refere o artigo 404.º e depois de constatar que se encontram reunidas as condições para a passagem ao regime definitivo, o Conselho aprova, em conformidade com o artigo 93.º do Tratado, as disposições necessárias para a entrada em vigor e o funcionamento do regime definitivo. (União Europeia, 2006).

zação da economia, o sistema não estava preparado para a tarefa. Nesse sentido, em abril de 2016 a Comissão Europeia apresentou um plano de ação para a criação de uma única área de IVA no bloco, com medidas dirigidas principalmente à reforma do comércio entre países, à introdução de medidas antifraude, ao tratamento das pequenas e médias empresas e a mudanças na base do IVA (em especial a eliminação das alíquotas reduzidas). (De La Feria, 2018, p. 123).

É importante destacar que, apesar da adoção do princípio do destino no regime transitório, as prestações de serviços dentro da União Europeia eram tributadas no país da origem. **Com o crescimento dos serviços prestados à distância, foram aprovadas novas regras de local de prestação em 2008, plenamente aplicáveis a partir de janeiro de 2015**. Os serviços B2B passaram a ser tributados no país do destino e, apesar de a regra geral dos B2C continuar a ser a tributação na origem, adotou-se o princípio do destino para os **serviços eletrônicos e para os de telecomunicação, radiodifusão e televisão**. Para facilitar a conformidade, foi criado um regime em que prestador europeu pudesse se registrar em apenas um país para cumprir suas obrigações tributárias em todos os demais do bloco. (BAL, 2018, p. 1058-1061; De La Feria, 2018, p. 123).

Esse regime centralizado de registro e pagamento é conhecido como sistema de balcão único (*One-Stop-Shop*) e foi introduzido inicialmente para prestadores de serviços eletrônicos B2C de fora da União Europeia em julho de 2003, que poderiam se registrar em apenas um país do bloco e realizar a declaração e o pagamento do IVA por meio de um portal *online*, com o valor arrecadado alocado automaticamente à jurisdição do destino. Em janeiro de 2015, esse regime foi estendido para os prestadores europeus e passou a incluir os serviços de telecomunicação, radiodifusão e televisão, adotando a denominação de **minibalcão único do IVA (*Mini One-Stop-Shop* – MOSS)**. (BAL, 2018, p. 1061-1062).

Para a venda à distância de bens tangíveis, assim entendida aquela realizada pela Internet, as regras eram complexas. Nas operações intracomunitárias, as vendas B2B eram feitas com alíquota zero de IVA; já as B2C eram tributadas no país do destino apenas se o faturamento anual do fornecedor nessa jurisdição fosse superior a 100.000,00 euros (redutíveis a 35.000 euros a critério do país) ou por opção do vendedor. Nas operações com países de fora do bloco, a importação era isenta de IVA se o valor fosse inferior a 10 euros (ou 22 euros a critério do país importador), e de encargos e tributos de importação se abaixo de 150 euros. (BAL, 2018, p. 1063-1064).

A partir de dezembro de 2016, diversas alterações foram propostas e aprovadas no sentido de adoção das soluções de política tributária feitas pela OCDE discutidas neste capítulo, que entraram em vigor em **1º de julho de 2021**. Nessa data, passou a funcionar um **sistema de balcão único (*One-Stop-Shop* – OSS e *Import One-Stop-Shop* – IOSS) para o recolhimento de IVA de operações de comércio eletrônico na União europeia,** bem como a vigorar um **regime de responsabilidade tributária das plataformas** que intermedeiam essas transações.

Uma das mudanças mais importantes na passagem do MOSS para o OSS é a adoção de uma **abordagem ampla** para as atividades incluídas no regime, que passa a abarcar todas as operações B2C com serviços e intangíveis, realizadas por empresas de países membros da União Europeia ou não (OECD/WBG/CIAT/IDB, 2021, p. 80).

Entram também no OSS as vendas à distância intracomunitárias de bens tangíveis, desde que o faturamento anual do fornecedor seja superior a 10.000,00 euros. Abaixo desse limite, a empresa pode pagar o imposto no país de origem, mas tem a opção de aderir ao pagamento no destino por meio do OSS. (OECD/WBG/CIAT/IDB, 2021, p. 80).

Para as **importações de bens tangíveis**, foi eliminado o limite de isenção de IVA. Todas as importações abaixo de 150 euros estão sujeitas ao pagamento do imposto, que pode ser feito de duas maneiras. O importador pode se registrar em uma versão do regime de balcão único específica, o **IOSS**, que permite o registro e pagamento em apenas um país do bloco. Ou, caso não opte pelo IOSS, o transportador deve pagar o imposto. Caso o IVA já tenha sido pago antes da chegada, os bens de pequeno valor serão liberados em um procedimento rápido. São responsáveis tanto o fornecedor não residente que vende diretamente quanto a plataforma digital que intermedeia a operação (fornecedor presumido). Esse regime simplificado não se aplica a bens sujeitos a impostos específicos (ex.: cigarro e bebidas alcoólicas), que permanecem vinculados ao controle aduaneiro independentemente do valor. (BRONDOLO; KONZA, 2021, p. 30-32; OECD, 2020a, p. 111; OECD/WBG/CIAT/IDB, 2021, p. 118, 181, 191, 208).

As empresas registradas no OSS e no IOSS devem apresentar uma declaração com todas as operações realizadas e fazer um único pagamento para todas elas: trimestral no primeiro caso e mensal no segundo. Empresas e plataformas não residentes e que não estejam estabelecidas em países com os quais a União Europeia tenha assinado acordos de assistência mútua só podem se registrar no IOSS com a indicação de um intermediário que seja uma pessoa jurídica tributada pelo IVA estabelecida na União Europeia, que será responsável por suas obrigações tributárias. Os registros das importações de pequeno valor devem ser mantidos à disposição do fisco pelo período de dez anos. (BRONDOLO; KONZA, 2021, p. 29-32; OECD/WBG/CIAT/IDB, 2021, p. 387).

O sistema europeu agora implantado demonstra a viabilidade de se implementar um IVA/IBS cobrado entre países que, apesar de adotarem um ordenamento comum, não querem renunciar à parcela de sua autonomia tributária para um órgão central. E tudo isso com mecanismos que facilitam o cumprimento das obrigações acessórias tanto das empresas residentes dentro do bloco econômico quanto daquelas de fora dele. Serve, assim, como modelo para federações que pretendam manter maior autonomia dos entes federados, em especial se a união não implementar IVA/IBS semelhante.

Vimos, anteriormente, que as medidas anteriores, válidas a partir de 2015, já trouxeram resultados econômicos importantes: US$ 23,32 bilhões em cinco anos. Espera-se que as disposições que entraram em vigor em julho de 2021 aumentem esses valores de forma significativa, por ampliarem as regras de recolhimento no destino para todo o comércio eletrônico e estenderem a responsabilidade tributária para as plataformas digitais.

2.3.3 América Latina: as experiências particulares de nossos vizinhos

Recentemente, diversos países da América Latina adotaram medidas relativas à tributação do consumo da economia digital. Em 2018, Argentina, Colômbia e Uruguai; em 2020, Chile, Costa Rica, Equador e México; em 2021, Paraguai. A experiência chilena, colombiana, mexicana e uruguaia são as que mais se aproximam das recomendações da OCDE. (JIMÉNEZ; PODESTÁ, 2021, p. 35-36).

Apesar de nossos vizinhos possuírem diferenças significativas de organização e tamanho econômico com relação ao nosso país, julgamos que suas experiências são de grande valia para quem pretende estudar a matéria na perspectiva brasileira, tanto por diversas dessas nações comporem o bloco comercial ao qual pertencemos quanto por possuirmos afinidades culturais na administração de impostos. Um exemplo importante dessa proximidade de cultura tributária no caso em estudo se dá no uso generalizado da retenção de impostos na fonte, que não encontra equivalência na implementação das diretrizes da OCDE por jurisdições de outros continentes. Outro exemplo se dá na adoção massiva das notas fiscais eletrônicas, de grande utilidade na gerência automatizada do IVA/IBS.

Todos os países mencionados adotaram uma **definição ampla dos intangíveis e serviços** sujeitos a seus IVAs. Apesar disso, muitos preveem isenções ou alíquotas zero, como é o caso de livros digitais na Argentina; desenvolvimento de conteúdo digital, na Colômbia; e manutenção de domínios de páginas *web*, servidores e computação em nuvem, no Equador. (Jiménez; Podestá, 2021, p. 37-38).

Quanto à **obrigação de registro e recolhimento pelos fornecedores/prestadores estrangeiros**, Chile, Colômbia, México e Uruguai adotaram essa exigência nos moldes como prescrito pela OCDE, ainda que, como veremos, em conjunto com a retenção na fonte pelas instituições financeiras em algumas situações. Por sua vez, Argentina, Costa Rica, Equador e Paraguai não exigem inscrição prévia, confiando em mecanismos de retenção na fonte ou na inscrição voluntária no IVA do país das empresas que não desejem essa apropriação. (Jiménez; Podestá, 2021, p. 36; Jorrat, 2021, p. 21-24).

Já vimos, na seção 2.2.2.2.2, que os organismos internacionais criticam a adoção pura e simples da retenção na fonte como meio de cobrança do IVA/IBS pelas dificuldades de as instituições financeiras saberem de quem e quanto reter, pela impossibilidade do uso de créditos, pelo incentivo a meios alternativos de pagamento que não estejam sujeitos a essa obrigação e pelo problema de devolução do imposto retido erroneamente ou relativo a transações canceladas. Vimos, também, que recomendam, no máximo, que se utilize da retenção na fonte como medida alternativa para os casos de fornecedores estrangeiros que recusem a se inscrever nos sistemas de registro e recolhimento simplificado e que, de forma persistente, não cumpram suas obrigações tributárias. (OECD, 2021e, p. 50-51; OECD/WBG/CIAT/IDB, 2021, p. 16, 71, 154-156, 178, 314-315, 375-379).

Foi justamente essa utilização da **retenção na fonte** de todo ou parte do IVA como medida alternativa que foi adotada no Chile para empresas estrangeiras não conformes. Já na Colômbia, após uma tentativa muito criticada de obrigar os meios de pagamento a reterem o IVA devido de fornecedores/prestadores estrangeiros que não se registrassem no sistema simplificado, passou-se a uma política de incentivo, em que o dever de reter se dá apenas para as empresas não residentes que voluntariamente o autorizem, ameaçando de punição aquelas que nem se registrem nem optem pela retenção na fonte. Nos dois casos, o fisco envia periodicamente às instituições financeiras lista de empresas estrangeiras para as quais a apropriação do imposto é devida. Para desestimular a evasão, a Colômbia proíbe que fornecedores/prestadores estrangeiros aceitem pagamentos com cartões de crédito que não tenham sido emitidos pelo país ou feitos a partir de contas bancárias estrangeiras. (Jiménez; Podestá, 2021, p. 36; Jorrat, 2020, p. 21-25).

Entre os países em que não se oferece um sistema de registro simplificado para os fornecedores/prestadores estrangeiros, há os que sempre responsabilizam o comprador, retendo o imposto na fonte nos intermediários financeiros quando possível, como é o caso da Argentina, e os que usam a retenção como primeira opção, mas dão à empresa estrangeira a alternativa de registo no IVA local para evitar que o tributo seja retido, como ocorre na Costa Rica e no Equador (Jiménez; Podestá, 2021, p. 36; Jorrat, 2020, p. 19-20).

Para operacionalizar a retenção na fonte, a Argentina adota um esquema de duas listas, que são apresentadas às instituições financeiras. Na primeira, constam as empresas que só prestam serviços digitais, e das quais deve-se reter o imposto total sobre a operação, pois se presume (com direito à refutação) que todo o pagamento corresponde a serviços consumidos na Argentina. Na segunda, figuram aquelas que vendem bens e os demais serviços e as plataformas multilaterais, para as quais se presume que o valor pago engloba parcelas a diversos interessados e que pode se referir a serviço consumido fora do país, com a apropriação do imposto somente se dando para pagamentos até US$ 10,00 (o que obriga que o IVA relativo a compras acima desse valor seja recolhido pelo comprador). (Jiménez; Podestá, 2021, p. 36; Jorrat, 2020, p. 19-20).

Quanto à **responsabilidade das plataformas digitais**, no México elas têm a obrigação de retenção do imposto das pessoas físicas que alienam bens ou prestam serviços por meio de plataformas de economia compartilhada; no Paraguai, essa obrigação só ocorre para as plataformas de transporte (Arias E.; Zambrano, 2021, p. 10; Jiménez; Podestá, 2021, p. 36).

Quanto ao **sujeito passivo**, somente Chile e Colômbia distinguem operações B2B das B2C. No primeiro caso, transfere-se a obrigação de pagamento ao comprador. No segundo, a responsabilidade fica com a empresa não residente por meio de sistemas de registro simplificados. Os demais países exigem o pagamento dos compradores, na forma de retenção da fonte, ou dos fornecedores/prestadores estrangeiros, nos casos em que admite o registro no país, como visto acima. (Arias E.; Zambrano, 2021, p. 12; Jiménez; Podestá, 2021, p. 37; Jorrat, 2020, p. 21-24).

Para verificar se o comprador está situado no país, e, portanto, obrigado ao imposto, todos os países se baseiam em **informações disponíveis na hora da compra**, como o endereço IP, o código do país do cartão SIM do dispositivo usado, ou algum mecanismo de geolocalização; o endereço residencial informado ou aquele cadastrado na instituição financeira; o local de registro do cartão ou meio de pagamento; entre outros (Jiménez; Podestá, 2021, p. 38).

Quanto às **importações de bens de pequeno valor**, Argentina, Chile, Costa Rica, Equador e México possuem limites de isenção muito baixos, abaixo de US$ 50,0, enquanto Colômbia e Peru mantêm um limite de US$ 200,0. Com relação a medidas para transferir o pagamento do IVA/IBS da aduana para exportador, ainda são poucas as iniciativas entre os países analisados. Somente no Chile se criou a possibilidade de os exportadores e intermediários solicitarem o direito de reter o imposto de forma antecipada por meio do regime simplificado. (Jorrat, 2020, p. 22, 63; OECD/WBG/CIAT/IDB, 2021, p. 183-184).

A Tabela 1 sumariza as principais características das medidas adotadas pelos países analisados nesta seção.

TABELA 1 – **Experiências dos Países com as Recomendações da OCDE para a Tributação Transfronteiriça de Intangíveis, Serviços e Bens Tangíveis de Pequeno Valor**

País	Início	Alíquota	Obrigação de registro do provedor?	Sujeito Passivo	Método de Arrecadação	Serviços tributados	Critérios para Determinar o Local do Consumo	Em linha com a OCDE?	Extensão à Importação de Bens de Pequeno Valor?
Austrália	2017	10%	Sim	B2B: cobrança reversa do comprador se ele não tiver direito a crédito integral; B2C: fornecedor.	Direto do fornecedor e das plataformas digitais que intermedeiam a operação.	Serviços e intangíveis (qualquer coisa que não seja bens tangíveis ou imóveis), incluindo serviços de arquitetura ou jurídicos.	B2B: residência fiscal do comprador; B2C: localização do comprador.	Sim	Sim
Nova Zelândia	2016	15%	Sim	B2B: não cobrado; B2C: fornecedor.	Direto do fornecedor e das plataformas digitais que intermedeiam a operação.	Serviços remotos, incluindo serviços digitais, como *e-books*, música, vídeos e *downloads* de *software*, e serviços não digitais, como seguros, consultoria, contabilidade e serviços jurídicos.	B2B: residência fiscal do comprador; B2C: residência fiscal do comprador.	Sim	Sim

País	Início	Alíquota	Obrigação de registro do provedor?	Sujeito Passivo	Método de Arrecadação	Serviços tributados	Critérios para Determinar o Local do Consumo	Em linha com a OCDE?	Extensão à Importação de Bens de Pequeno Valor?
União Europeia	2021	Varia por país	Sim	B2B: cobrança reversa do comprador; B2C: fornecedor.	Direto do fornecedor e das plataformas digitais que intermedeiam a operação.	Todos	B2B: localização do comprador; B2C: residência usual do comprador.	Sim	Sim
Argentina	2018	21%	Não	Comprador	Retenção nos meios de pagamento de acordo com as listas fornecidas pelo fisco.	Todos, exceto acesso e / ou *download* de livros digitais, que são isentos de IVA.	Se atende um dos seguintes critérios: –Endereço IP; –Código do país do cartão SIM; –Endereço de cobrança do consumidor; –Conta bancária utilizada para pagamento, endereço de cobrança do consumidor no banco ou emissor do cartão de crédito ou débito.	Não	Não

País	Início	Alíquota	Obrigação de registro do provedor?	Sujeito Passivo	Método de Arrecadação	Serviços tributados	Critérios para Determinar o Local do Consumo	Em linha com a OCDE?	Extensão à Importação de Bens de Pequeno Valor?
Chile	2020	19%	Sim	B2B: comprador; B2C e B2B em que o comprador não é um contribuinte de IVA: fornecedor.	Direto se o fornecedor for registrado, ou retenção nos meios de pagamento de acordo com a lista fornecida pelo fisco.	–Serviços de intermediação de plataformas multilaterais; –Fornecimento de conteúdo de entretenimento digital; –Fornecimento de *software*, armazenamento, plataformas e infraestrutura de TI; –Propaganda.	Se atende dois dos critérios: –Endereço IP do dispositivo ou outra geolocalização; –Local de emissão ou registro do cartão ou meio de pagamento; –Endereço do comprador; –Código do país do cartão SIM.	Sim	Sim
Colômbia	2018	19%	Sim	B2B: comprador; B2C e B2B em que o comprador não é um contribuinte de IVA: fornecedor.	Direto, mas o fornecedor pode escolher voluntariamente a retenção pelos meios de pagamento.	Todos, exceto serviços vinculados ao desenvolvimento de conteúdo digital (educação virtual, *software*, armazenamento etc.)	fiscal do comprador; B2C: localização do comprador, o que é aferido pelos B2B: residência seguintes indícios: –Local de emissão do cartão ou da conta bancária;	Sim	Não

País	Início	Alíquota	Obrigação de registro do provedor?	Sujeito Passivo	Método de Arrecadação	Serviços tributados	Critérios para Determinar o Local do Consumo	Em linha com a OCDE?	Extensão à Importação de Bens de Pequeno Valor?
							–Endereço IP do dispositivo; –Código do país do cartão SIM; –Outros critérios.		
Costa Rica	2020	13%	Não (Opcional)	Fornecedor se registrado; caso contrário, o comprador.	Direto se o fornecedor for registrado, ou retenção nos meios de pagamento de acordo com a lista fornecida pelo fisco	Todos	Se atende um dos critérios: –Endereço em que o serviço é prestado; –Nos serviços intermediados, se o fornecedor final estiver domiciliado no país; –Localização do telefone fixo; –Endereço IP; –Código do país do cartão SIM; –Endereço cadastrado pelo consumidor;	Não	Não

País	Início	Alíquota	Obrigação de registro do provedor?	Sujeito Passivo	Método de Arrecadação	Serviços tributados	Critérios para Determinar o Local do Consumo	Em linha com a OCDE?	Extensão à Importação de Bens de Pequeno Valor?
							–Localização da conta bancária ou endereço de cobrança no banco; –Outra informação.		
Equador	2020	12%	Não (Opcional)	Fornecedor se registrado; caso contrário, o comprador.	Direto se o fornecedor for registrado, ou retenção nos meios de pagamento de acordo com a lista fornecida pelo fisco.	Todos, embora os serviços de fornecimento de domínios de páginas *web*, servidores e computação na nuvem tenham alíquota zero.	Local em que os serviços são usados ou consumidos por um residente ou estabelecimento permanente dentro do país.	Não	Não
México	2020	16%	Sim	Fornecedor	Direto do fornecedor; Retenção pelas plataformas de intermediação.	–*Download* ou acesso a conteúdo em formato digital, incluindo jogos de azar (exceto livros eletrônicos, jornais e revistas); –Intermediação de bens e serviços;	Se atende um dos critérios: –Endereço do cliente; –Pagamento por intermediário financeiro localizado no país;	Sim	Não

País	Início	Alíquota	Obrigação de registro do provedor?	Sujeito Passivo	Método de Arrecadação	Serviços tributados	Critérios para Determinar o Local do Consumo	Em linha com a OCDE?	Extensão à Importação de Bens de Pequeno Valor?
						–Clubes *online* e *sites* de namoro; –Ensino à distância.	–Endereço IP; –Número de telefone com o código do país.		
Paraguai	2021	10%	Não	Comprador	Retenção pelos meios de pagamento, exceto para plataformas intermediárias de serviços de transporte em que o pagamento é direto.	Todos	- Endereço IP; - Código do país do cartão SIM; - Endereço de cobrança do consumidor; - Localização da conta bancária usada para pagamento; - Endereço de cobrança do cliente no banco; - Localização da instituição financeira.	Não	Não

País	Início	Alíquota	Obrigação de registro do provedor?	Sujeito Passivo	Método de Arrecadação	Serviços tributados	Critérios para Determinar o Local do Consumo	Em linha com a OCDE?	Extensão à Importação de Bens de Pequeno Valor?
Uruguai	2018	22%	Sim	Fornecedor	Direto do fornecedor.	- Serviços de transmissão de conteúdos audiovisuais; - Serviços de intermediação de plataformas multilaterais.	- Endereço IP; - Endereço de cobrança do cliente; - Local de emissão do meio de pagamento eletrônico.	Sim	Não

Fontes: Brondolo; Konza, 2021, p. 29-32; Jiménez; Podestá, 2021, p. 39-41; OECD, 2020a, p. 102-106; OECD/WBG/CIAT/IDB, 2021, p. 63-65 (adaptado).

2.4 Respostas aos objetivos específicos do capítulo

Este capítulo se propôs a atender ao segundo e terceiro objetivos específicos do estudo: estudar as recomendações propostas pela OCDE para os desafios trazidos pela economia digital à tributação do consumo, e avaliar as experiências dos países que reformaram suas legislações de acordo com essas prescrições, em busca de lições que possam ser aproveitadas na discussão sobre nosso país.

Na seção 2.1, verificamos que a OCDE propôs resolver o problema com recomendações de política tributária, direcionadas aos países membros e não membros, voltadas à adoção harmonizada do princípio do destino nas legislações dos IVAs/IBSs existentes. Essas prescrições decorreram de um longo debate iniciado nos fins dos anos 1990 e atingiram um certo consenso internacional, referendadas pelos demais organismos internacionais e já implementadas por mais de 70 países, com diferentes graus de aderência.

Na seção 2.2, observamos que, para a implementação harmonizada do princípio do destino, existem dois grandes desafios relacionados a operações com serviços e bens intangíveis: definir qual o local do consumo, e garantir o efetivo recolhimento do tributo no país de destino – e um relativo a transações com bens tangíveis: garantir a efetiva tributação de importações de pequeno valor.

Na seção 2.2.1, apresentamos as regras constantes nas Diretrizes Internacionais sobre o IVA/IBS, voltadas para resolver o desafio da definição do local do consumo e garantir a neutralidade nas operações internacionais com serviços e intangíveis.

Na seção 2.2.2, estudamos as recomendações para o desafio de reforçar o poder de *enforcement* da administração tributária do país do destino sobre operações B2C transfronteiriças de serviços e intangíveis: a exigência do cadastro do fornecedor/prestador não residente na jurisdição do consumidor por meio de um método simplificado de registro e cobrança (seção 2.2.2.1); a atribuição de regimes de responsabilidade tributária às plataformas digitais (seção 2.2.2.2.1), às instituições financeiras, aos adquirentes pessoas jurídicas de plataformas digitais e às centrais de atendimento (*fulfilment houses*) (seção 2.2.2.2.2); e o uso de mecanismos de cooperação e assistência mútuas e de troca de informações em matéria fiscal (seção 2.2.2.3).

Na seção 2.2.3, discutimos as prescrições para o desafio de garantir a efetividade da tributação de bens tangíveis de pequeno valor importados: medidas para antecipar o recolhimento do imposto do consumo desses bens para o momento da venda pelos exportadores, com o uso de mecanismo simplificado de registro e cobrança e a atribuição de responsabilidade tributária às plataformas digitais, de modo semelhante ao proposto para serviços e intangíveis.

Na seção 2.3, foram analisadas experiências de países que já implementaram essas recomendações da OCDE: Austrália e da Nova Zelândia, nações que possuem IBSs alinhados às melhores práticas internacionais; União Europeia, composta por países que possuem IVAs que, apesar de harmonizados por uma diretiva comum, apresentam características bastante díspares, muitas consideradas distantes do modelo ideal; e diversos países da América Latina, muitos dos quais nossos parceiros comerciais e com semelhanças em cultura tributária.

Ponderamos que, apesar de essas recomendações serem voltadas a países que adotam um IVA/IBS na modalidade consumo cobrado no destino, algumas das soluções podem também se aplicar a nações que adotam tributos gerais sobre o consumo diversos.

Nas discussões da Conferência Ministerial da OCDE de 1998, em Ottawa, o relatório que expôs o quadro de condições de tributação para transações de comércio eletrônico não fez a opção pelo IVA/IBS, falando em tributos sobre o consumo em geral. Como vimos, uma das conclusões do relatório foi de que seria possível tributar o comércio eletrônico internacional com os tributos existentes, desde que se seguissem determinados princípios e regras, mas se deixava claro que estes precisariam ser mais bem concretizados em estudos posteriores (OECD, 1998, p. 6-7). Contudo, como a quase totalidade dos países adotava versões de IVAs/IBSs, com a única exceção relevante sendo os EUA, os trabalhos seguintes, ao buscarem soluções mais concretas para o quadro de condições de tributação de Ottawa, paulatinamente concentraram seu foco na tributação sobre o valor agregado.

Entendemos, contudo, que algumas das soluções também se aplicam aos demais tributos gerais sobre o consumo. Por exemplo, um país que implemente um imposto de vendas no varejo, como os EUA, ou que adote diversos tributos sobre o consumo com características diversas, como o Brasil, pode se aproveitar das recomendações implementando mecanismos que eliminem isenções nas importações de pequeno valor, ou que reforcem a capacidade de *enforcement* dos fiscos por meio de cooperação internacional e atribuição de responsabilidade aos intermediários, ou ainda que estabeleçam regras harmonizadas para a definição do local de tributação nas transações internacionais para evitar que bens e serviços sejam duplamente tributados. No caso brasileiro, essas possibilidades serão avaliadas no capítulo 4.

Fazendo a conexão das soluções propostas pela OCDE com os desafios da economia digital à tributação do consumo apontados pela mesma entidade e discutidos na seção 1.3.2., consideramos que as recomendações miraram especialmente resolver a dificuldade de os fiscos conhecerem as transações econômicas transnacionais que tenham sua jurisdição como destino em decorrência da possibilidade de as empresas vendedoras atingirem escala internacional sem presença física. E terminaram também por oferecer soluções para os desafios impostos pela mobilidade de consumidores, usuários e partes dos negócios, na medida em que trouxeram definições precisas do local do consumo e mantiveram a tributação sobre o valor agregado no destino. Quanto à eficácia das medidas propostas para resolver esses problemas, será necessária a avaliação contínua das políticas públicas pelos países que as implementaram. Para aqueles que ainda não as adotaram, as experiências das nações que já o fizeram servem como guias valiosos, devendo-se considerar as diferenças de instrumentos disponíveis aos fiscos e de cultura tributária entre as nações.

Outros desafios tributários, entretanto, não foram endereçados, ou propositalmente ou por suas naturezas exigirem medidas diversas. Por exemplo, os diversos tratamentos fiscais dados aos serviços e intangíveis são deixados a critério de cada país, o que parece razoável pelas consequências dessa opção serem internas de cada jurisdição. A possibilidade de distribuição do preço entre os lados do mercado nos negócios multilaterais não é nem mesmo aventada, merecendo maiores reflexões no futuro caso a prática de fato se expanda, mas possivelmente não tenha soluções no âmbito da tributação do consumo. A dificuldade de os fiscos lidarem com mercados voláteis tem a ver com medidas de administração e não de política tributária. E a possiblidade de monopólios e oligopólios operarem sem remuneração por longos períodos é inerente à economia digital, pouco podendo se fazer no âmbito da tributação do consumo.

3
A TRIBUTAÇÃO DO CONSUMO NO BRASIL DIANTE DOS DESAFIOS DA ECONOMIA DIGITAL

> *"(T)he current system is never a creature of its own time. Most taxes now in force have remote origins, resulting from changes introduced over decades. As such, they generally inherit many of the features–and deficiencies–from preceding taxes. Strangers to Brazil's tax tradition will find it hard to understand why obvious and seemingly easy-to-correct shortcomings exist."*[40]
>
> (Ricardo Varsano – economista brasileiro)

Este capítulo objetiva discorrer sobre o ordenamento tributário do consumo brasileiro, destacando seus principais problemas, em especial aqueles trazidos ou agravados pelas características da economia digital descritas no capítulo 1. Objetiva-se verificar se outros desafios, além dos já elencados, são impostos ao nosso sistema devido às suas particularidades.

Existe um certo consenso entre aqueles que se propõem a estudar o sistema tributário brasileiro, seja no Brasil, seja no exterior, de ser urgente adaptá-lo aos desafios de uma economia em transformação.

40 "(O) sistema atual nunca é uma criatura de seu próprio tempo. A maioria dos tributos agora em vigor tem origens remotas, resultantes de mudanças introduzidas ao longo de décadas. Assim sendo, eles geralmente herdam muitas das características – e deficiências – dos tributos anteriores. Estranhos à tradição tributária do Brasil acharão difícil entender por que existem deficiências óbvias e aparentemente fáceis de corrigir." (Varsano, 2000, p. 340, tradução nossa).

Exemplo de opinião interna sobre esse diagnóstico encontra-se no relatório do grupo de trabalho destinado a avaliar a funcionalidade do Sistema Tributário Nacional, reunido pela a Comissão de Assuntos Econômicos do Senado Federal em outubro de 2017, que concluiu ser "preciso repensar o sistema tributário para, de forma gradativa e incremental, adaptá-lo às profundas transformações econômicas que estão em curso" (BRASIL, 2017b, p. 42). A conclusão geral do trabalho foi de que sistema brasileiro é "complexo, regressivo, anticompetitivo, antiemprego, responsável por desequilíbrios federativos e, principalmente, obsoleto" (BRASIL, 2017b, p. 11).

Como exemplo de opinião externa, destacamos o relatório bianual *Going for Growth* ("Objetivo: Crescimento", em tradução para o português a partir do título em francês), iniciativa da OCDE que sugere aos formuladores de políticas públicas um conjunto de reformas específicas para cada país com o objetivo de prepará-los para o enfrentamento dos desafios decorrentes de megatendências como a globalização, a digitalização, o envelhecimento e a degradação ambiental. Em sua versão de 2019, a reforma das distorções da tributação do consumo foi elencada como uma das prioridades para o Brasil (OECD, 2019a, p. 100). Recomendações semelhantes já constavam dos relatórios a partir de 2011[41], quando o organismo passou a analisar o caso brasileiro de forma individualizada.

Apesar do aparente consenso sobre o diagnóstico, pode espantar a extrema dificuldade para se implementarem ações concretas para resolver os obstáculos detectados. Como bem ilustrado no texto da epígrafe, para superar esses óbices, não basta elencar os problemas e oferecer soluções, por mais evidentes que pareçam. Mesmo que aparentemente paradoxal, para entender a essência dos desafios para tributar o consumo da economia digital no Brasil, consideramos necessário conhecer as origens do ordenamento muito antes de se falar em novas tecnologias e discutir problemas dos tributos existentes que se aplicam à economia tradicional. Recordamos que uma das conclusões do capítulo 1 foi a de que não se pode separar a economia tradicional da digital, de modo que qualquer solução para as dificuldades trazidas pelos novos modelos de negócios

[41] 2011 (OECD, 2011, p. 76), 2013 (OECD, 2013b, p. 113), 2015 (OECD, 2015b, p. 153) e 2017 (OECD, 2017a, p. 149-151).

deve abarcar o consumo como um todo. Desse modo, só é possível avaliar as possibilidades de adaptação da estrutura tributária atual caso se conheça de onde veio e como chegou até aqui, para então compreender os desafios e limitações de transplantar soluções estrangeiras pensadas para sistemas desenhados em outros contextos históricos.

Nesse contexto, para alcançar os propósitos deste capítulo, iniciaremos discutindo a evolução de nossa tributação do consumo, desde a Proclamação da República até os dias de hoje, com o objetivo de conhecer as origens dos defeitos hoje apontados em nosso ordenamento. Detectados os problemas estruturais mais relevantes, em seguida, analisaremos como cada um deles foi agravado pela economia digital. Dedicaremos especial atenção aos conflitos decorrentes da divisão da competência tributária sobre mercadorias e serviços (ICMS-Mercadorias e ISS) e sobre serviços de comunicação e de transporte e demais serviços (ICMS-Comunicação e Transporte vs ISS), e às disputas relativas à incidência ou não de ISS por inclusão de atividade em lista descritiva. Finalizaremos aplicando as conclusões dessa análise aos contratos mistos e operações complexas e aos modelos de negócios e tecnologias digitais discutidos seções 1.3.4 e 1.3.5.

3.1 A construção e a desconstrução da tributação do consumo no Brasil

A observação lapidar do economista Ricardo Varsano transcrita na epígrafe deste capítulo demonstra a importância de conhecermos a origem de nossa tributação sobre o consumo para entendermos seus problemas, especialmente aqueles que, em uma análise superficial, possam parecer de fácil solução por contarem com soluções técnicas já consolidadas. Nesse sentido, o desenvolvimento do nosso ordenamento tributário sobre o consumo precisa ser compreendido em conjunto com a evolução das concepções dominantes de Estado e dos modelos de federalismo aqui adotados, que moldaram as opções pelas formas de financiamento por meio de tributos em cada época.

Na seção 3.1.1, iniciaremos nossa análise a partir da Proclamação da República, verificando que a nova forma de Estado não implicou ruptura com os meios de financiamento tributários predominantes no Império, com a prevalência dos impostos sobre o comércio exterior. Acompanharemos, ainda que de forma rápida, a evolução da tributação sobre o consumo, de menor importância até o início do processo de industrialização do país, em meados da década de 30, até a Reforma Tributária de 1965.

Na seção 3.1.2, deter-nos-emos, então, na revolução na estrutura de tributação brasileira, especialmente na incidente sobre o consumo, com a adoção, inédita no mundo, de um imposto não cumulativo em escala nacional, para observar que o nosso pioneirismo nos levou a adotar características que não foram implementadas nos impostos não cumulativos que se consolidaram na Europa alguns anos depois.

Em seguida, na seção 3.1.3, descreveremos a deterioração que esse modelo sofreu nos anos seguintes, e indagaremos por que a Assembleia Constituinte de 1987-88, apesar de conhecer o diagnóstico dos problemas e ter em mãos uma proposta consistente para resolvê-los, optou por manter a estrutura de tributação do consumo muito similar a anterior.

Por fim, na seção 3.1.4, passaremos à análise de como os ajustes na tributação indireta após 1988 pioraram a qualidade do sistema tributário como um todo, causando desequilíbrios importantes na economia.

3.1.1 Da Proclamação da República até a Reforma Tributária de 1965

Quando da **Proclamação da República**, em 1891, não houve ruptura com o arcabouço econômico anterior. Nossa economia agrária e aberta aos fluxos comerciais e financeiros internacionais induzia uma estrutura de tributação escorada no comércio exterior, que, em alguns períodos, totalizou cerca de 2/3 da receita pública. A diferença com relação ao Império se deu na distribuição das competências tributárias entre os entes devido à estrutura federada adotada pela República, tendo sido entregue o imposto de importação para a União e o de exportação para os estados, nele incluídas tanto a exportação para o exterior quanto para outros estados. As demais bases tributárias se relacionavam a impostos tradicionais sobre a propriedade, produção e transações internas, e eram de menor importância em termos de arrecadação comparados aos incidentes sobre o comércio exterior[42]. (OLIVEIRA, F., 2020, p. 23-24; VARSANO, 1996, p. 1-2).

[42] Além do imposto de importação, à União cabiam os direitos de entrada, saída e estadia de navios, as taxas de selo e de correios e telégrafos federais, e a competência residual; aos estados, além do imposto de exportação, os impostos sobre imóveis rurais e urbanos,

Na época, predominava o pensamento liberal, segundo o qual o Estado deveria intervir o mínimo possível na economia, desempenhando papéis bem restritos, e por isso adotou-se um modelo de federalismo fiscal, denominado de **federalismo dual**, em que a União e estados arrecadavam seus impostos direta e exclusivamente, sem qualquer transferência de receitas entre os entes federados (Oliveira, F., 2020, p. 157-158; Torres, H., 2019, p. 294).

Quanto aos impostos sobre o consumo, apesar de não terem sido discriminados na Constituição de 1891, foram inicialmente cobrados primeiro sobre o fumo, em 1892, e paulatinamente estendidos para outros produtos na forma de um **Imposto de Consumo**. Em 1922, foi criado o **Imposto sobre Vendas Mercantis**, de competência da União (Varsano, 1996, p. 3).

A crise econômica dos anos 1930, iniciada com a quebra da Bolsa de Valores de Nova York em 1929, exigiu que o Estado interviesse com mais vigor na economia com base nas ideias do economista inglês John Maynard Keynes. No Brasil, foram criadas as condições para transformações políticas, institucionais e econômicas que resultaram na **Revolução de 1930** e na chegada de Getúlio Vargas ao poder, com um novo desenho para o papel do Estado (Oliveira, F., 2020, p. 37-38).

Na esfera econômica, acelerou-se o processo de industrialização e, diante do desequilíbrio das contas externas, privilegiaram-se as atividades internas como incentivadoras do crescimento. Como consequência, a estrutura tributária foi reformulada na **Constituição de 1934**, privilegiando-se os impostos internos em detrimento daqueles sobre o comércio exterior. Nosso modelo de federalismo também foi alterado, com a criação de um embrião de repartição de receitas e transferências entre os entes, mas que só foi efetivamente implementado na Constituição de 1946. (Oliveira, F., 2020, p. 37-38; Torres, H., 2019, p. 296-297; Varsano, 1996, p. 3-4).

sobre a transmissão de propriedades e sobre indústrias e profissões, as taxas de selo de atos estaduais, as contribuições relativas a seus correios e telégrafos, e a competência residual; aos municípios não foram designados tributos na Constituição, atribuindo-se aos estados a responsabilidade para fixar impostos que pudessem assegurar sua autonomia (Oliveira, F., 2020, p. 25; Varsano, 1996, p. 2).

Quanto aos impostos sobre o consumo, a Carta de 1934 criou o **Imposto sobre Vendas e Consignações** (IVC) de competência estadual, no lugar do Imposto sobre Vendas Mercantis federal, e também limitou a cobrança do imposto de exportação pelos estados[43], proibindo-a nas operações interestaduais e limitando-a a uma alíquota máxima de 10% nas operações para o exterior. Isso fez com que o IVC logo se tornasse a principal fonte de receitas dos estados, correspondendo a cerca de 60% do montante de receitas desses entes em 1946. Para a União, foi criado o **Imposto sobre o Consumo**, exceto de combustíveis de motor a explosão, esses entregues à competência estadual, que chegou a 40% das receitas tributárias federais em 1946 (Oliveira, F., 2020, p. 46; Varsano, 1996, p. 3-4).

O regime autoritário de Vargas no Estado Novo investiu no processo de industrialização, fortalecendo o papel de um Estado desenvolvimentista, com a criação de estatais como a Companhia Siderúrgica Nacional e a Companhia Vale do Rio Doce. O financiamento desse processo se deu principalmente por taxas cobradas sobre atividades econômicas específicas, emissão de moeda e empréstimos externos. Apesar de bastante centralizadora, a **Constituição de 1937** trouxe poucas alterações na estrutura tributária, tendo, na tributação do consumo, apenas transferido a competência sobre os combustíveis de motor a explosão dos estados para a União. Em 1940, criou-se um **Imposto Único sobre Combustíveis e Lubrificantes**, retirando essa base do IVC e vinculando seus recursos para investimentos na área de transportes. (Oliveira, F., 2020, p. 48-51).

Com a redemocratização, a **Constituição de 1946** teve caráter descentralizador, com valorização dos municípios. Na esfera tributária, contudo, foram poucas as mudanças, destacando-se a transferência do **Imposto sobre Indústria e Profissões** dos estados para os municípios, a atribuição, aos últimos, da competência do Imposto do Selo sobre atos municipais e a constitucionalização do Imposto sobre Combustíveis e Lubrifi-

[43] Desde a Constituição de 1934, atribuem-se ao Distrito Federal (DF) todas a fontes de receitas dos estados e municípios. Assim, neste livro, quando mencionamos as competências tributárias apenas dos estados, fazemos para simplificar a leitura do texto, devendo-se entender que se trata da competência dos estados e do DF. Do mesmo modo, quando mencionamos as competências dos municípios, referimo-nos também ao DF.

cantes, estendendo-o também para minerais e energia elétrica. Como já mencionado acima, concretizou-se um sistema de partilha de impostos entre os entes federados, consolidando-se um **federalismo cooperativo**. (Oliveira, F., 2020, p. 54-57; Varsano, 1996, p. 5).

Até 1965, intensificou-se a intervenção do Estado na economia, com o avanço da indústria de base e da substituição de importações de bens de consumo duráveis e não duráveis, o que levou ao crescimento anual do PIB entre 6% e 8%. A carga tributária se concentrou ainda mais nos impostos internos, com o Imposto sobre Consumo correspondendo a 45% da receita tributária federal, o IVC a 90% da estadual, e o Imposto sobre Indústria e Profissões a 45% da municipal. Contudo, essa arrecadação não era suficiente para cobrir os gastos do Estado, que passou a incorrer em grandes *deficits*, cobertos por endividamento e emissão de moeda. Isso gerou um aumento expressivo das taxas de inflação, que passaram de 12% em 1950 a 74% em 1963. (Oliveira, F., 2020, p. 62-66; Varsano, 1996, p. 6-7).

Para fazer frente a essa situação, criou-se a consciência da necessidade da realização de reformas estruturais, entre elas uma **reforma tributária** que garantisse o aumento de receitas fiscais e da eficiência dos órgãos arrecadadores, incentivasse os investimentos, simplificasse e racionalizasse os tributos, acabasse com a incidência "em cascata" da tributação do consumo e redividisse as competências tributárias entre as três esferas de governo. Nesse sentido, em 1963, foi criada a Comissão de Reforma do Ministério da Fazenda com o objetivo de modernizar a administração tributária federal, mas na qual logo se criou a convicção da necessidade de uma revisão de todo do sistema tributário, e não de simples mudanças em rotinas de trabalho, reestruturação administrativa ou revisão das leis tributárias. (Rezende, 2012, p. 25; Varsano, 1996, p. 6-7).

A dificuldade de operar mudanças dessa monta só foi superada, contudo, com a instauração do **Governo Militar de 1964**, de caráter autoritário, que suplantou resistências políticas e institucionais, e realizou uma completa reforma do sistema tributário, iniciada na Emenda Constitucional nº 18, de 1º de dezembro de 1965, ainda na vigência da Constituição de 1946, consolidada no Código Tributário Nacional (CTN), de 1966, e incorporada, com pequenas alterações, na Carta de 1967.

A **Reforma Tributária de 1965** aumentou a arrecadação tributária e, nos dizeres de Varsano (1996, p. 9), criou "um sistema tributário - e não apenas um conjunto de fontes de arrecadação - com objetivos econômicos, [...] que era instrumento da estratégia de crescimento acelerado traçado pelos detentores do poder". Essa estratégia era controlada pelo governo federal, que centralizava as decisões econômicas e moldava a atuação do setor privado pela concessão de incentivos fiscais. Aos estados e municípios foram garantidas receitas próprias e transferências que garantissem o desempenho de suas funções, mas com um grau de autonomia fiscal restrito de modo a não interferirem no processo de crescimento do país (Varsano, 1996, p. 10).

Outro objetivo importante da reforma, conectado com o de criar, de fato, **um sistema tributário nacional**, foi o de **organizar os impostos em função de suas bases econômicas** e não em critérios meramente jurídicos. A estratégia anterior havia permitido que os entes federados criassem figuras tributárias que se sobrepunham, tendo a comissão da reforma concluído que existiam muito mais tributos do que fatos econômicos sujeitos à tributação. Nesse sentido, os impostos foram classificados em quatro grupos: (i) comércio exterior, (ii) patrimônio e renda, (iii) produção e circulação de bens e (iv) serviços especiais. Os tributos, dessa forma, eram primeiro divididos em categorias econômicas gerais e só depois distribuídos entre os entes tributantes (FGV, 1966, p. 29; FGV, 1967, p. 100-101; Oliveira, F., 2020, p. 72; Rezende, 2012, p. 27-28).

Por ser, em sua essência, a estrutura de tributação do consumo que chegou até os dias atuais, dedicaremos a próxima seção para entender as escolhas que foram feitas na época e que originaram muitos dos problemas que hoje impactam a eficiência do modelo. Em seguida retornaremos para a evolução do sistema até os dias atuais.

3.1.2 A tributação do consumo na Reforma Tributária de 1965

Na Reforma de 1965, a tributação do consumo foi bastante impactada, primeiro dividida nas categorias sobre a produção (**Imposto sobre Produtos Industrializados - IPI**), circulação de mercadorias (**Imposto sobre Operações relativas à Circulação de Mercadorias - ICM**) e serviços (**Imposto sobre Serviços de Qualquer Natureza -ISS** e **Imposto**

sobre Serviços de Transportes e Comunicações – ISTC[44]), e só depois distribuída entre as esferas de governo: IPI e ISTC para a União, ICM para os estados, e ISS para os municípios[45]. Foram também mantidos, na competência federal, os **impostos únicos sobre combustíveis, lubrificantes, energia elétrica e minérios**, chamados de impostos especiais, pois se entendeu que possuíam características de tributos nacionais. Ao mesmo tempo, optou-se por eliminar as competências impositivas dos estados e municípios sobre esses bases e com eles partilhar a arrecadação dos impostos únicos. (FGV, 1967, p. 95-96; Oliveira, F., 2020, p. 73; Rezende, 2012, p. 31).

A reforma buscou acabar com um dos principais defeitos então apontados no IVC: a cumulatividade decorrente da cobrança desse tributo sobre o preço total do produto em cada etapa produtiva, resultando em incidências de imposto sobre imposto que oneravam o produto final de forma diversa de acordo com o tamanho da cadeia de produção (FGV, 1967, p. 126-128).

Destaque-se que os impostos não cumulativos eram uma novidade na época e haviam sido implementados, ainda assim de forma parcial, apenas na **França**. Em 1948, o imposto francês sobre a produção passou a permi-

[44] Os idealizadores da reforma tiveram o cuidado de excluir os serviços de transportes e comunicações da base do ISS, ressalvados os de natureza municipal, e prever a criação do ISTC de competência federal (FGV, 1967, p. 98). Naquele momento, a preocupação maior não era a de entregar a base para a União, mas retirá-la do alcance dos estados e municípios, por se considerar que esses serviços seriam regulados mais eficazmente na esfera federal, bem como por envolverem interesses de segurança pública e defesa nacional (FGV, 1966, p. 50).

[45] Apesar de constar entre os tributos incidentes sobre a produção e a circulação no relatório da reforma tributária (FGV, 1967, p. 95-96), não incluímos o imposto sobre operações de crédito, câmbio e seguro, e sobre operações relativas a títulos ou valores mobiliários (**IOF**) entre os tributos incidentes sobre o consumo. No próprio relatório, era considerado, junto com o imposto de exportação, como tributo extraorçamentário, com a função de formar reservas monetárias para fortalecer e disciplinar o mercado de capitais, e por isso foi atribuído à competência da União (FGV, 1967, p. 95-96). Por isso, foi administrado pelo Banco Central do Brasil até 1988, quando passou para o controle da então Secretaria da Receita Federal (art. 3º do Decreto-lei nº 2.471, de 1º de setembro 1988). Além disso, em nenhum texto analisado sobre o sistema tributário de 1965, era listado entre os tributos sobre o consumo.

tir que fossem deduzidos do valor devido o imposto já pago sobre os insumos utilizados diretamente no processo produtivo. Em 1954, o tributo foi rebatizado para **Imposto sobre Valor Agregado (IVA)** (TVA – *taxe sur la valeur ajoutée* em francês) e passou a admitir a dedução do imposto pago incidente sobre bens de capital e despesas gerais. A base de incidência, inicialmente restrita ao setor industrial, foi-se expandindo até que, em 1966, foi prevista a inclusão dos serviços, com entrada em vigor efetiva apenas em 1968. Antes disso, o IVA dinamarquês de 1967 adotou a base ampla, com a inclusão dos serviços. (Varsano, 2014, p. 10, 14).

O Brasil foi pioneiro na implementação da tributação sobre o valor agregado, como o terceiro país a adotá-lo após a França[46]. Inicialmente apenas sobre o setor industrial, em 1964, com o IPI, e posteriormente, em 1967, com o ICM, sobre o consumo de mercadorias em geral. No último caso fomos, em conjunto com a Dinamarca, o primeiro país a prever incidência nacional desse tipo de tributação. O problema foi que utilizamos os modelos franceses de 1948 e 1954, que não incluíam os serviços na base tributável, e ainda não incorporamos a possibilidade de dedução mais ampla de impostos pagos sobre bens de capital e despesas gerais, prevista no modelo de 1954. (Varsano, 2014, p. 14).

Duas razões justificaram a atribuição dos serviços aos municípios, em substituição ao Imposto de Indústrias e Profissões (IIP). Primeiro, para eliminar as ineficiências econômicas do IIP, imposto que não tinha uma base de cálculo bem definida. Na prática era cobrado sobre a receita bruta da atividade e por isso acabou se convertendo em uma espécie de adicional do IVC, com a replicação de todos os problemas da incidência de um imposto cumulativo na órbita municipal. E, segundo, porque os serviços eram considerados de menor importância, ocorrendo em pequena escala e na esfera local. (FGV, 1966, p. 51; FGV, 1967, p. 133-134; Rezende, 2012, p. 30-31).

Nesse sentido, a entrega do ISS aos municípios se deu com o objetivo de limitar sua competência tributária, atribuindo-lhes a incidência sobre uma base que estava "sobrando": os serviços de qualquer natureza, com o cuidado de dela excluir os serviços de transporte e comunicações, entregues à competência da União. Tanto isso é verdade que foi necessá-

[46] Os dois primeiros foram a Costa do Marfim, em 1960, e o Senegal em 1961.

rio atribuir aos municípios 15% da arrecadação do ICM para incrementar suas receitas como compensação pela perda do IIP, posteriormente substituída pelo direito de aplicar um percentual não superior a 30% da alíquota estadual sobre a mesma base do ICM referente às operações ocorridas no território municipal (art. 13 da Emenda Constitucional nº 18, de 1965[47]). (FGV, 1966, p. 52; REZENDE, 2012, p. 32-33).

Quanto ao crédito do imposto pago anteriormente na cadeia, adotamos o conceito de "**crédito físico**" do IVA francês de 1948, permitindo o abatimento somente dos insumos que se incorporam ao bem produzido ou que são consumidos durante o processo produtivo. Contudo, a partir do IVA francês de 1954, consolidou-se o critério do "**crédito financeiro**", aplicado por praticamente todos os países do mundo, pelo qual, em regra, concede-se o crédito para todos os insumos tributados (VARSANO, 2014, p. 21)[48].

O desenvolvimento do IVA na França se deu em paralelo às discussões sobre como deveria se dar a tributação do movimento econômico entre os membros da incipiente comunidade europeia, inicialmente estabelecida como Comunidade Europeia do Carvão e do Aço (CECA), em 1951, e, depois substituída pela Comunidade Econômica Europeia (CEE), em 1958, ambas precursoras da atual União Europeia, instituída em 1993.

[47] Art. 13. Compete aos Municípios cobrar o impôsto referido no artigo com base na legislação estadual a êle relativa, e por alíquota não superior a 30% (trinta por cento) da instituída pelo Estado.
Parágrafo único. A cobrança prevista neste artigo é limitada às operações ocorridas no território do Município, mas independente da efetiva arrecadação, pelo Estado, do impôsto a que se refere o artigo anterior (BRASIL, 1965).

[48] Varsano (2014, p. 21) alerta que "(e)mbora o IVA teórico requeira que seja concedido crédito de imposto referente a todos os insumos tributados, inclusive bens de capital, na prática, sempre há algum tipo de restrição ao crédito. Uma importante restrição é o impedimento ao crédito de imposto referente aos insumos de produtos isentos do IVA. Tal restrição é adotada por praticamente todos os países, o que cria a necessidade de estabelecer regras para definir que parcela dos insumos é utilizada na produção". Acrescenta que "(o)utra restrição comum é a imposta a bens que podem ter a dupla finalidade de insumo e de consumo pessoal. Os casos mais óbvios são aquisições de automóveis de passeio e despesas com viagens, refeições em restaurantes ou entretenimento." Quanto ao crédito físico, o autor afirma que, além do Brasil, conhece apenas os exemplos de Costa Rica e Haiti que o adotam.

Nesse contexto, uma discussão importante era sobre a destinação do valor arrecadado com o imposto sobre o consumo em operações transfronteiriças: se ele deveria pertencer ao país da origem o ao do destino. O IVA francês de 1954 adotou integralmente o princípio do destino, exonerando as exportações e tributando as importações. (Varsano, 2014, p. 12).

Em 1962, a CEE instituiu comissão para estudar como harmonizar as práticas fiscais e financeiras de seus países membros, com o objetivo de consolidar um mercado comum. O relatório final da comissão, conhecido como **Relatório Neumark**, recomendou que todos os países adotassem o modelo de IVA francês. O texto, contudo, sugeriu que se implementasse o princípio da origem para o comércio entre os países membros, o que permitiria a eliminação dos controles de fronteira, e o do destino para o comércio com países fora da CEE, o que foi denominado de **princípio de origem restrito**. Contudo, devido à prática até então predominante, recomendou que o princípio do destino fosse adotado temporariamente também entre as nações do bloco[49]. (Varsano, 2014, p. 13).

Por nossa federação se assemelhar mais à comunidade europeia e não a um país unitário como a França, adotamos uma versão do princípio da origem restrito sugerido no Relatório Neumark. Nas operações interestaduais, valia o princípio da origem, tendo-se instituído teto máximo fixado pelo Senado Federal para as alíquotas aplicáveis às operações interestaduais e alíquotas internas únicas para todas as mercadorias em cada estado (art. 12, §1º da Emenda Constitucional nº 18, de 1965[50])[51]. Mas

[49] Apesar de previsto explicitamente no art. 402 da Diretiva do IVA (União Europeia, 2006), o princípio da origem restrito nunca foi adotado no bloco europeu, pois exigiria, para ser exitoso, a uniformização de alíquotas entre os países e a consequente perda de autonomia fiscal. A tributação no destino fez parte do denominado "regime transitório" por um longo período, até que, em 2011, assumiu-se que deveria ser a base do regime definitivo do imposto (Comissão Europeia, 2011, p. 5). Vide seção 2.3.2.

[50] Art. 12. Compete aos Estados o impôsto sôbre operações relativas à circulação de mercadorias, realizadas por comerciantes, industriais e produtores.

§ 1º A alíquota do impôsto é uniforme para tôdas as mercadorias, não excedendo, nas operações que as destinem a outro Estado, o limite fixado em resolução do Senado Federal, nos têrmos do disposto em lei complementar. [...] (BRASIL, 1965).

[51] A ideia original da comissão era de fixar uma alíquota interna única de 15% para todo o país, mas foi necessário se admitir uma de 18% para os estados do Norte e Nordeste, que

já na Constituição de 1967, com a redação do Ato Complementar nº 40, de 30 de dezembro de 1968, atribuiu-se ao Senado Federal a competência para estabelecer limites máximos também para as alíquotas internas e para o exterior (art. 24, §4º[52]), o que resultou em percentuais praticamente uniformes nacionalmente. (Rezende, 2012, p. 34-38; Varsano, 2000, p. 342; Varsano, 2014, p. 14-15).

Essa expressiva restrição de autonomia dos estados foi pouco questionada à época, tanto pela significativa arrecadação do ICM nos primeiros anos quanto pelo pouco espaço para críticas no regime autoritário. Mas, como o princípio da origem favoreceria os estados exportadores líquidos, em regra os mais ricos, os estados mais pobres conseguiram, a partir de 1970, que as alíquotas interestaduais fossem menores que as internas, de modo a dividir a arrecadação do imposto nas operações interestaduais entre o estado de origem, que ficaria com a parcela equivalente à alíquota interestadual, e o de destino, que ficaria com a diferença entre sua alíquota interna e a interestadual. A partir de 1980, a alíquota interestadual passou a ser diferenciada em função dos estados de origem e de destino, favorecendo os entes federados mais pobres[53]. Isso fez com que adotássemos um **sistema híbrido entre os princípios do destino e da origem**,

possuíam alíquotas de IVC mais elevadas e perderiam arrecadação com a alíquota única. (FGV, 1967, p. 126; Rezende, 2012, p. 34-35).

[52] Art 24 – Compete aos Estados e ao Distrito Federal decretar impostos sobre:

[...]

II – operações relativas à circulação de mercadorias, realizadas por produtores, industriais e comerciantes.

[...]

§ 4º A alíquota do imposto a que se refere o nº II será uniforme para todas as mercadorias; o Senado Federal, através de resolução tomada por iniciativa do Presidente da República, fixará as alíquotas máximas para as operações internas, para as operações interestaduais e para as operações de exportação para o estrangeiro.

[...] (BRASIL, 1967).

[53] Atualmente, a Resolução nº 22, de 19 de maio de 1989, fixa a alíquota interestadual de 7% nas operações e prestações realizadas nas Regiões Sul e Sudeste, destinadas às Regiões Norte, Nordeste e Centro-Oeste e ao Estado do Espírito Santo, e de 12% nos demais casos. Já a Resolução nº 13, 26 de abril de 2012, fixa a alíquota interestadual para bens e mercadorias importadas do exterior em 4%.

que, como veremos, possibilitará o surgimento de desequilíbrios federativos relevantes. (Varsano, 2000, p. 342; Varsano, 2014, p. 14-15).

Quanto às **exportações para o exterior**, inovamos na implementação do princípio da origem restrito proposto no Relatório Neumark. Em vez de implementarmos o princípio do destino puro, desonerando os produtos exportados de forma geral, excluímos a incidência apenas sobre os produtos industrializados, tributando os demais, em função da resistência dos estados em renunciar à tributação dos produtos exportados (art. 24, § 5º da Constituição de 1967[54]) (Varsano, 2000, p. 342; Varsano, 2014, p. 14).

Dessa forma, nosso pioneirismo fez com que a Reforma Tributária de 1965 introduzisse em nossa tributação do consumo características que se afastaram daquelas que se consolidaram nos IVAs implementados posteriormente, tais como a **separação da base consumo entre impostos diferentes, a adoção de creditamento limitado do imposto pago nas etapas anteriores, a implementação de um híbrido entre o princípio da origem e do destino e a incidência na exportação sobre produtos não industrializados.** Como veremos mais adiante, essas características resultaram em ineficiências econômicas graves em nosso sistema de tributação do consumo, a maioria das quais até hoje perduram.

3.1.3 O desgaste do modelo e a oportunidade perdida na Assembleia Constituinte de 1987-88

Vimos, no final da seção 3.1.1, que o sistema tributário criado na Reforma de 1965 visava a servir como instrumento da estratégia de crescimento acelerado controlada pelo governo federal, que centralizava as decisões

[54] Art 24 – Compete aos Estados e ao Distrito Federal decretar impostos sobre:
[...]
II – operações relativas à circulação de mercadorias, realizadas por produtores, industriais e comerciantes.
[...]
§ 5º O imposto sobre circulação de mercadorias é não-cumulativo, abatendo-se, em cada operação, nos termos do disposto em lei, o montante cobrado nas anteriores, pelo mesmo ou outro Estado, e não incidirá sobre produtos industrializados e outros que a lei determinar, destinados ao exterior.
[...] (BRASIL, 1967).

econômicas e moldava a atuação do setor privado pela concessão de incentivos fiscais, sendo atribuídas aos estados e municípios receitas próprias e transferências que garantissem o desempenho de suas funções, mas com um grau de autonomia fiscal restrito de modo a não interferirem no processo de crescimento.

Por um tempo, esse arranjo propiciou um aumento significativo da carga tributária, financiando o estado intervencionista, e possibilitou que houvesse margem para o oferecimento de diversos benefícios fiscais para os setores considerados prioritários para o crescimento do país, como o financeiro, o exportador, o de investimentos e o industrial, em especial o de bens duráveis (Oliveira, F., 2020, p. 77).

Esse modelo baseado em incentivos fiscais federais, contudo, já mostrava sinais de esgarçamento ainda em 1970, tendo sido necessário o reforço das fontes de financiamento com a criação da **Contribuição ao Programa de Integração Social (PIS)**, o que reintroduziu nos tributos federais uma exação cumulativa. Mas já em 1975, com fim do "milagre brasileiro", o modelo praticamente deixou de ser utilizado para novas políticas. A recessão decorrente do segundo choque do petróleo e da explosão dos juros americanos, em conjunto com a obrigação de atendimento às cláusulas impostas pelo acordo firmado com o FMI, levaram à adoção de políticas de ajustamento recessivo da economia, aí incluídos o aumento dos impostos internos e a criação de nova contribuição social cumulativa para o Fundo de Investimento Social (**Finsocial**)[55]. (Oliveira, F., 2020, p. 79-81; Varsano, 1996, p. 11).

Com o afrouxamento do autoritarismo, ao menos na área fiscal, os estados e municípios passaram a reagir contra a perda de sua autonomia, conseguindo, a partir de 1975, aumentos na proporção das transferências dos fundos de participação. Inicialmente o governo federal logrou neutralizar a desconcentração de recursos com mudanças na legislação que diminuíam as bases sobre as quais incidiam os percentuais. Porém, com o fortalecimento da oposição política no Congresso Nacional, foi possível a aprovação da **Emenda Passos Porto** (Emenda Constitucional nº 23, de

55 A cumulatividade do PIS e do Finsocial existia nas modalidades cobradas sobre o faturamento, mas não nas espécies que incidiam sobre o Imposto de Renda da Pessoa Jurídica (IRPJ) devido ou como se devido fosse.

2 de dezembro de 1983), que elevou as transferências aos fundos constitucionais e fechou as brechas de manipulação das bases, o que contribuiu em muito com a diminuição da receita tributária federal. (Oliveira, F., 2020, p. 82-83; Varsano, 1996, p. 12).

Na tributação do consumo, destaque deve ser dado aos conflitos regionais na competência do ICM. Como já dito na seção anterior, a configuração inicial reduziu sobremaneira a autonomia dos estados na gerência do imposto, mas isso foi aceito sem tantas contestações pela alta arrecadação nos primeiros anos. Entretanto, com o tempo, os estados mais pobres se uniram contra as vantagens competitivas dos estados industrializados, e conseguiram que as alíquotas interestaduais fossem progressivamente reduzidas de modo a se compartilhar a arrecadação nas operações entre as unidades federadas.

Os excessos de arrecadação e o princípio da origem restrito permitiram, ainda, que pouco a pouco as unidades voltassem à estratégia de atrair investimentos com a concessão de incentivos fiscais. Para coibir essa prática, a Lei Complementar nº 24, de 7 de janeiro de 1975, passou a exigir que benefícios fiscais somente pudessem ser concedidos se aprovados por todos os estados de forma unânime, em reuniões convocadas e presididas pelo governo federal[56].

Foi nesse cenário de crise econômica, perda de arrecadação, deterioração da qualidade do sistema tributário como um todo e maior demanda por autonomia fiscal dos entes federados que ocorreu o retorno à democracia, em 1985, e a convocação de **Assembleia Nacional Constituinte**, em 1987.

O processo constituinte foi marcado por uma forte reação ao autoritarismo do regime anterior, o que, na parte tributária, resultou em cla-

[56] Art. 2º – Os convênios a que alude o art. 1º, serão celebrados em reuniões para as quais tenham sido convocados representantes de todos os Estados e do Distrito Federal, sob a presidência de representantes do Governo federal.
§ 1º – As reuniões se realizarão com a presença de representantes da maioria das Unidades da Federação.
§ 2º – A concessão de benefícios dependerá sempre de decisão unânime dos Estados representados; a sua revogação total ou parcial dependerá de aprovação de quatro quintos, pelo menos, dos representantes presentes.
[...] (BRASIL, 1975).

mores por maior independência dos estados e municípios. E devido a um processo de discussão sobre o qual o governo federal não conseguiu manter controle, permitiu que se costurasse um acordo político centrado na transferência de recursos para os entes subnacionais e no fortalecimento da autonomia na fixação de seus principais impostos, deixando de lado alterações significativas na estrutura de tributação oriunda da Reforma de 1965 (Araujo; Silva, 2018, p. 168-171; Arretche, 2005, p. 76 – 77, 81; Varsano, 1996, p. 12-16).

Destaque-se que houve realmente a oportunidade de se promover uma alteração profunda no sistema tributário, já que havia um diagnóstico preciso dos problemas enfrentados em uma das propostas mais discutidas na época, o projeto do Instituto de Pesquisa Econômica Aplicada (IPEA), elaborado em uma comissão da Secretaria de Planejamento (SEPLAN) para fornecer subsídios à Assembleia Constituinte, e que oferecia uma proposta de mudança mais radical do sistema, em especial da tributação do consumo[57].

O **Projeto IPEA-SEPLAN** trazia um completo diagnóstico crítico da tributação de consumo então vigente. Quanto ao ICM apontava, como principais gargalos, a não inclusão do setor de serviços em sua base, o grande número de isenções concedidas, a falta de autonomia dos estados para gerir alíquotas e isenções, a tributação das operações interestaduais e da exportação e a regressividade. Quanto ao ISS, destacava a incidência desigual entre serviços prestados por autônomos e empresas, a desoneração de serviços não incluídos na lista taxativa prevista na legislação, a base tributária inexistente ou muito pequena na grande maioria dos municípios, a guerra fiscal decorrente da tributação no domicílio do prestador, a subtributação dos serviços destinados ao consumidor final, a supertributação dos serviços intermediários (e exportação do imposto

[57] Lukic (2014, p. 141-165) aponta que várias propostas foram enviadas para a análise dos constituintes, destacando-se, além do projeto IPEA-SEPLAN, a proposta da Comissão Provisória de Estudos Constitucionais, também conhecida como Comissão Afonso Arinos, instituída pelo Presidente José Sarney para elaborar um anteprojeto constitucional, divulgado em 26 de setembro de 1986. Na parte tributária, em linhas gerais, propunha-se um sistema semelhante ao então vigente, ampliando-se o número de tributos dos entes federados, e alterando-se pouco a repartição das receitas tributárias.

quando utilizados na produção de bens exportados) e o estímulo à verticalização. Quanto aos impostos únicos, ressaltava que eram exportados no custo dos insumos incorporados nas mercadorias exportadas. Quanto ao salário-educação e ao Finsocial, criticava sua cumulatividade. E quanto ao IPI, ponderava que a base era muito restrita devido ao grande número de isenções. (Varsano, 1987, p. 5 – 15).

A solução do projeto IPEA-SEPLAN tinha como objetivos o aumento do grau de autonomia fiscal de estados e municípios, a descentralização administrativo-financeira, a equidade, ainda que limitada devido à regressividade intrínseca dos tributos sobre o consumo, a neutralidade em relação ao comércio exterior e a eficiência alocativa. Para isso, propunha-se (i) substituir o ICM por um IVA estadual calculado com base no método do crédito fiscal sobre todas a mercadorias e serviços, exceto os financeiros, desonerando os bens de capital, adotando o princípio do destino tanto nas operações interestaduais como nas com o exterior e concedendo aos estados plena autonomia de fixar suas alíquota internas e isenções; (ii) criar um adicional federal temporário do IVA para substituir o Finsocial e o salário-educação e financiar um programa de descentralização de encargos; (iii) partilhar 25% do IVA com os municípios exclusivamente com base no valor adicionado em seus territórios; (iv) substituir o IPI por imposto incidente exclusivamente sobre derivados de fumo, bebidas e veículos automotores; (v) criar um imposto municipal sobre o comércio varejista de combustíveis líquidos e gasosos; (vi) manter na competência da União os impostos de importação e exportação e o IOF; (vii) eliminar os impostos únicos, incorporando-os à base do IVA; e (viii) extinguir o Finsocial e o salário-educação. (Varsano, 1987, p. 16-28).

Na subcomissão que tratou da matéria na Assembleia Constituinte[58], entretanto, foi grande a rejeição ao IVA, e as discussões se concentraram na repartição das receitas, optando-se por manter a tributação sobre o consumo em vigor (Lukic, 2014, p. 167-176). Como resultado, as bases dos antigos impostos especiais (combustíveis, energia elétrica, minerais, comunicações e transportes não locais) foram incorporados no **Imposto sobre Circulação de Mercadorias e sobre Prestações de Serviços de Transporte**

[58] Subcomissão de Tributos, Participação e Distribuição das Receitas, presidida por Benito Gama (PFL-BA) e relatada por Fernando Bezerra Coelho (PMDB-PE).

Interestadual e Intermunicipal e de Comunicação (ICMS) e entregues à competência dos estados. O ISS foi inicialmente incorporado ao ICMS, em troca de uma maior participação no imposto, mas, na parte final de discussão, foi mantido, sob o argumento de prejuízo às finanças municipais, sem, contudo, ter o percentual de participação no ICMS reduzido. Os estados garantiram o poder de alterar as alíquotas do ICMS, mantiveram o princípio da origem restrito e ampliaram a tributação dos produtos exportados, incluindo, na base, parte dos industrializados considerados "semielaborados" (além de conseguirem transferência adicional do IPI para compensar a imunidade na exportação de mercadorias industrializadas) (Varsano, 2000, p. 343).

Paralelamente ao ordenamento tributário, o financiamento da seguridade social era discutido na Comissão da Ordem Social e em sua Subcomissão da Saúde, Seguridade e do Meio Ambiente, tendo-se incluído, entre suas fontes, uma contribuição sobre o faturamento, que englobou o já existente Finsocial, posteriormente transformado na atual **Contribuição para o Financiamento da Seguridade Social (Cofins)**. A Cofins e o PIS, também preservado para financiar o programa de seguro-desemprego e o abono salarial (em conjunto com a **Contribuição para o Programa de Formação do Patrimônio do Servidor Público – Pasep**), mantiveram no ordenamento incidências cumulativas que, como veremos, ganharão importância nos anos subsequentes. (Varsano, 1996, p. 15).

Outra característica importante do ordenamento tributário que prevaleceu na Constituição de 1988 foi o excessivo número de disposições sobre a matéria incorporadas ao texto constitucional, tendo-se detalhado casuísmos que deveriam ter sido deixados para a legislação complementar. Esse detalhamento foi resultado da desconfiança entre os diversos atores de que alguns acordos não fossem posteriormente implementados, bem como para dificultar que as conquistas fossem revertidas. Isso resultou em um texto extremamente rígido e inflexível, que dificulta sobremaneira qualquer tentativa de reforma, além de transformar praticamente qualquer questão tributária em matéria constitucional, passível de ser discutida no Supremo Tribunal Federal (STF). (Araujo; Silva, 2018, p. 181-182; Rezende, 2012, p. 68).

Em síntese, a tributação sobre o consumo e a produção no Brasil que se consolidou na Constituição de 1988, e que se mantém até hoje, divide-

-se em cinco principais tributos[59], cujas competências estão distribuídas entre os entes federativos da seguinte maneira: (i) União: IPI, Contribuição para o PIS/Pasep, e Cofins[60]; (ii) estados e Distrito Federal: ICMS; e (iii) municípios e Distrito Federal: ISS.

3.1.4 A Desconstrução do Modelo de 1965 no Pós-1988

O sistema de tributação que terminou por prevalecer na Constituição de 1988 não se mostrou suficiente para financiar as despesas por ela criadas. Não houve também clareza quanto à descentralização dos encargos, transferindo-se para a lei complementar a tarefa de fixar regras de cooperação entre os entes federados em suas competências comuns (art. 23, parágrafo único). Esse vazio deixou dúvidas de quem deveria financiar essas políticas públicas, o que obrigou o governo federal a encontrar formas de concretizar essas promessas constitucionais. Além disso, no modelo de distribuição de receitas adotado, a União teve que partilhar cerca de metade seus principais impostos (Imposto de Renda (IR) e IPI)[61], o que, além de diminuir

[59] Listamos apenas os principais tributos incidentes sobre o consumo e a produção no Brasil, alinhando-nos à classificação utilizada pela quase totalidade dos textos analisados neste estudo. Quanto ao IOF, Macedo (2018a, p. 176) o inclui entre os incidentes sobre o consumo, excluindo as contribuições sociais sobre o faturamento (PIS/Cofins), como discutido na nota de rodapé seguinte. Apesar de reconhecermos que o IOF incide sobre o consumo de operações financeiras, e que tem o potencial de conflitos com o ISS (Barreto, A., 2016), optamos por excluí-lo dos principais tributos sobre o consumo para não alargar em demasia o escopo da análise deste estudo.

[60] Alguns autores argumentam que a Contribuição para o PIS/Pasep e a Cofins devem ser classificadas como tributos diretos e não indiretos, por serem contribuições da empresa para o financiamento da Seguridade Social, e por seus fatos geradores não considerarem relações circulatórias, mas sim eventos realizados pela própria empresa, no caso, auferir receita ou faturamento (Macedo, 2018a, p. 176; Rocha S.; Rocha M., 2020). Essa perspectiva inclusive foi parcialmente adotada no julgamento do RE 628.122/SP, que considerou que tributos sobre o faturamento têm natureza pessoal e não objetiva, para decidir pela não aplicação da imunidade sobre livros para o Finsocial (BRASIL, 2013). Contudo, por escapar ao escopo deste estudo, não adentraremos nessa discussão, adotando a posição predominante de que representam tributos indiretos em duas versões, uma cumulativa e outra sobre o valor agregado calculada pelo método da subtração (Varsano, 2014, p. 7-8).

[61] No texto original da Constituição Federal, 47% do IRPJ e do IPI eram partilhados com os fundos constitucionais (chegando a 49% a partir de 2015), e mais 10% do IPI com os estados exportadores.

de imediato sua participação no bolo tributário, fez com que qualquer aumento futuro nesses tributos fosse automaticamente dividido com os outros entes, reduzindo sua eficácia como instrumento para prover necessidades específicas de incremento de arrecadação.

Nesse cenário de escassez de recursos e aumento de obrigações, a **União** se valeu das **contribuições sociais sobre o lucro e o faturamento** para incrementar sua arrecadação sem a necessidade de partilhá-la com estados e municípios, concentrando a tributação sobre o consumo federal em incidências cumulativas, e piorando a qualidade do sistema tributário. A carga tributária total passou dos 22,4% do PIB, em 1988, para 33,6%, em 2005 (Oliveira, F., 2020, p. 93, 105). Quanto a sua composição, enquanto, em 1990, a arrecadação da União se dividia em 24% para as contribuições (excluídas as previdenciárias) e 76% para os impostos, essa relação, em 2005, era de 38% e 62% (LUKIC, 2014, p. 214).

A criação do **PIS e da Cofins não cumulativos, em 2002 e 2003, não foi capaz de eliminar a cumulatividade** da tributação do consumo das contribuições federais sobre o faturamento, pois não se aplicam à grande maioria das empresas, que continuam no regime cumulativo, além de não garantirem o crédito relativo aos tributos pagos relativos a diversos bens e serviços utilizados na cadeia produtiva, pois a legislação infraconstitucional adotou o conceito de "crédito físico" igual ao do IPI e do ICMS[62].

Na esfera do **ICMS**, a manutenção do **híbrido do princípio da origem e do destino aliado à liberdade de fixação das alíquotas internas** pelos estados criaram sérios problemas na tributação interestadual, pois abriram margem para planejamentos tributários. Alguns deles lícitos,

[62] No REsp 1.221.170/PR, o STJ considerou ilegal o creditamento restritivo do PIS e da Cofins dado por instruções normativas da Receita Federal do Brasil, definindo que "o conceito de insumo deve ser aferido à luz dos critérios de essencialidade ou relevância, ou seja, considerando-se a imprescindibilidade ou a importância de determinado item – bem ou serviço – para o desenvolvimento da atividade econômica desempenhada pelo Contribuinte" (Tema Repetitivo 779) (BRASIL, 2018b). Essa interpretação, apesar de se afastar do conceito limitado de "crédito fiscal", continua ainda mais restrita do uma caracterização de "crédito financeiro" que efetivamente garanta a não cumulatividade. A matéria se encontra aguardando a análise do STF no RE 841979/PE (Tema 756 – Alcance do art. 195, § 12, da Constituição federal, que prevê a aplicação do princípio da não-cumulatividade à Contribuição ao PIS e à COFINS).

como os que transferiam centros de distribuição para os estados mais pobres para se beneficiar da diferença entre as alíquotas interestaduais, outros ilícitos, como os que simulavam vendas para dentro do estado como se fossem para outras unidades federadas, aplicando a elas as alíquotas interestaduais reduzidas (Rezende, 2012, p. 49).

Pior ainda foi o fortalecimento da **guerra fiscal** entre as unidades, em que se atraíam empresas para determinado local lhes oferecendo benefícios fiscais na parte do ICMS que cabe ao estado de origem, mas permitindo que o produto saísse para o estado de destino com o crédito do imposto como se pago fosse. Essa estratégia fazia com que a unidade federada do destino tivesse que honrar esse valor, admitindo sua diminuição do imposto a recolher, em verdadeira burla à proibição constitucional de concessão unilateral de benefício fiscal (art. 155, §2º, XII, "g"[63]) e ao disposto na Lei Complementar nº 24, de 1975. A disseminação dessa prática para a atração de empreendimentos pelos estados brasileiros provocou uma "corrida ao fundo do poço" (*race to the bottom*) que terminou por distribuir empreendimentos pelo Brasil de forma pouco eficiente e diminuir a arrecadação de ICMS, até perder sua eficácia como política de desenvolvimento. (Afonso; Ferreira; Varsano, 2019, p. 82-83; Correia Neto; Montenegro; Cordeiro, p. 36-37; Rezende, 2012, p. 49; Ter-Minassian, 2020, p. 16-17).

Para resolver a situação dos incentivos irregulares de ICMS já concedidos, a Lei Complementar nº 160, de 7 de agosto de 2017, autorizou a celebração de convênio entre os Estados e o Distrito Federal para perdoar os créditos tributários, constituídos ou não, decorrentes dessas benesses, bem como para permitir a reinstituição dos mesmos benefícios por um determinado período, entre 1 e 15 anos, dependendo da atividade beneficiada. Além disso, foi definitivamente proibida a concessão de novos benefícios irregulares, com a previsão de severas punições por descumprimento. O Convênio ICMS nº 190, de 15 de dezembro de 2017, atendeu os ditames da lei complementar e serviu como marco inicial para a contagem dos prazos para a reinstituição dos benefícios.

[63] XII – cabe à lei complementar:

[...]

g) regular a forma como, mediante deliberação dos Estados e do Distrito Federal, isenções, incentivos e benefícios fiscais serão concedidos e revogados. (BRASIL, 1988).

A legislação do **ISS** também consolidou um **híbrido do princípio da origem e do destino** que propiciou a ocorrência de sua própria guerra fiscal e que traz questionamentos sobre a abrangência da cobrança no destino em alguns casos.

A Constituição Federal atribuiu aos municípios a competência para instituir impostos sobre serviços de qualquer natureza definidos em lei complementar, não compreendidos na competência do ICMS (art. 156, inciso III), determinando, ainda, que essa lei complementar fixaria suas alíquotas máximas e mínimas e excluiria da sua incidência exportações de serviços para o exterior (art. 156, § 3º, incisos I e II).

A citada lei complementar do ISS é a de nº 116, de 31 de julho de 2003, que, além de instituir os serviços sobre os quais incide o imposto em sua lista anexa, isentou as exportações ao exterior (art. 2º, inciso I), obrigou a incidência na importação (art. 1º, § 1º) e definiu a alíquota mínima de 2% (art. 8º-A) e a máxima de 5% (art. 8º). Quanto ao local da prestação de serviço, seu art. 3º definiu, como regra geral, o do estabelecimento prestador ou, na falta dele, o do domicílio do prestador, e estabeleceu exceções em seus incisos, em que o imposto seria devido no local da prestação. Desse modo, da dicção normativa, conclui-se que a regra geral do ISS é o princípio da origem, reservado o princípio do destino para as exportações/importações de serviços e para as exceções expressas em lei complementar, devendo as alíquotas serem fixadas entre 2% e 5%.

A prevalência do princípio de origem deu lugar à guerra fiscal também do ISS, com empresas fixando sua sede em cidades com baixa tributação, mas prestando a maior parte de seus serviços em outras localidades (BACHUR, 2005, p. 389-390).

Já a aplicação do princípio do destino nas operações com o exterior é frequentemente alvo de questionamentos. Troianelli e Gueiros (2008, p. 197-203) analisam exemplos que suscitam dúvidas sobre a ocorrência ou não de exportação (serviços de reparo em aeronaves estrangeiras no Brasil e de análise econômico-financeira do país para empresa investidora estrangeira), devido à previsão legal de inexistência de serviço exportado quando o resultado se verifique no Brasil (art. 2º, parágrafo único Lei Complementar nº 116, de 2003). Já quanto à importação de serviços, há quem defenda que a determinação de incidência do ISS na importação na lei complementar é inconstitucional, por falta de previsão explícita na Constituição, como ocorre com o ICMS (art. 155, § 2º, inciso IX). Ao tributar os serviços importados, estar-se-ia transformando o ISS em um imposto sobre o consumo de serviço e não sobre sua prestação, como disposto na Carta Magna (LARA et al., 2018, p. 398-399). Em sentido contrário, Troianelli e Gueiros (2008, p. 201-203) defendem a constitucionalidade da norma.

Voltando ao ICMS, a aplicação de alíquotas mais elevadas aos setores de energia e telecomunicações, privatizados em meados da década de 1990, fez com que a arrecadação do imposto aumentasse significativamente, com consequências importantes na composição de sua base tributável. Por um lado, o aumento de arrecadação permitiu que se ampliasse a estratégia de atração de empresas com a concessão de benefícios fiscais, prática que, apesar de inconstitucional, disseminou-se em virtude da incapacidade de freio do ilícito pelo Poder Judiciário. Por outro, os estados passaram a concentrar sua arrecadação nas chamadas ***blue chips*: energia, combustíveis e telecomunicações**. Esse espaço deixado pelo ICMS sobre boa parte da base do consumo foi ocupado pelo governo federal, que se sentiu à vontade para aumentar a tributação do PIS e da Cofins sobre ela. (Rezende, 2012, p. 52-53).

Diante desse cenário de piora da qualidade da tributação do ICMS, deve-se destacar a tentativa de se resolverem algumas das características do imposto consideradas negativas para a eficiência econômica com a edição da Lei Complementar nº 87, de 13 de setembro de 1996, conhecida como **Lei Kandir**, em especial a incidência na exportação e o creditamento limitado dos insumos.

Com as reformas liberalizantes da década de 1990, que tinham como um de seus objetivos a inserção do país no mercado global, não se admitia mais a tributação das exportações nem dos bens de capital. A Lei Kandir **desonerou plenamente as exportações**, o que foi posteriormente constitucionalizado com a Emenda Constitucional nº 42, de 19 de dezembro de 2003, e concedeu créditos na aquisição de bens de capital e de uso e consumo. É verdade que essa sistemática também é alvo de críticas. Muito se reclama pela dificuldade de os exportadores receberem os créditos acumulados de ICMS relativos à cadeia produtiva dos bens exportados, em especial porque isso implica em um estado devolver parte do imposto recolhido a outros entes federados (Rezende, 2012, p. 54, 61).

Quanto à **concessão de créditos**, contudo, a Lei Kandir o fez de **forma incompleta**. Os relativos a bens de capital não podem ser aproveitados de imediato, sendo necessário fazê-lo de forma fatiada, em quarenta oito parcelas (art. 20, § 5º). Os relativos aos bens de uso e consumo até hoje não podem ser aproveitados devido a sucessivas prorrogações da eficácia da lei, tendo a última adiado esse direito para 1º de janeiro de 2033 (art. 33, inciso I, com a redação da Lei complementar nº 171, de 27 de dezembro de 2019). Até essa mesma data, os relativos à aquisição de energia e de serviços de comunicação têm sua utilização limitada por quem use esses insumos em exportações ou em operações de mesma natureza, bem como, no primeiro caso, por quem aplique a energia elétrica diretamente no processo industrial (art. 33, inciso II e IV, com a redação da Lei complementar nº 171, de 2019). (BRASIL, 1996; REZENDE, 2012, p. 54-55).

Ainda quanto ao creditamento limitado, tanto do ICMS quanto do PIS/Cofins, uma das maneiras encontradas para se minimizar o problema se deu com a concessão **de regimes fiscais especiais** para setores exportadores importantes, como a indústria química (§ 15, § 16 e § 23 do art. 8º da Lei nº 10.865, de 30 de abril de 2004, e arts. 56 a 57-B da Lei nº 11.196, de 21 de novembro de 2005), o ramo de petróleo e gás natural (art. 6º da Lei nº 13.586, de 28 de dezembro de 2017, e Convênio ICMS nº 130, de 27 de novembro de 2007) e a agroindústria (art. 1º da Lei nº 10.925, de 23 de julho de 2004, e Convênios ICMS nºs 130, de 6 de novembro de 1997, e 51, de 30 de setembro de 1991). Contudo, isso terminou por resolver apenas problemas pontuais de algumas empresas, que constantemente precisam realizar pressões políticas para conseguirem a renovação dos benefícios, e, além de deixar à margem diversos setores, aumentou sobremaneira o nível de complexidade do sistema tributário.

Quanto à **separação da base consumo entre tributos diferentes,** como já visto, grande parte das deficiências dessa divisão já constava do diagnóstico do Projeto IPEA-SEPLAN. As mais evidentes eram a supertributação dos serviços intermediários e a subtributação daqueles prestados ao consumidor final. A primeira faz com que os serviços intermediários que compõem o custo dos bens industrializados, mas não geram crédito de ICMS, sejam tributados, na prática, pelo ISS e pelo ICMS. A segunda torna o sistema mais regressivo, pois as famílias mais ricas em regra dedicam uma proporção maior dos seus gastos aos serviços do que as mais pobres.

Desde 1987, contudo, a importância do setor terciário cresceu sobremaneira, tornando-se o mais dinâmico de nossa economia[64]. Nesse contexto, a complexificação das atividades econômicas faz com que os serviços assumam cada vez maior importância tanto no processo industrial quanto no comércio, incluindo um custo tributário oculto em nossos produtos cada vez mais significativo.

O crescimento de importância dos intangíveis e dos serviços na economia destacou diversos **conflitos de competências** entre os estados e municípios decorrentes de dúvidas sobre a natureza jurídica desses bens e serviços, com implicações diretas sobre qual tributo sobre eles deve incidir. Nesse contexto, a classificação do intangível como mercadoria ou como serviço, ou do serviço como de comunicação ou não tem trazido discussões sobre se sobre eles deve incidir o ICMS ou o ISS.

E mesmo quando se sabe que não há incidência de ICMS, crescem os casos em que há dúvidas se o serviço está previsto na lista anexa da Lei Complementar nº 116, de 2003 para que possa ser tributado pelo ISS, o que resulta no **estreitamento da base tributável de serviços tributáveis**. Segundo entendimento do STF, definido em sede de repercussão geral no RE 784.439/DF (Tema de Repercussão Geral 296), essa lista é **taxativa**, isto é, somente os serviços nela constantes são sujeitos ao imposto, mas se admite "a incidência do tributo sobre as atividades inerentes aos serviços elencados em lei em razão da **interpretação extensiva**" (BRASIL, 2020i, p. 3)[65].

A interpretação extensiva serve para abarcar serviços que, independentemente de sua nomenclatura, tenham a mesma essência de outro já

[64] Mesmo com queda de 4,5% em 2020 com relação ao ano anterior, o setor de serviços ainda respondeu por 72,8% do PIB no ano (Pupo; Cucolo, 2021).

[65] Esse é também o entendimento Superior Tribunal de Justiça (STJ), firmado na sistemática dos recursos repetitivos desde 2009 no REsp 1.111.234/PR (BRASIL, 2009b). Apesar de a tese de repercussão geral no STF ter se firmado apenas em 2020, essa era a interpretação consolidada da Corte de longa data. Porém, diante da grande quantidade de recursos que ainda chegavam para julgamento, foi reconhecida a repercussão geral da matéria, inicialmente no RE 615.580/RJ, posteriormente substituído pelo RE 784.439/DF (BRASIL, 2020i, p. 6).

constante na lista, e não para incluir atividades nela não elencadas (BARRETO, A., 2016, p. 52), até mesmo porque o CTN veda a utilização da analogia para exigir tributo não previsto em lei[66]. Entretanto, a definição dos limites da interpretação extensiva é sujeita a controvérsias, frequentemente dando margem à contestação dos critérios adotados em cada caso. Nesse contexto, é comum que os fiscos desejem incluir a atividade econômica na lista anexa com o uso de intepretação extensiva, e que os contribuintes pugnem se tratar de caso de não incidência.

Por fim, ressaltamos que essa análise foi feita com os problemas do ordenamento sobre o consumo que consideramos mais relevantes com relação à tributação da economia digital. Os tributos sobre o consumo vigentes no Brasil possuem outras deficiências importantes, tais como o uso massivo de substituição tributária, o número elevado de obrigações acessórias, legislações confusas e desordenadas, entre outros, mas que não serão aqui abordadas. Destacamos, ainda, que, para não estender em demasia o escopo da análise, os problemas específicos do IPI não foram abordados, por se tratar de um imposto incidente sobre a produção de bens tangíveis e com funções predominantemente extrafiscais, mais relacionado com políticas industriais e econômicas do país do que com a tributação do consumo, e assim menos conectado com a questão da economia digital.

3.2 O enfraquecimento do modelo diante da economia digital

A análise feita na seção anterior dos quatro principais problemas da tributação do consumo brasileira ainda existentes: creditamento limitado, híbrido do princípio da origem e do destino, conflitos de competências e estreitamento da base, – considerou apenas a evolução da economia nos últimos 30 anos, sem nenhum destaque especial para a economia digital. Mas é fato que todos ficam agravados quando se levam em conta os

[66] Art. 108. Na ausência de disposição expressa, a autoridade competente para aplicar a legislação tributária utilizará sucessivamente, na ordem indicada:
I – a analogia;
[...]
§ 1º O emprego da analogia não poderá resultar na exigência de tributo não previsto em lei. [...] (BRASIL, 1966).

desafios impostos pelos novos modelos de negócios discutidos no capítulo 1, em especial os decorrentes da possibilidade de atingirem escala internacional sem a necessidade de presença física e da prevalência dos intangíveis e serviços.

Dedicaremos esta seção para analisar como cada uma dessas características se tornou um desafio particular do ordenamento brasileiro em decorrência das características dos negócios digitais.

Enquanto, na seção 3.2.1, cuidaremos dos problemas decorrentes da adoção de impostos cumulativos (ISS e PIS/Cofins cumulativos) ou com creditamento limitado do imposto pago nas etapas anteriores (ICMS e PIS/Cofins não cumulativos), na seção 3.2.2, trataremos dos óbices trazidos pelo híbrido entre o princípio da origem e do destino do ICMS e do ISS. Contudo, de todos os desafios específicos do ordenamento de consumo brasileiro, aqueles mais potencializados pela economia digital são os conflitos de competências entre estados e municípios decorrentes de divergências sobre a natureza jurídica dos bens e serviços, discutidos na seção 3.2.3, que desaguam em dúvidas sobre quais tributos sobre eles devem incidir, e o estreitamento da base tributável de serviços em decorrência da taxatividade da lista descritiva, analisado na seção 3.2.4, que traz situações de potencial não tributação não intencional[67].

Finalizaremos analisando, na seção 3.2.5, as dificuldades trazidas pelas múltiplas caracterizações tributárias e os altos custos de conformidade para os contribuintes em negócios digitais que envolvem contratos mistos e operações complexas, e aplicando, na seção 3.2.6, as conclusões desta seção aos modelos de negócios e tecnologias digitais estudados nas seções 1.3.4 e 1.3.5.

3.2.1 Creditamento limitado

A capacidade de atuação transnacional das empresas na economia digital, muitas vezes sem qualquer presença física no país do destino, faz

[67] Relevantes, também, são as disputas entre o IOF e o ISS. Aires F. Barreto (2016, p. 55-170) enumera diversos subitens do item 15 da lista do ISS que, no seu entendimento, não poderiam sofrer a incidência do imposto municipal por estarem sujeitos ao IOF. Como optamos por não incluir o IOF entre os principais impostos sobre o consumo, não abordaremos esses conflitos neste estudo.

com que qualquer tributo exportado nos seus bens e serviços diminua a vantagem competitiva do país exportador. Isso porque suas empresas são obrigadas a cobrir custos maiores que não serão incorridos nem pelas empresas dos demais países exportadores, nem pelas do mercado interno da nação importadora que com elas concorrem.

Nesse contexto, a impossibilidade de creditamento dos serviços intermediários utilizados no processo de industrialização e de comercialização de produtos sujeitos ao ICMS, bem como das mercadorias utilizadas durante a prestação de serviços sujeitos ao ISS é uma desvantagem concorrencial agravada em uma economia que se digitaliza. Isso também vale para a cumulatividade existente no PIS/Cofins, tanto na sua modalidade cumulativa quanto na não cumulativa baseada em "crédito físico". E esses problemas tendem a aumentar de importância com o tempo, pois, como vimos na seção 1.2.2, a "servitização" da economia, isto é, o aumento da importância dos serviços nas cadeias globais de valor (CGVs), é uma das principais tendências atuais do processo de globalização.

Alguns exemplos ajudam a demonstrar esse ponto. Atualmente, um automóvel traz embutido um valor significativo dos *softwares* embarcados, custo que tende a aumentar proporcionalmente com evolução da indústria. No comércio eletrônico, modelo de negócio que cresce a cada dia em importância em nossa economia, as despesas com os serviços de informática utilizados para efetivar as vendas, bem como com o atendimento aos usuários no pré e no pós-vendas, quando prestados por empresas terceirizadas, compõem parte cada vez mais significativa do custo final do produto vendido. Todos esses custos são hoje sujeitos ao ISS e, por não gerarem créditos, sofrem também incidência do ICMS sobre os produtos finais. Por sua vez, a elaboração de um *software* exige que se incorram em diversos custos sobre os quais incide ICMS, como computadores, mobiliário, energia elétrica etc., que comporão o valor do produto final sobre o qual também incidirá o ISS.

O creditamento limitado fere o princípio da neutralidade, incentivando que os negócios verticalizem funções e se organizem de modo menos eficiente, o que, além de afastar nosso ordenamento das recomendações internacionais para a tributação da economia digital, como discutido na seção 2.2.1, tem implicações especiais nos modelos digitais que se caracterizam por espalhar suas funções ao redor do mundo em busca de ganhos de eficiência. A análise das figuras 6 a 9, que ilustram diversos modelos de negócios digitais, demonstra como a atuação transnacional dessas empresas se aproveita da divisão de sua estrutura por diversos países do mundo, bem como da terceirização de diversas atividades em escala global, mesmo as essenciais para o funcionamento do negócio, como os serviços de computação na nuvem e de entrega. Isso dá uma dimensão das dificuldades que o creditamento limitado imporia a uma multinacional de tecnologia que implantasse sua sede no Brasil.

Como visto na seção 1.3.3, alguns autores têm relativizado a importância da não cumulatividade para os modelos de negócios da economia digital, argumentando que a cadeia de produção seria curta e o valor agregado em um ciclo, com a maior parte adicionada no início do processo e diminuindo rapidamente, o que tornaria irrelevante o efeito da cumulatividade (Cavalcanti; Oliveira, 2020; Rezende, 2020, p. 12). Outros ponderam que, no Brasil, é melhor conviver com tributos cumulativos com alíquotas baixas do que com a cumulatividade imperfeita de nossas espécies não cumulativas (Macedo, 2020).

No capítulo 1, a partir da análise de como os diversos modelos de negócios digitais alteram a cadeia de produção e geram receitas, chegamos à conclusão de que a não cumulatividade se justificava por esses negócios (i) em regra serem componentes de outras cadeias produtivas, (ii) terem suas funções distribuídas por diversos países do mundo e (iii) por alguns deles possuírem margens de lucro muito reduzidas. De qualquer modo, essa análise teórica precisaria ser corroborada por estudos empíricos sobre os reais efeitos da cumulatividade sobre a produtividade na economia brasileira. Afinal, sem conhecermos os números, são também razoáveis os argumentos de que, apesar de a não cumulatividade ser adequada na teoria, na prática isso não se confirma para a economia de nosso país (destacando-se que as críticas acima citadas também não apresentam qualquer corroboração empírica).

Apesar de serem escassas na literatura brasileira avaliações quantitativas da eficiência de nosso sistema tributário, recentemente foram publicados estudos sobre os efeitos das propostas das reformas tributárias em discussão nos anos de 2020 e 2021 (Proposta de Emenda à Constituição (PEC) nº 45, de 2019, na Câmara dos Deputados e PEC nº 110, de 2019, no Senado Federal) sobre a tributação do consumo, que trazem informações sobre os efeitos da cumulatividade em nosso ordenamento.

Quando se analisa apenas a situação do ISS, Gobetti (2020), a partir de dados da Tabela de Recursos e Usos (TRU) do Instituto Brasileiro de Geografia e Estatística (IBGE), conclui que, do valor total de serviços sujeitos ao imposto em 2017 (R$ 2.458.373 milhões), 68,03% corresponderam a consumo intermediário (R$ 1.077.739.000 milhões) e a investimentos (R$ 594.699 milhões), e apenas 29,13% ao consumo final das famílias, governos e instituições sem fins lucrativos (R$ 631.074 milhões, R$ 43.633 milhões e R$ 41.320 milhões, respectivamente). Levando em conta a arrecadação do imposto, Macedo (2020) destaca que cerca de 90% do montante do ISS arrecadado decorre de operações B2B (sem precisar a que ano se refere).

Ao tentar mensurar os efeitos da cumulatividade de todos os tributos na economia, Domingues e Cardoso (2020, p. 6-10) concluem que os impactos da eliminação da cumulatividade, em conjunto com a homogeneização das alíquotas incidentes sobre bens e serviços, seriam positivos e significativos, aumentando o PIB em cerca de 4%, os investimentos em torno de 16% e as exportações ao redor de 6%.

Esses estudos demonstram tanto que a maior parte do ISS arrecadado sofre incidência cumulativa na cadeia de produção, por compor o custo de bens e serviços produzidos por outras empresas, quanto que a cumulatividade traz problemas para a produtividade das empresas brasileiras.

Destacamos que, neste momento, não estamos defendendo mudanças no ordenamento de consumo, conclusão que demandaria a ponderação de diversas outras variáveis que escapam ao conteúdo deste capítulo. Nem refutando o argumento de que a não cumulatividade imperfeita possivelmente seja mais danosa à economia do que a cumulatividade com alíquotas menores. Apenas destacamos que as evidências teóricas e empíricas levantadas apontam que a cumulatividade é sim um problema específico de nosso ordenamento, agravado pela economia digital.

3.2.2 Híbrido do princípio da origem e do destino

Como vimos na seção 3.1.4, o **híbrido do princípio da origem e do destino do ICMS e do ISS** abre espaço para planejamentos tributários para a redução de impostos incidentes sobre bens e serviços digitais. Com o crescimento da economia digital, essas estratégias podem ganhar maior relevância.

Veremos, na seção seguinte, que, após anos de divergência jurisprudencial e legislativa, há uma tendência de se consolidar o entendimento de que incide o ISS sobre esses bens e serviços. Caso realmente isso se confirme, deve-se considerar que os bens e serviços digitais estão descritos em itens da lista anexa da Lei Complementar nº 116, de 2003, cuja tributação se dá na origem (itens 1.03, 1.04, 1.05 e 1.09, como veremos adiante). Como esses produtos podem ser consumidos em qualquer local do país, aumenta o espaço para planejamento tributário e para guerra fiscal, com empresas fixando sua sede em cidades com baixa tributação, mas prestando a maior parte de seus serviços digitais em outras localidades.

Por outro lado, caso se considere que esses bens digitais se sujeitam ao ICMS, o princípio da origem restrito será um chamariz para nova concessão ilegítima de benefícios fiscais sobre a alíquota interestadual do estado em que se localize a empresa vendedora, que pode se instalar facilmente em qualquer unidade federada, já que não incorrerá em qualquer custo de transporte dos produtos vendidos.

3.2.3 Conflitos de competências

Como visto anteriormente, nosso ordenamento tributário foi construído dentro de um sistema econômico baseado em bens físicos e privilegiou a tributação de mercadorias, entendidas como bens tangíveis, atribuindo aos serviços menor importância. O problema é que a economia atual é fortemente baseada em serviços e intangíveis, e passo a passo caminhamos para a desmaterialização das bases econômicas, de modo que está se tornando cada vez mais difícil distinguir o que é mercadoria e o que é serviço.

Se hoje é natural afirmar que um insumo adquirido em uma indústria, tal como a peça de um automóvel, é uma mercadoria, em pouco tempo essa mesma peça será impressa na impressora 3D da fábrica a partir de um molde digital adquirido pela Internet. Nesse caso, a aquisição terá sido de um serviço ou de uma mercadoria?

Os únicos serviços que a Constituição de 1988 resolveu dar maior atenção foram os de comunicação e de transportes não locais, entregando-os aos estados. A evolução tecnológica, contudo, permite que utilidades equivalentes sejam oferecidas tendo a Internet como base, o que subverte os marcos regulatórios existentes e traz questões tributárias relevantes.

Na seção 1.3.2.2, vimos que os intangíveis trazem problemas classificatórios para diversos países que oferecem cargas tributárias diversas para bens e serviços, e que classificam os intangíveis ou como uma nova categoria de bens ou como uma espécie de serviço (Cannas, 2015, p. 10). No Brasil, contudo, têm trazido consequências tributárias mais relevantes, pois desaguam na discussão sobre qual ente federado subnacional tem a competência tributária para atingi-los (como discutido nesta seção), ou até mesmo se estão sujeitos a alguma tributação desses entes (como veremos na seção 3.2.4).

Analisaremos, a seguir, os conflitos de competências relativos à natureza jurídica do objeto dos negócios digitais decorrentes da divisão entre mercadorias e serviços (ICMS-Mercadorias vs ISS) e entre serviços de comunicação e transporte de demais serviços (ICMS-Comunicação e Transporte vs ISS).

3.2.3.1 A tributação de mercadorias e serviços (ICMS-Mercadorias vs ISS)

A divisão da base consumo entre mercadorias e serviços e sua entrega a entes federados diferentes já trazia problemas à tributação, e, como visto, já constava do diagnóstico do Projeto IPEA-SEPLAN apresentado à Assembleia Constituinte de 1987. Entretanto, a economia digital trouxe desafios especiais a essa divisão, que terminou por ocupar parte significativa da jurisprudência e literatura tributária acadêmica nos últimos 23 anos, a partir da discussão sobre a tributação dos *softwares* no STF.

O debate do Poder Judiciário acompanhou a evolução dos programas de computador padronizados, tais como processadores de texto e planilhas eletrônicas, que há alguns anos eram adquiridos em caixas em lojas físicas, passaram a ser comprados por meio de transferência eletrônica diretamente pela Internet, e hoje se localizam em plataformas eletrônicas *online* em algum lugar do mundo e são disponibilizados mediante assinatura. Se antes não era difícil visualizar a caixa do aplicativo como uma mercadoria, isso não se pode dizer da assinatura mensal para o acesso *online* do mesmo programa, que se assemelha muito mais a um serviço.

A longa discussão judicial, com respostas legislativas e administrativas às interpretações que iam se consolidando no STF, colocou no centro do debate jurídico nacional questões de difícil solução. Com a digitalização da economia, teria havido uma mutação constitucional e os bens intangíveis da economia digital devem ser considerados mercadorias? Ou isso não aconteceu e os municípios ganharam uma importante base econômica para tributar? Ou ainda os bens intangíveis não estão incluídos nem no conceito de mercadoria (bens tangíveis), nem no de serviço (obrigações de fazer) e, portanto, não se submetem nem ao imposto estadual, nem ao municipal?

Pela importância do tema, nesta seção traçaremos um histórico do diálogo entre os Poderes Judiciário, Legislativo e Executivo na busca por uma interpretação consistente para a tributação dos *softwares*. Apesar de tudo indicar termos chegado a uma pacificação sobre o caso, a análise demonstra a pressão que o crescimento da economia digital trouxe para nosso ordenamento em função de diversos conflitos de competências decorrentes do interesse dos estados e dos municípios sobre essa base tributável. Sinaliza, também, a dificuldade de se entregar ao Poder Judiciário, cujas decisões levam muito tempo para se consolidar, a tarefa de interpretar o alcance da tributação da economia digital, que evolui muito rápido. E por fim aponta as possíveis dificuldades que podem ainda surgir sobre a matéria.

3.2.3.1.1 Evolução jurisprudencial no STF sobre a dicotomia mercadorias e serviços

É possível dividir o debate no STF sobre a matéria em duas grandes linhas de discussão. A primeira analisa se, e até que ponto, o *software*, como bem incorpóreo, pode ser classificado como mercadoria e tributado pelo ICMS. A segunda questiona se o licenciamento e a cessão de direito de uso de *software* é ou não um serviço, e se, portanto, sobre eles incide o ISS. Apesar de tratarem de faces do mesmo debate, seguiram caminhos jurisprudenciais próprios que só recentemente se encontraram.

3.2.3.1.1.1 ICMS sobre bens incorpóreos

A decisão paradigmática do STF sobre o tributo dos entes subnacionais que deve incidir sobre programas de computador é de 1998, e concluiu que, sobre *softwares* de prateleira, incide ICMS, e, sobre *softwares* customizados, ISS.

Trata-se do **RE 176.626/SP**, no qual a Corte analisou ação declaratória de não incidência de ICMS sobre operações de licenciamento ou cessão de direito de uso de programas de computador, ajuizada por uma empresa contra o Estado de São Paulo, cujo acórdão restou assim ementado na parte de interesse para este trabalho:

> [...]
> III. Programa de computador ("**software**"): tratamento tributário: distinção necessária.
> Não tendo por objeto uma **mercadoria**, mas um bem **incorpóreo**, sobre as operações de "**licenciamento ou cessão do direito de uso de programas de computador**" – matéria exclusiva da lide –, efetivamente não podem os Estados instituir ICMS: dessa impossibilidade, entretanto, não resulta que, de logo, se esteja também a subtrair do campo constitucional de incidência do ICMS a circulação de cópias ou exemplares dos programas de computador produzidos em série e comercializados no varejo – como a do chamado "**software de prateleira**" (**off the shelf**) – os quais, materializando o **corpus mechanicum** da criação intelectual do programa, constituem mercadorias postas no comércio. (grifo do autor) (BRASIL, 1998b, p. 305).

Nesse aresto, a razão de decidir foi que os bens incorpóreos não são mercadorias, e, como a discussão era sobre a natureza tributária de operações que tinham como objeto um direito de uso, bem incorpóreo insuscetível de ser incluído no conceito de mercadoria, não havia a incidência do ICMS.

Para resolver o caso, contudo, o relator se utilizou de fundamentos mais abrangentes, analisando como deveria se dar a tributação de todas as espécies de programas de computador, dividindo-os segundo o grau de estandardização: programas *standard*, por encomenda ou adaptados ao cliente.

Os **programas *standard***, também conhecidos como *softwares* de prateleira, são aqueles produzidos em série e comercializados no varejo em pacotes fechados, como era o caso dos processadores de texto até os anos 2000. Nessa hipótese, apesar de se reconhecer existir um contrato de licenciamento de uso, considerou-se que se vendia o corpo físico onde se materializa o programa, da mesma forma que, na venda de um livro ou de um disco, não se negocia o direito do autor, mas apenas o meio físico onde ele se corporifica. Por isso, concluiu-se que esses programas se submetiam ao ICMS.

Já os **programas por encomenda** são aqueles desenvolvidos do zero para determinado cliente, enquanto os **programas adaptados ao cliente** são *softwares standard* customizados para as necessidades de determinado usuário. Para essas espécies, entendeu-se que o licenciamento do programa era um ajuste do autor, proprietário do *software*, que autorizava seu uso para o cliente, e por isso não se tratava de mercadorias, mas de serviços, sobre os quais não incidia o ICMS.

Destaque-se, contudo, que essa argumentação mais ampla era questão estranha ao processo, tratando-se de mero *obiter dictum* sem força vinculante, apesar de ter constado da ementa do acórdão. Contudo, a força retórica dessa distinção até hoje é utilizada como razão de decidir sobre a incidência do ICMS ou do ISS sobre *softwares.*

A evolução tecnológica, contudo, foi cruel com essa divisão, pois, em pouco tempo, os *softwares* de prateleira em meio físico praticamente deixaram de existir, passando os programas *standard* a ser distribuídos diretamente pela Internet por meio de transferência eletrônica de dados (*download*). Os estados, por sua vez, não se furtaram a tributar com o ICMS também os programas produzidos em série por essa forma distribuídos.

Já em 1998, lei do Estado do Mato Grosso[68], entre outras matérias, determinou a incidência do ICMS sobre operações com programas de computador, ainda que realizadas por transferência eletrônica de dados. Diversos dispositivos dessa lei foram objeto de ação direta de inconstitucionalidade na **ADI 1.945/MT**. Em abril de 1999, o Ministro Octavio Gallotti apresentou voto que, mantendo o entendimento do RE 176.626/SP, concedia liminar para restringir a incidência do ICMS às cópias ou exemplares dos programas produzidos em série e comercializados no varejo, sem abranger o licenciamento ou cessão de direito de uso. Contudo, após sucessivos pedidos de vista, o voto do Ministro Nelson Jobim

[68] Lei nº 7.098, de 30 de dezembro de 1998.

pela constitucionalidade da lei mato-grossense, apresentado em 2006, só terminou por prevalecer em 2010, mais de dez anos depois do início da ação, em acórdão que restou assim ementado na parte de interesse para este trabalho:

> [...]
> 8. ICMS. Incidência sobre *softwares* adquiridos por meio de transferência eletrônica de dados (art. 2º, §1º, item 6, e art. 6º, §6º, ambos da Lei impugnada). Possibilidade. Inexistência de bem corpóreo ou mercadoria em sentido estrito. Irrelevância. O Tribunal não pode se furtar a abarcar situações novas, consequências concretas do mundo real, com base em premissas jurídicas que não são mais totalmente corretas. O apego a tais diretrizes jurídicas acaba por enfraquecer o texto constitucional, pois não permite que a abertura dos dispositivos da Constituição possa se adaptar aos novos tempos, antes imprevisíveis.
> [...] (grifo do autor) (BRASIL, 2010a, p. 9).

Isto é, ainda que em sede liminar, a Corte eliminou o fundamento de que o ICMS somente incide sobre bens corpóreos, admitindo que esse imposto também alcança as operações com programas de computador, ainda que realizadas por transferência eletrônica de dados. Essa decisão é frequentemente utilizada como evolução e complemento do RE 176.626/SP, interpretando-se que, sobre *softwares standard*, adquiridos tanto por meio físico quanto por transferência eletrônica de dados, incide ICMS; sobre *softwares* customizados, ISS.

Somente em **fevereiro de 2021**, o caso foi concluído, novamente com mudança na orientação da Corte sobre a matéria. **A ADI 1.945/MT foi julgada conjuntamente com a ADI 5.659/MG**, ajuizada pela Confederação Nacional dos Serviços (CNS), que questionava dispositivos de lei e decretos do Estado de Minas Gerais e de lei complementar federal[69], "a fim de excluir das hipóteses de incidência do ICMS as operações com programas de computador – software", sob a alegação de que sobre elas incide ISS. (BRASIL, 2021h, p. 57).

[69] Lei nº 6.763, de 1975, e Decretos nºs 43.080, de 2002 e 46.877, de 2015, todos de Minas Gerais, e Lei Complementar nº 87, de 1996.

O voto do relator da **ADI 5.659/MG**, Min. Dias Toffoli, proferido em outubro de 2020, terminou por prevalecer, excluindo a incidência do ICMS sobre o licenciamento ou a cessão de direito de uso de programas de computador. O **primeiro fundamento** da decisão foi o de que a Lei Complementar nº 116, de 2003, ao incluir expressamente o licenciamento de *software* em seu item 1.05, dirimiu qualquer possível conflito de competência, nos termos do art. 146, I da Constituição Federal, atraindo a incidência do ISS (BRASIL, 2021h, p. 37). O **segundo fundamento** foi o de que o *software*, seja ele padronizado, por encomenda ou customizado, disponibilizado via *download* ou na nuvem, é um serviço que resulta em esforço humano (obrigação de fazer), e mesmo que esteja associado à própria transferência do bem digital (obrigação de dar), sobre essa operação mista ou complexa incide o ISS, adotando posicionamento da Corte que será mais bem explicado na seção seguinte (BRASIL, 2021h, p. 38-41). O **terceiro fundamento** foi o de que o ICMS só pode incidir sobre bens, corpóreos ou incorpóreos, se houver a transferência de propriedade do bem, o que não ocorre nas licenças ou cessões de direito de uso (BRASIL, 2021h, p. 41).

O acórdão restou assim ementado na parte de interesse para este trabalho:

> **Ação direta de inconstitucionalidade. Direito Tributário. Lei nº 6.763/75-MG e Lei Complementar Federal nº 87/96. Operações com programa de computador (*software*). Critério objetivo. Subitem 1.05 da lista anexa à LC nº 116/03. Incidência do ISS. Aquisição por meio físico ou por meio eletrônico (*download, streaming* etc). Distinção entre *software* sob encomenda ou padronizado. Irrelevância. Contrato de licenciamento de uso de programas de computador. Relevância do trabalho humano desenvolvido. Contrato complexo ou híbrido. Dicotomia entre obrigação de dar e obrigação de fazer. Insuficiência. Modulação dos efeitos da decisão.**
>
> 1. A tradicional distinção entre **software** de prateleira (padronizado) e por encomenda (personalizado) não é mais suficiente para a definição da competência para a tributação dos negócios jurídicos que envolvam programas de computador em suas diversas modalidades. Diversos precedentes da Corte têm superado a velha dicotomia entre obrigação de fazer e obrigação

de dar, notadamente nos contratos tidos por complexos (**v.g. leasing** financeiro, contratos de franquia).
2. A Corte tem tradicionalmente resolvido as indefinições entre ISS e do ICMS com base em critério objetivo: incide apenas o primeiro se o serviço está definido por lei complementar como tributável por tal imposto, ainda que sua prestação envolva a utilização ou o fornecimento de bens, ressalvadas as exceções previstas na lei; ou incide apenas o segundo se a operação de circulação de mercadorias envolver serviço não definido por aquela lei complementar.
3. O legislador complementar, amparado especialmente nos arts. 146, I, e 156, III, da Constituição Federal, buscou dirimir conflitos de competência em matéria tributária envolvendo **softwares.** E o fez não se valendo daquele critério que a Corte vinha adotando. Ele elencou, no subitem 1.05 da lista de serviços tributáveis pelo ISS anexa à LC nº 116/03, o licenciamento e a cessão de direito de uso de programas de computação. É certo, ademais, que, conforme a Lei nº 9.609/98, o uso de programa de computador no País é objeto de contrato de licença.
4. Associa-se a esse critério objetivo a noção de que **software** é produto do engenho humano, é criação intelectual. Ou seja, faz-se imprescindível a existência de esforço humano direcionado para a construção de um programa de computador (obrigação de fazer), não podendo isso ser desconsiderado em qualquer tipo de **software**. A obrigação de fazer também se encontra presente nos demais serviços prestados ao usuário, como, **v.g.**, o help desk e a disponibilização de manuais, atualizações e outras funcionalidades previstas no contrato de licenciamento.
5. Igualmente há prestação de serviço no modelo denominado **Software-as-a-Service** (SaaS), o qual se caracteriza pelo acesso do consumidor a aplicativos disponibilizados pelo fornecedor na rede mundial de computadores, ou seja, o aplicativo utilizado pelo consumidor não é armazenado no disco rígido do computador do usuário, permanecendo **online** em tempo integral, daí por que se diz que o aplicativo está localizado na nuvem, circunstância atrativa da incidência do ISS.
[...] (grifos do autor) (BRASIL, 2021h, p. 2-3).

A conclusão do julgamento das ADIs 1.945/MT e 5.659/MG acelerou o término de diversos processos sobre a matéria que aguardavam solução.

Apesar de o relator da ADI 5.659/MG ter se mostrado cauteloso quanto à possibilidade de a matéria restar pacificada naquela ocasião (BRASIL, 2021h, p. 44-45), as demais ações no STF foram julgadas no mesmo sentido (ADI 5.958/DF e ADI 5.576/SP), percebendo-se a intenção dos demais ministros de encerrar essa longa discussão.

A **ADI 5.958/DF**, apresentada pela Associação Brasileira das Empresas de Tecnologia da Informação e Comunicação (BRASSCOM), contestava dispositivos de convênio de ICMS e de lei complementar federal[70] para afastar "qualquer possível interpretação que permita a incidência do ICMS sobre operações de transferência eletrônica de *softwares* e congêneres". Em 8 de março de 2021, a relatora, Ministra Cármen Lúcia, julgou a ação prejudicada por perda superveniente do objeto em função do decidido na ADI 5.659/MG, tendo a decisão transitado em julgado em 05 de abril de 2021 (BRASIL, 2021i).

A **ADI 5.576/SP**, ajuizada pela CNS, questiona dispositivos de lei e decretos do Estado de São Paulo[71] que versam sobre ICMS sobre *software*, personalizado ou não, sob a alegação de que sobre eles incide ISS (BRASIL, 2016c). Em 3 de agosto de 2021, encerrou-se o julgamento virtual com a adoção da mesma solução das ADIs 1.945/MT e 5.659/MG (o único voto divergente, do Ministro Marco Aurélio, dizia respeito apenas à modulação dos efeitos) (BRASIL, 2021j).

3.2.3.1.1.2 ISS e obrigação de fazer

Outra discussão importante quanto à tributação de *softwares* diz respeito à própria conceituação de serviços, em especial se o termo "serviço", no sentido utilizado pela Constituição Federal, limita-se às obrigações de fazer ou se é mais amplo.

Foi no julgamento do **RE 116.121/SP**, em outubro de 2000, que o STF mudou entendimento de longa data e passou a considerar que as **locações de bens móveis** não eram serviços sujeitos à tributação do ISS, por não configurarem **obrigação de fazer**, mas sim **obrigação de dar**[72].

[70] Convênio ICMS nº 106, de 2017, e Lei Complementar nº 87, de 1996.

[71] Lei n° 8.198, de 1992, e Decretos n°s 61.522, de 2015, e 61.791, de 2016.

[72] Esse entendimento foi cristalizado na Súmula Vinculante nº 31 do STF: "é inconstitucional a incidência do imposto sobre serviços de qualquer natureza – ISS sobre operações

Entendeu-se que, por se tratar de conceito definido pelo Código Civil, o termo "serviço" não poderia ter seu alcance alterado pela lei tributária, nos termos do art. 110 do CTN[73]. (BRASIL, 2000, p. 669).

Antes disso, como se depreende nos votos vencidos desse julgado, entendia-se que o conceito constitucional de serviços não se confundia com o civil, ligado ao fornecimento de trabalho, mediante remuneração, a terceiros, mas sim ao conceito econômico, que inclui também a transferência de bens imateriais. Tal fato seria reforçado pelo vocábulo "de qualquer natureza" constante do nome do imposto. (BRASIL, 2000, p. 677-684).

Dessa forma, a partir dessa decisão, passou-se a entender a existência de uma atividade econômica que não se submetia nem ao ISS, nem ao ICMS: a locação de bens móveis. É evidente que tal entendimento passou a incentivar que os responsáveis por outras atividades econômicas, até então submetidas ao ISS, buscassem demonstrar que essas não envolviam obrigações de fazer, como foi o caso das franquias, do arrendamento mercantil (*leasing*), dos planos de saúde e do licenciamento e cessão de direito de uso de *software*.

Registre-se que, em 2009, houve uma importante relativização nesse entendimento consolidado. No julgamento do **RE 592.905/SC**, a Corte decidiu, em sede de repercussão geral, pela incidência do ISS sobre as operações de ***leasing* financeiro**, com base no voto do relator, Ministro Eros Grau, fundamentado na premissa de que o ISS abarcava serviços que não consubstanciavam obrigações de fazer (BRASIL, 2009c, p. 996, 1.007). Mas essa decisão representou um ponto fora da curva, pois, além de esse fundamento não ter constado da ementa do acórdão, após essa data, por diversas ocasiões, o STF reafirmou a interpretação do RE 116.121/SP de que o conceito constitucional de serviços é o civil.

de locação de bens móveis." (BRASIL, 2010b).

73 Art. 110. A lei tributária não pode alterar a definição, o conteúdo e o alcance de institutos, conceitos e formas de direito privado, utilizados, expressa ou implicitamente, pela Constituição Federal, pelas Constituições dos Estados, ou pelas Leis Orgânicas do Distrito Federal ou dos Municípios, para definir ou limitar competências tributárias. (BRASIL, 1966).

Parece, entretanto, atualmente existir uma tendência de retorno pela Corte Suprema ao conceito econômico de serviço, motivada, entre outras razões, pelo desconforto em se alargar as atividades econômicas que não se submetem nem ao ISS, nem ao ICMS.

Em setembro de 2016, no julgamento do **RE 651.703/PR**, ao concluir pela incidência do ISS sobre **planos de saúde**, o relator, Ministro Luiz Fux, abandonou expressamente o conceito civil de serviço, entendendo que, para fins tributários, ele "está relacionado ao oferecimento de uma utilidade para outrem, a partir de um conjunto de atividades imateriais, prestadas com habitualidade e intuito de lucro, podendo estar conjugada ou não com a entrega de bens ao tomador" (BRASIL, 2016d, p. 5).

Em maio de 2020, no **RE 603.136/RJ** (Tema 300 de repercussão geral), em que se decidiu pela incidência do ISS nos **contratos de franquia** empresarial, o relator, Ministro Gilmar Mendes, aprofundou a discussão sobre o conceito constitucional de serviços, reconhecendo que ele é amplo, mas que o legislador complementar não pode ampliá-lo indiscriminadamente, chamando de "serviço" o que não é, devendo se restringir a limites extraídos do próprio texto constitucional. O voto vencedor optou por não romper com o entendimento do RE 116.121/SP de que o ISS só incide quando há obrigação de fazer, mas buscou limitá-lo a situações em que só existe a obrigação de dar, como no aluguel de guindaste. Nos contratos de caráter misto ou híbrido, em que convivam tanto obrigações de dar quanto de fazer, deve incidir o ISS. (BRASIL, 2020h, p. 22).

Por fim, em 6 de dezembro de 2021, o STF julgou o **RE 688.223/PR**, com relatoria do Ministro Dias Toffoli, fixando a constitucionalidade da incidência do ISS sobre o **licenciamento ou cessão de direito de uso de programas de computação desenvolvidos para clientes de forma personalizada** (BRASIL, 2021l). Essa decisão, ao se utilizar dos fundamentos do decidido nas ADIs 1.945/MT e 5.659/MG, demonstra que a discussão da seção anterior e a desta são duas faces da mesma moeda.

Dessa forma, no ano de 2021, o STF resolveu as duas vertentes dos litígios sobre a tributação de programas de computador. A orientação acolhida foi no sentido de que sobre eles não incide ICMS, por não se tratar de mercadoria (ADIs 1.945/MT e 5.659/MG), mas incide ISS, por se tratar de serviço (RE 688.223/PR).

3.2.3.1.2 Evolução legislativa e disputa entre os entes

Na seção anterior, verificamos a dificuldade que o Poder Judiciário teve para consolidar o entendimento sobre a tributação dos *softwares*. De forma pragmática, para superar os conflitos, melhor seria que o Poder Legislativo resolvesse essa matéria dentro de sua liberdade de conformação. Veremos, entretanto, que a evolução legislativa sobre a tributação de *softwares* foi intensa, mas divergente, com o legislador federal buscando inserir as bases da economia digital no escopo do ISS, e com os legisladores estaduais incorporando os entendimentos parciais do STF, expostos nas seções anteriores, e entregando parte delas ao ICMS.

Essa evolução, por evidente, longe de resolver a situação, conflagrou uma verdadeira guerra por competência tributária entre os estados e municípios, deixando os contribuintes desprotegidos em meio às trincheiras.

Já vimos que somente incide ISS sobre os serviços não compreendidos na competência do ICMS que estejam previstos na lista anexa da Lei Complementar nº 116, de 2003, que, apesar de taxativa, admite interpretação extensiva.

Desde sua redação original, **a Lei Complementar nº 116, de 2003**, incluiu, na lista anexa, a elaboração, o licenciamento e a cessão de direito de uso de programas de computador (item 1.05) (BRASIL, 2003). Como a lei não fez qualquer restrição aos programas de computador customizados, seria razoável supor que o legislador superou a dicotomia *software* de prateleira X customizados, incluindo tudo na esfera do ISS.

Esse entendimento, contudo, não foi o adotado pelos estados. Recorde-se que, a partir do julgamento da ADI 1.945 MC/MT, passou a ser usual a interpretação de que o ICMS incidia sobre *softwares standard*, adquiridos tanto por meio físico quanto por transferência eletrônica de dados, ficando o ISS restrito aos *softwares* customizados, ainda que a decisão tenha sido tomada em sede liminar. Utilizando-se dessa compreensão, e já depois da vigência da Lei Complementar nº 116, de 2003, o **Convênio ICMS 181, de 28 de dezembro de 2015**[74], permitiu que os Estados

[74] Um convênio é ato celebrado no Conselho Nacional de Política Fazendária – CONFAZ, formado pelos Secretários de Fazenda dos estados e do DF e com reuniões presididas pelo Ministro da Economia, cuja função precípua é autorizar os estados e o DF a concederem

e o Distrito Federal concedessem redução da base de cálculo do ICMS para "operações com softwares, programas, jogos eletrônicos, aplicativos, arquivos eletrônicos e congêneres, padronizados, ainda que sejam ou possam ser adaptados, disponibilizados por qualquer meio, inclusive nas operações efetuadas por meio da transferência eletrônica de dados" (BRASIL, 2015). Isto é, admitiu-se como incluídas no escopo do imposto estadual todas as bases da economia digital, desde que fossem produtos padronizados, ainda que adaptados, independentemente da forma de distribuição, seja na forma física ou por *download*, ficando de fora apenas os *softwares* customizados.

Como reação, e para espancar dúvidas sobre sua competência sobre a economia digital, os municípios conseguiram a aprovação da **Lei Complementar nº 157, de 29 de dezembro de 2016**, que inseriu na lista anexa da Lei Complementar nº 116, de 2003, três novos subitens relacionados à tributação de *softwares*, que abrangiam a computação na nuvem (item 1.03), a elaboração de programas (item 1.04) e o *streaming* (item 1.09)[75].

Acrescendo-se o já mencionado item 1.05, que trata do licenciamento e da cessão de direito de uso de programas de computador, o legislador complementar parece ter caminhado no sentido de que todos os itens da economia digital estavam sujeitos ao ISS. Alinhada a essa interpretação, em 18 de julho de 2017, a **Prefeitura de São Paulo** afirmou, no **Parecer Normativo nº 1**, que o ISS incide também sobre o licenciamento ou cessão de direito de uso de programas de computador, não importando se

ou revogarem benefícios fiscais e financeiros do ICMS, nos termos do art. 155, §2º, XII, "g" da CF e da Lei Complementar nº 24, de 1975 (BRASIL, 2021a). Assim, a autorização do convênio somente é concretizada com a edição de lei específica da unidade federada.

[75] 1.03 – Processamento, armazenamento ou hospedagem de dados, textos, imagens, vídeos, páginas eletrônicas, aplicativos e sistemas de informação, entre outros formatos, e congêneres.

1.04 – Elaboração de programas de computadores, inclusive de jogos eletrônicos, independentemente da arquitetura construtiva da máquina em que o programa será executado, incluindo tablets, smartphones e congêneres.

1.09 – Disponibilização, sem cessão definitiva, de conteúdos de áudio, vídeo, imagem e texto por meio da internet, respeitada a imunidade de livros, jornais e periódicos (exceto a distribuição de conteúdos pelas prestadoras de Serviço de Acesso Condicionado, de que trata a Lei nº 12.485, de 12 de setembro de 2011, sujeita ao ICMS). (BRASIL, 2016a).

for *software* por encomenda ou padronizado, ou se tenha sido fornecido em meio físico, por transferência eletrônica de dados (*download* de *software*), ou se instalado em servidor externo (*Software as a Service* – *SaaS*) (SÃO PAULO, 2017).

Apesar desse sinal claro do legislador federal, os Estados reafirmaram o entendimento de que têm competência para tributar os bens digitais padronizados, ainda que adaptados, **no Convênio ICMS nº 106, de 29 de setembro de 2017**, editado para disciplinar a incidência do imposto estadual nas operações com bens e mercadorias digitais comercializadas por meio de transferência eletrônica de dados (BRASIL, 2017a).

As recentes decisões do STF nas ADIs 1.945/MT e 5.659/MG indicam que a disputa legislativa também será pacificada. Como visto na seção anterior, o Convênio ICMS nº 106, de 2017, foi questionado na ADI 5.958/DF, e a Ministra Cármen Lúcia, ao julgar a ação prejudicada por perda superveniente do objeto, não se furtou a afirmar que o convênio, "embora não tenha sido objeto expresso da Ação Direta de Inconstitucionalidade n. 5.659, perdeu a sua eficácia jurídica desde daquele julgamento, por se tratar de ato regulamentador do art. 2º da Lei Complementar n. 87/1996, editado com base na interpretação tida como inconstitucional por este Supremo Tribunal" (BRASIL, 2021i, p. 13).

3.2.3.1.3 Possíveis consequências do julgamento sobre a tributação do *software*

A discussão nas seções anteriores indica que caminhamos para a pacificação sobre a tributação do *software* pelo ISS, sendo razoável entender que os demais atores políticos se conformarão ao decidido. A questão que surge é saber até que ponto essa decisão servirá como vetor interpretativo para os demais bens e serviços digitais.

Dois dos fundamentos da decisão da ADI 5.659/MG, elencados no final da seção 3.2.3.1.1.1, apontam para uma maior amplitude na direção de atribuir ao ISS essa função.

O primeiro deles é o que atribui à Lei Complementar nº 116, de 2003, a função de dirimir conflitos de competências, de forma que os serviços incluídos na lista anexa estão no alcance da competência tributária dos municípios. Isso fará com que a decisão do legislador complementar tenda a prevalecer na disputa entre os entes pela base tributária da economia digital. Isso temperado com a já citada advertência do Ministro Gilmar Mendes no RE 603.136/RJ de que o legislador complementar não pode ampliar indiscriminadamente o conceito de serviço, atribuindo esse nome ao que não é, devendo se restringir a limites extraídos do próprio texto constitucional.

E o segundo é o que considera que o ICMS só pode incidir sobre bens, corpóreos ou incorpóreos, se houver a transferência de propriedade do bem, eliminando qualquer pretensão dos estados de tributar as atividades econômicas em que isso não ocorra.

Persistirão, contudo, inúmeras dúvidas sobre se determinados bens e serviços digitais estão, ou não, descritos na lista de serviços da Lei Complementar nº 116, de 2003, matéria que discutiremos com mais vagar na seção 3.2.4.

De qualquer modo, o exemplo do *software* demonstra os limites em se deixar para o Poder Judiciário a tarefa de resolver conflitos de competências. O processo decisório judicial é lento, em regra voltado para a solução de conflitos individuais, e ainda com dificuldades de consolidar entendimentos verdadeiramente abrangentes nas ações com efeitos *erga omnes*. Com a rápida e constante atualização da tecnologia, possivelmente qualquer decisão tomada, por mais consistente que sejam seus fundamentos, tem grandes chances de se tornar rapidamente obsoleta.

3.2.3.2 A tributação de serviços de comunicação e transporte não locais e dos demais serviços (ICMS-Comunicação e Transporte vs ISS)

Outra dimensão do fracionamento da base consumo que vem ultimamente ganhando terreno no debate tributário em virtude da economia digital é a **divisão da base serviço entre os estados (transporte e de comunicação) e os municípios (demais serviços)**. Recorde-se que o legislador da Reforma de 1965 teve o cuidado de, antes de entregar a base serviços aos municípios, dela separar os de transportes, exceto os locais, e os de comunicação, reservando-os à União, tendo o Constituinte de 1987/88 posteriormente os inserido no escopo do ICMS.

Nos **serviços de transporte**, a tecnologia propiciou o crescimento acelerado das plataformas de economia compartilhada estilo Uber. Como discutido na seção 1.3.4.2, para esse modelo de negócio, a principal receita é o valor da corrida, composto pela intermediação devida à plataforma e pela remuneração direcionada ao motorista.

Nesse caso, a princípio não existe conflito entre o ICMS-Transporte e o ISS, pois o primeiro se aplica aos transportes intermunicipais e interestaduais e o segundo, apenas aos que se iniciam e terminam dentro do mesmo município. A dificuldade está no gerenciamento das corridas de aplicativo entre municípios vizinhos, pois é necessário decidir, no momento do pagamento, qual imposto será devido. No entanto, isso pode ser controlado pelo algoritmo da plataforma digital, que conhece o local de saída e chegada antes da conclusão do serviço.

No escopo do ISS, a complexidade está no fato de a comissão de intermediação pertencente à plataforma ser tributada no local do estabelecimento do prestador (princípio da origem), e a receita do motorista do aplicativo, no local da prestação (princípio do destino). A tributação na origem dá lugar a planejamentos tributários e concentração da arrecadação e a no destino a questões de eficiência e custos de conformidade para se atender a regras tributárias de mais de 5.500 municípios. Veremos, na seção 4.3, que proposições em discussão no Parlamento objetivam resolver esses problemas transferindo a tributação da intermediação para o destino e gerenciando a arrecadação por meio de um sistema unificado de notas fiscais eletrônicas de serviços, e que essa solução é similar a outra já efetivada para serviços de planos de saúde e de administração de fundos, consórcios e cartões de crédito ou débito, mas contestada no Supremo Federal na ADI 5.835/DF.

Nos **serviços de comunicação**, a evolução tecnológica tem permitido que se realizem atividades semelhantes às realizadas pelas empresas de telecomunicação tradicionais usando a Internet como base, o que tem trazido perplexidades a diversas áreas do Direito. É o caso das chamadas de Voz sobre IP (VoIP) (ex: WhatsApp e Skype), que oferecem a mesma utilidade das ligações telefônicas oferecidas pelas empresas de telefonia celular, e do *streaming* de vídeo (ex: Netflix e Amazon Prime), que compete diretamente com as televisões aberta e fechada.

Além de importantes questões regulatórias envolvidas, com as empresas entrantes não se submetendo às mesmas exigências a que são obrigadas as prestadoras dos serviços públicos (MARQUES NETO; FREITAS, 2017), discussões tributárias de vulto têm ganhado nossos tribunais a respeito da competência para tributar serviços executados sobre a estrutura da Internet (Faria, 2018; Macedo, 2018b). Além disso, os novos modelos de negócios trouxeram ainda dúvidas, também assentadas no conceito de serviço de comunicação, sobre qual imposto deve atingir os serviços de divulgação de material publicitário em *sites* da Internet (Torres, H., 2018) e as atividades relacionadas à Internet das Coisas (IoT) (Schoueri; Galdino, 2018, p. 265-267), discutidos nas seções seguinte.

A hipótese de incidência do ICMS-Comunicação está definida no inciso II do art. 2º da Lei Kandir como as "prestações onerosas de serviços de comunicação, por qualquer meio, inclusive a geração, a emissão, a recepção, a transmissão, a retransmissão, a repetição e a ampliação de comunicação de qualquer natureza" (BRASIL, 1996). A partir desse conceito, Schoueri e Galdino (2018, p. 264), após sintetizarem as controvérsias doutrinárias sobre a matéria, concluem que o serviço de comunicação "exige a presença de um terceiro, alheio à relação comunicativa, que veicule uma mensagem, por qualquer meio, de um emissor para um receptor", não se fazendo "necessário que o receptor seja determinado, tampouco que tenha participação ativa". Contudo, destacam que não ocorre serviço de comunicação quando alguém dele se utiliza para prestar um serviço (Schoueri; Galdino, 2018, p. 265).

Essa diferença entre o serviço de comunicação propriamente dito e os serviços que podem ser prestadas usando essa estrutura restou consagrada na Lei Geral de Telecomunicações (Lei nº 9.472, de 16 de julho de 1997) na **distinção entre serviço de telecomunicação e serviço de valor adicionado (SVA)**. Seu art. 60 define o primeiro como "o conjunto de atividades que possibilita a oferta de telecomunicação", e telecomunicação como "a transmissão, emissão ou recepção, por fio, radioeletricidade, meios ópticos ou qualquer outro processo eletromagnético, de símbolos, caracteres, sinais, escritos, imagens, sons ou informações de qualquer natureza" (BRASIL, 1997). Já o SVA é definido em seu art. 61 como "a atividade que acrescenta, a um serviço de telecomunicações que lhe dá suporte e com o qual não se confunde, novas utilidades relacionadas ao acesso, armazenamento, apresentação, movimentação ou recuperação de informações". O § 1º desse artigo ainda delimita, sem margens de dúvida, a distinção ao afirmar que o "(s)erviço de valor adicionado não constitui serviço de telecomunicações, classificando-se seu provedor como usuário do serviço de telecomunicações que lhe dá suporte, com os direitos e deveres inerentes a essa condição" (BRASIL, 1997).

A partir dessas definições, a jurisprudência do STJ se firmou no sentido de não incidência de ICMS sobre serviço prestado pelos provedores de conexão à Internet, pois este "não cuida de prestação onerosa de serviços de comunicação ou de serviços de telecomunicação, mas de serviços de valor adicionado" (EREsp nº 456650/PR) (BRASIL, 2006a, p. 4). Esse entendimento se consolidou na Súmula 334 do tribunal: "O ICMS não incide no serviço dos provedores de acesso à Internet" (BRASIL, 2006b).

Modalidade relevante de negócios digitais são os **serviços *Over The Top* (OTT)**, aqueles prestados com o uso da Internet, sendo exemplos o *streaming* de áudio e vídeo, a televisão por protocolo de Internet (IPTV), os serviços de voz e mensagens pela Internet, os *sites* de notícias, as ferramentas de busca, os aplicativos de hospedagem, entre outros. Apesar de alguns deles poderem competir com serviços de comunicação, são SVA se prestados sobre a Internet, e, portanto, não sujeitos ao ICMS-Comunicação. A discussão passa, então, a verificar se estão incluídos na lista anexa do ISS, o que se fará na seção seguinte. (Macedo, 2018b, p. 512-516).

A evolução tecnológica, entretanto, questiona a todo momento as definições que parecem consolidadas. Um exemplo está na tecnologia VoIP, que pode ser oferecida na modalidade OTT tradicional, com dois computadores (ou dispositivos móveis com *software* embarcado), trocando mensagens e fazendo chamadas de voz (ex.: WhatsApp e Skype), não havendo dúvidas de se tratar de um SVA. Contudo, é possível também que a chamada de voz se inicie em um desses dispositivos e seja direcionada a um telefone fixo ou móvel comum, mediante a interconexão com a rede de operadoras de telefonia habilitadas pela Agência Nacional de Telecomunicações (Anatel). Nesses casos em que as prestações se dão de forma híbrida, há autores que defendem se caracterizar como um serviço de comunicação (Santos, 2018, p. 707-708), enquanto outros afirmam continuar se tratando de SVA, por serem serviços dependentes, mas autônomos e controlados em centros de custos separados (Faria, 2018, p. 598).

Ao lado dos SVA, é importante distinguir dois tipos de serviços de comunicação utilizados em modelos de negócios digitais: o **Serviço de Acesso Condicionado – (SeAC)** e o **Serviço de Comunicação Multimídia (SCM)**.

O **SeAC** é espécie de serviço de telecomunicação regulado pela Lei nº 12.485, de 12 de setembro de 2011, e por ela definido como um "serviço de telecomunicações de interesse coletivo prestado no regime privado, cuja recepção é condicionada à contratação remunerada por assinantes e destinado à distribuição de conteúdos audiovisuais na forma de pacotes, de canais nas modalidades avulsa de programação e avulsa de conteúdo programado e de canais de distribuição obrigatória, por meio de tecnologias, processos, meios eletrônicos e protocolos de comunicação quaisquer." (BRASIL, 2011a). Trata-se das **televisões por assinatura** e sua incidência pelo ICMS-Comunicação é incontroversa, tendo a própria lei definido o SeAC como serviço de telecomunicação, situação reconhecida na Lei Complementar nº 116, de 2003, que o excluiu explicitamente no item 1.09 da lista anexa (transcrito na nota de rodapé 71).

O **SCM** é um serviço de telecomunicação regulado pela Anatel, que o define como "um serviço fixo de telecomunicações de interesse coletivo, prestado em âmbito nacional e internacional, no regime privado, que possibilita a oferta de capacidade de transmissão, emissão e recepção de informações multimídia, permitindo inclusive o provimento de conexão à internet, utilizando quaisquer meios, a Assinantes dentro de uma Área de Prestação de Serviço." (Resolução nº 614, de 28 de maio de 2013) (Agência Nacional de Telecomunicações, 2013).

O SCM é outro exemplo das complexidades que as novas tecnologias trazem ao Direito. Apesar de poder prestar serviço de conexão à Internet, não se confunde com um SVA, por ser atividade regulada e exigir autorização de funcionamento, estando submetido ao ICMS-Comunicação (Macedo, 2018a, p. 511). Tal distinção já foi captada pela jurisprudência do STJ, quando, em decisão monocrática no REsp 1254944/SC, o Ministro Arnaldo Esteves Lima reconheceu que, sobre o provimento de acesso à internet via rádio, incide o ICMS por ser tratar de SCM (BRASIL, 2012).

De qualquer modo, apesar de a tecnologia a cada dia trazer novos contornos para os conflitos de tributação entre os serviços de comunicação e os demais serviços, a consolidação da jurisprudência no sentido de não incidência do ICMS sobre os SVA (e de incidência de ISS, desde que constantes na lista anexa, como veremos a seguir) diminui bastante o potencial de litígio ente o ICMS e o ISS.

3.2.4 Estreitamento da base tributável dos serviços (ISS vs não incidência)

Nas seções anteriores, já vimos que somente incide o ISS para serviços não incluídos no escopo do ICMS e que estejam previstos na lista anexa da Lei Complementar nº 116, de 2003. Com a evolução da tecnologia, entretanto, torna-se natural que surjam serviços que, por suas características inovadoras, gerem a dúvida de estarem incluídos ou não na lista do ISS, provocando constantes pontos de tensão entre o fisco e contribuinte.

Ao analisarmos o Quadro de Condições de Tributação de Ottawa, na seção 1.3.1, vimos que um sistema tributário eficaz e justo é aquele que produz a quantidade certa de tributo no momento adequado, ao mesmo tempo que evita tanto a dupla tributação quanto a não tributação não intencional. Reconhece-se, então, a viabilidade de que uma determinada atividade econômica não seja tributada, desde que essa desoneração tenha sido planejada, como acontece, por exemplo, quando se concede uma isenção.

Ao somente tributarmos com o ISS os serviços expressamente previstos em lei complementar, adotamos uma situação de não tributação intencional prevista na Constituição: caso o serviço não seja incluído na lista anexa, ele não será tributado. O problema com os novos serviços digitais é que sua não inclusão no rol de atividades tributadas decorre das suas características inovadoras e não da intenção do legislador, até mesmo porque não se divisa razão para essas atividades econômicas não serem oneradas, enquanto outras similares o são. Criam-se, então, casos de não tributação não intencional.

A dinâmica quando do surgimento de um novo serviço digital é conhecida e cada vez mais frequente. Por um lado, a administração tributária defende que a nova atividade econômica se insere em um dos itens existentes da lista do ISS, pois, como já visto, apesar de taxativa, admite interpretação extensiva dos serviços congêneres nela descritos. Por outro, o contribuinte aponta diferenças entre a atividade econômica e a descrição legal, pugnando ser caso de não tributação. Essa discussão, em regra, causa novas demandas judiciais e só cessa quando (i) os fiscos municipais conseguem inserir a nova tecnologia expressamente na lista anexa, ou (ii) decisão judicial definitiva é proferida. A primeira solução é lenta e de difícil consecução, pois, por envolver alteração de lei complementar, exige maioria absoluta dos Deputados e dos Senadores. A segunda normalmente envolve vagaroso e custoso processo entre diversas instâncias do Poder Judiciário.

Como visto na seção 3.2.3.1.2, um exemplo dessa sistemática se deu com a inclusão de diversos serviços na lista do ISS pela Lei Complementar nº 157, de 2016, como o objetivo declarado de incluir novas tecnologias que causavam dúvidas de interpretação relacionados à tributação de *softwares*: a computação na nuvem (item 1.03), a elaboração de programas (item 1.04) e o *streaming* (item 1.09) (transcritos na nota de rodapé 71).

Como o julgamento das ADIs 1.945/MT e 5.659/MG consolidou o entendimento de que a Lei Complementar nº 116, de 2003, tem a função de dirimir conflitos de competências, a tendência seria de se pacificar a incidência do ISS sobre os serviços incluídos na lista anexa, como é o caso do *streaming* de áudio e vídeo. Mas uma análise mais detalhada de alguns modelos de negócios, muitos dos quais o legislador complementar objetivou inserir nessa lista, demonstra que permanecem espaços para a contestação.

Nesse contexto, o novo posicionamento do STF resolverá as alegações de não tributação da licença de uso de programas de computador (Gomes, E.; Dias; Frota, 2019; Szelbracikowski, 2017), mas não suplantará os argumentos de que a lista anexa não traz itens para as licenças de comercialização e de transferência de tecnologia, modalidades previstas nos arts. 9º a 11 da Lei nº 9.609, de 19 de fevereiro de 1998[76], não se admitindo, nesse caso, interpretação extensiva (Gomes, D., 2019, p. 24).

[76] Art. 9º O uso de programa de computador no País será objeto de contrato de licença.
[...]
Art. 10. Os atos e contratos de licença de direitos de comercialização referentes a programas de computador de origem externa deverão fixar, quanto aos tributos e encargos exigíveis, a responsabilidade pelos respectivos pagamentos e estabelecerão a remuneração do titular dos direitos de programa de computador residente ou domiciliado no exterior.
[...]
Art. 11. Nos casos de transferência de tecnologia de programa de computador, o Instituto Nacional da Propriedade Industrial fará o registro dos respectivos contratos, para que produzam efeitos em relação a terceiros.
[...] (BRASIL, 1998a).

Para a **computação na nuvem**, apesar da descrição do item 1.03, há autores que concordam que as modalidades *software* como serviço (SaaS) e infraestrutura como serviço (IaaS) estão descritas na lei complementar, mas afirmam que a plataforma como serviço (PaaS) não está, por se tratar de uma atividade-meio que auxilia no desenvolvimento de *software*, não consistindo nem em processamento, nem em armazenamento, nem em hospedagem de dados. (Lara *et al.*, 2018, p. 395-418).

No caso dos **provedores de conexão de Internet**, discutido na seção anterior, a falta de item específico na lista anexa do ISS levou o STJ a considerar que, com base na redação antiga da lei complementar, sobre os provedores de acesso à Internet não incidia o ISS (REsp 719635/RS) (BRASIL, 2009a, p.1). Todavia, a partir da introdução do item 1.03 na lista anexa, diversos municípios passaram a os considerá-lo suficiente para classificar essa atividade econômica no escopo do ISS, como ocorreu em parecer no processo 2017/046039 da Prefeitura de Fortaleza/CE (Fortaleza, 2018). Marques (2018), entretanto, argumenta que o item não traz essa possibilidade, recomendando a inclusão de um item próprio Lei Complementar nº 116, de 2003. Um exemplo, citado pelo autor, é Projeto de Lei Complementar nº 361/2017, em discussão na Câmara dos Deputados, que inclui o item 41 na lista anexa com a descrição dos serviços de "conexão e acesso à internet".

Essa disputa ainda não tem solução judicial previsível. A título de exemplo, em consulta, em 30/7/2021, ao Tribunal de Justiça de São Paulo com os termos "provedor e acesso e Internet e ISS", os julgados que analisavam a matéria decidiam pela não incidência do ISS, mas frisavam que a análise havia sido feita antes da vigência da Lei Complementar nº 157, de 2016 (ex.: processos nºs 1019044-33.2017.8.26.0053, julgado em 12/11/2020 e 1001237-52.2017.8.26.0165, em 22/5/2019).

Outro caso que trazia grande discussão sobre a tributação pelo ICMS ou ISS era o da **veiculação de publicidade em páginas da Internet**. Como visto nos exemplos da seção 1.3.4, essa atividade econômica é crucial para os modelos de negócios digitais, por se tratar de uma de suas principais fontes de financiamento.

Dias e Barbosa (2018, p. 145-146) ensinam que a legislação anterior do ISS incluía a publicidade e a veiculação de publicidade como atividades tributadas. Entretanto, quando da promulgação da Lei Complementar nº 116, de 2003, o item sobre veiculação de publicidade foi vetado por ter sido considerado muito genérico, deixando espaço para tributar a mídia impressa, o que violaria a imunidade constitucional. Porém, mesmo sem um item específico, o fisco municipal paulista passou a tributar a atividade no item de publicidade e propaganda. Por sua vez, os estados defendiam sua competência tributária alegando que qualquer inserção de publicidade, inclusive *outdoors*, seria serviço de comunicação (Dias; Barbosa, 2018, p. 149-151).

Contrapondo os argumentos dos fiscos, diversos autores afirmavam não existir serviço de comunicação porque, na veiculação de publicidade, não há (i) prestação de serviço (obrigação de fazer), mas sim de ceder espaço virtual (obrigação de dar), nem (ii) comunicação, por inexistência de receptor determinado. Isso afastaria a incidência do ICMS-Comunicação pelos dois argumentos (Torres, H., 2018, p. 502-503) e do ISS pelo primeiro (Barreto; Takano, 2019. p. 1.027).

Para resolver a celeuma, atribuindo a competência da veiculação de publicidade aos municípios, o legislador complementar inseriu, na lista anexa do ISS, o item 17.25: "(i)nserção de textos, desenhos e outros materiais de propaganda e publicidade, em qualquer meio (exceto em livros, jornais, periódicos e nas modalidades de serviços de radiodifusão sonora e de sons e imagens de recepção livre e gratuita)" (BRASIL, 2016a).

A partir desse momento, alguns autores passaram a considerar que a veiculação da publicidade na Internet, aplicativos e jogos eletrônicos se submete ao ISS (Dias; Barbosa, 2018, p. 157-159), com outros insistindo que se mantém a não incidência por não se tratar de uma obrigação de fazer (Barreto; Takano, 2019. p. 1.028). Já o Governador do Estado do Rio de Janeiro impetrou a ADI 6034/RJ para questionar a constitucionalidade do item 17.25 da lista anexa, sob o argumento de que a inserção de publicidade não poderia ser desvinculada de sua veiculação, fenômeno que estaria no campo de incidência do ICMS por caracterizar serviço de comunicação. Em março de 2022, a ação foi julgada improcedente, confirmando-se a tributação do serviço pelo ISS, com fundamento na função da lei complementar de dirimir conflitos de competências. (BRASIL, 2022, p. 2).

Por fim, a **venda do arquivo digital a ser utilizado na impressão 3D** é uma atividade econômica que merece maiores reflexões sobre sua tributação do consumo. Por evidente, caso se utilize esse arquivo para imprimir um produto que em seguida é vendido, sobre essa operação incidirão o ICMS e, em algumas situações, o IPI. Se o produto impresso for utilizado para prestar um serviço, será custo embutido no preço final tributado pelo ISS. A dúvida está na operação de venda do arquivo digital com a especificação do produto a ser impresso.

Macedo (2018a, p. 187-192), apesar de defender que o ISS incide sobre bens imateriais, considera que, como esse arquivo só terá utilidade se for impresso, deve ser tributado pelo ICMS. Usa para isso uma interpretação teleológica com a tributação que esse bem sofreria se fosse produzido fisicamente.

Por sua vez, Luz (2020, 485-491) divide os arquivos para impressão 3D em duas categorias: (i) cedidos por licença de uso e (ii) elaborados por encomenda, dependendo se o desenvolvedor do modelo mantém a propriedade intelectual do desenho ou não. Para o primeiro caso, conclui ser possível se utilizar do item 1.05 da lista do ISS (licenciamento ou cessão de direito de uso de programas de computação) a partir de uma interpretação extensiva. Para o segundo, defende sua inclusão no item 23 (serviços de programação e comunicação visual, desenho industrial e congêneres). Assim, para o autor, nos dois casos a tributação se daria pelo imposto municipal.

Os posicionamentos divergentes desses dois autores apontam para o desconforto em se tributar com o ISS um insumo que será utilizado no processo produtivo de um bem que será taxado por outro tributo, ou o ICMS, se for uma mercadoria, ou novamente pelo ISS, se for um serviço (ex.: um dentista que imprime um aparelho ortodôntico a ser utilizado no tratamento dentário).

Nesse contexto, analisando a tributação de serviços gráficos pelos entes subnacionais na medida cautelar na ADI 4.389/DF, o STF decidiu que "o ISS não incide sobre operações de industrialização por encomenda de embalagens, destinadas à integração ou utilização direta em processo subsequente de industrialização ou de circulação de mercadoria", situação em incidirá o ICMS (BRASIL, 2011b). Criou-se, então, um critério da destinação do serviço gráfico: se este for parte de um processo produtivo de uma mercadoria, deveria ter o mesmo tratamento tributário e sofrer a incidência do ICMS, que geraria crédito para as etapas seguintes. Caso contrário, seria um serviço submetido ao ISS.

Essa decisão fez com que o legislador complementar alterasse a redação do item 13.05 da lista anexa da Lei Complementar nº 116, de 2003, que trata de serviços gráficos, excluindo a incidência do ISS "se destinados a posterior operação de comercialização ou industrialização, ainda que incorporados, de qualquer forma, a outra mercadoria que deva ser objeto de posterior circulação, tais como bulas, rótulos, etiquetas, caixas, cartuchos, embalagens e manuais técnicos e de instrução, quando ficarão sujeitos ao ICMS." (BRASIL, 2016a). Essa alteração fez com que a ADI 4.389/DF perdesse o objeto, não tendo sido proferido julgamento de mérito.

Apesar de não citar esse julgamento, Macedo (2018a, p. 191) se utiliza do critério da destinação, entregando ao ICMS o "arquivo digital com vocação para ser impresso". Já Luz (2020, p. 490) considera que o silêncio do legislador complementar, ao não alterar a redação do item 23 da lista anexa excepcionando do ISS os desenhos industriais a serem utilizados no processo produtivo, mantém a incidência do imposto municipal nos casos de serviço prestado por encomenda.

Ao que parece, a orientação adotada pelo STF nas ADIs 1.945/MT e 5.659/MG deve representar um importante marco no deslinde dessa questão, admitindo a incidência do ICMS apenas no caso em que houver a transferência de propriedade do arquivo elaborado por encomenda. Quanto à incidência de ISS, é questionável a utilização de interpretação extensiva para o item 1.05 no caso de arquivos cedidos por licença de uso, como defende Luz (2020, p. 487-488), pois um arquivo digital é substancialmente diferente de um programa de computador (MACEDO, 2018a, p. 191). Já para os arquivos elaborados por encomenda sem transferência de propriedade, consideramos razoável a sua incidência pelo ISS no item 23 da lista.

A discussão acima demonstra que, apesar de a recente jurisprudência do STF resolver algumas situações de conflito, o estreitamento da base de serviços do ISS tem ainda um grande potencial para litígios judiciais.

3.2.5 Tributação de contratos mistos

As seções anteriores listaram diversos conflitos de competências relativos à natureza jurídica dos objetos da economia digital, decorrentes da divisão da base consumo entre entes federados de níveis diversos baseada nas dicotomias mercadorias/serviços e serviços de comunicação/serviços em geral, bem como disputas sobre a possibilidade de tributar alguns serviços digitais em função do estreitamento da base do ISS pela taxatividade de sua lista anexa. Porém, mesmo nos casos em que é possível divisar qual o imposto incidente sobre uma operação, esse modelo de tributação impõe altos custos de conformidade para diversos modelos de negócios digitais, que, em regra, envolvem **contratos mistos e operações complexas**, que, por sua vez, resultam em múltiplas caracterizações tributárias.

Tome-se como exemplos a **IoT**. Lara (2018, p. 117) destaca que a tecnologia que permite a comunicação máquina a máquina, na verdade, envolve uma série de operações, como serviço de comunicação, venda de mercadoria, computação na nuvem, entre outros, o que obriga a análise caso a caso para se concluir quais tributos se aplicam.

A autora cita o exemplo de um fazendeiro que compra um trator com aplicativo acoplado de gerenciamento da lavoura e contrata em separado uma operadora de telecomunicação para a conexão à Internet. Nesse caso, o serviço de telecomunicação contratado estará sujeito ao ICMS-Comunicação. Já o preço do trator envolverá a venda da máquina em conjunto com um serviço de computação na nuvem na modalidade SaaS, com direito ao usufruto do programa por um período, quando então deverá ter sua assinatura renovada. No caso, faz-se necessário separar o preço do trator, tributando a parte da mercadoria com o ICMS, e a do *software* como ISS. (LARA, 2018, p. 118-119). O problema estará se isso não estiver definido no contrato de compra e venda, pois poderá haver disputa entre o fisco estadual e o municipal sobre a forma de alocação do preço pago entre a mercadoria e o serviço (SCHOUERI; GALDINO, 2018, p. 257).

Encontramos outro exemplo das complexidades de um contrato misto em Ferreira e Nobrega (2020, p. 109-113), que analisam um modelo de negócio de uma empresa que gerencia sua cadeia de logística de exportação de flores por meio de contêineres controlados por sensores de temperatura integrados por uma solução IoT a uma rede *blockchain*, em que todos os participantes da rede podem verificar, em tempo real, o histórico de cada etapa da operação. Para especificar a tributação da transação, divisam quatro negócios diferentes: consultoria, desenvolvimento do sistema, oferta de IoT e computação na nuvem.

No serviço de consultoria, relativo à construção da rede de *blockchain*, demonstram haver diferenças de alíquota e regime do ISS e do PIS/Cofins caso seja considerado uma consultoria de informática ou não. No caso do desenvolvimento do sistema, destacam haver três itens aplicáveis na lista do ISS (1.01, 1.02 e 1.04), que podem gerar autuações dos fiscos municipais por erro de classificação, mesmo no caso de as alíquotas serem iguais. Para o IoT trazem aspectos da divisão sobre serviços de comunicação e valor agregado já discutidos mais acima. E para a computação na nuvem, argumentam que, se a filial brasileira pagar para a matriz estrangeira, a título de direitos autorais, licença pela cessão dos direitos de distribuir o *software* no Brasil, a operação não estaria sujeita ao ISS por não haver previsão de tributação, na lista anexa, de licença de distribuição. (Ferreira; Nobrega, 2020, p. 109-113).

Esses dois exemplos demonstram as dificuldades potenciais dos contratos mistos nos negócios modernos da economia digital e são suficientes para ilustrar os níveis de complexidade que trazem à tributação do consumo.

3.2.6 Tributação dos modelos de negócios e tecnologias digitais analisados

Finalizaremos o capítulo analisando os modelos de negócios e tecnologias digitais discutidos das seções 1.3.4 e 1.3.5, para destacar, com base nas conclusões da discussão precedente sobre os conflitos de competências e o estreitamento da base de serviços, se sobre suas receitas deve incidir ICMS ou ISS.

No caso do **comércio eletrônico**, o exemplo da Figura 6 ilustra um negócio que compra as mercadorias de fornecedores e os vende a consumidores finais com uma margem de lucro. No caso, como a venda da mercadoria é feita pela plataforma, há incidência de ICMS. Se, ao contrário, a plataforma apenas intermediar a venda de um terceiro, que faz a operação em seu nome, com a plataforma sendo remunerada por uma comissão, sobre ela incide o ISS, ficando o terceiro responsável pelo ICMS relativo à venda da mercadoria.

No exemplo, a plataforma poderia também faturar com serviços *premium*, como remessa grátis para assinantes, com a venda dos dados dos usuários para terceiros e com a veiculação de publicidade para anunciantes. A receita com assinatura *premium* é serviço sujeito ao ISS. O mesmo acontece com a utilização dos dados dos usuários para vender propaganda direcionada aos clientes, aplicando-se a discussão sobre veiculação de publicidade feita anteriormente. Quanto à negociação de dados dos usuários para empresas terceiras, apesar de ser comum se utilizar o termo "venda", na verdade o que ocorre é a extração de informações por meio de processamento dos dados e a cessão do direito de uso dessas informações por um determinado período ou por tempo indeterminado. Se venda houvesse, haveria a transferência de titularidade, sendo impossível que a empresa utilizasse novamente a informação ou a transacionasse outra vez com terceiros. Utilizando-se do entendimento de que a cessão de direito de uso é um serviço, trata-se, também, de operação submetida ao ISS.

No exemplo da **plataforma de economia compartilhada de transporte privado de passageiros**, ilustrado na Figura 7, a principal fonte de receita deriva das comissões pelas corridas, tributadas pelo ISS. A remuneração dos motoristas também é serviço tributado pelo ISS, em regra em valores fixos. Caso haja venda de informações de tráfego para empresas de logística ou de transporte público em tempo real, valem as observações acima sobre cessão de direito de uso de dados, serviço tributado pelo ISS.

No caso de **plataformas de economia compartilhada de alojamentos**, Piscitelli (2018, p. 423-429) destaca que não há dúvidas de que as comissões das plataformas são tributadas pelo ISS, mas aponta que há controvérsia sobre a remuneração dos proprietários dos imóveis. Caso se considere tratar de locação de bem imóvel, não há incidência de ISS, exceto no aluguel de espaços que revelem exploração comercial, com serviços incluídos (ex.: escritórios de *coworking*). Tratando-se, contudo, de serviços de hospedagem, há a incidência do ISS no item 9.01 da lista anexa. A autora esclarece que essa polêmica está presente nas iniciativas de diversos municípios em tributar essas receitas, o que é apoiado pelo setor hoteleiro, que sofre a concorrência das plataformas (Piscitelli, 2018, p. 427), revelando-se matéria com alto potencial de judicialização.

No exemplo das **redes sociais**, representado na Figura 8, observou-se que receitas eram geradas com a (i) venda de espaço publicitário a terceiros que desejam anunciar para os usuários na plataforma e (ii) licenciamento dos dados do usuário coletados para terceiros. Como já discutido mais acima, ambas as operações estão sujeitas ao ISS.

O caso da **computação na nuvem**, ilustrado na Figura 9, já foi discutido nas seções anteriores, com suas receitas de mensalidades ou de pagamento à medida do uso tributadas no item 1.03 da lista anexa do ISS, mas com autores desafiando que a modalidade PaaS não se está incluída nessa classificação. Caso o serviço seja oferecido gratuitamente para o usuário, mediante a apresentação de publicidade, essas receitas são também tributadas pelo ISS como já analisado.

As **tecnologias de IoT e Impressão 3D**, analisadas nas seções 1.3.5.1 e 1.3.5.2, já tiveram suas consequências tributárias estudadas anteriormente, demonstrando-se que a primeira em regra envolve um contrato complexo que exige análise caso a caso de suas diversas operações, e que a segunda traz dúvidas sobre a tributação do arquivo digital a ser usado como modelo para a impressão.

Quanto às **moedas virtuais**, discutidas na seção 1.3.5.3, a regulamentação de seus efeitos tributários ainda é incipiente em nosso país. A única manifestação oficial é da Receita Federal do Brasil, em sede do Perguntas e Respostas do Imposto de Renda da Pessoa Física, de que as moedas virtuais devem ser informadas na declaração de bens e direitos, e que sua alienação está sujeita a apuração de ganho de capital (Uhdre, 2021, p. 212-213).

Nesse cenário, é razoável concluir que, no Brasil, o uso de moedas virtuais para pagar o consumo de bens e serviços não gera tributação do consumo por si mesmo. O fornecimento do bem ou serviço será tributado pelos tributos sobre o consumo com base no valor da operação. Caso a moeda virtual tenha sido adquirida por valor inferior ao da operação, deve haver tributação do ganho de capital pelo imposto de renda. Já serviços relacionados às criptomoedas (taxas pelo uso e manutenção da carteira ou pela operação de troca) devem ser tributados pelo ISS.

Quanto à atividade de criação de criptomoedas, Uhdre (2021, p. 234-235) defende que a remuneração do minerador pela criação do bloco feita em criptomoedas como recompensa pela rede *blockchain* não deve ser tributada pelo ISS, por inexistência de bilateralidade entre o minerador e a rede. O argumento de não tributação pelo imposto municipal parece razoável, em uma primeira reflexão, até mesmo por ser impossível definir preço para a transação, o que sugere que a incidência somente acontecerá na tributação da renda quando essa moeda criada for utilizada, apurando-se o ganho de capital com custo de aquisição igual a zero. Já a remuneração paga em cada transação pelo usuário da rede que teve uma transação realizada sofre a incidência do ISS.

3.3 Respostas aos Objetivos Específicos do Capítulo

Este capítulo se propôs a responder o questionamento constante do quarto objetivo específico do estudo: se a tributação do consumo brasileira, além dos desafios gerais impostos a todos os países pela economia digital, enfrenta problemas específicos decorrentes de suas peculiaridades.

A pesquisa respondeu a indagação de forma positiva, concluindo que nosso sistema possui quatro problemas estruturais principais: (i) conflitos de competências decorrentes da separação da base tributária entre impostos diferentes e sua entrega a entes federados de níveis diversos (ICMS e ISS), (ii) estreitamento da base tributável dos serviços em função da taxatividade da lista do ISS, (iii) adoção de impostos cumulativos (ISS e PIS/Cofins cumulativos) ou com creditamento limitado do imposto pago nas etapas anteriores (ICMS e PIS/Cofins não cumulativos) e (iv) implementação de um híbrido entre o princípio da origem e do destino para o ICMS e o ISS. Esses problemas afetam a eficiência da economia como um todo, mas são agravados pelos novos modelos de negócios digitais.

Verificamos que esses desafios são particulares de nosso país, decorrentes da evolução histórica da tributação do consumo no Brasil (seção 3.1), e que foram agravados pela economia digital (seção 3.2). Demos especial destaque aos conflitos de competência decorrentes da divisão da base consumo entre mercadorias (ICMS) e serviços (ISS) (seção 3.2.3.1) e da repartição da base serviço entre os estados (transporte e de comunicação – ICMS) e os municípios (demais serviços – ISS) (seção 3.2.3.2), e às disputas derivadas do estreitamento da base tributável dos serviços na legislação do ISS (seção 3.2.4).

Terminamos o capítulo analisando exemplos de negócios digitais que envolvem contratos mistos e operações complexas que, por sua vez, resultam em múltiplas caracterizações tributárias e altos custos de conformidade para os contribuintes (seção 3.2.5); e discutindo qual seria a correta tributação, no atual ordenamento, dos modelos de negócios e tecnologias digitais discutidos no capítulo 1 (seção 3.2.6).

4
POSSIBILIDADES DE INCORPORAÇÃO DAS RECOMENDAÇÕES INTERNACIONAIS PARA A TRIBUTAÇÃO DO CONSUMO NO BRASIL

"*To tax and to please, no more than to love and to be wise, is not given to men.*"[77]

(Edmund Burke – Parlamentar inglês do século XVIII)

Este capítulo se propõe a discutir como as recomendações internacionais apresentadas no capítulo 2 poderiam ser aplicadas ao Brasil para resolver os desafios trazidos pela economia digital aos nossos tributos incidentes sobre o consumo, tanto os que se apresentam aos países em geral, analisados no capítulo 1, quanto aqueles decorrentes de nossa estrutura tributária particular, destacados no capítulo 3. Como essas diretrizes não foram concebidas para nossos problemas específicos, é necessário acoplar o estudo das soluções da OCDE com o de respostas às disfunções do ordenamento brasileiro. Por isso, a análise se dará não só quanto ao sistema tributário atual, mas também para os principais projetos de alterações dessa estrutura.

É importante notar que a **adaptação de nosso sistema tributário aos cânones internacionais é matéria relevante para o Brasil**, que

[77] "Tributar e agradar, assim como amar e ser sábio, não é dado aos homens" (Burke, 1774 *apud* Keen; Slemrod, 2021, p. 341, 447, 459, tradução nossa). Discurso sobre tributação feito em 19 de abril de 1774.

tem pretensões de curto prazo de se tornar um membro da OCDE, pois, como vimos na seção 2.1, o conselho desse órgão recomendou a adoção das Diretrizes Internacionais sobre o IVA/IBS a todos os países membros e não membros, em um primeiro acordo internacional sobre a tributação do consumo com aspiração global (OECD, 2017b, p. 3-4, 110-112). É verdade que essas orientações estão na categoria de *soft law*. Não são, assim, de adoção obrigatória, e, por essa razão, são apenas recomendadas. Mas sem dúvida devem ser consideradas por um país que pretende se juntar a outros que incorporam essas prescrições. Além disso, como vimos na seção 2.3, mais de 70 países, entre eles diversos de nossos vizinhos sul-americanos, já implementaram mudanças nesse sentido e já começaram a colher seus frutos. Apesar de os resultados econômicos iniciais serem ainda pequenos quando comparados com o valor total do comércio internacional, representam valores nominais não desprezíveis.

A aplicação das recomendações internacionais ao ordenamento brasileiro, contudo, **tem tido pouco espaço tanto interna quanto externamente**. Por exemplo, recente relatório da OCDE, CIAT, BID e Banco Mundial com orientações para fortalecer a aplicação do IVA/IBS sobre o comércio eletrônico na América Latina e no Caribe dedicou pouco espaço ao ordenamento brasileiro, apenas reconhecendo que o país possui tributação sobre o valor agregado, mas sem confrontá-lo com a estrutura tributária que propôs para os demais países, sob o argumento de que não temos um IVA na esfera federal (OECD/WBG/CIAT/IDB, 2021, p. 151-153), o que, além de discutível, dado que possuímos diversos tributos sobre o valor agregado da competência da União (IPI, PIS e Cofins), deixou passar a oportunidade de se explorarem alternativas para nossa nação.

Na **área acadêmica**, há poucos artigos científicos que analisam a possibilidade de o Brasil aderir às orientações da OCDE sobre a tributação indireta. Relatório do Instituto de Estudos para o Desenvolvimento Industrial (IEDI), após análise dessas recomendações e do sistema tributário brasileiro, conclui que a saída é a adoção de um IVA/IBS alinhado às melhores práticas internacionais (IEDI, 2021, p. 27-44). Em sentido contrário, Piscitelli (2019, p. 543), apesar de reconhecer a eficácia dessa solução, pondera que ela traz outros debates estruturais e envolve um prazo de implementação muito longo, e prefere apostar na criação de um tributo federal sobre a economia digital, retido no pagamento da operação pela instituição financeira, e criado com fundamento na competência residual prevista no art. 154, inciso I, da Constituição Federal.

Por outro lado, **nas discussões sobre a reforma tributária** que ganharam corpo a partir de 2019, a maioria das propostas apresentadas leva em conta os desafios da economia digital e pretende para eles oferecer soluções. Entretanto, o leque de alternativas apreciado é muito amplo, variando de pequenos ajustes no ordenamento vigente até mudanças estruturais com a substituição dos impostos e contribuições atuais por um novo imposto sobre o valor agregado de abrangência nacional. Além disso, o debate se acirrou nos últimos anos, com os adeptos de cada proposição a defendendo aguerridamente e criticando abertamente as demais opções, o que dificulta o consenso. Mais do que nunca, ecoa o alerta da epígrafe deste capítulo de que, qualquer que seja a solução adotada, parte da sociedade dela discordará, em especial aqueles que com ela serão mais onerados.

Diante desse cenário, uma das explicações para o pouco interesse sobre as recomendações da OCDE para a tributação do consumo estaria no fato de o debate tributário brasileiro estar focado um passo atrás, em como devemos tributar o consumo em nossa sociedade, entendendo que a resposta aos problemas da economia digital, ou parte significativa dela, seria primeiro aí encontrada.

Outra possível explicação decorreria de nossa **realidade diferir em demasia dos outros países do mundo**, o que diminuiria a importância dessas medidas em nossas terras. Essa linha de argumentação destaca que o Brasil é extremamente fechado e possui regras que praticamente obrigam que as empresas estrangeiras se instalem no país para acessar o mercado nacional, como o controle cambial, o uso reduzido de cartão de crédito internacional, a exigência de nota fiscal e a obrigação de pagamento em real pelo consumidor local. Some-se a isso o fato de que as companhias que não tenham subsidiárias locais terem os valores pagos por consumidores brasileiros sujeitos ao Imposto de Renda Retido na Fonte (IRRF) à alíquota de 15% ou 25%, e IOF, que pode chegar a 6,38% se o pagamento for por cartão de crédito. (PEROBA, 2019). Tudo isso sugeriria que nosso país seria pouco prejudicado em termos fiscais com relação à venda de intangíveis e serviços provenientes de empresas estrangeiras situadas fora do Brasil e teria pouco a ganhar com sistemas que obriguem seu registro no país. Não foram encontradas pesquisas empíricas que confirmem ou refutem essa argumentação, calculando a efetiva atuação de empresas estrangeiras sem presença física no Brasil, o que consiste em importante lacuna que recomenda maiores estudos[78].

Não se deve, contudo, deixar de lado essa segunda discussão, sobre a utilidade de se aproveitar das recomendações da OCDE, em especial pela dificuldade em obter consenso no debate antecedente de qual o modelo de tributação do consumo mais adequado. Além disso, não é recomendável que o Brasil se valha da característica de "país fechado" para ignorar debate relevante internacionalmente. Como já avaliado na seção 2.3, mais importante do que aquilo que se pode arrecadar de imediato, a adoção dessas medidas por países relevantes demonstra uma tendência que não deve ser desconsiderada como algo menor, em um contexto de cooperação multilateral que se consolida na atual fase da globalização.

Nesse contexto, é importante construir maneiras de incorporar as recomendações internacionais ainda que de forma parcial, de acordo com as possibilidades de consenso político para as mudanças na tributação do consumo atual. Por exemplo, mesmo se o Brasil não puder adotar as Diretrizes Internacionais sobre o IVA/IBS integralmente, se ao menos lograr ajustar sua legislação interna às regras de definição do local do consumo nas operações transfronteiriças com intangíveis e serviços, já serão evitados conflitos de competências com os demais países. E se for possível divisar maneiras de integrar os entes federados de modo a ado-

[78] Cockfield (2016, p. 13) ressalta a importância da pesquisa empírica para mensurar os efeitos da tecnologia sobre o Direito e informar os formuladores de políticas públicas para enfrentar os problemas deles decorrentes, inclusive na área tributária. A relevância atual da matéria se revela quando se observa que o ramo de estudos sobre arcabouços metodológicos para realizar inferências causais sobre os efeitos provocados por mudanças legais e políticas públicas, que gerou a denominada "revolução de credibilidade em estudos empíricos", teve sua importância reconhecida com três de seus pesquisadores laureados com o Nobel de Economia de 2021 (Oliveira, C., 2021). Nesse contexto, destaca-se a necessidade de a pesquisa econômica suprir essas e outras lacunas importantes no estudo dos efeitos concretos da economia digital sobre o sistema tributário de consumo brasileiro, bem como dos resultados esperados decorrentes de mudanças na legislação sobre o assunto.

tarem as medidas conjuntas de *enforcement* para garantir a tributação dos fornecedores/prestadores estrangeiros, o potencial de evasão dos negócios digitais será reduzido e o *compliance* daqueles que desejam atender às regras do país, facilitado. E todas essas opções podem ser potencializadas, caso se considerem os avanços tecnológicos a que os fiscos brasileiros têm acesso, como as notas fiscais eletrônicas, os sistemas informáticos para o cumprimento integrado de obrigações acessórias e as ferramentas de análise de inteligência artificial[79].

Diante de todas essas ponderações, este capítulo **avalia as possibilidades de adoção das recomendações internacionais em diversos cenários de configurações de ordenamentos tributários baseados em tributos gerais sobre o consumo.** Caso apenas o ordenamento atual fosse analisado, perderíamos a perspectiva dos ganhos de qualidade que poderiam ser alcançados com mudanças em sua estrutura. Por outro lado, se a pesquisa focasse somente em um dos modelos julgado mais eficiente, a análise se limitaria a cenário hipotético que talvez nunca se concretizasse por falta do consenso necessário para sua adoção.

Ao destacar as vantagens e desvantagens de determinado modelo, o estudo teve em conta os desafios econômicos da economia digital, sem desconsiderar que a escolha por determinado sistema está na esfera política e leva em conta outras dimensões econômicas, financeiras e políticas igualmente relevantes. Essas outras perspectivas podem justificar a opção por uma configuração menos eficiente economicamente, sendo que essa menor eficiência pode ser considerada com um **preço a ser pago** em nome de nossa estrutura federada em favor de um pacto político aceitável por nossa sociedade.

Para atingir os propósitos deste capítulo, a seção seguinte apresenta os cenários que serão analisados neste livro, justificando as escolhas e

[79] Na verdade, veremos que diversas das propostas de reforma de nosso sistema tributário de consumo se escoram em sofisticadas soluções tecnológicas, revelando a crença no poder de a tecnologia resolver nossas deficiências tributárias. Fortalece-se a opinião de que a resposta para os desafios da economia digital pode estar em soluções de administração tributária, mais fáceis de serem implementadas do que as de política tributária. Nas alternativas pensadas neste livro, contudo, partimos do pressuposto de que sistemas tecnológicos somente terão sucesso na simplificação de procedimentos caso sejam precedidos de medidas prévias de simplificação e harmonização da legislação.

apresentando a análise que será feita, além de destacar algumas peculiaridades de nossas administrações tributárias que facilitam a adaptação das recomendações internacionais. Em seguida, as seções subsequentes discorrem sobre cada cenário, apresentando suas características, ponderando como sua adoção atua sobre os problemas estruturais do ordenamento brasileiro, e avaliando como seria possível implementar as recomendações da OCDE para fortalecer a tributação do consumo da economia digital.

4.1 Breves anotações sobre os cenários a serem analisados e sobre o atual grau de integração das administrações tributárias

Já observarmos anteriormente que a reforma da tributação do consumo tem permeado o debate nacional dos últimos 30 anos, logo depois da aprovação da Constituição de 1988, diante dos evidentes problemas que o arranjo tributário aprovado demonstrou (vide seção 3.1.4).

Por um lado, propostas de emendas à Constituição ofereceram reformas profundas no ordenamento de consumo, mas fracassaram diante dos conflitos de interesse que surgiram em sua discussão. Por outro, diversos Governos realizaram alterações infraconstitucionais para resolver problemas pontuais, o que levou à piora da qualidade do sistema como um todo.

Uma das explicações que a Ciência Política oferece para a dificuldade de se realizarem mudanças significativas em nosso sistema tributário é de ele ser fruto de uma lenta evolução, em que cada uma de suas dimensões econômicas (distribuição de competências, autonomia dos entes subnacionais, sistema de transferências, vinculação de gastos, etc.) se desenvolveu em ritmos e momentos diversos. Isso fez com que ele tenha amadurecido e se consolidado no decorrer da história de modo a ser cada vez mais difícil nele promover alterações importantes (ARRETCHE, 2005, p. 71-72)[80].

[80] As modificações em sistemas dessa natureza ocorrem em processos denominados "dependentes da trajetória" (*path dependent*), em que as etapas anteriores induzem movimentos na mesma direção, por estarem sujeitos a retornos crescentes (*increasing returns*), isto é, a custos de transição (*exit costs*) que aumentam significativamente com o tempo. Nesses processos, a sequência dos eventos importa para o resultado, sendo que um acon-

Nesse cenário em que convivem evidências de desgaste do modelo de tributação do consumo brasileiro, agravado pela economia digital, com resistências a mudanças do *status quo*, é que se deve situar o debate das soluções propostas para resolver os problemas do sistema. Enquanto a maior parte dos especialistas defende **alterações, em maior ou menor grau, em um ordenamento fundado na base consumo**, outros afirmam que a tributação atual não pode se sustentar em impostos concebidos para uma realidade onde a economia se baseava em bens físicos, sendo necessário ousar em **soluções mais disruptivas baseadas em novos tributos**[81].

A escolha das propostas a serem analisadas carrega alguma dose de subjetividade, dada a grande quantidade de alternativas trazidas à baila nos últimos anos, o que envolveu a adoção de alguns critérios de seleção. O primeiro deles foi **limitar o escopo da pesquisa às propostas que miram a tributação geral da base consumo**. A partir delas, escolhemos aquelas que ganharam **relevância** nas recentes discussões pela importância de seus propositores (governos, autores das PECs prioritárias, tri-

tecimento que poderia provocar uma grande mudança caso tivesse ocorrido no início pode não ter qualquer influência se ocorrer em etapas posteriores. (Pierson, 2000, p. 251-253).

[81] Dentre as propostas baseadas em novos tributos, destaca-se, no Brasil, a defesa de adoção de um imposto sobre transações financeiras (Cintra, 2018), embasada na experiência exitosa da CPMF no país. Destacam-se, também, aqueles que, mesmo sem divisar um modelo tributário adequado para essa missão, ponderam que os paradigmas tributários que se consolidaram no passado estão sendo corroídos pelas inovações tecnológicas, esvaziando as bases tributárias tradicionais dos impostos indiretos e exigindo a identificação de novas materialidades e a construção de novos tributos capazes de alcançá-las (Correia Neto; Afonso; Fuck, 2019, p. 157-158; Rezende, 2020, p. 24-25; Soete; Kamp, 1996). Há ainda os que apostam na adoção de *Digital Services Taxes* no Brasil, tributos específicos sobre o faturamento das grandes empresas de tecnologia (ex.: PL 2358, de 2020, da Câmara dos Deputados, que institui a Contribuição de Intervenção no Domínio Econômico incidente sobre a receita bruta de serviços digitais prestados pelas grandes empresas de tecnologia – CIDE-Digital), que, como esclarecido na introdução e no capítulo 2, são tributos indiretos que objetivam compensar suposta insuficiência da tributação dos lucros das *Big Techs*. Apesar de reconhecermos a importância de se analisar como essas propostas atuam diante dos desafios da economia digital para o ordenamento brasileiro, essas linhas de pesquisa extrapolam os propósitos deste livro.

butaristas de renome) e que levaram em conta, em maior ou menor grau, a economia digital.

Foram então selecionados cinco cenários que cobrem as diversas possiblidades de alterações na tributação geral do consumo, **classificados de acordo com a intensidade na alteração** que pretendem realizar no sistema. Primeiro os que ou não promovem alterações significativas no ordenamento (cenário 1) ou o fazem apenas em nível de lei ordinária ou complementar (cenário 2). Em seguida, um que propõe a criação de novos tributos (cenário 3). Depois, outro que exige alterações constitucionais, mas mantém a atual divisão da base consumo entre entes federados (cenário 4). E finalmente aquele que exige mudanças estruturais no atual esquema de impostos e contribuições sobre o consumo, substituindo as modalidades existentes por uma nova espécie (cenário 5). Nesse processo de escolha, deixamos de lado outras hipóteses por limitações da pesquisa, que não se propôs a fazer um censo das propostas sobre o assunto, tendo apenas priorizado cenários gerais de tributação indireta para avaliar as possibilidades de adaptação das recomendações da OCDE.

Para cada cenário, verificamos primeiro quais os efeitos da estrutura tributária sobre os problemas estruturais de nosso ordenamento apontados no capítulo 3. Em seguida, averiguamos como cada uma dessas opções se adapta às recomendações internacionais da OCDE, indagando qual o grau de aderência às Diretrizes Internacionais sobre o IVA/IBS, para então avaliarmos as possibilidades de construção de um sistema que permita o registro e o pagamento dos tributos devidos pelos fornecedores e plataformas não residentes, como atribuir responsabilidade tributária a essas empresas estrangeiras, e qual a necessidade de alteração das regras de importação de bens tangíveis de pequeno valor. Na última seção, por ser comum a todos os cenários, avaliamos qual o potencial de uso dos instrumentos de cooperação internacional sugeridos pela OCDE em nosso país.

Ainda nessa análise preliminar, julgamos importante tecer alguns comentários sobre o grau de integração de nossas administrações tributárias a partir de sistemas automatizados, o que será utilizado como base das propostas de incorporação das recomendações da OCDE em cada cenário. Apesar de as medidas analisadas serem de política tributária, o que envolverá a discussão sobre ajustes na legislação, a efetiva possibilidade de adaptação dessas recomendações à nossa estrutura federativa depende da **capacidade de as administrações tributárias atuarem de forma integrada**, o que somente é possível devido aos **avanços tecnológicos** por elas incorporados.

A necessidade de integração das administrações tributárias dos diversos entes federados passou a ter previsão constitucional a partir da promulgação da Emenda Constitucional nº 42, de 19 de dezembro de 2003, que inseriu o inciso XXII no art. 37 da Carta Magna, elevando a função fiscalizadora à atividade essencial ao funcionamento do Estado. Para que essa atividade fosse desempenhada de forma eficiente, dedicou a ela recursos prioritários e determinou a atuação integrada dos fiscos na forma da lei ou convênio, destacando o compartilhamento de cadastros e de informações fiscais[82].

Diante desse comando, as administrações tributárias passaram a se reunir a partir de 2004 e firmaram, em 2005, protocolos de cooperação com o objetivo de desenvolver e implantar o **Sistema Público de Escrituração Digital (Sped)** e a **nota fiscal eletrônica**.

Instituído pelo Decreto nº 6.022, de 22 de janeiro de 2007, o **Sped** padroniza a escrituração e as obrigações acessórias exigidas dos contribuintes e compartilha as bases de dados entre os fiscos dos entes federados. As empresas passam a emitir seus livros e documentos contábeis e fiscais em forma eletrônica, de acordo com determinados parâmetros, e o Sped os recebe, valida, armazena e autentica. Os fiscos federal, estaduais e municipais, bem como os órgãos e as entidades da administração pública federal direta e indireta que tenham atribuição legal de regulação, normatização, controle e fiscalização dos empresários e das pessoas

[82] Art. 37. A administração pública direta e indireta de qualquer dos Poderes da União, dos Estados, do Distrito Federal e dos Municípios obedecerá aos princípios de legalidade, impessoalidade, moralidade, publicidade e eficiência e, também, ao seguinte:
[...]
XXII – as administrações tributárias da União, dos Estados, do Distrito Federal e dos Municípios, atividades essenciais ao funcionamento do Estado, exercidas por servidores de carreiras específicas, terão recursos prioritários para a realização de suas atividades e atuarão de forma integrada, inclusive com o compartilhamento de cadastros e de informações fiscais, na forma da lei ou convênio.
[...] (BRASIL, 1988).

jurídicas, acessam as informações no limite de suas competências e sem prejuízo da observância dos sigilos comercial, fiscal e bancário. (BRASIL. 2021c).

Esse sistema resultou da estreita colaboração entre as administrações tributárias e os contribuintes e evoluiu a partir da exigência de que as empresas apresentassem informações e declarações em formatos digitais, o que muitas vezes se dava de forma redundante (CIAT, 2020, p. 240). Trata-se um importante investimento em tecnologia do país que serve de base para a integração dos fiscos, e pode servir como estrutura de novos sistemas eletrônicos tributários, como os que se discutem neste capítulo.

O sistema de **nota fiscal eletrônica** objetiva substituir os documentos emitidos em papel por versões digitais definidas em padrão nacional e com validade jurídica para todos os entes. Foi desenvolvido em módulos diferentes dentro do Sped: a **Nota Fiscal Eletrônica (NF-e)** e a **Nota Fiscal de Consumidor Eletrônica (NFC-e)** voltadas para o IPI e o ICMS; a **Nota Fiscal de Serviços Eletrônica (NFS-e)**, para o ISS.

A **NF-e** foi instituída pelo Ajuste SINIEF 07/05, de 30 de setembro de 2005, que a define como "o documento emitido e armazenado eletronicamente, de existência apenas digital, com o intuito de documentar operações e prestações, cuja validade jurídica é garantida pela assinatura digital do emitente e autorização de uso pela administração tributária da unidade federada do contribuinte, antes da ocorrência do fato gerador" (BRASIL, 2005). Foi desenvolvida em conjunto pelas secretarias de fazenda dos estados e a Receita Federal do Brasil e atualmente conta com a adesão de todas as unidades da federação (BRASIL. 2021e). Em 2016, o Ajuste SINIEF 19/16, de 9 de dezembro de 2016, instituiu a **NFC-e**, voltada para o consumidor final (pessoa física ou jurídica) em operação interna e sem geração de crédito de ICMS ao adquirente (BRASIL, 2016b). A **NFS-e** foi prevista a partir de protocolos firmados em 2006 e 2007 e está sendo desenvolvida de forma integrada pela Receita Federal do Brasil e a Associação Brasileira das Secretarias de Finanças das Capitais (Abrasf), já contando com a adesão de diversas cidades brasileiras (BRASIL. 2021d).

O Brasil, junto com outros países da América Latina (com destaque para o Chile e o México), sobressai-se pela abrangência do sistema de notas fiscais eletrônicas. Na verdade, a América Latina é líder na adoção desse tipo de documentação digital, seguida dos países nórdicos e de algumas nações europeias e asiáticas. A distinção da experiência latino-americana decorre por, em regra, envolver um projeto nacional, coordenado pelas administrações tributárias, em que os documentos são autorizados no momento da emissão e podem ser validados imediatamente pelo contribuinte que os receber. Em nosso país, adotamos um modelo centralizado, em que órgãos governamentais são os responsáveis pela autorização e validação. Outros países, como o Peru e a Colômbia, utilizam um modelo de rede, em que essas atividades são feitas por terceiros certificados (CIAT, 2020, p. 262, 301).

Toda essa estrutura pode ser utilizada na implementação de sistemas de registro e pagamento dos tributos de consumo, desde que acompanhados de alterações legislativas, como discutido nas seções seguintes. Não se deve, contudo, pretender que sistemas informáticos resolvam todos os problemas existentes. Ordenamentos confusos e com regras conflitantes continuarão disfuncionais mesmo se transplantados para programas sofisticados, construídos sobre bases tecnológicas avançadas. Para serem efetivos, em regra necessitam de medidas de simplificação prévias.

4.2 Cenário 1: manutenção da estrutura tributária atual

Pelas dificuldades em se realizar mudanças estruturais no ordenamento do consumo, muitos especialistas duvidam da viabilidade de reformas constitucionais e defendem **ajustes pontuais nos tributos existentes**, mas sem focar especificamente nos problemas da economia digital, que seriam resolvidos com a solução dos demais nós do ordenamento.

Nessa direção, Maciel (2020, p. 35) recorda que sistemas tributários são escolhas políticas inevitavelmente imperfeitas, que precisam ser corrigidos quando essas imperfeições aumentam em decorrência de eventos externos, como: (i) mudanças no contexto econômico, (ii) obsolescência das formas de extração, (iii) surgimento de novas tecnologias, (iv) controvérsias conceituais, (v) superabundância de exceções e regimes especiais, etc.

O autor refuta reformas que representem simples escolhas de modelos teóricos ou adotados em outros países, afirmando que devem estar "fundadas em diagnósticos acurados, [...] para, em seguida, indicar as soluções jurídica e economicamente consistentes, e politicamente viáveis, além de aferir as repercussões sobre contribuintes e preços e, quando for o caso, sobre os entes federativos" (Maciel, 2020, p. 36). Para ele, nossos problemas decorrem da sobrecarga de obrigações acessórias e do tempo dispendido com litígios, e por isso sua **solução está no campo da administração e do processo tributários**, e não vinculada à discussão sobre a natureza dos tributos. (Maciel, 2020, p. 37).

Além disso, independentemente da existência de defensores dessa alternativa, a manutenção da estrutura atual termina por ser o resultado da dificuldade de se obter consenso para os demais tipos de soluções discutidas a seguir. Assim, os diversos grupos que consideram que o sistema precisa de determinado tipo de mudança terminam por vetar o avanço no consenso na direção das propostas diferentes daquela que defendem, tendo, como resultado, a sobrevivência do modelo que criticam.

4.2.1 Enfrentamento dos problemas estruturais do ordenamento brasileiro

A alternativa de não promover alterações nos tributos sobre o consumo **não resolverá nenhum dos problemas estruturais do ordenamento tributário brasileiro** apontados no capítulo 3.

Na seção 3.2, vimos que, como a economia digital possui escala transnacional e se baseia em intangíveis e serviços, o **creditamento incompleto** do ICMS e do PIS/Cofins não cumulativos e a **cumulatividade** do ISS e do PIS/Cofins cumulativos aumentam nossas desvantagens concorrenciais com os países que não exportam tributos, como corroborado por estudos empíricos recentes que demonstraram que a maior parte do ISS arrecadado sofre incidência cumulativa na cadeia de produção, por compor o custo de bens e serviços produzidos por outras empresas, e que a tributação em cascata traz problemas para a produtividade das empresas nacionais. Destacamos, também, que o **híbrido do princípio da origem e do destino** do ICMS e do ISS incentiva a guerra fiscal por atração de empresas que almejam carga tributária menor, já que os negócios digitais possuem custos mínimos de relocação por não incorrerem em custos de transportes dos produtos digitais vendidos. De modo especial, ressaltamos o crescimento dos **conflitos de competências** decorrentes de divergências sobre a natureza jurídica dos bens e serviços e das disputas derivadas do **estreitamento da base tributável de serviços** em função da taxatividade da lista descritiva.

Nesse sentido, todas as situações apontadas por Maciel (2020, p. 35-37) para recomendar alterações no sistema tributário, acima elencadas, estão presentes no contexto atual. O surgimento de novas tecnologias provocou mudanças significativas no contexto econômico, com a prevalência de novos modelos de negócios construídos sobre novas tecnologias. Essas mudanças tornaram os meios atuais de tributação dessas riquezas desatualizados, tanto por terem sido concebidos em uma época em que prevaleciam os bens físicos quanto por termos privilegiado a tributação de mercadorias e de *blue chips* como as telecomunicações, que perderam importância no novo cenário. Além disso, buscamos corrigir diversas de nossas desvantagens competitivas com regimes especiais e isenções a setores específicos, o que tornou o ambiente tributário mais complexo. A incapacidade de nosso ordenamento diante da nova economia foi reforçada pelos conflitos conceituais sobre a distinção entre mercadorias e serviços e entre serviços de comunicação e demais serviços, decorrentes da opção em se entregar essas bases para entes federados diversos.

A simplificação do processo tributário, com a redução do enorme contingente de obrigações acessórias a que estão submetidos os contribuintes, é sem dúvida muito importante. Assim como a eliminação dos inúmeros casos de interpretações dúbias que praticamente obrigam que as empresas litiguem contra o fisco para garantir que não se submetam à carga fiscal muito mais elevada que seus concorrentes. Entretanto, em muitos casos, trata-se mais de efeitos do que causas dos desarranjos estruturais de nosso ordenamento. Afinal, múltiplas obrigações acessórias decorrem de diversos entes federados cobrarem tributos diferentes sobre a mesma atividade econômica. E boa parte dos litígios tributários surgiram da pretensão de mais de uma unidade federada de onerar a mesma base econômica, restando o Poder Judiciário como o último refúgio do empresário. Assim, as medidas propostas por Maciel (2020, p. 35-37), apesar de importantes, não são adequadas para resolver os problemas estruturais apontados.

De qualquer modo, a manutenção do ordenamento de consumo vigente é uma opção possível (e até provável), tanto de forma consciente, por aqueles que julgam mais importante a manutenção da autonomia fiscal dos entes federados, quanto de modo indesejado, pela dificuldade de se atingir o consenso para mudanças no arcabouço tributário. Nesse contexto, na seção seguinte, destacaremos características de nosso sistema que permitem minimizar alguns dos desafios trazidos pela economia digital com ajustes menores na legislação para garantir uma atuação harmonizada dos entes federados com o uso da tecnologia, incorporando de forma parcial as recomendações da OCDE.

4.2.2 Recomendações internacionais relacionadas a serviços e intangíveis

No capítulo 2, vimos que as recomendações da OCDE para o enfrentamento dos desafios da economia digital para a tributação do consumo envolveram a manutenção dos ordenamentos tributários baseados em tributos sobre o valor agregado cobrados na jurisdição em que ocorrer o consumo, ajustando-os para implementar o princípio do destino de maneira harmonizada entre os países. Para as operações transfronteiriças de bens intangíveis e serviços, a implementação harmonizada do princípio do destino se daria com a adaptação dos ordenamentos tributários às prescrições das Diretrizes Internacionais sobre o IVA/IBS e com o reforço da capacidade de *enforcement* dos fiscos do país de destino, de forma a garantir que os fornecedores de bens intangíveis e os prestadores de serviços estrangeiros se cadastrassem e recolhessem o tributo devido junto à jurisdição em que ocorrer o consumo.

Esta seção verifica em que medida nosso ordenamento adere às Diretrizes Internacionais sobre o IVA/IBS e, a partir das semelhanças e diferenças, indica maneiras de implementar as medidas de *enforcement* em nosso país.

Vimos, na seção 2.2.1, que as **Diretrizes Internacionais sobre o IVA/IBS** trazem recomendações de política tributária para sistemas baseados em um IVA/IBS na modalidade consumo com base em três pressupostos: princípio do destino, base ampla e crédito financeiro (necessário para que o imposto incida apenas sobre o consumo final e não seja suportado pelas empresas). Esses pressupostos são o fundamento das seis **diretrizes para garantir a neutralidade do IVA/IBS**, isto é, assegurar que sua incidência seja neutra entre as diversas formas de negócios, contribuindo para a eficiência e gerando uma alocação ótima dos meios de produção. Como visto, esses pressupostos encontram sua antítese nos problemas específicos da tributação do consumo identificados no capítulo 3: híbrido do princípio da origem e do destino, base estreita, e tributos cumulativos (ISS e PIS/Cofins cumulativos) ou com creditamento limitado (ICMS e PIS/Cofins não cumulativos).

Assim, a hipótese de simples manutenção dos tributos atuais, sem um esforço razoável de harmonização, afasta por completo o atendimento das diretrizes de neutralidade da OCDE, com empresas organizando suas atividades com o único propósito de diminuir o peso de tributos não compensáveis em seus custos e com fornecedores estrangeiros competindo com vantagens com relação aos seus concorrentes domésticos, ao menos com aqueles que não contam com algum regime especial de desoneração.

Em todo caso, **todas essas desvantagens são totalmente internalizadas**, isto é, afetam apenas as empresas domésticas. O creditamento limitado onera o custo das empresas brasileiras, mas não o das estrangeiras situadas em países com sistemas tributários que não exportem impostos. Nas operações com exterior, nossos tributos sobre o consumo adotam o princípio do destino, desonerando as exportações e onerando as importações de modo equivalente aos produtos importados (como discutido mais à frente). Assim, qualquer possível vantagem do princípio da origem, como a de poder oferecer benefícios em parte do tributo sobre o consumo, não se estende às exportações do país.

Ora, se uma nação opta por manter um sistema tributário desvantajoso para suas empresas, dificilmente isso será um obstáculo para que ele transacione com outros que negociarão em situação de vantagem. A essência das prescrições internacionais é evitar a dupla tributação entre países e a não tributação não intencional, prejudicando ou favorecendo empresas estrangeiras com relação às nacionais. Mas, na perspectiva de um país estrangeiro, o interesse é de que suas empresas não sejam prejudicadas com relação às de seus parceiros.

Nesse contexto, o desatendimento às diretrizes da neutralidade de nosso sistema tributário não impede que transacionemos com outros países. Assim, caso se opte por manter esse modelo de tributação, as desvantagens econômicas dele decorrentes devem ser vistas como um custo interno, como um **preço que o país está disposto a pagar** por seu modelo de federalismo fiscal.

Por sua vez, as **diretrizes para determinar o local de consumo** já são atendidas quase na integralidade, pois adotamos o princípio do destino para o ISS, ICMS e PIS/Cofins nas relações com o exterior.

Na seção 2.2.1, vimos que, em síntese, as regras internacionais para determinação do local do consumo são: localização da empresa adquirente para operações B2B e local da prestação ou residência habitual do adquirente para operações B2C. Contudo, para bens e serviços digitais, a regra do local da prestação raramente se verifica, pois pressupõe que o serviço seja executado em local identificado na presença do prestador e do cliente. Para bens e serviços diretamente conectados com uma propriedade imóvel, considera-se que o consumo ocorre na localização do bem, podendo essa diretriz ser estendida para bens móveis. Admite-se, ainda, o uso de regras específicas nos casos em que estas ofereçam resultados que melhor atendam aos princípios gerais de política tributária de neutralidade, eficiência, certeza e simplicidade, eficácia e justiça.

Quanto ao **ISS**, vimos, na seção 3.1.4, que a Lei Complementar nº 116, de 2003, isenta as exportações de serviços do imposto (art. 2º, I[83]) e onera as importações (art. 1º, § 1º[84]), apesar de existirem dúvidas sobre a ocorrência de exportação em algumas hipóteses devido à previsão legal de inexistência de serviço exportado quando o resultado se verifique no Brasil (art. 2º, parágrafo único[85]), e sobre a constitucionalidade da incidência

[83] Art. 2º O imposto não incide sobre:
I – as exportações de serviços para o exterior do País;
[...] (BRASIL, 2003)

[84] Art. 1º O Imposto Sobre Serviços de Qualquer Natureza, de competência dos Municípios e do Distrito Federal, tem como fato gerador a prestação de serviços constantes da lista anexa, ainda que esses não se constituam como atividade preponderante do prestador.
§ 1º O imposto incide também sobre o serviço proveniente do exterior do País ou cuja prestação se tenha iniciado no exterior do País. [...] (BRASIL, 2003)

[85] Art. 2º O imposto não incide sobre:
[...]
Parágrafo único. Não se enquadram no disposto no inciso I os serviços desenvolvidos no Brasil, cujo resultado aqui se verifique, ainda que o pagamento seja feito por residente no exterior.
[...] (BRASIL, 2003)

sobre o consumo (e não sobre a prestação) do serviço importado (LARA et al., 2018, p. 398-399; TROIANELLI; GUEIROS, 2008, p. 198-203). Já as regras do local do consumo do ISS na importação são bastante próximas das orientações da OCDE. Para operações B2B, o imposto pertence ao município no qual se localiza o estabelecimento do tomador do serviço ou de seu intermediário. Para operações B2C, ou nos casos em que a pessoa jurídica não possua estabelecimento, ao município de domicílio do adquirente (art. 3º, inciso I[86]).

É verdade que as regras do ISS não atendem integralmente às diretrizes internacionais. Por exemplo, elas não cuidam da possibilidade de importação de serviços digitais vinculados a bens imóveis, como um serviço de arquitetura ligado à determinada propriedade, o que obrigaria que a competência fosse para lá deslocada. Nem evitam disputas entre os municípios sobre quem de fato é o cliente, nos casos, por exemplo, de serviços digitais usufruídos por uma filial de uma empresa, mas adquiridos por outra responsável pela liquidação financeira, que posteriormente repassa ou partilha seu uso com as demais. Ou afastam as dificuldades de atendimento das regras de mais de 5.500 municípios. O que se argumenta é que, apesar de todos os problemas, estruturalmente as regras de importação do ISS não se afastam em demasia das diretrizes para determinar o local de consumo de bens e serviços digitais, que, em sua essência, são as mais importantes para se evitar a possibilidade de tributação do mesmo serviço por mais de um país.

A afirmação de que um imposto cumulativo e que tem como regra geral o princípio da origem atende às recomendações internacionais de local de consumo voltadas para tributos não cumulativos cobrados no destino precisa ser contextualizada. O foco aqui está na operação de importação, com o objetivo de distribuir a competência tributária na relação entre os países a partir da definição do local do consumo, e não no

[86] Art. 3º O serviço considera-se prestado, e o imposto, devido, no local do estabelecimento prestador ou, na falta do estabelecimento, no local do domicílio do prestador, exceto nas hipóteses previstas nos incisos I a XXV, quando o imposto será devido no local:
I – do estabelecimento do tomador ou intermediário do serviço ou, na falta de estabelecimento, onde ele estiver domiciliado, na hipótese do § 1º do art. 1º desta Lei Complementar; [...] (BRASIL, 2003)

custo que esse imposto não compensável trará à cadeia produtiva em que ele se inserir dentro do país, o que fere as diretrizes de neutralidade, nem no imposto incidente nas operações internas devido no local do estabelecimento do prestador, o que contraria as diretrizes para determinar o local de consumo.

Nesse contexto, regra geral, as disposições do ISS funcionam bem para evitar a dupla tributação entre os países, já que definem com clareza o local do consumo em operações transnacionais.

Uma exceção a essa regra geral decorre do estreitamento da base do imposto pela necessidade de inclusão dos serviços na lista taxativa do ISS. Como discutido na seção 3.2.4., essa característica traz potenciais situações de não tributação não intencional de novos serviços digitais que, por suas características disruptivas, provocam dúvidas sobre se estão incluídos na relação da lei complementar, ainda que por meio de interpretação extensiva. É verdade que se trata de peculiaridade do sistema que geralmente envolve longa disputa judicial, com resultados imprevisíveis, e dificilmente será utilizada em algum planejamento tributário internacional para evitar a tributação de alguma atividade econômica. Mas, ao menos em teoria, trata-se de um desvio do objetivo de se evitar a não tributação não intencional que merece ser destacado.

O **ICMS** também foi estruturado para atender o princípio do destino nas operações com o exterior, com regras bastante próximas das orientações da OCDE. As exportações de bens e serviços são imunes (art. 155, §2º, X, "a" da CF[87]) e as importações, tributadas. O local da prestação, para operações B2B, é aquele do estabelecimento do adquirente, e, para

[87] Art. 155. Compete aos Estados e ao Distrito Federal instituir impostos sobre:
[...]
§ 2º O imposto previsto no inciso II atenderá ao seguinte:
[...]
X – não incidirá:
a) sobre operações que destinem mercadorias para o exterior, nem sobre serviços prestados a destinatários no exterior, assegurada a manutenção e o aproveitamento do montante do imposto cobrado nas operações e prestações anteriores;
[...] (BRASIL, 1988)

operações B2C ou nos casos em que a pessoa jurídica não possua estabelecimento, o do domicílio do destinatário (art. 155, §2º, IX, "a" da CF[88]).

Ao analisar as possibilidades de o ICMS tributar a economia digital, Piscitelli (2019, p. 536-539) verificou que o imposto tem semelhanças com as diretrizes da OCDE, e que o Convênio ICMS nº 106, de 2017, editado para disciplinar sua incidência nas operações com bens e mercadorias digitais comercializadas por meio de transferência eletrônica de dados, possuía diversos pontos que aproximavam sua cobrança às recomendações internacionais. A autora, contudo, já ponderava que dificilmente o convênio teria sua constitucionalidade validada pelo STF. Como visto na seção 3.2.3.1.1.1, isso de fato ocorreu quando, em 8 de março de 2021, a Ministra Cármen Lúcia, apesar de julgar a ADI 5.958/DF prejudicada por perda superveniente do objeto, deixou claro que o Convênio ICMS nº 106, de 2017, perdeu a sua eficácia jurídica desde o julgamento das ADIs 1.945/MT e 5.659/MG, por ter sido editado com base em interpretação tida como inconstitucional pelo STF.

Logo, apesar de mais próximo das diretrizes da OCDE, de acordo com a interpretação do sistema tributário de consumo atual pelo STF, o ICMS não alcança a importação de bens e serviços digitais.

O **PIS e a Cofins**, seguindo as regras constitucionais das contribuições sociais, atendem ao princípio do destino por não incidirem na exportação e serem devidos na importação de bens e serviços (art. 149, § 2º, I e II[89]). As versões para a importação foram instituídas na Lei nº 10.865, de

[88] Art. 155. Compete aos Estados e ao Distrito Federal instituir impostos sobre:
[...]
§ 2º O imposto previsto no inciso II atenderá ao seguinte:
[...]
IX – incidirá também:
a) sobre a entrada de bem ou mercadoria importados do exterior por pessoa física ou jurídica, ainda que não seja contribuinte habitual do imposto, qualquer que seja a sua finalidade, assim como sobre o serviço prestado no exterior, cabendo o imposto ao Estado onde estiver situado o domicílio ou o estabelecimento do destinatário da mercadoria, bem ou serviço;
[...] (BRASIL, 1988)

[89] Art. 149. Compete exclusivamente à União instituir contribuições sociais, de intervenção no domínio econômico e de interesse das categorias profissionais ou econômicas, como instrumento de sua atuação nas respectivas áreas, observado o disposto nos arts. 146, III,

2004, que determinou sua incidência sobre os serviços provenientes do exterior executados no País, ou executados no exterior, cujo resultado se verifique no Brasil (art. 1º, § 1º, I e II[90]), e considerou contribuinte a pessoa física ou jurídica contratante de serviços de residente ou domiciliado no exterior, ou o beneficiário do serviço, caso o contratante também seja residente ou domiciliado no exterior (art. 5º, II e III[91]). Apesar de não trazerem regras específicas para bens imóveis, por serem tributos de âmbito nacional e por terem suas bases de incidência vinculadas a serviços executados ou com resultado no Brasil, a princípio não vislumbramos resultados significativamente diversos das prescrições internacionais quanto à determinação do local do consumo.

e 150, I e III, e sem prejuízo do previsto no art. 195, § 6º, relativamente às contribuições a que alude o dispositivo.
[...]
§ 2º As contribuições sociais e de intervenção no domínio econômico de que trata o *caput* deste artigo:
I – não incidirão sobre as receitas decorrentes de exportação;
II – incidirão também sobre a importação de produtos estrangeiros ou serviços;
[...] (BRASIL, 1988)

[90] Art. 1º Ficam instituídas a Contribuição para os Programas de Integração Social e de Formação do Patrimônio do Servidor Público incidente na Importação de Produtos Estrangeiros ou Serviços – PIS/PASEP-Importação e a Contribuição Social para o Financiamento da Seguridade Social devida pelo Importador de Bens Estrangeiros ou Serviços do Exterior – COFINS-Importação, com base nos arts. 149, § 2º, inciso II, e 195, inciso IV, da Constituição Federal, observado o disposto no seu art. 195, § 6º.
§ 1º Os serviços a que se refere o caput deste artigo são os provenientes do exterior prestados por pessoa física ou pessoa jurídica residente ou domiciliada no exterior, nas seguintes hipóteses:
I – executados no País; ou
II – executados no exterior, cujo resultado se verifique no País.
[...] (BRASIL, 2004)

[91] Art. 5º São contribuintes:
[...]
II – a pessoa física ou jurídica contratante de serviços de residente ou domiciliado no exterior; e
III – o beneficiário do serviço, na hipótese em que o contratante também seja residente ou domiciliado no exterior.
[...] (BRASIL, 2004)

Em suma, apesar de nossos tributos não atenderem às diretrizes internacionais de neutralidade, as consequências negativas são totalmente internalizadas pelas empresas nacionais, o que, a princípio, permite que, caso desejemos manter essa estrutura como um preço de nosso federalismo, possamos transacionar com os países estrangeiros. Quanto às diretrizes para determinar o local do consumo, nossos tributos atendem de forma bastante próxima às prescrições da OCDE nas transações internacionais, evitando a dupla tributação e, salvo a exceção do ISS acima mencionada, a não tributação não intencional.

As diretrizes para garantir a neutralidade e para definir o local de consumo nas operações com intangíveis e serviços têm pouca utilidade se não forem acompanhadas de **medidas efetivas que garantam que o fisco do país de destino exerça a competência tributária a ele outorgada** por essas regras. As dificuldades estão tanto do lado da administração tributária, que precisa encontrar meios de conhecer operações que se passam totalmente no mundo virtual, quanto das empresas, que necessitam atender à legislação tributária de todos os países com que transacionem, muitas vezes em idioma diferente dos seus.

Vimos, no capítulo 2, que as principais medidas propostas para resolver esses desafios são (i) a exigência do cadastro do fornecedor/prestador não residente na jurisdição do consumidor por meio de um método simplificado de registro e cobrança, e (ii) a atribuição, às plataformas digitais, de regimes de responsabilidade tributária pela cobrança do IVA/IBS sobre as operações que intermedeiem.

A construção de um **sistema automatizado** para que os fornecedores e plataformas estrangeiros informem as operações que fizerem com residentes no Brasil e efetuem o pagamento dos tributos devidos da forma mais fácil possível, diante das características de nosso ordenamento, deve ser **implementada em duas etapas**. Primeiro, com a construção de uma **solução para o PIS/Cofins** e o compartilhamento das informações sobre as transações com os municípios. Em um segundo momento, com a **extensão** do esquema de recolhimento automático **ao ISS** mediante a **celebração de convênios** individuais do fisco federal com os municipais.

Nesse contexto, inicialmente cabe ao Governo Federal construir um sistema de informática que gerencie um cadastro de fornecedores e plataformas estrangeiros, em que sejam informados os dados da transação e do adquirente de bens intangíveis e serviços, com o cálculo do PIS/Cofins devido e o oferecimento de meios de pagamentos eletrônicos, inclusive em moeda estrangeira. Na parte tecnológica, esse sistema deve ter como base o ambiente do Sped e gerar nota fiscal eletrônica relativa à importação do bem e serviço apta ao aproveitamento de crédito pelo adquirente.

De lege ferenda, são necessários **ajustes da legislação do PIS/Cofins.** Quando, nesta seção, propomos verificar as possibilidades de adaptação dos tributos atuais sem alterações legislativas, referimo-nos a mudanças em sua estrutura. Nosso sistema tributário é rígido e remete à lei em sentido estrito a fixação dos principais elementos da obrigação tributária principal, entre eles a definição do sujeito passivo, seja ele o contribuinte ou o responsável (arts. 97, III, e 121 do CTN[92]). Assim, qualquer pretensão de se atribuir a responsabilidade a terceiros pelo recolhimento de tributo deve ser feita por lei.

Vimos que a Lei nº 10.865, de 2004, considera contribuinte do PIS/Cofins na importação de serviços a pessoa física ou jurídica contratante ou o beneficiário do serviço, com uma lista de responsáveis solidários que não inclui os prestadores do serviço. Assim, é fundamental promover alterações na lei para: **(i) atribuir responsabilidade solidária aos fornecedores/prestadores estrangeiros e às plataformas digitais na importação de bens e serviços, (ii) obrigar esses responsáveis ao registro no sistema eletrônico de cadastro e recolhimento, (iii) definir o que são plataformas digitais e (iv) trazer parâmetros para determinar o local do consumo.**

[92] Art. 97. Somente a lei pode estabelecer:
[...]
III – a definição do fato gerador da obrigação tributária principal, ressalvado o disposto no inciso I do § 3º do artigo 52, e do seu sujeito passivo;
[...]
Art. 121. Sujeito passivo da obrigação principal é a pessoa obrigada ao pagamento de tributo ou penalidade pecuniária.
Parágrafo único. O sujeito passivo da obrigação principal diz-se:
I – contribuinte, quando tenha relação pessoal e direta com a situação que constitua o respectivo fato gerador;
II – responsável, quando, sem revestir a condição de contribuinte, sua obrigação decorra de disposição expressa de lei. (BRASIL, 1966).

Exemplos de alterações legislativas[93] dos três primeiros itens podem ser encontrados no Projeto de Lei (PL) 3.887, de 2020, apresentado pelo Poder Executivo com o objetivo de unificar o PIS e a Cofins na Contribuição sobre Bens e serviços (CBS). Seus arts. 71 a 73 definem o contribuinte e os responsáveis pelo imposto, obrigando os últimos ao registro em cadastro eletrônico[94]. E o art. 6º traz uma definição bastante abrangente de plataforma digital[95].

A proposição, contudo, não traz critérios para definir o local de consumo de bens digitais (item "iv" acima). Recorde-se que o vendedor estrangeiro tem que decidir se um adquirente reside no Brasil, e, por-

[93] A partir deste momento, sempre que for possível, apresentaremos exemplos de proposições que implementam as mudanças sugeridas no texto, com o intuito tanto de ilustrar concretamente as alterações necessárias quanto de mostrar que elas já são pensadas em outros contextos. Não representam, contudo, recomendações de redação legislativa de nossa parte, tarefa a que não nos propusemos neste estudo por escapar aos limites propostos.

[94] Art. 71. São contribuintes da CBS incidente sobre a importação de serviços os contratantes, os tomadores ou os adquirentes.
Art. 72. São responsáveis pelo recolhimento da CBS incidente sobre a importação de serviços realizada por pessoa natural:
I – os fornecedores residentes ou domiciliados no exterior;
II – as plataformas digitais a que se refere o art. 6º domiciliadas no exterior, em relação às operações realizadas por seu intermédio.
Art. 73. Os responsáveis a que se refere o art. 72 devem se cadastrar perante a administração tributária para cumprimento das obrigações relativas à CBS.
Parágrafo único. A obrigatoriedade referida no caput fica condicionada à disponibilização, pela Secretaria Especial da Receita Federal do Brasil do Ministério da Economia, de cadastro eletrônico. (BRASIL, 2020a);

[95] Art. 6º Para fins desta Lei, considera-se plataforma digital qualquer pessoa jurídica que atue como intermediária entre fornecedores e adquirentes nas operações de vendas de bens e serviços de forma não presencial, inclusive na comercialização realizada por meios eletrônicos.
Parágrafo único. Não são consideradas plataformas digitais as pessoas jurídicas que executem somente uma das seguintes atividades:
I – fornecimento de acesso à internet;
II – processamento de pagamentos;
III – publicidade; ou
IV – procura de fornecedores, desde que não cobrem pelo serviço com base nas vendas realizadas. (BRASIL, 2020a).

tanto, está sujeito à obrigação de recolher os tributos brasileiros, no momento da compra, não sendo razoável supor que ele terá acesso a um número de CPF ou de CNPJ válido que indique consistir em contribuinte residente no Brasil. Ao contrário, por ser tratar de bens e serviços digitais, é possível que um cliente informe ao fornecedor que reside em um país, mas que receba o produto em local absolutamente diverso (p. ex., a pessoa física poderia se cadastrar como residente na Argentina, mas receber o *download* do *software* e utilizá-lo no Brasil).

Nas experiências internacionais esse problema é resolvido determinando que o vendedor leve em conta ao menos outro indicativo de residência, além do endereço informado. Por isso é necessário se exigir que o fornecedor/prestador estrangeiro considere que o serviço tenha sido prestado no Brasil se ao menos dois critérios assim o indicarem (ex.: endereço IP do dispositivo ou outra geolocalização, local de emissão ou registro do cartão ou meio de pagamento, endereço do comprador ou código do país do cartão SIM, como feito no Chile – vide a Tabela 1 no final da seção 2.3). Por envolver o próprio critério de escolha do responsável do imposto, essa determinação precisa estar prevista em lei em sentido estrito.

A partir da consolidação do sistema de PIS/Cofins, deve-se **incluir o ISS** no esquema. A alternativa mais limitada para isso é simplesmente **informar os municípios das operações realizadas** para que realizem a cobrança posteriormente. Na seção 4.2.3, veremos que esquema semelhante se dá na importação de bens tangíveis em remessas postais, em que se cobram os tributos federais por meio de um sistema simplificado, e se exige do transportador o recolhimento do ICMS junto ao estado de destino. Naquele caso, a vantagem para o fisco estadual é que a mercadoria importada está retida na aduana e somente pode ser despachada com o pagamento do tributo. No caso de intangíveis e serviços, isso não é possível. De qualquer modo, já se superaria a limitação principal da importação de bens e serviços digitais que é a de o fisco tomar conhecimento da transação, abrindo-se espaço para a cobrança do importador pelos municípios que assim desejem fazê-lo.

Um problema significativo, mesmo para essa versão mais limitada, está na **identificação correta do endereço do importador**, pois, com municípios cobrando alíquotas diversas, é maior o interesse em se indicar local com tributação mais baixa. Para o ISS, o imposto pertence ao município no qual se localiza o estabelecimento do tomador do serviço ou de seu intermediário (operações B2B) ou ao município de domicílio do adquirente (operações B2C ou se a pessoa jurídica não possuir estabelecimento), informações que estariam disponíveis caso a empresa estrangeira tivesse acesso a um número de CPF ou do CNPJ válido, o que já vimos não ser razoável exigir. Os demais critérios de localização do adquirente ajudariam a definir o local do consumo, mas não o endereço do estabelecimento ou do domicílio do contribuinte. Dessa forma, será necessário confiar na informação prestada pelo adquirente ao fornecedor/prestador no momento da operação, utilizando-se as demais informações para corrigir abusos em sede de fiscalização.

Uma alternativa mais abrangente é **incluir o ISS no sistema de cobrança automatizada**. Diante da inexistência de órgão regulador dos fiscos municipais, é muito difícil a construção de um sistema unificado próprio para o ISS, que permitisse a definição automática do município de destino e da escolha da alíquota aplicável. Para isso são necessárias modificações mais profundas na estrutura do imposto, o que desborda das medidas discutidas nesta seção (mas que serão tratadas no próximo cenário). Nesse contexto, deve-se permitir que os municípios se aproveitem do sistema automatizado do PIS/Cofins, a ele aderindo mediante convênio com a Receita Federal do Brasil, como previsto no art. 37, XXII da Constituição Federal.

Para que esse modelo de **adesão voluntária mediante convênio** seja possível, é preciso que se realizem, na legislação do ISS, as mesmas alterações acima recomendadas para o PIS/Cofins. A Lei Complementar nº 116, de 2003, considera como contribuinte o prestador do serviço (art. 5º[96]), o que inclui o fornecedor/prestador estrangeiro, mas define como responsável, na importação, apenas o tomador ou intermediário brasileiro (art. 6º, § 2º, I[97]). Assim, é necessário incluir as plataformas digitais como responsáveis pelas operações que intermediarem, exigir dos for-

[96] Art. 5º Contribuinte é o prestador do serviço. (BRASIL, 2003)

[97] Art. 6º Os Municípios e o Distrito Federal, mediante lei, poderão atribuir de modo expresso a responsabilidade pelo crédito tributário a terceira pessoa, vinculada ao fato gerador da respectiva obrigação, excluindo a responsabilidade do contribuinte ou atri-

necedores/plataformas o pagamento por meio de sistema eletrônico e definir o local da prestação com base nos mesmos critérios da legislação do PIS/Cofins.

Essas alterações são mais eficientes se forem feitas na Lei Complementar nº 116, de 2003, o que nos parece estar dentro dos limites atribuídos pelo art. 146, III, "a" da Constituição Federal[98], fato que se comprova quando se verifica que tanto a lei complementar do ICMS quanto a do ISS já trazem prescrições quanto à responsabilidade tributária. De qualquer modo, como a adesão ao sistema se dará mediante a assinatura de convênio, é possível que apenas os municípios interessados promovam as alterações em sua legislação interna, nos termos do já transcrito *caput* do art. 6º da Lei Complementar nº 116, de 2003.

Além disso, para tornar a inclusão do ISS factível, é preciso que o município cobre apenas uma alíquota para todos os bens e serviços digitais. Caso contrário, seria necessário incluir um complexo esquema de classificação dos serviços em tudo incompatível com um sistema simplificado de registro e cobrança, e sem qualquer utilidade para a apuração do PIS/Cofins, tributos dos quais se estaria tomando o sistema emprestado. Assim, a unificação das alíquotas dessa base deve ser um dos requisitos para a celebração do convênio.

Celebrado o convênio, o município conveniado deve incluir sua alíquota no sistema que, ao verificar que o tomador lá reside, acrescenta

buindo-a a este em caráter supletivo do cumprimento total ou parcial da referida obrigação, inclusive no que se refere à multa e aos acréscimos legais.
§ 1º Os responsáveis a que se refere este artigo estão obrigados ao recolhimento integral do imposto devido, multa e acréscimos legais, independentemente de ter sido efetuada sua retenção na fonte.
§ 2º Sem prejuízo do disposto no caput e no § 1º deste artigo, são responsáveis:
I – o tomador ou intermediário de serviço proveniente do exterior do País ou cuja prestação se tenha iniciado no exterior do País;
[...] (BRASIL, 2004)

98 Art. 146. Cabe à lei complementar:
[...]
III – estabelecer normas gerais em matéria de legislação tributária, especialmente sobre:
a) definição de tributos e de suas espécies, bem como, em relação aos impostos discriminados nesta Constituição, a dos respectivos fatos geradores, bases de cálculo e contribuintes;
[...] (BRASIL, 1988)

o ISS no valor cobrado e posteriormente repassa o valor arrecadado ao município de destino. Na inexistência de convênio, o sistema informa que a cobrança do ISS se dará em momento posterior, com as informações repassadas para os municípios realizarem a cobrança individualmente.

Por fim, vimos, na seção 2.3.3, que diversos países latino-americanos têm adotado um regime de retenção na fonte dos meios de pagamento, tendo a OCDE recomendado que só se use essa opção nos casos de fornecedores estrangeiros que recusem a se inscrever nos sistemas de registro e recolhimento simplificado e que, de forma persistente, não cumpram suas obrigações tributárias, como feito pelo Chile.

No caso do PIS/Cofins, é possível criar mecanismo de retenção equivalente com a inclusão dos meios de pagamento como responsáveis tributários na lei, de forma semelhante como pretenderam fazer os estados e o DF no Convênio ICMS nº 106, de 2017, para o ICMS para bens digitais[99] (ato que perdeu a sua eficácia jurídica desde o julgamento das ADIs 1.945/MT e 5.659/MG, por ter sido editado com base em interpretação tida como inconstitucional pelo STF, como já visto). Adotando-se o esquema prescrito pela OCDE, é necessário informar periodicamente às instituições financeiras a lista dos fornecedores/plataformas sujeitos à retenção. A legislação precisa autorizar que a instituição financeira considere como domicílio do importador o endereço cadastrado no meio de pagamento, já que essa é a única informação que possui no momento da retenção, o que nem sempre coincide com o do real contribuinte. Por se tratar de tributo federal, contudo, essa presunção não traz muitos problemas, pois é necessário apenas verificar se o contribuinte reside ou não no Brasil.

Já a retenção na fonte do ISS, nas hipóteses acima aventadas, é possível, mas traz inconvenientes. Primeiro, porque exigiria que a lista de

[99] Cláusula quinta Nas operações de que trata este convênio, as unidades federadas poderão atribuir a responsabilidade pelo recolhimento do imposto:

[...]

II – ao intermediador financeiro, inclusive a administradora de cartão de crédito ou de outro meio de pagamento;

[...]

IV – à administradora de cartão de crédito ou débito ou à intermediadora financeira responsável pelo câmbio, nas operações de importação. (BRASIL, 2017a).

retenção indicasse os municípios conveniados e as alíquotas aplicáveis, informações sujeitas a constantes alterações. E depois porque a presunção de que o endereço de cobrança é o do contribuinte pode causar grandes distorções em um imposto municipal.

4.2.3 Recomendações internacionais relacionadas a bens tangíveis de pequeno valor

Vimos, nas seções 1.3.2.1 e 2.2.3, que muitos países concedem isenção para o IVA/IBS sobre a importação de bens tangíveis considerados de pequeno valor por questões de eficiência administrativa, mas que o aumento do volume desse tipo de comércio internacional trouxe preocupações com a perda de arrecadação tributária e com a concorrência desleal com os comerciantes locais que permaneciam obrigados ao pagamento do imposto. Nesse contexto, as discussões da OCDE buscavam maneiras de reduzir ou eliminar esse limite de isenção.

Como solução, vimos que foram propostas medidas similares àquelas para operações com serviços e intangíveis, com a criação de mecanismo simplificado de registro e recolhimento pelos exportadores em conjunto com o regime de responsabilidade total das plataformas digitais. Nesse esquema, continuam submetidas ao pagamento do IVA/IBS na aduana apenas as transações de valor acima do limite de isenção de tarifas e impostos aduaneiros e aquelas com bens submetidos a imposto específicos, como bebidas alcoólicas e cigarros, e a regras de controle especiais, como remédios. Por sua vez, os bens de pequeno valor passam a ter o recolhimento do imposto do consumo antecipado para o momento da venda.

O Brasil e diversos países da América Latina historicamente não estabelecem limites de isenção dos impostos sobre o consumo e aduaneiros, ou o fazem em patamares muito baixos (OECD/WBG/CIAT/IDB, 2021, p. 104).

Em nosso país, são poucas as **hipóteses de dispensa dos impostos de importação e sobre o consumo sobre bens tangíveis trazidos do exterior**, destacando-se: (i) os bens que integrem remessas postais internacionais de até US$ 50,00 e tenham sido remetidos por pessoas físicas (isenção); (ii) os medicamentos até US$ 10.000,00 importados por pessoa física para uso humano, próprio ou de outra pessoa física (alíquota zero); e (iii) os livros, jornais e periódicos (imunidades constitucionais) (BRASIL, 2020e).

Além disso, o Brasil oferece um regime de tributação simplificado para remessas postais e expressas internacionais. **Remessa Postal Internacional** é aquela transportada pelos Correios, com peso de até 50 Kg, pagamento efetuado exclusivamente pelo *site* da empresa, e, como visto, sujeita ao limite de isenção de US$ 50,00 se o remetente for pessoa física. **Remessa Expressa Internacional** é a encomenda aérea realizada por empresa de transporte expresso internacional porta a porta (também chamada de empresas de *courier*) habilitada pela Receita Federal do Brasil, com a limitação de peso e formas de pagamento definidas a critério da transportadora, e que não se beneficia da isenção de US$ 50,00 mesmo se o remetente for pessoa física. As empresas de *courier* podem também realizar outros tipos de remessas não expressas, mas essas se submetem ao regime comum de importação a cargo do importador. (BRASIL, 2020f).

O **Regime de Tributação Simplificada (RTS)** permite o pagamento do Imposto de Importação de remessas postais e expressas internacionais de valor total de até US$ 3.000,00 com alíquota única de 60% sobre o valor aduaneiro (valor do bem, frete e seguro), e dispensa dos demais tributos federais (IPI, PIS e Cofins). O ICMS é também devido conforme legislação de cada unidade da federação, cabendo sua cobrança e recolhimento aos Correios e às empresas de *courier*. As mercadorias importadas que não fazem jus ao RTS, ou para as quais o importador expressa e previamente recusou o regime simplificado, estão sujeitas ao regime comum de importação, submetidas ao despacho aduaneiro normal e aos tributos federais (IPI, PIS, Cofins e Imposto de Importação) e estadual (ICMS). (BRASIL, 2020g).

Vê-se, então, que a importação de bens tangíveis de pequeno valor no Brasil tem peculiaridades que a distinguem da experiência internacional, pois não possui limite significativo de isenção de impostos aduaneiros e de consumo e adota um regime simplificado de tributação para remessas postais de até US$ 3.000,00 com atribuição de responsabilidade tributária para o transportador (Correios e empresas de *courier* habilitadas pela administração tributária).

O problema desse sistema é o de capacidade de processamento e não de controle do fisco. Segundo informações disponíveis em *site* do governo, essa limitação está sendo resolvida pelo "desenvolvimento de Sistema Informatizado e com o recebimento prévio de informações sobre o conteúdo, o remetente e o destinatário que permitem o gerenciamento de risco e análise informatizada" (BRASIL, 2020d). Argumenta-se que a "implementação desse novo sistema aumentará a efetividade e segurança dos processos aduaneiros com maior controle das importações feitas pela internet, utilizando inteligência e gestão de risco." (BRASIL, 2020d).

Pode-se defender que a tributação desses bens é muito elevada e que o ideal seria propiciar meios de igualar a incidência dos bens importados e os nacionais, tornando nosso país mais aberto ao comércio internacional. Contudo, a análise da política de comércio exterior brasileira desborda dos limites deste estudo, restrito aos aspectos tributários da matéria. Nesse contexto, mantidos os parâmetros dessa política, verificamos que **o modelo brasileiro já resolve as preocupações endereçadas pelas recomendações da OCDE**, ainda que de forma diversa, garantindo a tributação de bens de pequeno valor, **não sendo recomendadas alterações diante da estrutura tributária atual.**

4.3 Cenário 2: ajustes infraconstitucionais nos tributos existentes

O segundo cenário a ser analisado, seguindo a ordem crescente de intervenção legislativa, é o de manter os tributos sobre o consumo existentes, mas promover alterações em suas legislações para resolver os problemas estruturais agravados pela economia digital.

Busca-se verificar o que seria preciso para, sem alterações constitucionais, suplantar os desafios da economia digital, e ponderar em que isso facilitaria no atendimento às recomendações da OCDE.

4.3.1 Enfrentamento dos problemas estruturais do ordenamento brasileiro

Quanto ao **creditamento limitado**, verificamos, na seção 3.2.1, que o creditamento incompleto do ICMS e do PIS/Cofins não cumulativos e a cumulatividade do ISS e do PIS/Cofins cumulativos aumentam nossas desvantagens concorrenciais com os países que não exportam tributos.

Para o **ICMS**, como visto na seção 3.1.4, o creditamento completo exige apenas alterações sobre a matéria na Lei Kandir, que determina o aproveitamento parcelado dos créditos relativos a bens do ativo permanente (art. 20, § 5º[100]), e que constantemente tem adiado o aproveitamento integral dos créditos relativos a bens de uso e consumo e daqueles relativos à aquisição de energia elétrica e de serviços de comunicação (art. 33, I, II e IV[101]).

Para o **PIS e a Cofins**, o crédito financeiro pode ser facilmente garantido com a explicitação em lei de que todas as operações anteriormente tributadas dão direito a crédito e a revogação do regime cumulativo.

[100] Art. 20. Para a compensação a que se refere o artigo anterior, é assegurado ao sujeito passivo o direito de creditar-se do imposto anteriormente cobrado em operações de que tenha resultado a entrada de mercadoria, real ou simbólica, no estabelecimento, inclusive a destinada ao seu uso ou consumo ou ao ativo permanente, ou o recebimento de serviços de transporte interestadual e intermunicipal ou de comunicação.
[...]
§ 5º Para efeito do disposto no caput deste artigo, relativamente aos créditos decorrentes de entrada de mercadorias no estabelecimento destinadas ao ativo permanente, deverá ser observado:
I – a apropriação será feita à razão de um quarenta e oito avos por mês, devendo a primeira fração ser apropriada no mês em que ocorrer a entrada no estabelecimento;
[...] (BRASIL, 1996).

[101] Art. 33. Na aplicação do art. 20 observar-se-á o seguinte:
I – somente darão direito de crédito as mercadorias destinadas ao uso ou consumo do estabelecimento nele entradas a partir de 1º de janeiro de 2033;
II – somente dará direito a crédito a entrada de energia elétrica no estabelecimento:
a) quando for objeto de operação de saída de energia elétrica;
b) quando consumida no processo de industrialização;
c) quando seu consumo resultar em operação de saída ou prestação para o exterior, na proporção destas sobre as saídas ou prestações totais; e
d) a partir de 1º de janeiro de 2033, nas demais hipóteses;
[...]
IV – somente dará direito a crédito o recebimento de serviços de comunicação utilizados pelo estabelecimento:
a) ao qual tenham sido prestados na execução de serviços da mesma natureza;
b) quando sua utilização resultar em operação de saída ou prestação para o exterior, na proporção desta sobre as saídas ou prestações totais; e
c) a partir de 1º de janeiro de 2033, nas demais hipóteses. (BRASIL, 1996).

Exemplo de disposições com essa finalidade[102] são encontradas no PL 3.887, de 2020, que unifica o PIS e a Cofins na CBS[103].

A garantia de creditamento completo eliminaria a necessidade de concessão de regimes especiais de tributação para os principais setores exportadores, como vimos ser comum nas legislações do ICMS e do PIS/Cofins.

Para o **ISS**, seriam necessárias alterações mais profundas, com sua transformação em um tributo não cumulativo. Isso envolveria, contudo, praticamente o desenho de um novo imposto, com a mudança completa de seu gerenciamento pelos fiscos e das obrigações acessórias pelos contribuintes, em especial com relação ao controle e aproveitamento de créditos. A alteração de um imposto pensado para ser essencialmente local para uma dimensão nacional traz complicações que vão muito além da parte técnica, como será mais bem explorado quando tratarmos das mudanças necessárias para a implementação da tributação do destino. Na destinação para o local do consumo, contudo, veremos que ainda há discussão sobre modos de se fazer a mudança. Já para a transformação do ISS em uma versão não cumulativa, não localizamos qualquer proposta concreta nesse sentido.

Mesmo para as mudanças no ICMS e no PIS/Cofins não se deve minimizar as dificuldades para sua consecução devido à resistência dos diversos atores envolvidos no processo. O crédito financeiro sofre oposição dos fiscos federal e estaduais, que relutam em ampliar o direito à dedução de tributo já pago com receio de reduzir a arrecadação tributária, caso as alíquotas não sejam recalibradas. Caso as alíquotas sejam aumentadas para manter o montante arrecadado, a oposição virá das empresas que possuem poucos créditos para aproveitar, como as do setor de serviços,

[102] Vide os esclarecimentos da nota de rodapé 89 sobre o uso de exemplos de proposições existentes neste capítulo.

[103] Art. 9º A pessoa jurídica sujeita à CBS incidente na forma deste Capítulo poderá apropriar crédito correspondente ao valor da CBS destacado em documento fiscal relativo à aquisição de bens ou serviços.

[...]

Art. 11. É vedada a apropriação de crédito em relação a bens e serviços vinculados a receita não sujeita à incidência ou isenta da CBS, exceto nas hipóteses expressamente permitidas. [...] (BRASIL, 2020a)

que terão sua carga tributária elevada. No caso específico do ICMS, um aumento do crédito acumulado é tema sensível quando da obrigação de restituição para os exportadores, pois o estado exportador deve devolver parcela do tributo que nunca lhe pertenceu, quando parte da cadeia produtiva ocorreu em outras unidades.

Quanto ao **híbrido do princípio da origem e do destino**, nas seções 3.1.4 e 3.2.2, vimos que a legislação do ICMS adotou um sistema de distribuição de competências repartido, com parte da receita atribuída ao estado do vendedor e parte ao do consumidor. Vimos também que, na legislação do ISS, a regra geral é a cobrança pelo município do estabelecimento ou domicílio do prestador (origem), mas com a lei prevendo exceções em que o imposto é devido no local da prestação (destino). Essa configuração criou oportunidades para a competição predatória entre os entes federados para a atração de empresas, conhecida como "guerra fiscal", com o estado/município de origem concedendo benefícios fiscais na sua parte do imposto para atrair empresas para seu território, e, no caso do ICMS, em regra permitindo que o crédito seja reconhecido como pago de modo a que o estado de destino tenha que honrá-lo.

Recorde-se que, no **ICMS**, a parcela que cabe ao estado de origem é a correspondente à alíquota interestadual, e a da unidade do destino é a que equivale à diferença entre sua alíquota interna e a interestadual. Assim, para a implementação do princípio do destino no ICMS, basta a redução progressiva da alíquota interestadual até zero pelo Senado Federal, nos termos do previsto no art.155, § 2º, inciso IV da Constituição Federal[104].

Para o **ISS**, a adoção do princípio do destino é obtida com alterações no art. 3º da Lei Complementar nº 116, de 2003, transferindo a competência tributária para o município onde ocorrer o consumo. Contudo, exemplos recentes demonstram a dificuldade em se gerenciar um imposto com índole municipal de modo nacional.

Originalmente, as exceções do art. 3º envolviam atividades econômicas executadas em um local definido, como serviços de construção, lim-

[104] IV – resolução do Senado Federal, de iniciativa do Presidente da República ou de um terço dos Senadores, aprovada pela maioria absoluta de seus membros, estabelecerá as alíquotas aplicáveis às operações e prestações, interestaduais e de exportação; (BRASIL, 1988).

peza, armazenamento e guarda de bens etc., cuja tributação no destino, além de fazer sentido, seria de implementação mais fácil.

Com o tempo, contudo, cresceu o interesse por bases de grande potencial econômico, que, por serem tributadas na origem, concentravam sua arrecadação em poucos municípios. Nesse sentido, a Lei Complementar nº 157, de 2016, transferiu para o destino (domicílio do tomador) o ISS em relação aos serviços (i) de planos de medicina de grupo ou individual, (ii) de administração de fundos quaisquer e de carteira de cliente, (iii) de administração de consórcios, (iv) de administração de cartão de crédito ou débito e congêneres e (v) de arrendamento mercantil.

Por se tratar de serviços de abrangência nacional, essas disposições obrigariam que planos de saúde e instituições financeiras lidassem com a legislação de 5.570 municípios, aumentando em muito seus custos de conformidade. Por isso, diversas de suas organizações representativas se insurgiram contra as alterações legislativas na ADI 5.835/DF, e conseguiram, em 23 de março de 2018, suspender cautelarmente a eficácia dessas alterações. O relator, Min. Alexandre de Moraes, considerou que o conceito de "tomador de serviços" não estava claro na lei complementar, e que diversas leis, decretos e atos normativos municipais antagônicos já vigentes ou prestes a entrar em vigência acabariam por ampliar os conflitos de competências entre unidades federadas, abalar o princípio constitucional da segurança jurídica e comprometer a regularidade da atividade econômica (BRASIL, 2018c).

Para superar essas dificuldades, a Lei Complementar nº 175, de 23 de setembro de 2020, determinou que o ISS para os serviços acima elencados (subitens 4.22, 4.23, 5.09, 15.01 e 15.09 da lista de serviços anexa à Lei Complementar nº 116, de 2003[105]) deve ser apurado pelo contribuinte e declarado por meio de sistema eletrônico de padrão unificado em todo

[105] 4.22 – Planos de medicina de grupo ou individual e convênios para prestação de assistência médica, hospitalar, odontológica e congêneres.
4.23 – Outros planos de saúde que se cumpram através de serviços de terceiros contratados, credenciados, cooperados ou apenas pagos pelo operador do plano mediante indicação do beneficiário.
5.09 – Planos de atendimento e assistência médico-veterinária.
15.01 – Administração de fundos quaisquer, de consórcio, de cartão de crédito ou débito e congêneres, de carteira de clientes, de cheques pré-datados e congêneres.

o território nacional. Esse sistema será desenvolvido pelo contribuinte, individualmente ou em conjunto, terá os dados sobre alíquotas preenchidos pelos municípios e seguirá leiautes e padrões definidos pelo Comitê Gestor das Obrigações Acessórias do ISS (CGOA). A lei complementar ainda devolveu para a origem os serviços de agenciamento, corretagem ou intermediação de contratos de *leasing*, *franchising* e *factoring* (subitem 10.04) e criou uma transição progressiva para que a arrecadação passasse totalmente para o destino nos demais serviços (BRASIL, 2020b). Em abril de 2021, o CGOA foi instalado e atualmente se trabalha na definição nos padrões de obrigações acessórias.

A ideia de criação de sistemas unificados para apuração do ISS no destino também consta dos substitutivos propostos ao Projeto de Lei Complementar (PLP) 521, de 2018, e apensos, na Câmara dos Deputados, no caso de serviços de transporte remunerado privado individual de passageiros (ex.: Uber).

Na mesma direção, mas de forma mais ampla, veremos mais a frente que o projeto SIMPLIFICA JÁ (MACEDO, 2021) propugna a gerência do ISS por um Comitê Gestor com orçamento próprio a partir de um sistema nacional de notas fiscais de serviços eletrônicas, o que permitiria a distribuição automática do imposto recolhido.

Em resumo, atualmente se trabalha no sentido de **viabilizar o princípio do destino por meio da apuração do ISS em sistemas eletrônicos de abrangência nacional**. Possivelmente pela dificuldade de o Parlamento obrigar a construção de um aplicativo nacional oferecido pelos fiscos, determinou-se que o sistema seria desenvolvido pelos contribuintes, apesar da evidente limitação de que a multiplicidade de programas pode trazer. Mas se aponta na única solução que consideramos viável para a implementação do princípio do destino para o ISS em bases de abrangência nacional. Como a economia digital envolve esses tipos de atividades econômicas, a tributação no local do consumo dos bens e serviços digitais somente será viável caso esses bens e serviços sejam também

15.09 – Arrendamento mercantil (**leasing**) de quaisquer bens, inclusive cessão de direitos e obrigações, substituição de garantia, alteração, cancelamento e registro de contrato, e demais serviços relacionados ao arrendamento mercantil (**leasing**).

incluídos em sistemas eletrônicos de apuração e pagamento automático dessa natureza.

Não se deve, contudo, perder de vista que o princípio do destino também sofre resistências de diversos atores. Além das dificuldades próprias de implementá-lo no ISS, há também a oposição daqueles que acreditam que a concorrência fiscal, desde que controlada, dá bom frutos e é instrumento fundamental para o desenvolvimento de regiões mais pobres (FGV EESP, 2019, p. 61-65; Ribeiro, 2019, p. 69-71), bem como dos que defendem que deixar um pouco da arrecadação na origem serviria de estímulo para que o estado do vendedor se dedique à fiscalização das operações econômicas realizadas em seu território, e para compensar seus custos administrativos (Macedo 2021; Silva; de Castro, 2019, p. 29-31).

Quanto aos **conflitos de competências**, na seção 3.2.3, vimos que decorrem da separação da base tributável entre impostos diferentes e sua entrega a entes federados de níveis diversos, em especial da entrega das mercadorias e dos serviços de transporte não locais e de comunicação para o ICMS estadual e dos serviços em geral para o ISS municipal. Contudo, por envolverem a distribuição do poder de tributar dentro da federação, matéria eminentemente constitucional, esses conflitos **não podem ser resolvidos com simples alterações na lei**.

Entretanto, como visto na seção 3.2.3.1, após debate judicial de mais de 20 anos, a consolidação da interpretação dos dispositivos constitucionais de distribuição de competência firmada pelo STF no julgamento das ADIs 1.945/MT e 5.659/MG tende a minimizar as divergências entre a tributação de mercadorias e serviços, entregando a competência tributária sobre a economia digital para o ISS. Apesar de ainda persistirem as discussões sobre a tributação dos serviços *Over The Top* (OTT), firma-se a tendência de que estes também estão no escopo do ISS.

Na prática, contudo, a solução desses conflitos exige que os estados aceitem a jurisprudência de que os bens e serviços digitais não podem ser tributados pelo ICMS, o que, muito mais que uma questão de "boa vontade", implica a aceitação da perda de um base econômica a cada dia mais relevante.

Mesmo que isso ocorra, permanecerão divergências sobre se o ISS pode onerar diversas atividades econômicas, pois, como já vimos, **o estreitamento da base tributável dos serviços** decorre da interpretação de que somente incide o imposto municipal se o serviço estiver previsto na lista constante em lei complementar, que é taxativa, mas admite interpretação extensiva. Essa tensão é incontornável na economia digital, pois toda vez que surgir um serviço com características inovadoras, haverá o potencial conflito entre a intenção do fisco de incluí-lo em um dos itens já existentes na lista do ISS, ainda que com o uso de intepretação extensiva, e a oposição do contribuinte no sentido de que se trata de caso de não tributação.

Por se tratar de hipótese de não tributação intencional prevista na Constituição, o estreitamento da base tributável dos serviços não pode ser resolvido por alterações infraconstitucionais. Também não é possível, por evidente, incluir um item na lista anexa da Lei Complementar nº 116, de 2003, que abarque todos os bens e serviços digitais de forma genérica, por exemplo, "bens intangíveis e serviços passíveis de serem fornecidos/prestados pela Internet". A taxatividade da lista exige uma descrição suficiente da natureza dos serviços aí elencados, até mesmo para que a interpretação extensiva seja utilizada dentro de limites razoáveis que incluam apenas atividades que, independentemente de sua nomenclatura, tenham a mesma essência de outra já constante na relação.

4.3.2 Recomendações internacionais relacionadas a serviços e intangíveis

Nesta seção, e para os demais cenários a serem analisados, verificaremos as possibilidades de adoção das recomendações internacionais apenas destacando as diferenças com relação à análise extensiva feita na seção 4.2.2 para evitar redundâncias.

Na hipótese de implementação das alterações na legislação dos tributos sobre o consumo discutidas na seção anterior, haveria ganhos no atendimento às diretrizes de neutralidade da OCDE e nas possibilidades de construção de um sistema automático de registro e recolhimento dos tributos.

Quanto às **diretrizes da neutralidade**, a incorporação do crédito financeiro ao PIS/Cofins diminuiria ineficiências econômicas atualmente existentes nesse tributo, permitindo que ele flua pelas etapas de produção até ser suportado integralmente pelo consumidor final. Contudo, como já discutido, a transformação do ISS em um tributo não cumulativo, apesar de tecnicamente possível, é improvável diante da configuração federativa atual, pois demandaria alterações estruturais profundas de difícil consenso para um tributo construído para ser simples. Assim, a cumulatividade do ISS continuaria a desatender as recomendações de neutralidade, permanecendo a ponderação de que essa ineficiência econômica é totalmente internalizada, constituindo preço a ser pago pelo modelo de federalismo adotado, sem inviabilizar as transações com o exterior.

Já a implementação do **princípio do destino no ISS** também para as operações internas, ou ao menos para as bases econômicas da economia digital, é possível, mas demanda um **sistema eletrônico construído sobre a estrutura de notas fiscais de serviços de abrangência nacional, que gerencie a cobrança e a destinação do imposto arrecadado**. Sua especificação e gerência deve ficar a cargo de um **comitê gestor** dos municípios. Vimos que a Lei Complementar nº 175, de 2020, preconiza sistema nesses moldes para os serviços de planos de saúde e de administração de fundos, consórcios e cartões de crédito ou débito, e os substitutivos ao PLP 521, de 2018, e apensos, na Câmara dos Deputados, o fazem para serviços de transporte remunerado privado individual de passageiros.

Essas iniciativas sugerem um modelo de apuração nacional do ISS que certamente melhoria a eficiência do tributo. Como vimos, o sistema de Notas Fiscais Eletrônicas (NFS-e) se encontra próximo de ser implantado de forma ampla como módulo do Sped. Assim, lei complementar pode especificar a criação do comitê gestor, tomando como base o já criado na Lei Complementar nº 175, de 2020, e lhe atribuir orçamento para a elaboração do sistema, a ser desenvolvido dentro do ambiente do Sped.

Esse sistema automatizado, por ter sido desenvolvido no ambiente do Sped, pode facilmente ser integrado ao sistema de registro e cadastro dos fornecedores/plataformas estrangeiros do PIS/Cofins, nos moldes como discutido anteriormente, permitindo uma abrangência nacional também para o ISS sem a necessidade de convênios individualizados. A única limitação que vemos para isso é a necessidade de definição de alíquota única para a economia digital, o que não poderá ser imposto por um comitê gestor criado apenas por lei complementar, já que essa determinação feriria a autonomia municipal. Uma alternativa seria atribuir ao fornecedor/plataforma estrangeiros a obrigação de informar o tipo de serviço/intangível a partir dos códigos da lista anexa, o que certamente diminuiria a eficácia da medida e daria margem a disputas. Ou então manter a necessidade de se firmarem convênios com cada município, exigindo a adoção de alíquotas únicas como pré-requisito.

São ainda necessárias as mesmas alterações nas leis do PIS/Cofins e do ISS mencionadas na seção 4.2.2, efetuadas diretamente na Lei Complementar nº 116, de 2003, para que as medidas valham para todos os municípios.

4.3.3 Recomendações internacionais relacionadas a bens tangíveis de pequeno valor

Seguindo a análise já feita na seção 4.2.3, a importação de bens tangíveis de pequeno valor no Brasil nesse cenário também não recomendaria mudanças, pois as alterações sugeridas para o ICMS ainda o deixam sujeito a múltiplas regulamentações dos estados, não permitindo sua integração no regime de tributação simplificado para remessas postais e expressas internacionais.

4.4 Cenário 3: criação de um novo tributo para a economia digital

Diante dos inúmeros conflitos de competências entre o ICMS e o ISS e da dificuldade em resolvê-los, alguns especialistas defendem a instituição de um imposto federal sobre a economia digital, criado com base na **competência residual da União** e cobrado na operação financeira de pagamento, com a arrecadação partilhada com estados e municípios. Essa alternativa permitiria um alinhamento mais direto com as recomendações internacionais, com atendimento ao princípio do destino e arrecadação automatizada, sem ferir o pacto federativo (Piscitelli, 2019, p. 543).

Apesar dos méritos da proposta, entendemos **não ser compatível com nossa ordem constitucional**. Recordamos que o art. 154, inciso I, da Constituição Federal autoriza a criação, mediante lei complementar, de novos impostos, desde que sejam não-cumulativos e não tenham fato gerador ou base de cálculo próprios dos discriminados na Constituição (BRASIL, 1988). Ora, para que fosse possível se criar um imposto sobre bens e serviços digitais, seria necessário que estes não estivessem na base de cálculo de outros impostos. Não é possível, com a competência residual, retirar atividades econômicas do alcance de outros tributos, mesmo que com a intenção de melhor tributá-los e de devolver a arrecadação aos entes subnacionais.

A ideia de utilização da competência residual da União para a tributação da economia digital no Brasil se consolidou a partir do trabalho de diversos tributaristas sobre a tributação da licença de uso de *softwares*. Por considerarem que tal atividade econômica não estaria sujeita nem ao ISS nem ao ICMS, pois inexistiria obrigação de fazer ou transferência de titularidade, avaliavam estar ao alcance de um novo imposto federal (Iglesias, 2020, p. 447-450; Padilha, 2016, p. 313-314). Alguns faziam inclusive um paralelo com as iniciativas da Comissão Europeia de criação de tributos específicos para onerar a economia digital (Iglesias, 2020, p. 450).

Entretanto, com o entendimento firmado pelo STF no julgamento das ADIs 1.945/MT e 5.659/MG de que sobre operações com programas de computador incide o ISS e não o ICMS, essa doutrina não foi referendada, tendo-se, ao contrário, definido que ao menos parte da economia digital está na base de cálculo de um imposto já existente, e, portanto, não pode ser objeto da competência residual da União.

A única hipótese de incidência residual seria para aquela pequena parcela de serviços que não está nem na incidência do ICMS (comunicação e transporte não local) nem na do ISS por não ter sido incluída a lista anexa da Lei Complementar nº 116, 2003. Contudo, já vimos que esse conjunto não tributado será sempre matéria de contestação, já que a lista de serviços, apesar de taxativa, admite interpretação extensiva, com os fiscos em regra buscando usar desse expediente para incluir todos os serviços digitais no escopo do ISS, não sendo recomendado se desenhar um imposto sobre uma base tão instável.

Consideramos também inadequado o paralelo de um imposto criado com base na competência residual da União com os tributos específicos sobre a receita bruta discutidos internacionalmente como alternativas para tributar a economia digital (*Digital Services Taxes*). Como já visto, apesar de consistirem em tributos indiretos, foram propostos para compensar deficiências na tributação da renda das grandes empresas de tecnologia, e, se implementados, incidirão em conjunto com os impostos indiretos já existentes, não consistindo em alternativa voltada para a tributação do consumo dos novos modelos de negócios (Araujo; Afonso, 2020, p. 417).

Se não é possível a instituição de um tributo geral sobre o consumo com base na competência residual, sem dúvida seria possível fazê-lo com uma **reforma constitucional, criando novo imposto de competência da União que incida sobre bens e serviços digitais.**

Um problema evidente dessa alternativa seria ou bem a tributação da economia digital pelo novo imposto concomitante com o ICMS ou o ISS, ou a necessidade de retirar explicitamente essa base do escopo desses dois impostos. A primeira hipótese, apesar de em tese ser possível por estar prevista na Constituição (ex.: IPI e ICMS, IRPJ e CSLL), é de aceitação política muito difícil por onerar em excesso uma mesma atividade econômica. Já a segunda se mostra ainda mais problemática, pois, se hoje existe disputa intensa por decidir se o detentor da competência tributária sobre a economia digital seriam os estados ou os municípios, imagine-se caso a solução for de retirá-la dos entes federados subnacionais para entregá-la a União.

Tecnicamente, a proposta esbarra na **dificuldade em se definir qual seria a base econômica da economia digital**, justamente porque ela envolve um subconjunto de bases econômicas já distribuídas para outros impostos. Na seção 1.3.1, verificamos que há falta de uniformidade sobre a definição do que sejam bens e serviços digitais, prevalecendo a ideia de que envolvem todos os intangíveis e serviços passíveis de serem fornecidos/prestados pela Internet. Contudo, uma definição constitucional dessa amplitude deixaria no escopo do ISS apenas os serviços prestados presencialmente, praticamente esvaziando o imposto com evidente violação da autonomia financeira dos municípios.

Nesse sentido, como vimos no capítulo 1, são infrutíferas as tentativas de separar a economia digital do restante da economia, pois, a cada dia, ambas passam a representar uma única realidade. É por isso que a ideia de criação de um imposto separado para a economia digital vai de encontro a toda a discussão sobre a tributação do consumo dessa base, que propugna um tributo de base ampla, incluindo todas as realidades econômicas existentes e aquelas que, com a evolução tecnológica, virão a existir.

Pelos óbices acima levantados, não analisaremos a possibilidade de adaptação das recomendações internacionais para um modelo que tribute a economia digital com um novo imposto, seja criado pela competência residual da União, seja por novo dispositivo constitucional.

4.5 Cenário 4: reforma constitucional dos tributos existentes

Nas discussões da reforma tributária de 2020 e 2021, um grupo de autores e de entidades ligadas aos fiscos municipais se opuseram às propostas que pretendiam substituir os tributos sobre o consumo existentes por um IVA/IBS alinhado às recomendações internacionais (como discutido na seção seguinte). Ponderavam que o problema de nosso ordenamento não estaria no fato de haver tributos sobre o consumo separados entre os entes, mas em seus custos de conformidade, em especial do ICMS, causados pela excessiva tributação na origem e pela diversidade de legislação nos estados, e do PIS/Cofins, por suas inúmeras exceções e regimes especiais (Macedo, 2020).

Nesse sentido, apresentaram uma proposta de alteração do sistema tributário denominada de **SIMPLIFICA JÁ**, que acabou por ser vertida em uma PEC apresentada, em 19 de agosto de 2021, como a Emenda nº 146 à PEC nº 110, de 2019, no Senado Federal, encabeçada pelo Senador Giordano (BRASIL, 2021f).

De interesse para a tributação do consumo, estão as propostas de mudança do ICMS, do ISS e do **PIS/Cofins**, a última apenas na forma de definição legal de insumo para garantir o crédito financeiro (Macedo, 2021).

Para o **ICMS e o ISS** as alterações são de índole constitucional, determinando: (i) a unificação das legislações do ICMS entre os estados e as do ISS entre os municípios, dando liberdade para que cada unidade possa apenas fixar e alterar as alíquotas do imposto (cinco alíquotas definidas pelo Senado no primeiro caso, alíquota única para todos os serviços entre 2% e 5% no segundo), sendo vedada a concessão de benefícios fiscais individualmente pelos entes federados; (ii) a gerência de cada imposto por um comitê gestor do ICMS e outro do ISS de natureza autárquica, formados por representantes das respectivas administrações tributárias, com funções meramente regulamentares e orçamentos próprios; (iii) o cálculo dos impostos "por fora", isto é, sem o tributo integrar a própria base; e (iv) a unificação e a integração dos sistemas de nota fiscal eletrônica do ICMS entre os estados e de nota fiscal de serviços eletrônica do ISS entre os municípios (Macedo, 2020; Macedo, 2021).

Além disso, para o ICMS é previsto constitucionalmente o crédito financeiro e se atribui ao Senado Federal a transferência gradual (mas parcial) para a tributação no destino por meio da redução das alíquotas interestaduais. Para o ISS, altera-se a definição constitucional do imposto, definindo-se serviços de qualquer natureza como quaisquer operações que não constituam circulação de bens tangíveis, exceto energia elétrica e serviços de transporte interestadual e intermunicipal e de comunicação (BRASIL, 2021f). Assim, resolve-se, quase na totalidade, a disputa da economia digital em favor dos municípios e se elimina a necessidade dos serviços tributáveis em lista taxativa. Permanecerá ainda a discussão sobre se os serviços *Over The Top* (OTT) devem ser considerados como de comunicação, apesar de, como já visto, haver uma tendência de se firmar o entendimento jurisprudencial de que não são.

Os autores da proposta destacam que, como o ICMS e o ISS serão gerenciados por sistemas eletrônicos de arrecadação e apuração centralizadas, baseados em notas fiscais eletrônicas, o contribuinte terá a ideia de tratar com um ICMS e de um ISS únicos em nível nacional (BRASIL, 2021f; Macedo, 2021).

A proposta é de interesse para este estudo por trazer um modelo de tributação que continua com a divisão da base de consumo entre estados e municípios. Note-se, contudo, que é patente o interesse de seus autores, ligados aos fiscos municipais das grandes capitais, em manter com os municípios a base tributável do ISS, aquela que tem um maior potencial de crescimento nos próximos anos. Conscientes da dificuldade em gerenciar nacionalmente milhares de legislações locais e dezenas de regramentos estaduais, criaram um modelo que propõe razoável redução da autonomia dos entes federados, restrita à fixação de suas alíquotas. Adotam, assim, solução semelhante à PEC nº 45, de 2019 (alíquota única e proibição de benefícios fiscais), discutida na seção seguinte, com a diferença de manter a distribuição das bases entre os níveis estaduais e municipais, e assim se submetem a críticas similares de violação inconstitucional do pacto federativo por redução da autonomia fiscal das unidades federadas.

A maior dificuldade, contudo, dessa proposta é convencer os estados da perda definitiva da base tributável da economia digital. Sem dúvida a recente consolidação da jurisprudência em favor da tributação do ISS sobre o licenciamento de *software*, que, como já vimos, tem o potencial de se estender para os demais intangíveis, facilitará a tarefa com relação ao presente ordenamento. Mas, como se discutem mudanças constitucionais da definição dos impostos, não seria surpresa que os estados rejeitassem a simples consolidação do novo entendimento jurisprudencial e pugnassem pela divisão das bases econômicas da economia digital, alegando que o fortalecimento excessivo da base serviços se deu por motivos não previstos por ocasião da elaboração da Constituição de 1988, e que a transferência de competência tributária já cria, e tende cada vez mais a criar, desequilíbrios federativos importantes.

4.5.1 Enfrentamento dos problemas estruturais do ordenamento brasileiro

Quanto aos desafios elencados no capítulo 3, a proposta SIMPLIFICA JÁ mantém o **híbrido da origem e do destino para o ICMS e o ISS**, reduzindo a alíquota interestadual do primeiro para 4% e criando um sistema híbrido para o segundo. Essa escolha é justificada com a alegação de que, para IVAs/IBSs subnacionais, mais relevante que a neutralidade absoluta seria que as operações interestaduais contribuíssem para o financiamento de ambos os estados envolvidos, evitando desequilíbrios financeiros (Macedo, 2021). Essa argumentação, todavia, além de ir contra as recomendações internacionais e as experiências dos demais países, inclusive de estrutura federada, poderia ter resultado equivalente alcançado por meio da partilha da arrecadação e não da distribuição de competências. Além disso, a experiência com a concessão de benefícios fiscais unilaterais do ICMS, apesar da vedação constitucional expressa, põe por terra a expectativa de que a fixação de alíquota de origem única e a proibição na concessão de benefícios fiscais eliminariam qualquer incentivo para deslocar as empresas em busca de vantagens tributárias (em especial caso se estabeleçam alíquotas baixas para determinados produtos, como para alimentos).

Quanto ao crédito financeiro, resolve-se a questão para o ICMS e o PIS/Cofins não cumulativos, mas se mantém a **cumulatividade do ISS e da versão cumulativa do PIS/Cofins**, justificando-se a escolha com o argumento de que, apesar da perda da neutralidade, ganha-se em simplicidade (Macedo, 2021). Essa fundamentação, contudo, não se sustenta diante das desvantagens econômicas decorrentes da cumulatividade do ISS apontadas na seção 3.2.1, o que indica que se deveria aproveitar a mudança constitucional para se instituir um sistema não cumulativo do ISS equivalente e harmonizado ao do ICMS.

Quanto aos **conflitos de competências**, os relativos à dicotomia entre mercadorias e serviços são **resolvidos em favor do ISS**, mantendo-se aqueles derivados dos serviços de comunicação/demais serviços, que, como visto na seção 3.2.3.2, são de menor monta e com tendência de consolidação das disputas também em favor do ISS. O **estreitamento da base de serviços é eliminado**, com o fim da necessidade de definição das atividades tributadas em lista anexa.

4.5.2 Recomendações internacionais relacionadas a serviços e intangíveis

A versão analisada, a proposta SIMPLIFICA JÁ, não atende às **diretrizes da neutralidade** da OCDE por escolha de seus idealizadores, que optaram pela cumulatividade do ISS e do PIS/Cofins, adotando o crédito financeiro apenas nas modalidades não cumulativas das contribuições e por um híbrido do princípio da origem e do destino para o ISS e o ICMS. De qualquer forma, como estamos falando de mudanças constitucionais, seria possível ajustar a proposta de modo a se implementar a não cumulatividade para o ISS de modo similar ao ICMS e o princípio do destino para os dois impostos, o que, em conjunto com a base ampla já adotada, alinharia o modelo às diretrizes internacionais de neutralidade sem perder a essência da proposta de manutenção dos dois tributos na competência dos entes subnacionais.

Nesse modelo, o sistema automatizado de registro dos fornecedores estrangeiros pode ser concebido de forma ampla, bastando a celebração de convênio entre a União e o Comitê Gestor do ISS. Como estará definido na Constituição Federal que o ISS incide sobre as bases da economia digital (salvo conflitos residuais com serviços de comunicação), e como cada município deverá fixar uma única alíquota para todos os serviços e intangíveis, o sistema pode ser construído de forma a que, definido o endereço do adquirente/tomador, calculem-se automaticamente os tributos devidos (ISS e PIS/Cofins). As alterações legislativas necessárias já devem constar da legislação unificada do ISS, de modo semelhante ao feito para o PIS/Cofins e discutido nas seções anteriores.

Com essa configuração, na prática teríamos três tributos sobre o consumo no Brasil com características bastante diversas: um ISS cumulativo sobre o consumo de serviços e intangíveis; um ICMS não cumulativo sobre o consumo de tangíveis e serviços de comunicação e transportes não locais; e um PIS/Cofins sobre a receita bruta decorrente de operações com toda a base consumo, nas versões cumulativa e não cumulativa. Nesse contexto, seria difícil propor harmonizações mais amplas que permitissem um funcionamento integrado do ordenamento do consumo, como faremos para o próximo cenário.

4.5.3 Recomendações internacionais relacionadas a bens tangíveis de pequeno valor

Para esse cenário, deve-se incluir o ICMS no regime de tributação simplificado para remessas postais e expressas internacionais, já que o cálculo da alíquota devida é facilitado pela legislação nacional única do imposto e pelo número reduzido e predefinido de alíquotas.

4.6 Cenário 5: unificação dos tributos sobre o consumo em um IVA nacional ou dual

Diante dos problemas com os atuais tributos sobre o consumo, diversos especialistas defendem a necessidade de unificação de todos eles na forma de um tributo sobre o valor agregado. Isso vai ao encontro das recomendações da OCDE para reduzir as distorções no sistema tributário brasileiro: "(c)onsolidar os impostos indiretos nos níveis estadual e federal e trabalhar na direção de um imposto sobre o valor agregado com uma base ampla, reembolso integral para o IVA pago na entrada e alíquota zero para exportações" [106] (OECD, 2019a, p. 100; tradução nossa).

[106] *Consolidate indirect taxes at the state and federal levels and work towards one value added tax with a broad base, full refund for input VAT and zero-rating for exports.*

A substituição da estrutura da tributação de consumo do Brasil permeou o debate nacional dos últimos 30 anos em diversas propostas discutidas, mas não aprovadas, no Congresso Nacional, apesar de em regra terem sido apresentadas pelos governos da época (LUKIC, 2014, p. 255-363). A partir de 2015, com a ausência de projetos de reforma tributária ampla por parte do Poder Executivo, o Parlamento optou por ocupar esse espaço com a criação de comissão especial sobre a matéria em 2015, na Câmara dos Deputados, chegando-se a uma proposta concreta de reforma constitucional no substitutivo à PEC nº 293, de 2004, aprovada em comissão especial em dezembro de 2018 (ARAUJO; CORREIA NETO, 2019, p. 43).

Esse trabalho foi o embrião das discussões a partir de meados de 2019, centradas na **PEC nº 45, de 2019, na Câmara dos Deputados**, e na **PEC nº 110, de 2019, no Senado Federal**, esta consistindo na reapresentação do projeto aprovado no substitutivo à PEC nº 293, de 2004. Em sua essência, ambas propõem a unificação dos atuais tributos sobre o consumo em um IBS de abrangência nacional nos moldes do que se denomina de "**IVA Moderno**": aquele com base ampla, crédito financeiro, poucas alíquotas e exceções e atendendo ao princípio do destino, – gerido por um comitê gestor composto por representantes das três esferas da federação. Em conjunto ao IBS, preveem impostos seletivos para tributar determinados bens e serviços, nos moldes das já mencionadas *excises taxes*.

A PEC nº 45, de 2019, unifica apenas os principais tributos sobre o consumo existentes: IPI, Cofins, PIS, ICMS e ISS. A proposta divide a alíquota do IBS em três partes atribuídas às três esferas da federação e permite que cada ente federado altere sua subalíquota, exigindo apenas que todos os bens e serviços em determinada unidade federada sejam gravados da mesma forma, proibindo ainda que sejam concedidos benefícios fiscais. Os impostos seletivos têm índole extrafiscal, cobrados sobre determinados bens, serviços ou direitos, que serão definidos por lei, com o objetivo de desestimular o consumo. (BRASIL, 2019a).

Já a PEC nº 110, de 2019, extingue um número maior de tributos (elimina também IOF, Pasep, CIDE-Combustíveis e Salário-Educação). Admite alíquotas diferenciadas, exigindo que sejam uniformes em todo o território, e permite a concessão de benefícios fiscais apenas para alguns bens e serviços previstos no texto constitucional. Aqui, os impostos seletivos têm índole arrecadatória, voltados para permitir uma menor alíquota do IBS, e incidem sobre bens e serviços previstos na Constituição. (BRASIL, 2019c).

A unificação dos atuais tributos sobre o consumo em um IVA/IBS nacional provocaria um significativo rearranjo na autonomia tributária dos entes federados. Para minimizar esse problema, muitos propõem a adoção de um **IVA/IBS dual**, em que as unidades subnacionais possuiriam um imposto separado daquele da União.

O IVA/IBS dual surgiu como alternativa para implementar a tributação sobre o valor agregado nos diversos níveis das federações. Os teóricos originais do IVA o consideravam como um imposto para governos centrais, pois julgavam que a implementação do princípio do destino entre os entes federados seria muito difícil, já que alíquotas diferentes entre as unidades incentivariam compras nos estados vizinhos com carga fiscal mais baixa (Ebrill *et al.*, 2001, p. 177). Os contraexemplos, na época, eram o Canadá e o Brasil (hoje temos também a Índia). O sucesso do IVA canadense, contudo, serviu para que atualmente se propugne que um tributo sobre o valor agregado pode perfeitamente ser implementado em federações (Bird, 2012, p. 29).

Nesse contexto, no Brasil há também uma corrente que defende que a unificação dos tributos deveria se dar na forma de um IVA/IBS dual: uma versão federal no lugar do PIS e Cofins; e uma estadual, substituindo o ICMS e o ISS.

Um exemplo de projeto nessa direção foi elaborado pelo IPEA, prevendo a implementação do sistema em três fases: uma para o IVA federal, uma para o IVA estadual com arrecadação no destino e uma terceira para a harmonização optativa dos impostos estaduais com o federal (Carvalho et al., 2018, p. 95-108; Rocha, M., 2021). Essa proposta inspirou o Governo Jair Bolsonaro a propor solução semelhante, tendo encaminhado a unificação do PIS e da Cofins em uma Contribuição sobre Bens e serviços (CBS) que faria as vezes da parte federal em um IVA/IBS dual (PL 3.887, de 2020). Um terceiro exemplo de proposta de IVA/IBS Dual se encontra nos substitutivos apresentados para a PEC nº 110, de 2019, em dezembro de 2019 e em outubro de 2021, no Senado Federal (BRASIL, 2019d; BRASIL, 2021g).

4.6.1 Enfrentamento dos problemas estruturais do ordenamento brasileiro

Propostas que unifiquem os tributos sobre o consumo na forma de um IVA/IBS nacional ou dual alinhados às melhores práticas **resolvem os problemas específicos da tributação do consumo do Brasil por nós apontados**. Os conflitos de competências e o estreitamento da base tributável de serviços são solucionados pela base ampla do imposto. A cumulatividade, pelo crédito financeiro. E o híbrido entre a tributação na origem e no destino, pelo princípio do destino.

Um IVA/IBS dual traz um maior nível de complexidade, especialmente se não se exigir um grau razoável de harmonização dos dois impostos. Bird (2012, p. 29-30), o grande defensor da viabilidade do modelo de tributação sobre o valor agregado dual em federações, avalia que essa integração não é obrigatória, sendo possível divisar um sistema em que o IVA/IBS federal conviva até mesmo com tributos de outra natureza nos estados. Reconhece, contudo, que, quanto menor a coordenação entre os tributos federal e os estaduais, maiores serão os custos para os governos e os contribuintes, ponderando que isso seria parte do preço a ser pago pelo federalismo, caso a população assim o deseje.

Apesar de o Canadá se enquadrar no modelo de Bird (2012), com algumas províncias não adotando um IVA[107], é fato que os IVAs canadenses: um IVA federal aplicado em todo território (GST), um IVA Harmonizado adotado por 5 províncias (HST) e um IVA da província de Quebec (QST) – estão cada vez mais harmonizados entre si (Rocha, M., 2021). Esse ambiente, contudo, traz um nível de complexidade maior para a economia digital.

Um exemplo dessa complexidade se vê no sistema de cadastro de fornecedores e plataformas estrangeiros, obrigatório a partir de julho de 2021 para o pagamento de impostos sobre o consumo com relação a operações com bens e serviços destinadas a consumidores canadenses. Essas empresas não residentes terão que se cadastrar em quatro sistemas diferentes: um para o IVA federal e o harmonizado (GST/HST), um

[107] Três províncias canadenses não adotaram um IVA estadual (Colúmbia Britânia, Saskatchewan e Manitoba), cobrando um imposto sobre o varejo (PST), e uma província não instituiu nenhum imposto sobre o consumo próprio (Alberta) (Rocha, M., 2021).

para o IVA de Quebec (QST), um para o imposto sobre o varejo (PST) da Colúmbia Britânia, e um para o imposto sobre o varejo (PST) de Saskatchewan – com a província de Manitoba planejando uma quinta obrigação de registro ainda para 2021. (Taxamo, 2020).

De qualquer modo, nas propostas pensadas para o Brasil, existe um alto grau de integração entre as legislações dos IVA/IBSs federal e estadual, e, apesar de algum aumento no custo de administração, seria possível desenvolver mecanismos que se enquadrassem nas recomendações da OCDE, como discutido mais à frente neste capítulo.

Esse modelo dual iria ao encontro de uma das características comuns de nossos diversos pactos federativos da área fiscal: a concessão da competência aos entes subnacionais de áreas rentáveis de tributação, mas limitando sua autonomia nos casos de impostos que afetem a política econômica da nação (Arretche, 2005, p. 77). Um IVA/IBS compartilhado, mas com autonomia reduzida dos entes federados, seria compatível com essa prática histórica, já que a base consumo é hoje a mais explorada em termos arrecadatórios, mas sua tributação descoordenada prejudica sobremaneira a política econômica brasileira.

Apesar das vantagens para a economia digital da unificação dos tributos atuais na forma de um IVA/IBS, sua implementação traz diversas outras consequências, que fazem com que essas medidas sejam muito contestadas, tanto em críticas sobre próprio mérito de um IVA/IBS como imposto geral de consumo para o Brasil quanto sobre as mudanças a que se submeterão os diversos agentes econômicos com o novo arranjo tributário.

Quanto ao mérito do IVA/IBS, muitas das críticas dizem respeito à complexidade inerente ao sistema de aproveitamento de créditos relativos ao imposto pago nas etapas anteriores de produção. Esse mecanismo dá margem a diversos esquemas fraudulentos, sendo o mais conhecido denominado de "fraude carrossel", que envolve a movimentação da nota fiscal por vários intermediários, sendo que um deles não declara nem paga o IVA/IBS devido. De forma mais ampla, mesmo que não ocorra em um esquema fraudulento, a insolvência de um dos elos da cadeia em regra leva a prejuízos ao Estado, já que os elos seguintes se aproveitarão do crédito relativo a um imposto não recolhido. Outro problema do mecanismo de creditamento diz respeito ao fluxo de caixa das empresas, pois, para quem vende, a obrigação de pagar o imposto é imediata, mesmo que o recebimento efetivo seja posterior, o que termina sendo um empréstimo sem juros para o governo. Destaque-se, ainda, o custo de conformidade e riscos para as empresas, que devem verificar a validade da nota fiscal de compra para ter direito ao crédito. (Ainsworth *et al.*, 2018; EBRILL *et al.*, 2001, p. 60; Englisch, 2015, p. 120-123; Keen; Lockwood; 2007, p. 6).

Outras críticas importantes quanto ao mérito se referem à percepção de que o IVA/IBS é um tributo regressivo, já que incidiria proporcionalmente de forma mais gravosa sobre os mais pobres do que sobre os mais ricos. Na verdade, foi sua percepção como regressivo que mais dificultou a aceitação do imposto pela população de diversos países, tendo sido forte barreira para sua implementação no Canadá e na Austrália, e uma das causas que impediu sua introdução nos Estados Unidos da América (James, 2015, p. 19; Rocha, M., 2021). Não é exagero dizer que foi essa rejeição que fez com que, na prática, nenhum país tenha adotado um IVA puro de alíquota única, e que se verifique uma tendência de aumento do uso de alíquotas reduzidas e isenções (Bird; Gendron, 2006, p. 22-29; De La Feria; Walpole, 2020, p. 638-639; James, 2015, p. 105). Apesar de a literatura econômica ter concluído que, se calculado com base na renda das famílias, de fato o IVA é regressivo, mas se for medido com base no consumo, é proporcional ou até ligeiramente progressivo (De La Feria; Walpole, 2020, p. 639-640; Thomas, 2020, p. 5), autores ponderam que, no caso brasileiro, são grandes os riscos de as mudanças propostas pelas PECs da reforma tributária tornarem o sistema brasileiro ainda mais regressivo (Holland, 2020, p. 67-72; Ribeiro, 2019, p. 75-76).

Quanto às críticas sobre as mudanças a que se submeterão diversos agentes econômicos com o novo arranjo tributário, do lado dos governos, haverá uma redistribuição da arrecadação da tributação do consumo, com ganhadores e perdedores, o que envolve a discussão de fundos de compensação ou de longos prazos de transição. Além disso, a já mencionada redução da autonomia tributária, por mais que seja mitigada com a adoção de um IVA/IBS dual, eliminará a maior parte dos instrumentos de política fiscal por meio de tributos, alguns lícitos, como a possibilidade de conceder benefícios, outros ilícitos, como a de promover guerra fiscal. Do lado dos contribuintes, o novo sistema acarretará uma repartição da carga tributária, cobrando mais de algumas empresas que pagavam menos, como é o caso do setor de serviços.

Não se deve também desconsiderar a possibilidade de fatores históricos que, com visto, têm dificultado modificações significativas na estrutura tributária vigente, influenciarem no desenho de um IVA/IBS, nacional ou dual, afastando-o do modelo ideal e diminuindo sua eficiência na tributação da economia digital[108].

Por fim, é importante destacar que, na esfera jurídica, têm sido levantadas dúvidas sobre a constitucionalidade da unificação dos tributos sobre o consumo vigentes, com juristas alegando que haveria violação à cláusula pétrea do pacto federativo, por supressão das competências estadual e municipal para instituir impostos sobre o consumo, e à cláusula pétrea dos direitos fundamentais, por não respeito ao princípio da capacidade contributiva (Maciel, 2020, p. 42; Ribeiro, 2019, p. 65-76)[109].

4.6.2 Recomendações internacionais relacionadas a serviços e intangíveis

Com a construção de um novo ordenamento de consumo baseado em um IVA/IBS nacional ou dual alinhado às melhores práticas, o ideal seria fazê-lo de forma a estar totalmente **alinhado às recomendações**

[108] Para ressaltar a dimensão da força da resistência decorrente de fatores históricos, mesmo que longínquos, basta lembrar que, até hoje, permanece robusto o movimento de retorno de tributação da exportação dos produtos primários e semielaborados pelo ICMS (ex.: PECs nºs 8, de 2015, 361, de 2017, e 35, 90 e 201, de 2019, da Câmara dos Deputados), cerca de 25 anos após a inclusão da desoneração na Lei Kandir e quase 20 anos após a constitucionalização da matéria pela Emenda Constitucional nº 42, de 19 de dezembro de 2003. Vimos, na seção 3.1, que a origem desse movimento é ainda mais antiga, decorrente da resistência dos estados em renunciar à tributação dos produtos exportados na Reforma Tributária de 1965, a eles atribuída desde a Constituição de 1891.

[109] Na configuração deste estudo, optamos por excluir a apreciação desses argumentos por ampliarem em demasia o escopo da pesquisa, já que exigiria uma investigação mais extensa sobre federalismo e direitos fundamentais. Oportunamente, apresentaremos argumentos no sentido de inexistência de inconstitucionalidade por agressão ao pacto federativo, a partir da análise do federalismo comparado e da evolução do federalismo fiscal brasileiro, ou por violação do núcleo essencial dos direitos fundamentais, com base na avaliação das características estruturais dos tributos sobre o consumo e na ponderação de outros princípios constitucionais relevantes.

da OCDE, para igualar nosso sistema ao dos demais países do mundo e adotar o consenso internacional. Para isso, deve-se atender às Diretrizes Internacionais do IVA/IBS, inclusive a distinção de tratamento das operações B2B e B2C, e estender a responsabilidade aos fornecedores e plataformas não residentes mediante sistema de registro simplificado, com opções de pagamento em moeda estrangeira. Nessa tarefa, as experiências dos países analisadas na seção 2.3 podem ser de grande valia.

A experiência da **Austrália e da Nova Zelândia**, duas nações que possuem IBSs alinhados às melhores práticas internacionais, servem com exemplo na construção de um IVA/IBS nacional com regras claras e simples, limiar de registro baixo e distinção das operações B2B e B2C. Esse esquema permite oferecer ao fornecedor estrangeiro a oportunidade de registro no país para se beneficiar de todas as possibilidades de aproveitamento de crédito e reembolso, e criar um sistema de registro simplificado, sem direito ao creditamento, para aqueles que não se interessarem no cadastro por realizarem poucas operações no país.

A experiência da **União Europeia** pode servir caso optemos por um modelo de IVA/IBS dual em que os estados tenham maior autonomia de controle de seus impostos locais. Nesse caso, o princípio do destino ficaria fortalecido com a implantação de um regime de balcão único que permitisse que uma empresa registrada em um estado realizasse o pagamento do IBS devido naquele local inclusive em operações interestaduais, com o valor transferido para a unidade de destino. O mesmo valeria para empresas estrangeiras com relação à importação de bens e serviços.

Caso se opte, contudo, pela harmonização entre as legislações dos IVAs/IBSs federal e estaduais, atribuindo pouca autonomia aos entes federados, o ideal seria criar mecanismos de exigência conjunta do tributo federal com o estadual e investir em um cadastro unificado de contribuintes para os dois impostos. Esse modelo se afastaria da experiência da União Europeia que, apesar de compartilhar um IVA com legislação bastante harmonizada entre seus países, não possui controle centralizado na gerência de seus tributos.

Um exemplo dessa sistemática de controle harmonizado entre esferas federadas aconteceu na implementação do IBS dual na **Índia** em 2017, em que o governo central e os estados compartilham a mesma base tributária e dividem a arrecadação, sendo o imposto gerido por um comitê gestor composto por representantes da união e dos estados, com a função de harmonizar a tributação[110] (INDIA, 2019, p. 37). Os substitutivos à PEC nº 110, de 2019, no Senado Federal, parecem pretender ir nessa direção. Em sua versão de dezembro de 2019, o relatório afirma propor uma dualidade do IBS "invisível ao contribuinte, que continuaria recolhendo para duas fontes, mas segundo a mesma sistemática" (BRASIL, 2019d, p. 2).

Já as experiências de nossos vizinhos latino-americanos, em especial as do **Chile, Colômbia e México**, podem nos ajudar por estarem mais próximas de nossa tradição tributária, pois embasam seus sistemas em notas fiscais eletrônicas e inovam fortalecendo o poder do fisco com o uso de retenções na fonte nos meios de pagamentos em alguns casos.

Tome-se o exemplo da distinção de tratamento das operações B2B transnacionais com intangíveis e serviços, objeto de registro e controle das empresas adquirentes, das B2C, submetidas ao recolhimento pelo fornecedor ou plataforma estrangeiros, para quem são oferecidos sistemas de registro e pagamento simplificados. Vimos, no capítulo 1, a tendência ao aumento do número de transações de consumo na economia digital, em especial se considerarmos as vendas e prestações de serviços realizadas de forma automática no ambiente de internet das coisas, sendo em tudo recomendável minimizar o número de operações submetidas a registro junto ao fisco. Contudo, a entrega do controle das importações de bens e serviços ao adquirente vai contra a nossa tradição de monitoramento rígido pelos fiscos e pode, em tese, dar margem a fraudes. Por outro lado, a transferência da obrigação tributária para o fornecedores/plataformas estrangeiros também é problemática pela falta de autoridade dos fiscos brasileiros sobre as empresas não residentes.

[110] O *Goods and Service Tax* (GST) indiano é cobrado pela união (*Central* GST – CGST) e pelos estados nas operações dentro de seus territórios (*State* GST – SGST). Nas operações interestaduais, a Índia adotou o modelo do "barquinho" proposto pelo economista brasileiro Ricardo Varsano (conhecido internacionalmente por CVAT) (Ebrill, 2001, p. 191), em que a União cobra um imposto equivalente à soma do CGST e do SGST (*Integrated* GST – IGST) e faz a transferência da parte estadual do tributo para o estado de destino (INDIA, 2019, p. 37-38).

Nesse contexto, o exemplo chileno para operações com intangíveis e serviços pode nos servir de modelo. Para vendas a empresas registradas no IVA do país, utiliza-se a sistemática da cobrança reversa, sendo da empresa adquirente a obrigação pelo recolhimento do imposto. Para operações com não contribuintes (consumidor final ou empresas não registradas no IVA), a obrigação de recolhimento é do fornecedor, que pode fazê-lo cadastrando-se como contribuinte no país ou por meio de sistema simplificado. Caso não o faça, a administração tributária pode informar os meios de pagamento para que efetuem a retenção do imposto na fonte. Podemos fortalecer esse modelo, atribuindo a responsabilidade também às plataformas digitais, pelas operações que intermedeiam, como feito pela Austrália, Nova Zelândia, União Europeia e México, e mantendo a responsabilidade do comprador nacional, a ser acionada apenas nos casos em que o pagamento não aconteça nas demais opções.

O Chile também é um exemplo a ser seguido com relação ao procedimento de análise de dados a que submete as notas fiscais eletrônicas emitidas com uso de programas de inteligência artificial, o que tem permitido a detecção e o combate eficaz de fraudes em um período de tempo muito próximo ao da operação (CIAT, 2020, p. 538-540). Esse procedimento pode ser replicado facilmente em nosso país devido aos avanços tecnológicos disponíveis aos nossos fiscos, e pela experiência da Receita Federal do Brasil com essas tecnologias com relação à tributação da renda e ao imposto de importação (sistemas ContAgil e SISAM, respectivamente) (CIAT, 2020, p. 207).

O uso da tecnologia pode potencializar a cobrança do IVA/IBS, propiciando uma integração entre as operações internas e as externas. Internamente, o funcionamento desse modelo com base em um ambiente de notas fiscais eletrônicas de âmbito nacional e unificado para bens e serviços permite, inclusive, que se adotem hipóteses de cálculo automatizado dos tributos, podendo-se chegar ao limite de o próprio sistema realizar retenções automatizadas com base em uma estrutura de contas individuais de cada empresa. Externamente, é possível a apuração automática do montante do imposto a restituir no caso da exportação e a imputação precisa do imposto devido na importação, seja pelo registro pelas pessoas jurídicas nas operações B2B, seja pelo cálculo e recolhimento pelo sistema simplificado nas operações B2C[111].

4.6.3 Recomendações internacionais relacionadas a bens tangíveis de pequeno valor

Em um cenário de redesenho de nosso sistema tributário a partir de um IVA/IBS nacional ou dual, é possível propor avanços no sistema de tributação de bens tangíveis de pequeno valor.

O exemplo da União Europeia, discutido na seção 2.3.2, pode servir ao nosso país: oferecer um sistema de registro simplificado ao fornecedor/plataforma estrangeiros que permita o recolhimento antecipado do imposto, atribuindo à importação feita nesses termos um regime de liberação rápida. Caso não haja o registro no sistema, a responsabilidade permanece com o transportador.

Amplia-se, assim, o espectro de operações que não necessitam de cálculo do imposto na aduana, desafogando o sistema, sem perder o controle fiscal por meio da responsabilidade tributária de empresas transportadoras de confiança nos casos em que os exportadores não realizem o registro voluntariamente.

4.7 Cooperação internacional em matéria fiscal e a realidade brasileira

Na seção 2.2.2.3, verificamos que a OCDE recomenda o uso de mecanismos de cooperação e assistência mútuas e de troca de informações em matéria fiscal para evitar que diferentes interpretações das diretrizes internacionais pelos países levem à dupla tributação ou à não tributação

[111] O uso da tecnologia para aperfeiçoar a cobrança de IVAs/IBSs é tópico de pesquisa relevante, originalmente previsto para constar deste livro, mas adiado para momento posterior por desbordar dos objetivos traçados para o estudo. O assunto inclui, além do uso de sistemas unificados de notas fiscais eletrônicas, a utilização de tecnologia *blockchain* para registrar as cadeias de transações de cada produto, acessível a todo momento pelos compradores, vendedores e as autoridades fiscais, e de métodos de *split payments*, em que o pagamento é dividido em duas partes, uma relativa ao imposto, e enviada ao governo, e outra ao contribuinte, tudo de forma automática por *smart contracts* (contratos inteligentes). (Merkx; 2019, p. 84-85; Müller, 2020, p. 1047; Owens; Cardoso, 2021, p. 735-737; Owens; De Jong, 2017; SIM *et al.*, 2017; Seco, 2017).

não intencional, bem como a disputas entre jurisdições. Observamos que diversos modelos de avenças bilaterais e multilaterais tributárias incluem os tributos sobre o consumo dentro de seus escopos: os acordos bilaterais para evitar a bitributação da renda, os tratados de trocas de informações fiscais bilaterais e multilaterais, e principalmente a Convenção Multilateral sobre Assistência Mútua Administrativa em Matéria Tributária.

A política fiscal internacional brasileira nessa matéria se encontra bastante alinhada aos padrões internacionais (Rocha, S., 2017, p. 2000), com diversos exemplos de acordos de trocas de informações firmadas em todas essas modalidades de avenças.

Quanto à troca de informações previstas em **avenças bilaterais para evitar a bitributação da renda**, o Brasil já assinou 36 acordos (BRASIL, 2021b) utilizando o Modelo da OCDE em diferentes estados de atualização, todos contendo cláusulas dessa natureza (em setembro de 2021).

Quanto aos **tratados de trocas de informações fiscais**, destacam-se as seguintes avenças já firmadas por nosso país: (i) EUA, em 20 de março de 2007, e internalizada pelo Decreto nº 8.003, de 16 de maio de 2013; (ii) Reino Unido, em 28 de setembro de 2012, e internalizada pelo Decreto nº 9.815, de 30 de maio de 2019; (iii) Jersey, em 28 de janeiro de 2013, e internalizada pelo Decreto nº 9.969, de 8 de agosto de 2019, e (iv) Suíça, em 23 de novembro de 2015, e internalizada pelo Decreto nº 9.814, de 30 de maio de 2019 (BRASIL, 2019b). Além disso, diversas outras estão em processo de internalização, como as com a Jamaica, Uruguai, Bermudas, Guernsey e Ilhas Cayman.

Finalmente, o Brasil firmou a **Convenção Multilateral sobre Assistência Mútua Administrativa em Matéria Tributária** em 3 de novembro de 2011, internalizada pelo Decreto nº 8.842, de 29 de agosto de 2016, e em vigor desde 1º de outubro de 2016, com trocas automáticas iniciadas em 2018 (BRASIL, 2018a; BRASIL, 2019b). Participamos, assim, de uma ampla rede de países que se comprometeram a prestar assistência administrativa mútua, o que inclui a troca de informações a pedido, automática ou espontânea, fiscalizações simultâneas e, quando couber, assistência na cobrança dos tributos.

Como ponto negativo, Vita (2010) alerta que, apesar de ter celebrado todos os acordos citados nesta seção, o Brasil ainda falha na assistência administrativa na arrecadação de tributos, já que, nas convenções bilaterais para evitar a bitributação, os tratados firmados pelo país não possuem o artigo que trata da assistência administrativa na arrecadação de tributos. No mesmo sentido, ao subscrever a Convenção Multilateral sobre Assistência Mútua Administrativa em Matéria Tributária, o país fez reservas para não prestar assistência quanto à recuperação de créditos tributários e multas administrativas bem como quanto à notificação de quaisquer tributos, além de não admitir a notificação direta por via postal por Estado estrangeiro, o que limita o escopo do tratado à troca de informações e a fiscalizações simultâneas.

Assim, o Brasil possui todos os instrumentos indicados pela OCDE como necessários para um maior controle dos fornecedores e plataformas estrangeiros que transacionem serviços e bens tangíveis e intangíveis com nosso país, em quaisquer dos cenários de sistema tributário do consumo analisados, mas recomenda-se um maior engajamento na prática de assistência fiscal internacional mútua.

4.8 Respostas aos objetivos específicos do capítulo

Este capítulo se propôs a atender aos dois últimos objetivos específicos do estudo: (i) conhecer as soluções de reforma da tributação de consumo propostas pelos especialistas brasileiros para ajustar nosso sistema tributário de consumo à economia digital, e (ii) para cada uma dessas soluções, verificar como se adequam aos desafios da economia digital, bem como de que modo as recomendações dos organismos internacionais podem a elas ser adaptadas para aprimorar a incidência sobre os novos negócios.

Dito em outras palavras, o capítulo se preocupou em discutir como as recomendações internacionais discutidas no capítulo 2 poderiam ser aplicadas ao Brasil para resolver os desafios trazidos pela economia digital aos nossos tributos incidentes sobre o consumo, tanto os que se apresentam aos países em geral, analisados no capítulo 1, quanto aqueles decorrentes de nossa estrutura tributária particular, destacados no capítulo 3. Como essas diretrizes não foram concebidas para nossos problemas específicos, foi necessário acoplar o estudo das soluções da OCDE com o de respostas às disfunções do ordenamento brasileiro. Por isso, a análise se deu não só quanto ao sistema tributário atual, mas também para os principais projetos de alterações dessa estrutura.

Foi adotada uma abordagem crescente da necessidade de intervenção legislativa de cada alternativa: manutenção da estrutura tributária atual, ajustes infraconstitucionais nos tributos existentes, criação de novos tributos, reformas constitucionais dos impostos e contribuições vigentes, e unificação de tributos na forma de um IVA/IBS nacional ou dual. Para cada cenário, verificou-se primeiro quais os efeitos da estrutura tributária prescrita sobre os problemas de nosso ordenamento apontados no capítulo 3. Em seguida, averiguou-se em que medida as Diretrizes Internacionais sobre o IVA/IBS são atendidas, quais as possibilidades de construção de um sistema que permita o registro e o pagamento dos tributos devidos pelos fornecedores e plataformas não residentes, como atribuir responsabilidade tributária a essas empresas estrangeiras, qual a necessidade de alteração das regras de importação de bens tangíveis de pequeno valor, e qual o potencial de uso dos instrumentos de cooperação internacional sugeridos pela OCDE.

O primeiro cenário analisado foi o de manutenção dos tributos sobre o consumo existentes, sem alterações em sua estrutura (seção 4.2). Concluiu-se que essa opção não resolverá nenhum dos problemas estruturais apontados, mas que, como os tributos em vigor atendem de forma bastante próxima às diretrizes da OCDE para determinar o local do consumo nas transações internacionais, e como o desatendimento às diretrizes de neutralidade traz consequências negativas apenas às empresas nacionais, o ordenamento atual permite que negociemos com os países estrangeiros sem gerar dupla tributação e, na maior parte dos casos, a não tributação não intencional.

Nesse contexto, foi apresentada uma solução para a implantação de um sistema automatizado de registro e pagamento pelos fornecedores e plataformas estrangeiros em duas etapas. Primeiro, a construção de um sistema para o PIS/Cofins, com o compartilhamento das informações sobre as transações com os municípios. Em um segundo momento, a extensão do esquema de recolhimento automático para o ISS mediante a celebração de convênios individuais do fisco federal com os municipais.

Verificou-se, também, que a importação de bens tangíveis de pequeno valor no Brasil tem peculiaridades que a distinguem da experiência internacional, pois não possuímos limite significativo de isenção de impostos aduaneiros e de consumo e já criamos um regime simplificado de tributação para remessas postais de até US$ 3.000,00 com atribuição de responsabilidade tributária para o transportador (Correios e empresas de *courier* habilitadas pela administração tributária), não sendo recomendadas alterações diante da estrutura tributária atual.

O segundo cenário analisado (seção 4.3) foi o de promover ajustes infraconstitucionais nos tributos sobre o consumo existentes de modo a resolver os problemas estruturais agravados pela economia digital.

Foram apresentadas as alterações legislativas necessárias para implementar o crédito financeiro no ICMS e PIS/Cofins e o princípio do destino no ICMS e ISS, mas concluiu-se que, apesar de ser tecnicamente possível introduzir a não cumulatividade no ISS, a mudança seria improvável diante da configuração federativa atual. Observou-se, ainda, que quaisquer dessas soluções técnicas sofrem resistência de diversos atores e são de difícil consenso político. Ponderou-se que os problemas decorrentes dos conflitos de competências e do estreitamento da base tributável dos serviços não podem ser resolvidos por alterações infraconstitucionais, mas tendem a ser minimizados pela consolidação de interpretação constitucional em favor da incidência do ISS.

Com a adoção dessas mudanças legislativas, foram apresentados aprimoramentos no sistema automatizado de registro e cobrança visto na alternativa anterior, integrando o ISS na sistemática de recolhimento automático. Já quanto à importação de bens tangíveis de pequeno valor no Brasil, concluiu-se que esse cenário também não recomenda alterações, pois as mudanças no ICMS ainda o deixam sujeito a múltiplas regulamentações dos estados, não permitindo sua integração no regime de tributação simplificado.

O terceiro cenário analisado foi o de manter os tributos sobre o consumo existentes, mas criar um novo imposto para tributar a economia digital (seção 4.4).

Considerou-se não ser adequada a criação desse imposto por meio da competência residual da União, porque a Constituição Federal proíbe que tributo criado dessa forma tenha a mesma base de cálculo de impostos existentes. Assim, haverá inconstitucionalidade caso se pretenda entregar toda a base tributável da economia digital para a União, pois a jurisprudência do STF se consolidou no sentido de que parte dela está no escopo do ISS. Por outro lado, caso se almeje alcançar somente os serviços não incluídos na competência do imposto municipal, o tributo teria uma base inconsistente e volátil, pois esse conjunto está em constante alteração por mudanças na lei complementar e pela evolução da interpretação judicial do alcance da lista anexa do ISS, que é taxativa, mas admite interpretação extensiva.

Também não se considerou adequado criar na Constituição um novo imposto de competência da União que incida sobre bens e serviços digitais. Primeiro porque seria politicamente inviável tanto determinar a incidência conjunta com o ICMS e do ISS quanto retirar a base da economia digital desses tributos. E depois porque é difícil delimitar qual é a base econômica da economia digital, justamente porque ela envolve um subconjunto de bases econômicas já distribuídas para outros impostos.

Por essas limitações, para esse cenário, não foi verificada a possibilidade de adaptação das recomendações internacionais.

O quarto cenário analisado foi o de promover ajustes constitucionais no ICMS e no ISS, de modo a simplificar sua apuração sem retirar competências tributárias dos entes subnacionais, considerando as modificações da proposta SIMPLIFICA JÁ, elaborada por entidades ligadas aos fiscos municipais (seção 4.5).

Quanto aos problemas da tributação do consumo, verificou-se que a proposta mantém o híbrido da origem e do destino para o ICMS e o ISS, continua com o creditamento limitado com a cumulatividade do ISS e de parte do PIS/Cofins, resolve os conflitos de competências relativos à dicotomia mercadoria e serviços, mas mantém os derivados da divisão serviços de comunicação/demais serviços, e elimina o estreitamento da base de serviços.

Em seguida, foram apresentados aprimoramentos no sistema automatizado de registro e pagamento pelos fornecedores/plataformas estrangeiros com base nas mudanças constitucionais desse cenário: a celebração apenas de convênio entre a União e o Comitê Gestor do ISS, com cada município informando sua alíquota única no sistema, que, definido o endereço do adquirente/tomador, calcula automaticamente os tributos devidos. Foram propostos, também, melhoramentos na importação de bens tangíveis de pequeno valor no Brasil, com a inclusão do ICMS no regime de tributação simplificada, pois o cálculo da alíquota devida é facilitado pela legislação nacional única do imposto e pelo número reduzido e predefinido de alíquotas.

O quinto cenário analisado foi o de unificação dos tributos sobre o consumo em um IVA/IBS nacional (seção 4.6), tomando como base as alterações constitucionais previstas na PEC nº 45, de 2019, na Câmara dos Deputados, e na versão original da PEC nº 110, de 2019, no Senado Federal, e em um IVA Dual, como sugerido em projeto elaborado pelo IPEA, e parcialmente encampado pelo Governo Jair Bolsonaro (por enquanto em proposta que só abarca a parte federal), e nos substitutivos apresentados para a PEC nº 110, de 2019, em dezembro de 2019 e em outubro de 2021, no Senado Federal.

Verificou-se que essas propostas resolvem os problemas específicos da tributação do consumo do Brasil e discutiu-se como implementar as recomendações da OCDE aproveitando das experiências de alguns países que já o fizeram. Nesse contexto, foi proposta a construção de um ordenamento com a cobrança reversa nas operações B2B, e, para as B2C, pagamento pelos fornecedores e plataformas estrangeiros registrados (sistema normal ou simplificado), com retenção na fonte pelos meios de pagamento dos não registrados e cobrança do importador quando as demais alternativas não garantirem o recolhimento. Ademais, concluiu-se que o uso da tecnologia pode potencializar a cobrança do IVA/IBS, propiciando uma integração entre as operações internas, com base em um ambiente de notas fiscais eletrônicas de âmbito nacional e unificado para bens e serviços, e as externas, com a apuração automática do montante do imposto a restituir na exportação e a imputação precisa do imposto devido na importação, além de aprimorar o combate a fraudes com o uso de ferramentas de inteligência artificial.

Concluiu-se, ainda, que a importação de bens tangíveis de pequeno valor pode ser aperfeiçoada nesse cenário, ampliando o espectro de operações que não necessitam de cálculo do imposto na aduana, com o recolhimento pelo fornecedor/plataforma estrangeiros por meio de um sistema de registro simplificado como regra geral, mas sem perder o controle fiscal com a atribuição de responsabilidade tributária às empresas transportadoras nos casos em que os exportadores não realizem o registro voluntariamente.

Na seção 4.7, verificou-se que o Brasil firmou acordos de cooperação internacional em todas as modalidades recomendadas pela OCDE, tendo, assim, acesso aos instrumentos necessários para um maior controle dos fornecedores e plataformas estrangeiros que transacionem serviços e bens tangíveis e intangíveis com o país, em quaisquer das alternativas de sistema tributário do consumo analisadas, mas que ainda falha na prática de assistência fiscal internacional mútua.

Nesse contexto, a pesquisa concluiu que, apesar de as soluções para os desafios à tributação do consumo decorrentes dos problemas estruturais do ordenamento brasileiro só poderem se dar com alterações na estrutura de nossos tributos sobre o consumo, as recomendações da OCDE para os desafios da digitalização podem ser internalizadas tanto no cenário atual quanto em diversas configurações de sistemas tributários mais próximos dos cânones internacionais, com resultados potenciais progressivamente melhores conforme o nível dos ajustes.

CONCLUSÕES

Este livro se propôs a analisar se, e em que medida, as diretrizes dos organismos internacionais para enfrentar os desafios trazidos pela economia digital à tributação geral do consumo podem ser aplicadas ao sistema tributário brasileiro. Para isso foi primeiro necessário conhecer a natureza dessas diretrizes e dos problemas que elas se propõem a resolver e depois se aprofundar nas dificuldades particulares que os novos modelos de negócios trazem ao nosso ordenamento, para então averiguar como as orientações internacionais podem ser incorporadas em nosso país.

Na primeira linha de investigação, constatou-se que, para resolver os desafios da economia digital à tributação do consumo, a OCDE propôs ajustes nos ordenamentos tributários vigentes baseados em tributos sobre o valor agregado, na forma de medidas de política tributária voltadas à adoção harmonizada do princípio do destino entre os países divididas em três dimensões: (i) definição harmonizada do local do consumo nas operações com bens intangíveis e serviços, (ii) estratégias para aumentar o poder de *enforcement* das administrações tributárias com relação às prestações imateriais e (iii) procedimentos para garantir a tributação de bens importados tangíveis de pequeno valor (capítulo 2).

A partir das premissas firmadas nos dois primeiros capítulos, concluiu-se que, em uma perspectiva teórica, as diretrizes da OCDE se mostram adequadas para resolver os desafios impostos pela tributação do consumo, pois são (i) voltadas para todos os países do mundo, (ii) pressupõem um consenso global, (iii) aplicam-se à economia como um todo e (iv) baseiam-se em tributos sobre o valor agregado.

O três primeiros fundamentos decorrem da conclusão de que não é possível buscar alternativas só para a tributação da economia digital de modo apartado do restante da economia, pois a revolução tecnológica está diretamente relacionada à expansão do processo de globalização e da consolidação das cadeias globais de valor, e potencializa as estratégias modernas de diminuição da carga fiscal pelas multinacionais, por meio da erosão das bases tributárias (*base erosion*) e do deslocamento dos lucros para países com baixa tributação (*profit shifting*). Nesse contexto, qualquer solução deve ter natureza global, já que seus efeitos são transnacionais, e ser adotada de forma harmônica por todas as nações, para evitar vantagens decorrentes de tratamentos fiscais diversos (seção 1.2).

Já o quarto fundamento decorre da conclusão, a partir da análise de como os diversos modelos de negócios digitais alteram a cadeia de produção e geram receitas, de que a tributação sobre o valor agregado com a cobrança no país de destino continua sendo o modelo adequado para a economia mundial (seções 1.3.3 a 1.3.5). Mesmo quando a cadeia produtiva é mais curta e não assume a forma linear, as empresas digitais não convivem bem com incidências cumulativas por, em regra, (i) serem componentes de outras cadeias produtivas, (ii) seus modelos de negócios recomendarem a distribuição de suas funções por diversos países do mundo e (iii) possuírem margens de lucro muito reduzidas. Já a determinação do local do consumo pode ser definida pelas plataformas digitais em cada operação a partir do estabelecimento de regras práticas simplificadoras adotadas internacionalmente de forma harmonizada, o que permite, em conjunto com as medidas que fortalecem a capacidade de *enforcement* dos fiscos, a adoção generalizada do princípio do destino, regra de repartição da competência tributária que garante a neutralidade no comércio internacional.

A análise das orientações da OCDE trouxe ainda algumas conclusões importantes. Primeiro, quando se levam em conta os desafios específicos dos modelos de negócios digitais, as diretrizes apresentam respostas viáveis para os principais deles, de forma a garantir o recolhimento no país em que ocorrer o consumo, mas evitando a dupla tributação e a não tributação não intencional. Segundo, quanto à eficácia dessas medidas para resolver os problemas apontados, será necessária a avaliação contínua das políticas públicas pelos países que a implementaram. Terceiro, para as nações que ainda não as adotaram, as experiências daquelas que já o fizeram servem como guias valiosos, devendo-se considerar as diferenças de instrumentos disponíveis aos fiscos e de cultura tributária entre as jurisdições. E quarto, apesar de essas recomendações serem voltadas a países que adotam um IVA/IBS na modalidade consumo cobrado no destino, algumas das soluções podem também se aplicar a nações que implementam tributos gerais sobre o consumo diversos.

Conhecidas as dificuldades que a economia digital trouxe à tributação do consumo em geral e as soluções internacionais para resolvê-las, o livro passou a analisar a situação brasileira (capítulo 3). As conclusões anteriores já demonstravam a importância da adesão ao consenso internacional, bem como apontavam para a possibilidade de adaptação das diretrizes da OCDE, ainda que de modo parcial, ao nosso ordenamento. A partir da análise da evolução histórica de nossa tributação do consumo, conclui-se que, além dos desafios gerais impostos a todos os países pela economia digital, nosso sistema enfrenta obstáculos específicos decorrentes de suas peculiaridades, destacando-se quatro problemas estruturais principais: (i) conflitos de competências decorrentes da separação da base tributária entre impostos diferentes e sua entrega a entes federados de níveis diversos (ICMS e ISS), (ii) estreitamento da base tributável dos serviços em função da taxatividade da lista do ISS, (iii) adoção de impostos cumulativos (ISS e PIS/Cofins cumulativos) ou com creditamento limitado do imposto pago nas etapas anteriores (ICMS e PIS/Cofins não cumulativos) e (iv) implementação de um híbrido entre o princípio da origem e do destino para o ICMS e o ISS.

Apesar de já se manifestarem antes do advento da economia digital, demonstrou-se que todos esses problemas foram bastante agravados pelos novos modelos de negócios, em especial pelos efeitos deletérios trazidos pela cumulatividade à economia, pelos conflitos de competências decorrentes de divergências sobre a natureza jurídica dos bens e serviços e pelas disputas derivadas do estreitamento da base tributável do ISS em função da taxatividade da lista descritiva (seção 3.2). Nos dois últimos casos, observou-se que existe uma tendência de consolidação jurisprudencial que minimiza parte desses conflitos em favor do ISS, o que é bastante importante para a incorporação das diretrizes internacionais no Brasil, processo que se beneficia de um ambiente de segurança jurídica sobre quais os tributos que incidem sobre os modelos de negócios digitais.

Diante desse complexo estado de coisas, quando o capítulo 4 se propôs a analisar a possibilidade de adaptar as recomendações da OCDE ao sistema tributário brasileiro, já partiu da constatação de que há diversos outros problemas agravados pela economia digital que não são enfrentados por outros países do mundo. Assim, a simples verificação de como as diretrizes internacionais resolveriam nossas dificuldades se mostrava infrutífera, pois não foram concebidas para esse propósito. Foi então necessário acoplar o estudo das soluções da OCDE com o de respostas aos problemas específicos do ordenamento brasileiro, que foram encontradas em propostas de reforma tributária do ordenamento do consumo que incluíram a questão digital em seu bojo.

Nesse contexto, a pesquisa avaliou a adaptação das diretrizes da OCDE tanto ao sistema tributário atual quanto aos principais projetos de alterações desse arcabouço. Foi adotada uma abordagem crescente da necessidade de intervenção legislativa de cada proposta: manutenção da estrutura tributária atual, ajustes infraconstitucionais nos tributos existentes, criação de novos tributos, reformas constitucionais dos impostos e contribuições vigentes e unificação de tributos na forma de um IVA/IBS nacional ou dual.

Como era esperado, as alterações estruturais de ordem constitucional mostraram ter maior potencial de resolver os problemas específicos de nosso ordenamento e melhor se adequaram às recomendações internacionais, já que atacam diretamente esses óbices e adotam uma estrutura de tributos equivalente à utilizada por essas diretrizes (seções 4.5 e 4.6). Mas o resultado que não se mostrava claro no início do estudo foi que, em todos os cenários, mesmo naquele em que nenhuma alteração na estrutura dos tributos é realizada, há ganhos na tributação da economia digital com a implantação das orientações da OCDE. Apesar de nossos tributos não atenderem às diretrizes internacionais de neutralidade, as consequências negativas disso são totalmente internalizadas pelas empresas nacionais, o que não impede (e até estimula) que as estrangeiras negociem com nosso país. Quanto às diretrizes para determinar o local do consumo, nossos tributos atendem de forma bastante próxima às prescrições da OCDE nas transações internacionais, o que permite que negociemos com os países estrangeiros sem gerar dupla tributação e, na maior parte dos casos, não tributação não intencional (seção 4.2.2).

Exceto para o cenário de criação de um novo tributo para a economia digital, foram propostas soluções de construção de um sistema automatizado que permite que os fornecedores de plataformas estrangeiras informem as transações com servições e intangíveis realizadas com residentes no Brasil e realizem o pagamento dos tributos devidos da forma mais fácil possível (seções 4.2 a 4.6). Essas alternativas se beneficiaram da crescente capacidade de as administrações tributárias atuarem de forma integrada a partir de avanços tecnológicos por elas incorporados, em especial do Sped e da nota fiscal eletrônica. Em todos esses casos, foi necessário indicar alterações legislativas para atribuir responsabilidade solidária aos fornecedores e plataformas digitais estrangeiros na importação de bens e serviços, obrigar esses responsáveis ao registro no sistema eletrônico de cadastro e recolhimento e definir parâmetros automatizados para determinar o local do consumo. Verificou-se que diversas dessas medidas constam em proposições legislativas em discussão, o que demonstra que as soluções técnicas não são desconhecidas, mas avaliadas de forma descoordenada e em contextos específicos.

No cenário de implantação de um IVA/IBS nacional ou dual alinhado às melhores práticas internacionais, em que é necessário construir um novo sistema tributário do zero, foi possível detalhar a incorporação das recomendações internacionais de forma mais completa, a partir das experiências dos países analisadas no capítulo 2: Austrália e Nova Zelândia, União Europeia e alguns vizinhos latino-americanos, em especial Chile, Colômbia e México (seção 4.6). Nesse contexto, propôs-se a construção de um ordenamento com a cobrança reversa nas operações B2B, e, para as B2C, pagamento pelos fornecedores e plataformas estrangeiros registrados (sistema normal ou simplificado), com retenção na fonte pelos meios de pagamento dos não registrados e cobrança do importador quando as demais alternativas não garantirem o recolhimento. Além disso, constatou-se que o uso da tecnologia pode potencializar a cobrança do IVA/IBS, propiciando uma integração entre as operações internas, com base em um ambiente de notas fiscais eletrônicas de âmbito nacional e unificado para bens e serviços, e as externas, com a apuração automática do montante do imposto a restituir na exportação e a imputação precisa do imposto devido na importação. Observou-se, ainda, que o uso da inteligência artificial, de modo semelhante ao feito no Chile para o combate a fraudes, pode facilmente ser replicado no Brasil devido ao nosso desenvolvimento tecnológico.

Para a importação de bens tangíveis de pequeno valor, observou-se que o Brasil tem peculiaridades que o distingue da experiência internacional: não possui limite significativo de isenção de impostos aduaneiros e de consumo e adota um regime simplificado de tributação para remessas postais de até US$ 3.000,00 com atribuição de responsabilidade tributária para o transportador (Correios e empresas de *courier* habilitadas pela administração tributária). Nesse contexto, concluiu-se que o modelo brasileiro já resolve as preocupações endereçadas pelas recomendações da OCDE, ainda que de forma diversa, garantindo a tributação de bens de pequeno valor, não sendo recomendadas alterações diante da estrutura tributária atual. Somente nos cenários de alterações estruturais mais abrangentes foram propostas maneiras de incluir o ICMS no regime simplificado ou de transferir o recolhimento do imposto para o momento da venda pelos fornecedores e plataformas estrangeiros com o uso de um sistema de registro e recolhimento simplificado como regra geral, mas sem perder o controle fiscal com a atribuição de responsabilidade tributária às empresas transportadoras nos casos em que os exportadores não realizem o pagamento voluntariamente.

Quanto às recomendações de uso de mecanismos de cooperação e assistência mútuas e de troca de informações em matéria fiscal, concluiu-se que o Brasil firmou acordos de cooperação internacional em todas as modalidades recomendadas pela OCDE e assim possui todos os instrumentos necessários para um maior controle dos fornecedores e plataformas estrangeiros que transacionem serviços e bens tangíveis e intangíveis com nosso país, em quaisquer das alternativas de sistema tributário do consumo analisados.

Diante de todos esses argumentos, a tese defendida neste estudo é a de que a economia digital, além de trazer ao Brasil os mesmos desafios gerais à tributação do consumo que impõe aos demais países do mundo, agrava problemas estruturais do ordenamento tributário brasileiro, que prejudicam sua eficiência e eficácia na tributação dos novos modelos de negócios. Apesar de as soluções para esses problemas só poderem se dar com alterações na estrutura dos tributos sobre o consumo brasileiros, as recomendações da OCDE para os desafios da digitalização podem ser internalizadas tanto no cenário atual quanto em diversas configurações de sistemas tributários mais próximos dos cânones internacionais, com resultados potenciais progressivamente melhores conforme o nível dos ajustes. A adaptação ao padrão internacional nos diversos cenários é possibilitada pelos avanços tecnológicos disponíveis aos fiscos, como as notas fiscais eletrônicas e ambientes de informática compartilhados para cumprimento de obrigações acessórias, que permitem sua atuação de forma integrada.

REFERÊNCIAS

AFONSO, José Roberto. Transfigurações. *In*: AFONSO, José Roberto R.; LUKIC, Melina Rocha; ORAIR, Rodrigo Octávio; SILVEIRA, Fernando Gaiger (org.). **Tributação e desigualdade**. Belo Horizonte, MG: Letramento: Casa do Direito: IPEA: FGV Direito, 2017. p. 625–670.

AFONSO, José Roberto; FERREIRA, Sérgio Guimarães; VARSANO, Ricardo. Fiscal competition: decentralization. *In*: MENDES, Constantino Cronemberger; CHEBENOVA, Diana; LORENA, Ana Carolina (ed.). **30 Years of the Brazilian Federal Constitution**: perspectives for Brazilian federalism.. Brasília: Ipea – Forum of Federations, 2019. p. 75-94. Disponível em: https://www.ipea.gov.br/portal/images/stories/PDFs/livros/livros/190129_30_years_of_the_brazilian_federal_constitution.pdf. Acesso em: 21 jan. 2021.

AGÊNCIA NACIONAL DE TELECOMUNICAÇÕES. **Resolução nº 614, de 28 de maio de 2013**. Brasília: ANATEL, 2013 Disponível em: https://informacoes.anatel.gov.br/legislacao/resolucoes/2013/465-resolucao-614. Acesso em: 20 fev. 2021.

AINSWORTH, Richard T. *et al.* A VATCoin solution to MTIC fraud: past efforts, present technology, and the EU's 2017 proposal. **Boston University School of Law Law & Economics Series Paper**, Boston, n. 18-08. 2018. Disponível em: https://papers.ssrn.com/sol3/papers.cfm?abstract_id=3151394. Acesso em: 1 maio 2021.

ALVES, Eder Eustáquio. **A tributação da economia digital no Brasil e na União Europeia**: Uma Análise do Processo de Agendamento e Formulação de Políticas Públicas. 2021. Tese (Doutorado em Administração Pública, Especialidade em Administração e Políticas Públicas) – Instituto Superior de Ciências Sociais e Políticas, Universidade de Lisboa, Lisboa, 2021. Disponível em: https://joserobertoafonso.com.br/tributacao-da-economia-digital-alves/. Acesso em: 28 abr. 2021.

ARAUJO, José Evande Carvalho; AFONSO, José Roberto. A tributação dos lucros das gigantes de tecnologia: possibilidades para o Brasil. *In*: AFONSO, José Roberto; SANTANA, Hadassah Laís (org.). **Tributação 4.0**. 1. ed. São Paulo: Almedina, 2020. p. 411–427.

ARAUJO, José Evande Carvalho; CORREIA NETO, Celso de Barros. Tributação: debates e perspectivas na 56ª Legislatura (2019-2023). **Cadernos ASLEGIS**, Brasília, v. 56, p. 35–61, 2019. Disponível em: http://aslegis.org.br/files/cadernos/caderno56/4-Legislacao-tributaria-Debates-e-perspectivas-para-a-56-legislatura-Aslegis56-35-62.pdf. Acesso em: 9 mar. 2021.

ARAUJO, José Evande Carvalho; SILVA, Jules Michelet Pereira Queiroz e. A Constituição tributária: passado, presente e futuro. *In*: SILVA, Rafael Silveira e (org.). **30 anos da Constituição**: evolução, desafios e perspectivas para o futuro. 1. ed. Brasília: Senado Federal, 2018. v. 1, p. 164–203. Disponível em: https://www12.senado.leg.br/publicacoes/estudos-legislativos/tipos-de-estudos/outras-publicacoes/30-anos-da-constituicao-evolucao-desafios-e-perspectivas-para-o-futuro-vol.-i/30-anos-da-constituicao-vol.-i. Acesso em: 9 mar. 2021.

AREDDY, James T. China creates its own digital currency, a first for major economy. **The Wall Street Journal**, Brasília, 2021. Disponível em: https://www.wsj.com/articles/china-creates-its-own-digital-currency-a-first-for-major-economy-11617634118. Acesso em: 1 maio 2021.

ARIAS E., Isaác G.; ZAMBRANO, Raúl. La imposición indirecta de transacciones digitales. La porción que nos falta recaudar en tiempos de crisis (the indirect imposition of digital transactions. the portion that we need to collect in times of crisis). **Revista Derecho Fiscal**, [s. l.], v. 18, p. 7–17, 2021. Disponível em: https://papers.ssrn.com/sol3/papers.cfm?abstract_id=3771542. Acesso em: 30 abr. 2021.

ARRETCHE, Marta. Quem Taxa e Quem Gasta: A Barganha Federativa na Federação Brasileira. **Revista de Sociologia e Política**, Curitiba, n. 24, pp. 69-86, 2005. Disponível em: http://www.scielo.br/scielo.php?script=sci_arttext&pid=S0104-44782005000100006&lng=en&nrm=iso. Acesso em: 4 jan. 2021.

ASEN, Elke. What European OECD Countries Are Doing about Digital Services Taxes. **Tax Foundation**. [S. l.], 25 Mar. 2021. Disponível em: https://taxfoundation.org/digital-tax-europe-2020. Acesso em: 1 abr. 2021.

AUER, Raphael; HAENE, Philipp; HOLDEN, Henry. Multi-CBDC arrangements and the future of crossborder payments. **Bis Papers**, Basiléia, n. 115, 2021. Disponível em: https://www.bis.org/publ/bppdf/bispap115.pdf. Acesso em: 1 maio 2021.

AUERBACH, Alan. **Demystifying the Destination-Based Cash-Flow Tax**. Cambridge, MA: National Bureau of Economic Research, 2017. Disponível em: https://doi.org/10.3386/w23881. Acesso em: 1 abr. 2021.

AVI-YONAH, Reuven S. Taxation for a New "New Deal": Short-, Medium-, and Long-Term Options. **U of Michigan Public Law Research Paper**, Michigan, n. 688, 2020. Disponível em: https://doi.org/10.2139/ssrn.3603397. Acesso em: 1 abr. 2021.

BACACHE, Maya *et al.* **Taxation and the digital economy**: a survey of theoretical models: final report. Paris: France Stratégie, 2015. Disponível em: https://ec.europa.eu/futurium/en/system/files/ged/ficalite_du_numerique_9_mars_13_h.pdf. Acesso em: 29 abr. 2021.

BACHUR, João Paulo. Federalismo fiscal, atribuições fiscais constitucionais e equalização regional: EUA, Alemanha e Brasil em perspectiva comparada. **Revista do Serviço Público**, Brasília, v. 56, n. 4, p. 377-401, out./dez. 2005. Disponível em: http://repositorio.enap.gov.br/handle/1/2028. Acesso em: 21 jan. 2021.

BAL, Aleksandra. European VAT and the Digital Economy. *In*: FARIA, Renato Vilela; SILVEIRA, Ricardo Maitto; MONTEIRO, Alexandre Luiz Moraes do Rêgo (org.). **Tributação da economia digital**: desafios no Brasil, experiência internacional e novas perspectivas. São Paulo: Saraiva Jur, 2018. p. 1057–1069.

BALDWIN, Richard E. **The great convergence**: information technology and the new globalization. Cambridge, Massachusetts: The Belknap Press of Harvard University Press, 2016.

BANCO CENTRAL DO BRASIL. **BCB established study group on issuance of central bank digital currency**. Brasília, set. 2020. Disponível em: https://www.bcb.gov.br/en/pressdetail/2349/nota. Acesso em: 1 maio 2021.

BANK OF CANADA *et al.* **Central bank digital currencies**: foundational principles and core features. (Report no. 1 in a series of collaborations from a group of central banks). Basiléia: Bank for International Settlements, 2020. Disponível em: https://www.bis.org/publ/othp33.pdf. Acesso em: 1 maio 2021.

BARRETO, Aires Fernandino. **ISS, IOF e instituições financeiras**. São Paulo: Noeses, 2016.

BARRETO, Paulo Ayres; TAKANO, Caio Augusto. Tributação na Economia Digital: Limites e Desafios. *In*: SOUZA, Priscila de (org.). **XVI Congresso Nacional de Estudos Tributários**: constructivismo lógico-semântico e os diálogos entre teoria e prática. São Paulo: Instituto Brasileiro de Estudos Tributários – IBET, 2019. p. 1.007-1.034.

BIRD, Richard M. The GST/HST: Creating an Integrated Sales Tax in a Federal Country. **The School of Public Policy**, [s. l.], v. 5, issue 12, Mar. 2012. Disponível em: http://www.policyschool.ca/wp-content/uploads/2016/03/bird-gst-hst.pdf. Acesso em: 25 jan. 2021.

BIRD, Richard M.; GENDRON, Pierre-Pascal. **Is VAT the best way to impose a general consumption tax in developing countries?** Atlanta: Andrew Young School of Policy Studies, Georgia State University, 2006. (International Studies Program Working Paper, 06-18). Disponível em: https://icepp.gsu.edu/files/2015/03/ispwp0618.pdf. Acesso em: 22 out. 2021.

BOAR, Codruta; WEHRLI, Andreas. Ready, steady, go? Results of the third BIS survey on central bank digital currency. **Bis Papers**, Basiléia, n. 114, 2013. Disponível em: https://www.bis.org/publ/bppdf/bispap114.pdf. Acesso em: 1 maio 2021.

BOGT, Henk J. ter. Efficiency, Types of. *In*: BACKHAUS J. (ed.). **Encyclopedia of Law and Economics**. New York, NY: Springer New York, 2013. p. 675–680. Disponível em: https://doi.org/10.1007/978-1-4614-7883-6_43-1. Acesso em: 29 nov. 2021.

BRASIL. Câmara dos Deputados. **PEC nº 45, de 2019**. Autor: Deputado Baleia Rossi e outros. Brasília, 10 abr. 2019a. Disponível em: https://www.camara.leg.br/proposicoesWeb/prop_mostrarintegra?codteor=1728369&filename=PEC+45/2019. Acesso em: 16 jan. 2021

BRASIL. Câmara dos Deputados. **PL nº 3.887, de 2020**. Brasília, 21 jul. 2020a. Autor: Poder Executivo: Disponível em: https://www.camara.leg.br/proposicoesWeb/prop_mostrarintegra?codteor=1914962&filename=PL+3887/2020. Acesso em: 10 set. 2021.

BRASIL. Constituição (1946). **Emenda Constitucional nº 18, de 1º de dezembro de 1965.** Brasília: Presidência da República, 1965. Disponível em: http://www.planalto.gov.br/ccivil_03/constituicao/emendas/emc_anterior1988/emc18-65.htm. Acesso em: 9 mar. 2021.

BRASIL. Constituição (1967). **Constituição da República Federativa do Brasil.** Brasília: Assembleia Nacional Constituinte, 24 jan. 1967. Disponível em: http://www.planalto.gov.br/ccivil_03/constituicao/constituicao67.htm. Acesso em: 9 mar. 2021.

BRASIL. Constituição (1988). **Constituição da República Federativa do Brasil.** Brasília: Assembleia Nacional Constituinte, 5 out. 1988. Disponível em: http://

www.planalto.gov.br/ccivil_03/constituicao/constituicao.htm. Acesso em: 10 fev. 2021.

BRASIL. **Lei nº 5.172, de 25 de outubro de 1966**. Código Tributário Nacional (CTN). Brasília: Presidência da República, 1966. Disponível em: http://www.planalto.gov.br/ccivil_03/leis/l5172compilado.htm. Acesso em: 20 fev. 2021.

BRASIL. **Lei Complementar nº 24, de 7 de janeiro de 1975**. Brasília: Presidência da República, 1975. Disponível em: http://www.planalto.gov.br/ccivil_03/leis/lcp/lcp24.htm#:~:text=Disp%C3%B5e%20sobre%20os%20conv%C3%AAnios%20para,mercadorias%2C%20e%20d%C3%A1%20outras%20provid%C3%AAncias. Acesso em: 12 mar. 2021.

BRASIL. **Lei Complementar nº 87, de 13 de setembro de 1996 (Lei Kandir)**. Brasília: Presidência da República, 1996a. Disponível em: http://www.planalto.gov.br/ccivil_03/leis/lcp/lcp87.htm. Acesso em: 30 jul. 2021.

BRASIL. **Lei Complementar nº 116, de 31 de julho de 2003.** Brasília: Presidência da República, 2003. Disponível em: http://www.planalto.gov.br/ccivil_03/leis/lcp/lcp116.htm. Acesso em: 20 fev. 2021.

BRASIL. **Lei Complementar nº 157, de 29 de dezembro de 2016.** Brasília: Presidência da República, 2016a. Disponível em: http://www.planalto.gov.br/ccivil_03/leis/lcp/lcp116.htm. Acesso em: 20 fev. 2021.

BRASIL. **Lei Complementar nº 175, de 23 de setembro de 2020**. Brasília: Presidência da República, 2020b. Disponível em: http://www.planalto.gov.br/ccivil_03/leis/lcp/Lcp175.htm. Acesso em: 6 set. 2021.

BRASIL. **Lei nº 9.472, de 16 de julho de 1997**. Brasília: Presidência da República, 1997. Disponível em: http://www.planalto.gov.br/ccivil_03/leis/l9472.htm. Acesso em: 15 mar. 2021.

BRASIL. **Lei nº 9.609, de 19 de fevereiro de 1998**. Brasília: Presidência da República, 1998a. Disponível em: http://www.planalto.gov.br/ccivil_03/leis/l9609.htm. Acesso em: 3 ago. 2021.

BRASIL. **Lei nº 10.865, de 30 de abril de 2004**. Brasília: Presidência da República, 2004. Disponível em: http://www.planalto.gov.br/ccivil_03/_ato2004-2006/2004/lei/l10.865.htm. Acesso em: 19 ago. 2021.

BRASIL. **Lei nº 12.485, de 12 de setembro de 2011**. Brasília: Presidência da República, 2011a. Disponível em: http://www.planalto.gov.br/ccivil_03/_ato2011-2014/2011/lei/l12485.htm. Acesso em: 30 jul. 2021.

BRASIL. Ministério da Economia. Conselho Nacional de Política Fazendária. **Ajuste SINIEF 07/05, de 30 de setembro de 2005**. Brasília: CONFAZ/RFB, 2005.

Disponível em: https://www.confaz.fazenda.gov.br/legislacao/ajustes/2005/AJ007_05. Acesso em: 10 set. 2021.

BRASIL. Ministério da Economia. Conselho Nacional de Política Fazendária. **Ajuste SINIEF 19/16, de 9 de dezembro de 2016**. Brasília: CONFAZ/RFB, 2016b. Disponível em: https://www.confaz.fazenda.gov.br/legislacao/ajustes/2005/AJ007_05. Acesso em: 10 set. 2021.

BRASIL. Ministério da Economia. Conselho Nacional de Política Fazendária. **Convênio ICMS nº 106, de 29 de setembro de 2017.** Brasília: CONFAZ, 2017a. Disponível em: https://www.confaz.fazenda.gov.br/legislacao/convenios/2017/CV106_17. Acesso em: 20 fev. 2021.

BRASIL. Ministério da Economia. Conselho Nacional de Política Fazendária. **Convênio ICMS 181, de 28 de dezembro de 2015.** Brasília: CONFAZ, 2015. Disponível em: https://www.confaz.fazenda.gov.br/legislacao/convenios/2015/CV181_15. Acesso em: 20 fev. 2021.

BRASIL. Ministério da Economia. Conselho Nacional de Política Fazendária. CONFAZ. **Histórico**. Brasília, 2021a. Disponível em: https://www.confaz.fazenda.gov.br/menu-de-apoio/historico. Acesso em: 29 set. 2021.

BRASIL. Ministério da Economia. Receita Federal. **Acordos para evitar a dupla tributação e prevenir a evasão fiscal**. Brasília, 2021b. Disponível em: https://www.gov.br/receitafederal/pt-br/acesso-a-informacao/legislacao/acordos-internacionais/acordos-para-evitar-a-dupla-tributacao/acordos-para-evitar-a-dupla-tributacao. Acesso em: 21 set. 2021.

BRASIL. Ministério da Economia. Receita Federal. **Acordos para intercâmbio de informações relativas a tributos**. Brasília, 2019b. Disponível em: https://www.gov.br/receitafederal/pt-br/acesso-a-informacao/legislacao/acordos-internacionais/acordos-para-intercambio-de-informacoes-relativas-a-tributos/acordos-para-intercambio-de-informacoes-relativas-a-tributos. Acesso em: 21 set. 2021.

BRASIL. Ministério da Economia. Receita Federal. **Carga Tributária no Brasil – 2018 (Análise por Tributo e Bases de Incidência)**. Brasília, mar. 2020c. Disponível em: https://receita.economia.gov.br/dados/receitadata/estudos-e-tributarios-e-aduaneiros/estudos-e-estatisticas/carga-tributaria-no-brasil/ctb-2018-publicacao-v5.pdf. Acesso em: 13 mar. 2021.

BRASIL. Ministério da Economia. Receita Federal. **Conheça o Sped**. Brasília, 2021c. Disponível em: http://sped.rfb.gov.br/pasta/show/10. Acesso em: 23 set. 2021.

BRASIL. Ministério da Economia. Receita Federal. **Dúvidas – Perguntas e Respostas – Remessa Postal**. Brasília, 2020d. Disponível em: https://www.gov.br/receitafederal/pt-br/assuntos/aduana-e-comercio-exterior/remessas-internacionais/remessas-postais/duvidas-perguntas-e-respostas-remessa-postal. Acesso em: 21 set. 2021.

BRASIL. Ministério da Economia. Receita Federal. **Não Tributação**. Brasília, 2020e. Disponível em: https://www.gov.br/receitafederal/pt-br/assuntos/aduana-e-comercio-exterior/manuais/remessas-postal-e-expressa/topicos/nao-tributacao. Acesso em: 21 set. 2021.

BRASIL. Ministério da Economia. Receita Federal. **NFS-e**. Brasília, 2021d. Disponível em: http://sped.rfb.gov.br/pagina/show/488. Acesso em: 10 set. 2021.

BRASIL. Ministério da Economia. Receita Federal. **Receita Federal publica comentários sobre a implementação do Padrão de Declaração Comum (Common Reporting Standard – CRS)**. Brasília, 2018a. Disponível em: https://www.gov.br/receitafederal/pt-br/assuntos/noticias/2018/fevereiro/receita-federal-publica-comentarios-sobre-a-implementacao-do-padrao-de-declaracao-comum-common-reporting-standard-crs. Acesso em: 27 set. 2021.

BRASIL. Ministério da Economia. Receita Federal. **Remessa Internacional**. Brasília, 2020f. Disponível em: https://www.gov.br/receitafederal/pt-br/assuntos/aduana-e-comercio-exterior/manuais/remessas-postal-e-expressa/topicos/remessa-inter. Acesso em: 21 set. 2021.

BRASIL. Ministério da Economia. Receita Federal. **Sobre a NF-e**. Brasília, 2021e. Disponível em: http://www.nfe.fazenda.gov.br/portal/sobreNFe.aspx?tipoConteudo=HaV+iXy7HdM=. Acesso em: 10 set. 2021.

BRASIL. Ministério da Economia. Receita Federal. **Tributação**. Brasília, 2020g. Disponível em: https://www.gov.br/receitafederal/pt-br/assuntos/aduana-e-comercio-exterior/manuais/remessas-postal-e-expressa/topicos/tributacao. Acesso em: 21 set. 2021.

BRASIL. Senado Federal. Comissão de Assuntos Econômicos. **Relatório do grupo de trabalho destinado a avaliar a funcionalidade do Sistema Tributário Nacional.** Relator: Senador Ricardo Ferraço. Brasília, DF, out. 2017b. Disponível em: https://legis.senado.leg.br/sdleg-getter/documento?dm=7229607&disposition=inline. Acesso em: 04 jan. 2021.

BRASIL. Senado Federal. **Emenda nº 146 à PEC nº 110, de 2019**. Autor: Senador Giordano e outros. Brasília, 19 ago. 2021f. Disponível em: https://legis.senado.

leg.br/sdleg-getter/documento?dm=9005852&disposition=inline. Acesso em: 16 set. 2021.

BRASIL. Senado Federal. **PEC nº 110, de 2019**. Autor: Senador Davi Alcolumbre e outros. Brasília, 9 jul. 2019c. Disponível em: https://legis.senado.leg.br/sdleg-getter/documento?dm=7977850&ts=1630534301880&disposition=inline. Acesso em: 9 set. 2021.

BRASIL. Senado Federal. **Relatório da PEC nº 110, de 2019: Complementação de Voto e Substitutivo**. Relator: Senador Roberto Rocha. Brasília, 2 dez. 2019d. Disponível em: https://legis.senado.leg.br/sdleg-getter/documento?dm=8050102&ts=1630534319727&disposition=inline. Acesso em: 9 set. 2021.

BRASIL. Senado Federal. **Relatório da PEC no 110, de 2019**: Complementação de Voto e Substitutivo. Relator: Senador Roberto Rocha. Brasília, 5 out. 2021g. Disponível em: https://legis.senado.leg.br/sdleg-getter/documento?dm=9026308&ts=1633718468248&disposition=inline. Acesso em: 19 out. 2021.

BRASIL. Superior Tribunal de Justiça. **Embargos de Divergência em Recurso Especial nº 456650/PR**. Relator: Min. José Delgado. Red. p/ o Ac.: Min. Franciulli Netto, 20 mar. 2006a. Disponível em: https://processo.stj.jus.br/processo/revista/documento/mediado/?componente=ATC&sequencial=2027255&num_registro=200302234620&data=20060320&tipo=5&formato=PDF. Acesso em: 30 jul. 2021.

BRASIL. Superior Tribunal de Justiça. **Recurso Especial nº 719.635/RS**. Relator: Min. Mauro Campbell Marques, 10 mar. 2009a. Disponível em: https://scon.stj.jus.br/SCON/GetInteiroTeorDoAcordao?num_registro=200500163382&dt_publicacao=07/04/2009. Acesso em: 30 jul. 2021.

BRASIL. Superior Tribunal de Justiça. **Recurso Especial nº 1.111.234/PR.** Relatora: Min. Eliana Calmon, 23 set. 2009b. Disponível em: https://processo.stj.jus.br/processo/revista/documento/mediado/?componente=ITA&sequencial=915229&num_registro=200900158189&data=20091008&peticao_numero=-1&formato=PDF. Acesso em: 20 fev. 2021.

BRASIL. Superior Tribunal de Justiça. **Recurso Especial nº 1.221.170/PR**. Relator: Min. Napoleão Nunes Maia Filho, 24 abr. 2018b. Disponível em: https://processo.stj.jus.br/repetitivos/temas_repetitivos/pesquisa.jsp?novaConsulta=true&tipo_pesquisa=T&sg_classe=REsp&num_processo_classe=1221170. Acesso em: 5 ago. 2021.

BRASIL. Superior Tribunal de Justiça. **Recurso Especial nº 1.254.944/SC**. Relator: Min. Arnaldo Esteves Lima, 18 maio 2012. Disponível em: https://processo.stj.

jus.br/processo/revista/documento/mediado/?componente=MON&sequencial=20284904&tipo_documento=documento&num_registro=201101135772&data=20120518&formato=PDF. Acesso em: 30 jul. 2021.

BRASIL. Superior Tribunal de Justiça. Súmula 334. PRIMEIRA SEÇÃO. Julgado em 13 dez 2006b, **DJ**, Brasília, 14 fev. 2007, p. 246.

BRASIL. Supremo Tribunal Federal. **Ação Direta de Inconstitucionalidade nº 5.659/MG**. Relator: Min. Dias Toffoli, 24 fev. 2021h. Disponível em: https://redir.stf.jus.br/paginadorpub/paginador.jsp?docTP=TP&docID=755910810. Acesso em: 27 maio 2021.

BRASIL. Supremo Tribunal Federal. **Ação Direta de Inconstitucionalidade nº 5.835/DF**. Relator: Min. Alexandre de Moraes, 23 mar. 2018c. Disponível em: http://stf.jus.br/portal/diarioJustica/verDiarioProcesso.asp?numDj=63&dataPublicacaoDj=04/04/2018&incidente=5319737&codCapitulo=6&numMateria=40&codMateria=2. Acesso em: 6 set. 2021.

BRASIL. Supremo Tribunal Federal. **Ação Direta de Inconstitucionalidade nº 5.958/DF**. Relatora: Min. Cármen Lúcia, 9 mar. 2021i. Disponível em: http://portal.stf.jus.br/processos/downloadPeca.asp?id=15345857226&ext=.pdf. Acesso em: 27 mar. 2021.

BRASIL. Supremo Tribunal Federal. **Ação Direta de Inconstitucionalidade nº 6.034/RJ**. Relator: Min. Luiz Fux, 9 mar. 2022. Disponível em: https://redir.stf.jus.br/paginadorpub/paginador.jsp?docTP=TP&docID=759764162. Acesso em: 18 abr. 2022.

BRASIL. Supremo Tribunal Federal. **Andamento Processual da Ação Direta de Inconstitucionalidade nº 5.576/SP**. 2021j. Disponível em: http://portal.stf.jus.br/processos/detalhe.asp?incidente=5034199. Acesso em: 27 jul. 2021.

BRASIL. Supremo Tribunal Federal. **Medida Cautelar em Ação Direta de Inconstitucionalidade nº 1.945/MT.** Relator: Min. Octavio Gallotti. Red. p/ o Ac:. Min. Gilmar Mendes, 26 maio. 2010a. Disponível em: http://redir.stf.jus.br/paginadorpub/paginador.jsp?docTP=AC&docID=620411. Acesso em: 20 fev. 2021.

BRASIL. Supremo Tribunal Federal. **Medida Cautelar em Ação Direta de Inconstitucionalidade nº 4.389/DF**. Relator: Min. Joaquim Barbosa, 13 abr. 2011b. Disponível em: https://redir.stf.jus.br/paginadorpub/paginador.jsp?docTP=TP&docID=1185299. Acesso em: 31 jul. 2021.

BRASIL. Supremo Tribunal Federal. **Medida Cautelar em Ação Direta de Inconstitucionalidade nº 5.576/SP.** Relator: Min. Roberto Barroso, 6 out.

2016c. Disponível em: http://portal.stf.jus.br/processos/downloadPeca.asp?id=310477835&ext=.pdf. Acesso em: 20 fev. 2021.

BRASIL. Supremo Tribunal Federal. **Recurso Extraordinário nº 116.121/SP**. Relator: Min. Octavio Gallotti. Red. p/ o Ac.: Min. Marco Aurélio, 11 out. 2000. Disponível em: http://redir.stf.jus.br/paginadorpub/paginador.jsp?docTP=AC&docID=206139. Acesso em: 20 fev. 2021.

BRASIL. Supremo Tribunal Federal. **Recurso Extraordinário nº 176.626/SP**. Relator: Min. Sepúlveda Pertence, 10 nov. 1998b. Disponível em: http://redir.stf.jus.br/paginadorpub/paginador.jsp?docTP=AC&docID=222535. Acesso em: 20 fev. 2021.

BRASIL. Supremo Tribunal Federal. **Recurso Extraordinário nº 592.905/SC.** Relator: Min. Eros Grau, 2 dez. 2009c. Disponível em: http://redir.stf.jus.br/paginadorpub/paginador.jsp?docTP=AC&docID=609078. Acesso em: 20 fev. 2021.

BRASIL. Supremo Tribunal Federal. **Recurso Extraordinário nº 603.136/RJ.** Relator: Min. Gilmar Mendes, 29 maio. 2020h. Disponível em: http://redir.stf.jus.br/paginadorpub/paginador.jsp?docTP=TP&docID=752973152. Acesso em: 20 fev. 2021.

BRASIL. Supremo Tribunal Federal. **Recurso Extraordinário nº 628.122/SP**. Min. Gilmar Mendes, 19 jun. 2013a. Disponível em: https://redir.stf.jus.br/paginadorpub/paginador.jsp?docTP=TP&docID=4589538. Acesso em: 18 ago. 2021.

BRASIL. Supremo Tribunal Federal. **Recurso Extraordinário nº 651.703/PR.** Relator: Min. Luiz Fux, 29 set. 2016d. Disponível em: http://redir.stf.jus.br/paginadorpub/paginador.jsp?docTP=TP&docID=12788517. Acesso em: 20 fev. 2021.

BRASIL. Supremo Tribunal Federal. **Recurso Extraordinário nº 688.223/PR.** Relator: Min. Dias Toffoli, 6 dez. 2021l. Disponível em: https://redir.stf.jus.br/paginadorpub/paginador.jsp?docTP=TP&docID=759454168. Acesso em: 18 abr. 2022.

BRASIL. Supremo Tribunal Federal. **Recurso Extraordinário nº 784.439/DF.** Relator: Min. Rosa Weber, 29 jun. 2020i. Disponível em: http://redir.stf.jus.br/paginadorpub/paginador.jsp?docTP=TP&docID=753823135. Acesso em: 20 fev. 2021.

BRASIL. Supremo Tribunal Federal. **Súmula Vinculante nº 31**. Brasília, 4 fev. 2010b. Disponível em: https://jurisprudencia.stf.jus.br/pages/search/seq-sumula779/false. Acesso em: 20 fev. 2021.

BRONDOLO, John; KONZA, Mark. **Administering the value-added tax on imported digital services and low-value imported goods**: Technical Notes an Manuals n. 2021/004. Washington, D.C: International Monetary Fund, 2021. Disponível em: https://www.imf.org/en/Publications/TNM/Issues/2021/05/21/Administering-the-Value-Added-Tax-on-Imported-Digital-Services-and-Low-Value-Imported-Goods-50332. Acesso em: 23 jun. 2021.

BRUN, Lukas; GEREFFI, Gary; ZHAN, James. The "lightness" of Industry 4.0 lead firms: implications for global value chains. *In*: BIANCHI, Patrizio; DURÁN, Clemente; LABORY, Sandrine. **Transforming industrial policy for the digital age**. Cheltenham/Reino Unido: Edward Elgar Publishing, 2019. p. 37–67. Disponível em: https://doi.org/10.4337/9781788976152.00008. Acesso em: 7 abr. 2021.

BRYNJOLFSSON, Erik; MCAFEE, Andrew. **The second machine age**: work, progress, and prosperity in a time of brilliant technologies. 2. ed. Nova York – Londres: W.W. Norton & Company, 2016.

CANNAS, Francesco. The new models of the digital economy and new challenges for VAT Systems. *In*: LANG, Michael; LEJEUNE, Ine (org.). **VAT/GST in a global digital economy**. Holanda: Wolters Kluwer, Law & Business, 2015. p. 1–13. (EUCOTAX series on European taxation, v. 43).

CARVALHO, Alexandre X. Y. C. *et al.* Uma Reforma Dual e Modular da Tributação Sobre o Consumo No Brasil. *In*: Adolfo SACHSIDA; SIMAS, Erich Endrillo Santos (org.). **Reforma tributária**: Ipea-OAB/DF.Rio de Janeiro: Ipea, OAB/DF, 2018. p. 95-108.

CAVALCANTI, Eduardo Muniz Machado; OLIVEIRA, Luciana Marques Vieira da Silva. Pensando a reforma tributária pós-pandemia: a regra da não cumulatividade. **JOTA**, São Paulo, 7 jul. 2020. Disponível em: https://www.jota.info/opiniao-e-analise/artigos/pensando-a-reforma-tributaria-pos-pandemia-a-regra-da-nao-cumulatividade-07072020. Acesso em: 26 jul. 2021.

CCIF. **Reforma do Modelo Brasileiro de Tributação de Bens e Serviços**. São Paulo: Centro de Cidadania Fiscal, 2019. Disponível em: https://www.ccif.com.br/wp-content/uploads/2020/06/NT-IBS-v2_2.pdf. Acesso em: 1 abr. 2021.

CHARLET, Alain; OWENS, Jeffrey. An International Perspective on VAT. **Tax Notes International**, [s. l.], v. 20, p. 943–954, 2010. Disponível em: https://www.oecd.org/ctp/consumption/46073502.pdf. Acesso em: 8 jul. 2021.

CIAT. **Las TIC como herramienta estratégica para potenciar la eficiencia de las administraciones tributarias**: 2020. Panama: CIAT, 2020.

CINTRA, Marcos. "Imposto único" é incompatível com características do mundo digital. **CONJUR**, [s. l.], 17 set. 2018. Disponível em: https://www.conjur.com.br/2018-set-17/marcos-cintra-imposto-unico-incompativel-mundo-digital. Acesso em: 13 mar. 2021.

CNOSSEN, Sijbren. Global Trends and Issues in Value Added Taxation. **International Tax and Public Finance**, Holanda, v. 5, n. 3, p. 399–428, 1998. Disponível em: http://link.springer.com/10.1023/A:1008694529567. Acesso em: 21 out. 2021.

COCKFIELD, Arthur J. **Tax law and technological change**. Oxford: Oxford University Press, 2016. v. 1 Disponível em: http://oxfordhandbooks.com/view/10.1093/oxfordhb/9780199680832.001.0001/oxfordhb-9780199680832-e-48. Acesso em: 21 out. 2021.

COMISSÃO EUROPEIA. **COM(2011) 851:** Comunicação da Comissão ao Parlamento Europeu, ao Conselho e ao Comité Económico E Social Europeu sobre o futuro do IVA – Para um sistema de IVA mais simples, robusto e eficaz à medida do mercado único. Bruxelas: Comissão Europeia, 6 dez. 2011. Disponível em: https://eur-lex.europa.eu/legal-content/PT/ALL/?uri=CELEX%3A52011DC0851. Acesso em: 8 jul. 2021.

CORREIA NETO, Celso de Barros; AFONSO, José Roberto Rodrigues; FUCK, Luciano Felício. A Tributação na Era Digital e os Desafios do Sistema Tributário no Brasil. **Revista Brasileira de Direito**, Passo Fundo, v. 15, n. 1, p. 145-167, 2019. Disponível em: https://doi.org/10.18256/2238-0604.2019.v15i1.3356. Acesso em: 13 mar. 2021.

CORREIA NETO, Celso de Barros; MONTENEGRO, Evanderson R Pina; CORDEIRO, Kamila de Araújo. A guerra fiscal em ICMS e o papel do Supremo Tribunal Federal: precedentes e desafios atuais. **Economic Analysis of Law Review**, Brasília, v. 9, n. 2, p. 35–56, maio/ago. 2018. Disponível em: https://portalrevistas.ucb.br/index.php/EALR/article/view/9345. Acesso em: 30 jan. 2021.

DE LA FERIA, Rita. The Definitive VAT System: Breaking with Transition. **EC Tax Review**, Holanda, v. 27, n. 3, p. 122–126, 2018. Disponível em: https://kluwerlawonline.com/api/Product/CitationPDFURL?file=Journals\ECTA\ECTA2018013.pdf. Acesso em: 8 jul. 2021.

DE LA FERIA, Rita; WALPOLE, Michael. The Impact of Public Perceptions on General Consumption Taxes. **British Tax Review**, Londres, v. 5, p. 637–669, 2020. Disponível em: https://papers.ssrn.com/sol3/papers.cfm?abstract_id=3723750. Acesso em: 22 out. 2021.

DIAS, Karem Jureidini; BARBOSA, Fernanda Posseibon. Publicidade em aplicativos e jogos: tributação. *In*: PISCITELLI, Tathiane (org.). **Tributação da economia digital**. São Paulo: Thomson Reuters: Revista dos Tribunais, 2018. p. 144–159.

DOMINGUES, Edson Paulo; CARDOSO, Debora Freire. **Nota técnica**: simulações dos impactos macroeconômicos, setoriais e distributivos da PEC 45/2019. São Paulo: Centro de Cidadania Fiscal, 2020. Disponível em: https://ccif.com.br/wp-content/uploads/2020/10/CCiF_NT_Impactos.pdf. Acesso em: 26 jul. 2021.

EBRILL, Liam *et al.* **The Modern VAT**. Washigton, DC: International Monetary Fund, 2001.

ENGLISCH, Joachim. 'Hybrid' forms of taxing consumption: a viable alternative to EU VAT? **World Journal of VAT/GST Law**, Londres, v. 4, n. 2, p. 119–131, 2015. Disponível em: http://www.tandfonline.com/doi/full/10.1080/20488432.2015.1120027. Acesso em: 21 out. 2021.

ESPOSITO, Anthony; RENTERIA, Nelson. El Salvador se torna primeiro país a adotar bitcoin como moeda legal. **Folha de São Paulo**, São Paulo, 2021. Disponível em: https://www1.folha.uol.com.br/tec/2021/09/el-salvador-se-torna-primeiro-pais-a-adotar-bitcoin-como-moeda-legal.shtml?origin=uol. Acesso em: 16 nov. 2021.

FALCÃO, Tatiana. Tributação das criptomoedas: uma perspectiva comparada. *In*: PISCITELLI, Tathiane (org.). **Tributação da economia digital**. São Paulo: Thomson Reuters: Revista dos Tribunais, 2018. p. 211–242.

FARIA, Renato Vilela. Regime Jurídico do VoIP. *In*: FARIA, Renato Vilela; SILVEIRA, Ricardo Maitto; MONTEIRO, Alexandre Luiz Moraes do Rêgo (org.). **Tributação da economia digital**: desafios no Brasil, experiência internacional e novas perspectivas. São Paulo: Saraiva Jur, 2018. p. 588–650.

FERREIRA, Luiz Guilherme de Medeiros; NOBREGA, Marcos. Tributação na economia digital e o conflito de competência. *In*: AFONSO, José Roberto; SANTANA, Hadassah Laís (org.). **Tributação 4.0**. 1. ed. São Paulo: Almedina, 2020. p. 97–120.

FESTINA LENTE. **The philological museum**. Birmingham, [2015]. Disponível em: http://www.philological.bham.ac.uk/speude/trans.html. Acesso em: 30 jul. 2021.

FGV. Comissão de Reforma do Ministério da Fazenda. **Reforma tributária nacional**. Rio de Janeiro: Fundação Getúlio Vargas, 1966. v. 17.

FGV. Comissão de Reforma do Ministério da Fazenda. **A reforma do Ministério da Fazenda e sua metodologia**: relatório final. Rio de Janeiro: Fundação Getúlio Vargas, 1967. v. 35

FGV EESP. **Zona Franca de Manaus**: impactos, efetividade e oportunidades. São Paulo: FGV EESP, 2019. Disponível em: https://eesp.fgv.br/sites/eesp.fgv.br/files/estudos_fgv_zonafranca_manaus_abril_2019v2.pdf. Acesso em: 30 jan. 2021.

FINANCIAL STABILITY BOARD. **Enhancing Cross-border Payments**: Stage 3 roadmap. Basiléia: Financial Stability Board, 2020. Disponível em: https://www.fsb.org/wp-content/uploads/P131020-1.pdf. Acesso em: 1 maio 2021.

FOLLONI, André; SIMM, Camila Beatriz. Direito Tributário, complexidade e análise econômica do Direito. **Revista Eletrônica do Curso de Direito da UFSM**, Santa Maria, v. 11, n. 1, p. 49, 2016. Disponível em: https://doi.org/10.5902/1981369419726. Acesso em: 13 mar. 2021.

FORTALEZA. Secretaria Municipal das Finanças. **Parecer de 15 de fevereiro de 2018, no processo 2017/046039**. Fortaleza, 15 fev. 2018. Disponível em: https://www.sefin.fortaleza.ce.gov.br/anexoCT/28/ftzojixlg.qhe553/pdf/Consulta%20-%20Incidencia%20de%20ISSQN%20sobre%20provedor%20de%20acesso%20a%20Internet%20-%20Provedornet%20Telecomunicaes%20e%20Servios%20de%20Interne. Acesso em: 30 jul. 2021.

GOBETTI, Sérgio Wulff. **É verdade que o ISS é o "imposto do futuro"? Análise de sua trajetória e base de cálculo em comparação ao ICMS**. Rio de Janeiro, 1 dez. 2020. Disponível em: https://observatorio-politica-fiscal.ibre.fgv.br/reformas/tributacao/e-verdade-que-o-iss-e-o-imposto-do-futuro-analise-de-sua-trajetoria-e-base-de. Acesso em: 26 jul. 2021.

GODOI, Marciano Seabra de. **Justiça, igualdade e direito tributário**. São Paulo: Dialética, 1999.

GOMES, Daniel de Paiva. Uma análise pragmática da tributação indireta do software no Brasil: o conflito de competência entre ICMS e ISSQN. **FGV Direito SP Research Paper Series**, São Paulo, n. TL018, 2019. Disponível em: https://papers.ssrn.com/sol3/papers.cfm?abstract_id=3332812. Acesso em: 20 fev. 2021.

GOMES, Eduardo de Paiva; DIAS, Felipe Wagner de Lima; FROTA, Phelipe Moreira Souza. **A disputa entre estados e municípios pela tributação do streaming**. CONJUR, [s. l.], 8 abr. 2019. Disponível em: https://www.conjur.com.br/2019-

-abr-08/opiniao-disputa-entre-estados-municipios-tributacao-dostreaming. Acesso em: 20 fev. 2021.

GRECO, Marco Aurélio. Sobre o futuro da tributação: a figura dos intangíveis. **Revista Direito Tributário Atual**, São Paulo, n. 20, p. 166–178, 2006.

GRECO, Marco Aurélio. **Planejamento tributário**. 3 ed. São Paulo: Dialética, 2011.

HARARI, Yuval Noah. **21 lições para o Século XXI**. Tradução: Paulo Geiger. São Paulo: Companhia das Letras, 2018.

HOJNIK, Janja; WEINGERL, Petra. **Sharing economy in Europe**: opportunities and challenges. Ljubljana: Zavod 14, 2018. Disponível em: https://www.researchgate.net/publication/328772944_Sharing_Economy_in_Europe_-_Opportunities_and_Challenges. Acesso em: 29 abr. 2021.

HOLLAND, Márcio. Reforma tributária e os riscos de piorar. *In*: REZENDE, Fernando *et al.* (org.). **Caminhos para a reforma tributária**: onde estamos, o que queremos e qual é o caminho para avançar na direção desejada. Rio de Janeiro: Observatório da Reforma Tributária, 2020. p. 60–85. Disponível em: https://eesp.fgv.br/sites/eesp.fgv.br/files/relatoriogrupoacompanhamentoreformatributariav005.pdf. Acesso em: 22 out. 2021.

HOLLWEG, Claire H.; ROCHA, Nadia. **GVC Participation and Deep Integration in Brazil**. Washington: World Bank Group, 2018. (Policy Research Working Paper, n. 8646). Disponível em: https://openknowledge.worldbank.org/handle/10986/30874. Acesso em: 8 abr. 2021.

IEDI. **Sistema Tributário Brasileiro**: divergências e convergências em relação à OCDE e temas de debate. São Paulo: IEDI, 2021. Disponível em: https://joserobertoafonso.com.br/wp-content/uploads/2021/07/IEDI-STN-OECD.pdf. Acesso em: 13 ago. 2021.

IGLESIAS, Tadeu Puretz. O conflito de competências tributárias sobre o consumo na era das novas tecnologias: uma reflexão sobre a tributação dos softwares. **Revista Direito Tributário Atual**, São Paulo, v. 44, p. 426–454, 2020. Disponível em: https://ibdt.org.br/RDTA/wp-content/uploads/2020/04/tadeu.pdf. Acesso em: 17 ago. 2021.

INDIA. Ministry Of Finance. **Goods and Service Tax (GST)**: Concept & Status (as on 01st August, 2019). Disponível em: http://gstcouncil.gov.in/sites/default/files/GST-Concept%20and%20Status01072019n.pdf. Acesso em: 6 jan. 2021.

INTERNATIONAL POST CORPORATION. **IPC Cross-border E-commerce Shopper Survey 2020**. Bélgica: International Post Corporation, 2021. Disponível em: https://www.ipc.be/-/media/documents/public/publications/ipc-shoppers-survey/ipc-cross-border-e-commerce-shopper-survey-2020.pdf. Acesso em: 28 abr. 2021.

INTERNATIONAL POST CORPORATION. **About us**: serving the postal industry. Bélgica, c2021. Disponível em: https://www.ipc.be/en/about-ipc. Acesso em: 23 jun. 2021.

JAMES, Kathryn. **The rise of the value-added tax**. New York: Cambridge University Press, 2015. Disponível em: https://doi.org/10.1017/CBO9781107358522. Acesso em: 8 fev. 2021.

JIMÉNEZ, Juan Pablo; PODESTÁ, Andrea. **Tributación indirecta sobre la economía digital y su potencial recaudatorio en América Latina**: Emparejando la cancha en tiempos de crisis. Panamá: Centro Interamericano de Administraciones Tributarias – CIAT, 2021. Documentos de Trabajo DT-02-2021. Disponível em: https://biblioteca.ciat.org/opac/book/5754. Acesso em: 29 abr. 2021.

JORRATT, Michel. **Experiencias internacionales en la tributación de la economía digital**: Nota Técnica IDB-TN-1939. Washington: Banco Interamericano de Desenvolvimento, 2020. Disponível em: https://publications.iadb.org/es/experiencias-internacionales-en-la-tributacion-de-la-economia-digital. Acesso em: 8 jul. 2021.

KEEN, Michael; LOCKWOOD, Ben. **Value-Added Tax**: its causes and consequences. Washington, D.C: International Monetary Fund, 2007. (IMF Working Paper No. 07/183). Disponível em: https://www.imf.org/en/Publications/WP/Issues/2016/12/31/The-Value-Added-Tax-Its-Causes-and-Consequences-21121. Acesso em: 22 out. 2021.

KEEN, Michael; SLEMROD, Joel. **Rebellion, rascals, and revenue**: tax follies and wisdom through the ages. 1 ed. Princeton: Princeton University Press, 2021.

KELSEN, Hans. **Teoria pura do Direito**. Tradução: João Baptista Machado. 8. ed. São Paulo: Martins Fontes, 2019.

LAMENSCH, Marie. The OECD International VAT/GST Guidelines: Completion of a (First) Major Step towards Global Coordination of Value-Added-Tax Systems. **Intertax**: Kluwer Law International BV, Holanda, v. 44, n. 5, p. 360–373, 2016. Disponível em: https://kluwerlawonline.com/journalarticle/Intertax/44.5/TAXI2016029. Acesso em: 19 maio 2021.

LARA, Daniela Silveira. Tributação da Internet das Coisas. *In*: PISCITELLI, Tathiane (org.). **Tributação da Economia Digital**. São Paulo: Thomson Reuters: Revista dos Tribunais, 2018. p. 109–126.

LARA, Daniela Silveira *et al.* IAAS, PAAS e SAAS: como tributar? *In*: PISCITELLI, Tathiane; BOSSA, Gisele Barra; BERGAMINI, Adolpho (org.). **Tributação da nuvem**: conceitos tecnológicos, desafios internos e internacionais. São Paulo, SP: Thomson Reuters: Revista dos Tribunais, 2018. p. 395–428.

LEWGOY, Júlia. Bitcoin alcança novo recorde antes da estreia histórica da Coinbase na bolsa. **Valorinveste**, São Paulo, 2021. Disponível em: https://valorinveste.globo.com/mercados/cripto/noticia/2021/04/14/bitcoin-alcanca-novo-recorde-antes-da-estreia-historica-da-coinbase-na-bolsa.ghtml. Acesso em: 1 maio 2021.

LUHMANN, Niklas. A Constituição como Aquisição Evolutiva. [Tradução realizada a partir do original "Verfassung als evolutionäre Errungenschaft, cotejada com a tradução italiana de F. Fiore "La costituzione come acquisizione evolutiva"]. In: ZAGREBELSKY, Gustavo. PORTINARO, Pier Paolo. LUTHER, Jörg. Il Futuro della Costituzione. Tradução: Menelick de Carvalho Netto, Giancarlo Corsi e Raffaele De Giorgi. Torino: Einaudi, 1996. **Rechthistorisches Journal**, Frankfurt, v. 9, p. 176-220, 1990. Notas de rodapé traduzidas da versão em italiano por Paulo Sávio Peixoto Maia (texto não revisado pelo tradutor). Disponível em: https://pt.scribd.com/document/31253250/LUHMANN-Niklas-A-constituicao-como-aquisicao-evolutiva. Acesso em: 13 mar. 2021.

LUKIC, Melina de Souza Rocha. **Reforma tributária no Brasil**: ideias, interesses e instituições. Curitiba: Juruá; Rio de Janeiro: FGV Direito Rio, 2014.

LUZ, Victor Lyra Guimarães. Impressão 3D: entre IPI, ICMS e ISS. **Revista Direito Tributário Atual**, São Paulo, v. 45, p. 473–498, 2020. Disponível em: https://ibdt.org.br/RDTA/wp-content/uploads/2020/08/Victor-Lyra-Guimaraes-Luz.pdf. Acesso em: 30 jul. 2021.

MACEDO, Alberto. Impressão 3D e a tributação do consumo no Brasil. *In*: PISCITELLI, Tathiane (org.). **Tributação da Economia Digital**. São Paulo: Thomson Reuters: Revista dos Tribunais, 2018a. p. 175–192.

MACEDO, Alberto. Tributação de atividades de *streaming* de áudio e vídeo: guerra fiscal entre ISS e ICMS. *In*: FARIA, Renato Vilela; SILVEIRA, Ricardo Maitto; MONTEIRO, Alexandre Luiz Moraes do Rêgo (org.). **Tributação da economia digital**: desafios no Brasil, experiência internacional e novas perspectivas. São Paulo: Saraiva Jur, 2018b. p. 504–521.

MACEDO, Alberto. Simplifica já: uma alternativa viável no debate da reforma tributária. **Jota**, [s. l.], 2 ago. 2020. Disponível em: https://www.jota.info/opiniao-

-e-analise/artigos/simplifica-ja-uma-alternativa-viavel-no-debate-da-reforma-tributaria-02082020. Acesso em: 26 jul. 2021.

MACEDO, Alberto. Tributação do consumo: o Brasil precisa de reforma "pé no chão". **Conjur**, [s. l.], 1 set. 2021. Disponível em: https://www.conjur.com.br/2021-set-01/macedo-tributacao-consumo-brasil-reforma-pe-chao. Acesso em: 8 set. 2021.

MACHADO, Hugo de Brito. **Curso de direito tributário**. São Paulo: Malheiros, 2003.

MACIEL, Everardo. Breves reflexões sobre as reformas tributárias. *In*: REZENDE, Fernando *et al.* (org.). **Caminhos para a reforma tributária**: onde estamos, o que queremos e qual é o caminho para avançar na direção desejada. Rio de Janeiro: Observatório da Reforma Tributária, 2020. p. 35–50. Disponível em: https://eesp.fgv.br/sites/eesp.fgv.br/files/relatoriogrupoacompanhamentoreformatributariav005.pdf. Acesso em: 1 abr. 2021.

MARQUES, Alexandre. Provedor de internet: ISS, ICMS ou nenhum dos dois?. **Foco Tributário**, [s. l.], 2018. Disponível em: https://www.focotributario.com.br/provedor-de-internet-iss-icms-ou-nenhum-dos-dois/. Acesso em: 30 jul. 2021.

MARQUES NETO, Floriano; FREITAS, Rafael Véras de. Uber, Whatsapp, Netflix: os novos quadrantes da *publicatio* e da assimetria regulatória. *In*: FREITAS, Rafael Véras de; RIBEIRO, Leonardo Coelho; FEIGELSON, Bruno (org.). **Regulação e novas tecnologias**. Belo Horizonte: Fórum, 2017. p. 17–48

MERKX, Madeleine. VAT and Blockchain: Challenges and Opportunities Ahead. **EC Tax Review**, Holanda, v. 28, n. 2, p. 83–89, 2019. Disponível em: hdl.handle.net/1765/115403. Acesso em: 20 out. 2021.

MERRIAM-WEBSTER DICTIONATY. **Gig**. [*S. l.*], c2021. Disponível em: https://www.merriam-webster.com/dictionary/gig. Acesso em: 29 abr. 2021.

MIGUEL, Luciano Garcia. Impressão 3D: um novo desafio para o ICMS? *In*: PISCITELLI, Tathiane (org.). **Tributação da economia digital**. São Paulo: Thomson Reuters: Revista dos Tribunais, 2018. p. 175–192.

MIGUEZ, Santiago Díaz de Sarralde. **Tributación, digitalización de la economía y Economía Digital**. Panamá: Centro Interamericano de Administraciones Tributarias – CIAT, 2018. Documentos de Trabajo DT-06-2018. Disponível em: https://biblioteca.ciat.org/opac/book/5626. Acesso em: 1 maio 2021.

MONEBHURRUN, Nitish; VARELLA, Marcelo D. O que é uma boa tese de doutorado em Direito? **Revista Brasileira de Políticas Públicas**, Brasília, v. 3, n. 2, p.

423–443, 2013. Disponível em: https://doi.org/10.5102/rbpp.v3i2.2730. Acesso em: 13 mar. 2021.

MÜLLER, Robert. Building a Blockchain for the EU VAT. **Tax Notes International**, [s. l.], v. 100, p. 1043–1050, 2020. Disponível em: https://www.taxnotes.com/tax-notes-international/value-added-tax/building-blockchain-eu-vat/2020/11/23/2d6nl?highlight=blockchain. Acesso em: 27 out. 2021.

NABAIS, José Casalta. **O dever fundamental de pagar impostos**. Coimbra: Almedina, 1998.

NAKAMOTO, Satoshi. **Bitcoin**: a peer-to-peer electronic cash system. [*S. l.*], 2008. Disponível em: https://bitcoin.org/bitcoin.pdf. Acesso em: 30 abr. 2021.

OECD. **Action plan on base erosion and profit shifting**. Paris: OECD, 2013a. Disponível em: https://doi.org/10.1787/9789264202719-en. Acesso em: 19 maio 2021.

OECD. **Addressing the tax challenges of the digital economy, action 1 – 2015 final report**. Paris: OECD, 2015a. (OECD/G20 Base Erosion and Profit Shifting Project). Disponível em: https://doi.org/10.1787/9789264241046-en. Acesso em: 14 mar. 2021.

OECD. **Composition of the Steering Group of the OECD/G20 inclusive framework on Beps (as at April 2021)**. Paris, 2021a. Disponível em: https://www.oecd.org/tax/beps/steering-group-of-the-inclusive-framework-on-beps.pdf. Acesso em: 21 maio 2021.

OECD. **Consumption tax trends 2020**: VAT/GST and excise rates, trends and policy issues. Paris: OECD, 2020a. Disponível em: https://doi.org/10.1787/152def2d-en. Acesso em: 1 abr. 2021.

OECD. **Economic policy reforms 2011**: going for growth. Paris: OECD, 2011. (Economic Policy Reforms). Disponível em: https://doi.org/10.1787/growth-2011-en. Acesso em: 28 jan. 2021.

OECD. **Economic policy reforms 2013**: going for growth. Paris: OECD, 2013b. (Economic Policy Reforms). Disponível em: https://doi.org/10.1787/growth-2013-en. Acesso em: 28 jan. 2021.

OECD. **Economic policy reforms 2015**: going for growth. Paris: OECD, 2015b. (Economic Policy Reforms). Disponível em: https://doi.org/10.1787/growth-2015-en. Acesso em: 28 jan. 2021.

OECD. **Economic policy reforms 2017**: going for growth. Paris: OECD, 2017a. (Economic Policy Reforms). Disponível em: https://doi.org/10.1787/growth-2017-en. Acesso em: 28 jan. 2021.

OECD. **Economic policy reforms 2019**: going for growth. Paris: OECD, 2019a. (Economic Policy Reforms). Disponível em: https://doi.org/10.1787/aec5b059--en. Acesso em: 28 jan. 2021.

OECD. **Electronic commerce**: taxation framework conditions. A Report by the OECD Committee on Fiscal Affairs, as presented to Ministers at the OECD Ministerial Conference "A Borderless World: Realising the Potential of Electronic Commerce" on 8 October 1998. Ottawa: OECD, 1998. Disponível em: https://www.oecd.org/ctp/consumption/1923256.pdf. Acesso em: 19 maio 2021.

OECD. **International VAT/GST guidelines**. Paris: OECD, 2017b. Disponível em: https://doi.org/10.1787/9789264271401-en. Acesso em: 14 mar. 2021.

OECD. **Jurisdictions Participating in The Convention on Mutual Administrative Assistance in Tax Matters – STATUS – 20 September 2021**. Paris, 2021b. Disponível em: https://www.oecd.org/tax/exchange-of-tax-information/Status_of_convention.pdf. Acesso em: 17 nov.2021.

OECD. **Mechanisms for the Effective Collection of VAT/GST**. Paris: OECD, 2017c. Disponível em: https://www.oecd.org/tax/tax-policy/mechanisms-for--the-effective-collection-of-VAT-GST.pdf. Acesso em: 14 mar. 2021.

OECD. **Members of the OECD/G20 Inclusive Framework on BEPS (Updated: February 2021)**. Paris, 2021c. Disponível em: https://www.oecd.org/tax/beps/inclusive-framework-on-beps-composition.pdf. Acesso em: 21 maio 2021.

OECD. **Model Tax Convention on Income and on Capital**: condensed version 2017. Paris: OECD, 2017d. Disponível em: https://doi.org/10.1787/mtc_cond-2017-en. Acesso em: 19 maio 2021.

OECD. **Roadmap toward a common framework for measuring the digital economy**: report for the G20 digital economy task force. Arábia Saudita: OECD, 2020b. Disponível em: https://www.oecd.org/digital/ieconomy/roadmap--toward-a-common-framework-for-measuring-the-digital-economy.pdf. Acesso em: 1 abr. 2021.

OECD. **Statement on a two-pillar solution to address the tax challenges arising from the digitalisation of the economy**. Paris, 2021d. Disponível em: https://www.oecd.org/tax/beps/statement-on-a-two-pillar-solution-to-address-the--tax-challenges-arising-from-the-digitalisation-of-the-economy-october-2021.pdf. Acesso em: 17 nov. 2021.

OECD. **Tax challenges arising from digitalisation**: interim report 2018: inclusive framework on BEPS. Paris: OECD, 2018. (OECD/G20 Base Erosion and Profit

Shifting Project). Disponível em: https://doi.org/10.1787/9789264293083-en. Acesso em: 14 mar. 2021.

OECD. **Taxation and electronic commerce**: implementing the Ottawa taxation framework conditions. Paris: OECD, 2001. Disponível em: https://doi.org/10.1787/9789264189799-en. Acesso em: 21 maio 2021.

OECD. **Taxing virtual currencies**: An overview of tax treatments and emerging tax policy issues. Paris: OECD Publishing, 2020c. Disponível em: https://www.oecd.org/tax/tax-policy/taxing-virtual-currencies-an-overview-of-tax-treatments-and-emerging-tax-policy-issues.pdf. Acesso em: 30 abr. 2021.

OECD. **The impact of the growth of the sharing and gig economy on vat/gst policy and administration**. Paris: OECD, 2021e. Disponível em: https://doi.org/10.1787/51825505-en. Acesso em: 29 abr. 2021.

OECD. **The role of digital platforms in the collection of VAT/GST on online sales**. Paris: OECD, 2019b. Disponível em: https://doi.org/10.1787/e0e2dd2d-en. Acesso em: 14 mar. 2021.

OECD. **The sharing and gig economy**: effective taxation of platform sellers: Forum on Tax Administration. Paris: OECD, 2019c. Disponível em: https://doi.org/10.1787/574b61f8-en. Acesso em: 29 abr. 2021.

OECD/WBG/CIAT/IDB. **VAT digital toolkit for Latin America and the Caribbean**. Paris: OECD, 2021. Disponível em: https://www.oecd.org/tax/consumption/vat-digital-toolkit-for-latin-america-and-the-caribbean.pdf. Acesso em: 24 jun. 2021.

OLBERT, Marcel; SPENGEL, Christoph. **Taxation in the digital economy**: Recent policy developments and the question of value creation. ZEW Discussion Papers, No. 19-010. Mannheim: ZEW – Leibniz Centre for European Economic Research, 2019. Disponível em: http://hdl.handle.net/10419/194870. Acesso em: 29 abr. 2021.

OLBERT, Marcel; WERNER, Ann-Catherin. **Consumption Taxes and Corporate Tax Planning**: Evidence from European Service Firms. 2020. Disponível em: https://papers.ssrn.com/sol3/papers.cfm?abstract_id=3330523. Acesso em: 29 abr. 2021.

OLIVEIRA, Cristiano Aguiar de. O Direito e a revolução de credibilidade laureada com o Nobel de Economia. **Jota**, [s. l.], 19 out. 2021. Disponível em: https://www.jota.info/opiniao-e-analise/colunas/coluna-da-abde/direito-nobel-de-economia-19102021. Acesso em: 27 out. 2021.

OLIVEIRA, Fabrício A. **Uma pequena história da tributação e do federalismo fiscal no Brasil**: a necessidade de uma reforma tributária justa e solidária. São Paulo: Contracorrente, 2020.

OLIVEIRA, Gustavo da Gama Vital de; PINTO, Felipe Kertesz Renault. Tax challenges of the digital economy in Brazil. **Revista de Direito Internacional Econômico e Tributário – RDIET**, Brasília, v. 13, n. 1, p. 449–466, Jan/Jun 2018. Disponível em: https://portalrevistas.ucb.br/index.php/RDIET/article/view/10262. Acesso em: 20 out. 2021.

OLIVEIRA, Luciano. Não fale do código de Hamurábi! A pesquisa sociojurídica na pós-graduação em Direito. *In*: OLIVEIRA, Luciano (org.). **Sua excelência o comissário**: e outros ensaios de sociologia jurídica. Rio de Janeiro: Letra Legal, 2004. Disponível em: https://edisciplinas.usp.br/pluginfile.php/5177401/mod_resource/content/1/OLIVEIRA%2C%20Hamurabi.pdf. Acesso em: 14 mar. 2021.

OWENS, Jeffrey; CARDOSO, Gabriela Capristano. The Future of International Tax. **Tax Notes International**, [s. l.], v. 103, p. 731–738, 2021. Disponível em: https://www.taxnotes.com/tax-notes-international/tax-policy/future-international-tax/2021/08/09/76zhv. Acesso em: 26 out. 2021.

OWENS, Jeffrey; DE JONG, Julia. Taxation on the Blockchain: Opportunities and Challenges. **Tax Notes International**, [s. l.], v. 87, p. 601–612, 2017. Disponível em: https://www.wu.ac.at/fileadmin/wu/d/i/taxlaw/institute/WU_Global_Tax_Policy_Center/Articles_by_Owens/Owens_de_Jong__2017__Taxation_on_the_Blockchain.pdf. Acesso em: 26 out. 2021.

OWENS, Jeffrey; TAVARES, Romero J.S. **Global value chain policy series**: taxation. Genebra: World Economic Forum, 2018. (White Papers). Disponível em: http://www3.weforum.org/docs/WP_Global_Value_Chain_Policy_Series_Taxation_report_2018.pdf. Acesso em: 19 maio 2021.

PADILHA, Maria Ângela Lopes Paulino. **Tributação de software**: exame da constitucionalidade da incidência do ISS e do ICMS-Mercadoria sobre a licença de uso de programa de computador disponibilizado eletronicamente. 2016. Tese (Doutorado em Direito) – Pontifícia Universidade Católica de São Paulo – PUC/SP, São Paulo, 2016. Disponível em: https://sapientia.pucsp.br/bitstream/handle/19637/2/Maria%20%c3%82ngela%20Lopes%20Paulino%20Padilha.pdf. Acesso em: 17 ago. 2021.

PEROBA, Luiz Roberto. Digital tax: faz sentido tributar a tecnologia no Brasil?. **Valor Econômico**, São Paulo, 10 out. 2019. Disponível em: https://valor.globo.

com/reforma-tributaria/artigo/digital-tax-faz-sentido-tributar-a-tecnologia--no-brasil.ghtml. Acesso em: 28 set. 2021.

PIERSON, P. Increasing returns, path dependency, and study of politics. **American Political Science Review**, v. 94, n. 2, p. 251–267, 2000.

PISCITELLI, Tathiane. Tributação da Economia Compartilhada: Caso das plataformas digitais de transporte e hospedagem sob a perspectiva do ISS. *In*: PISCITELLI, Tathiane (org.). **Tributação da Economia Digital**. São Paulo: Thomson Reuters: Revista dos Tribunais, 2018. p. 416–429.

PISCITELLI, Tathiane. Tributação Indireta da Economia Digital: o Brasil está pronto para aderir às Orientações da OCDE?. **Revista Direito Tributário Atual**, São Paulo, v. 43, p. 527–547, 2019. Disponível em: https://ibdt.org.br/RDTA/wp-content/uploads/2019/11/Tathiane-Piscitelli.pdf. Acesso em: 10 ago. 2021.

PUPO, Fábio; CUCOLO, Eduardo. PIB mostra queda recorde de 4,5% do setor de serviços e retração de 3,5% da indústria. **Folha de São Paulo**, São Paulo, 3 mar. 2021. Disponível em: https://www1.folha.uol.com.br/mercado/2021/03/pib-mostra-queda-recorde-do-setor-de-servicos-e-recuperacao-da-industria.shtml?origin=uol. Acesso em: 9 mar. 2021.

REZENDE, Fernando. **ICMS, gênese, mutações, atualidade e caminhos para a recuperação**. Rio de Janeiro: FGV, 2012. (FGV Projetos/ IDP; v. 2). Disponível em: https://repositorio.idp.edu.br//handle/123456789/1540. Acesso em: 24 fev. 2021.

REZENDE, Fernando. Atenção: o que está na mesa não é o que dizem. *In*: REZENDE, Fernando *et al.* (org.). **Caminhos para a reforma tributária**: onde estamos, o que queremos e qual é o caminho para avançar na direção desejada. Rio de Janeiro: Observatório da Reforma Tributária, 2020. p. 9–33. Disponível em: https://eesp.fgv.br/sites/eesp.fgv.br/files/relatoriogrupoacompanhamentoreformatributariav005.pdf. Acesso em: 1 abr. 2021.

RIBEIRO, Ricardo Lodi. A reforma tributária do IBS à luz dos princípios federativos e da capacidade contributiva. **Revista Fórum de Dir. Tributário**: RFDT, Belo Horizonte, ano 17, n. 99, p. 63-81, maio/jun. 2019.

ROCHA, Melina. IVA em Países Federativos: o Caso do GST/HST Canadense. *In*: SCAFF, Fernando Facury *et al.* (org.). **A crise do federalismo em estado de pandemia**. Belo Horizonte: Editora Letramento, Casa do Direito, 2021. v. 1, p. 300–320. (Direito tributário & financeiro).

ROCHA, Sergio André. **Política fiscal internacional brasileira**. Rio de Janeiro: Editora Lumen Juris, 2017.

ROCHA, Sergio André; CASTRO, Diana Rodrigues Prado de. Plano de Ação 1 do BEPS e as Diretrizes Gerais da OCDE. *In*: PISCITELLI, Tathiane (org.). **Tributação da Economia Digital**. São Paulo: Thomson Reuters: Revista dos Tribunais, 2018. p. 15–38.

ROCHA, Sergio André; ROCHA, Melina. A inadequação do fato gerador da CBS incidente no mercado interno. **Jota**, [s. l.], 5 ago. 2020. Disponível em: https://www.jota.info/opiniao-e-analise/artigos/a-inadequacao-do-fato-gerador-da-cbs-incidente-no-mercado-interno-05082020. Publicado em: 5 ago. 2020. Acesso em: 30 jul. 2021.

SANTOS, Ricardo Augusto Alves dos. Tributação das Aplicações *Over-The-Top* no Brasil: visão geral e análise das atividades de transmissão de conteúdo audiovisual, envio de mensagens e realização de chamadas de voz por meio de internet. *In*: FARIA, Renato Vilela; SILVEIRA, Ricardo Maitto; MONTEIRO, Alexandre Luiz Moraes do Rêgo (org.). **Tributação da economia digital**: desafios no Brasil, experiência internacional e novas perspectivas. São Paulo: Saraiva Jur, 2018. p. 692–710.

SÃO PAULO. **Parecer Normativo nº 1, de 18 de julho de 2017.** São Paulo: Secretaria Municipal da Fazenda, 2017. Disponível em: http://legislacao.prefeitura.sp.gov.br/leis/parecer-normativo-secretaria-municipal-da-fazenda-sf-1-de-18-de-julho-de-2017. Acesso em: 20 fev. 2021.

SCHOUERI, Luís Eduardo. **Normas tributárias indutoras e intervenção econômica**. 1. ed. Rio de Janeiro: Editora Forense, 2005.

SCHOUERI, Luís Eduardo; GALDINO, Guilherme. Internet das Coisas à luz do ICMS e do ISS: entre mercadoria, prestação de serviço de comunicação e serviço de valor adicionado. *In*: FARIA, Renato Vilela; SILVEIRA, Ricardo Maitto; MONTEIRO, Alexandre Luiz Moraes do Rêgo (org.). **Tributação da economia digital**: desafios no Brasil, experiência internacional e novas perspectivas. São Paulo: Saraiva jur, 2018. p. 245–268.

SCHUMPETER, Joseph. **Capitalismo, socialismo e democracia**. Tradução: Ruy Jungmann. 83. ed. Rio de Janeiro: Editora Fundo de Cultura, 1961.

SCHWAB, Klaus. **A quarta revolução industrial**. Tradução: Daniel Moreira Miranda. 1. ed. São Paulo: Edipro, 2019.

SECO, Antonio. **Blockchain**: conceptos y aplicaciones potenciales en el área tributaria. Panamá, 2017. Disponível em: https://www.ciat.org/blockchain-conceptos-y-aplicaciones-potenciales-en-el-area-tributaria-13/. Acesso em: 27 out. 2021.

SILVA, Miguel; DE CASTRO, Paulo Rabelo. **Proposta Luiz C. Hauly**: análise da PEC 110/2019. São Paulo: Atlântico Instituto de Ação Cidadã, 2019. Disponível em: https://atlantico.org.br/wp-content/uploads/2020/09/Luiz-C.-Hauly--Final-Total.pdf. Acesso em: 30 jan. 2021.

SIM, Sim *et al.* **Blockchain, transfer pricing, customs valuations, and indirect taxes**: transforming the global tax environment. tax and accounting center. Bloomberg BNA. 2017. Disponível em: https://www.wu.ac.at/fileadmin/wu/d/i/taxlaw/institute/WU_Global_Tax_Policy_Center/Tax___Technology/BNA_WU_Blockchain_article_June17_final_online_version.pdf. Acesso em: 26 out. 2021.

SIMÕES, Luiz Felipe. 1º ETF de criptomoedas do Brasil estreia no dia 22 de abril na B3. **Estadão**, São Paulo, 2021. Disponível em: https://einvestidor.estadao.com.br/investimentos/primeiro-etf-de-criptomoedas-brasil. Acesso em: 1 maio 2021.

SOARES, Murilo Rodrigues da Cunha. **Dogmática jurídica entre reflexão e redundância**: uma análise luhmanninana da produção acadêmica na área do Direito Tributário. 2006. Monografia de final de curso (Faculdade de Direito da Universidade de Brasília). Brasília, 2006.

SOETE, Luc; KAMP, Karin. The 'bit tax': The case for further research. **Science and Public Policy**, Oxford, v. 23, n. 6, p. 353–360, 1996. Disponível em: https://EconPapers.repec.org/RePEc:oup:scippl:v:23:y:1996:i:6:p:353-360. Acesso em: 21 abr. 2021.

STIGLITZ, Joseph E. **Economics of the public sector**. 3. ed. New York: W. W. Norton, 2000.

SZELBRACIKOWSKI, Daniel Corrêa. Novas tecnologias e a necessidade de reforma tributária. **Conjur**, [s. l.], 28 jan. 2017. Disponível em: https://www.conjur.com.br/2017-jan-20/daniel-correa-novas-tecnologias-exigem-reforma-tributaria. Acesso em: 20 fev. 2021.

TAHAN, Malba. **O homem que calculava**. 83. ed. Rio de Janeiro: Record, 2013.

TAXAMO. Canada to tax cross-border supplies of digital services from July 2021. Publicado em: 01 dec. 2020. Disponível em: https://blog.taxamo.com/insights/canada-tax-cross-border-digital-services. Acesso em: 25 jan. 2021.

TER-MINASSIAN, Teresa. Intergovernmental Fiscal Cooperation and Subnational Revenue Autonomy. **Inter-American Development Bank**. [S. l.], Mar. 2020. (Discussion Paper nº IDB-DP-748). Disponível em: https://publications.iadb.org/publications/english/document/Intergovernmental_Fiscal_Cooperation_and_Subnational_Revenue_Autonomy.pdf. Acesso em: 21 jan. 2021.

THOMAS, Alastair. **Reassessing the regressivity of the VAT**. Paris: OECD Publishing, 8 fev. 2020. (OECD Taxation Working Papers, n. 49). Disponível em: https://www.oecd-ilibrary.org/content/paper/b76ced82-en. Acesso em: 22 out. 2021.

TORRES, Heleno Taveira. Constituição Financeira e o Federalismo Cooperativo Brasileiro. *In:* SCAFF, Fernando F. *et al.* (Coord.). **Federalismo (S)em juízo**. 1. ed. São Paulo: Noeses, 2019. p. 287-333.

TORRES, Heleno Taveira. ICMS sobre a divulgação de material publicitário na internet por provedor. *In*: FARIA, Renato Vilela; SILVEIRA, Ricardo Maitto; MONTEIRO, Alexandre Luiz Moraes do Rêgo (org.). **Tributação da economia digital**: desafios no Brasil, experiência internacional e novas perspectivas. São Paulo: Saraiva Jur, 2018. p. 480–503.

TORRES, Ricardo Lobo. **Planejamento tributário**: elisão abusiva e evasão fiscal. Rio de Janeiro: Elsevier, 2012.

TROIANELLI, Gabriel Lacerda; GUEIROS, Juliana. O ISS e Exportação e Importação de Serviços. *In*: MARTINS, Ives Gandra da Silva; PEIXOTO, Marcelo Magalhães (org.). **ISS**: LC 116/2003 à luz da doutrina e da jurisprudência. 2. ed. São Paulo: MP Editora, 2008. p. 197–204.

UHDRE, Dayana de Carvalho. **Blockchain, tokens e criptomoedas**: análise jurídica. São Paulo, Brasil: Almedina, 2021. (Coleção Manuais profissionais).

UNCTAD. **Estimates of global e-commerce 2019 and preliminary assessment of Covid-19 impact on online retail 2020**: UNCTAD Technical Notes on ICT for Development n. 18. Nova York: United Nations Publications, 2021a. Disponível em: https://unctad.org/system/files/official-document/tn_unctad_ict4d18_en.pdf. Acesso em: 29 jun. 2021.

UNCTAD. **The technology and innovation report 2021**. Nova York: United Nations Publications, 2021b. Disponível em: https://doi.org/10.1787/e0e2dd2d-en. Acesso em: 1 abr. 2021.

UNITED NATIONS. Committee of Experts on International Cooperation in Tax Matters. **UN Tax Expert Committee**: Subcommittee on Tax Challenges related to the Digitalisation of the Economy. E/C.18/2018/CRP.12. Seventeenth session. Geneva, 16-19 October 2018. Disponível em: https://www.un.org/development/desa/financing/sites/www.un.org.development.desa.financing/files/2020-04/17STM_CRP12_digitalisation.pdf. Acesso em: 28 maio 2021.

UNITED NATIONS. **Tax issues related to the digitalization of the economy**: E/C.18/2019/CRP.12. Eighteenth session. New York, 23-26 April 2019. Disponível em: https://www.ipea.gov.br/portal/images/stories/PDFs/TDs/td_0106.pdf. Acesso em: 15 mar. 2021.

UNIÃO EUROPEIA. **Directiva 2006/112/CE do Conselho**. Bruxelas: 28 nov. 2006. Disponível em: https://eur-lex.europa.eu/legal-content/PT/TXT/PDF/?uri=CELEX:32006L0112&from=EN. Acesso em: 3 fev. 2021.

VARSANO, Ricardo. **Estudos para a reforma tributária**: tomo 3, tributação de mercadorias e serviços. Rio de Janeiro: Instituto de Pesquisa Econômica Aplicada – IPEA, 1987. (Texto para Discussão; n. 106). Disponível em: https://www.ipea.gov.br/portal/images/stories/PDFs/TDs/td_0106.pdf. Acesso em: 2 mar. 2021.

VARSANO, Ricardo. **Evolução do sistema tributário brasileiro ao longo do século**: anotações e reflexões para futuras reformas. Rio de Janeiro: Instituto de Pesquisa Econômica Aplicada – IPEA, 1996. (Texto para Discussão; n. 405). Disponível em: https://www.ipea.gov.br/portal/index.php?option=com_content&view=article&id=3564. Acesso em: 24 fev. 2021.

VARSANO, Ricardo. Subnational taxation and the treatment of interstate trade in Brazil: problems and a proposed solution. *In*: BURKI, Shahid Javed; PERRY, Guillermo (eds.). **Decentralization and accountability of the public sector**. Proceedings of the Annual World Bank Conference on Development in Latin America and the Caribbean 1999. 1. printed. Washington, DC: World Bank, 2000. p. 339–355.

VARSANO, Ricardo. **A tributação do valor adicionado, o ICMS e as reformas necessárias para conformá-lo às melhores práticas internacionais**. Washington: Banco Interamericano de Desenvolvimento, 2014. (Documento para Discussão # IDB-DP-335). Disponível em: https://publications.iadb.org/pt/tributacao-do-valor-adicionado-o-icms-e-reformas-necessarias-para-conforma-lo-melhores-praticas. Acesso em: 3 fev. 2021.

VAZQUEZ, Juan Manuel. Indirect taxation of digital services after Beps: an multilateral instrument to achieve harmonization and effective enforcement. **International Tax Journal**, [s. l.], v. 43, n. 5, p. 19–72, 2017. Disponível em: https://heinonline.org/HOL/P?h=hein.journals/intaxjo43&i=251. Acesso em: 28 abr. 2021.

VEITZMAN, Flavio. Impressão 3D e o sistema tributário disfuncional. *In*: PISCITELLI, Tathiane (org.). **Tributação da economia digital**. São Paulo: Thomson Reuters: Revista dos Tribunais, 2018. p. 161–174.

VERDI, Márcio F. **The digital economy, the norwegian cooperation and ciat. an essential tool**. Panamá, 2021. Disponível em: https://www.ciat.org/ciatblog-the-digital-economy-the-norwegian-cooperation-and-ciat-an--essential-tool/?lang=en#utm_source=WebBlog&utm_medium=Blog&utm_campaign=la-economia-digital-la-cooperacion-noruega-y-el-ciat-una-herramienta-clave&utm_content=abril2021. Acesso em: 1 maio 2021.

VIANA, Ulisses Schwarz. **Direito e justiça em Niklas Luhmann**: complexidade e contingência no sistema jurídico. Porto Alegre: Sergio Antonio Fabris Ed., 2015.

VITA, Jonathan Barros. As convenções para evitar a dupla tributação brasileiras: técnicas de negociação e análise estrutural segundo os Modelos OCDE e ONU. **Revista Direito Tributário Atual**, São Paulo, v. 24, p. 303–319, 2010.

VITA, Jonathan Barros. BEPS 2.0, Digital Sevice Tax- DST e perspectivas no direito brasileiro. *In*: SOUZA, Priscila de (org.). **XVI Congresso nacional de estudos tributários**: constructivismo lógico-semântico e os diálogos entre teoria e prática. São Paulo: Instituto Brasileiro de Estudos Tributários – IBET, 2019. p. 519–547.

WESTBROOK, David A. keynote address theorizing the diffusion of law: conceptual difficulties, unstable imaginations, and the effort to think gracefully nonetheless. **Harvard Law School**, Cambridge, MA, v. 47, n. 2, 2006. Disponível em: https://web.archive.org/web/20080904200712/http://www.harvardilj.org/attach.php?id=50. Acesso em: 15 mar. 2021.

WORLD BANK. **World development report 2020**: trading for development in the age of global value chains. Washington: World Bank Group, 2020.

WORLD ECONOMIC FORUM. **3D printing**: a guide for decision-makers. Genebra: World Economic Forum, 2020. (White Paper). Disponível em: https://www.weforum.org/whitepapers/3d-printing-a-guide-for-decision-makers. Acesso em: 30 abr. 2021.

WTO. World Trade Organization. **Global value chain development report 2019**: technological innovation, supply chain trade, and globalized world. Genebra: World Trade Organization, 2019.

WU, Tim. Taking innovation seriously: antitrust enforcement if innovation mattered most. **Antitrust Law Journal**, [s. l.], v. 78, p. 313–328, 2012. Disponível em: https://scholarship.law.columbia.edu/faculty_scholarship/1767/. Acesso em: 28 abr. 2021.